Marketing-Theorie

Lizenz zum Wissen.

Sichern Sie sich umfassendes Wirtschaftswissen mit Sofortzugriff auf tausende Fachbücher und Fachzeitschriften aus den Bereichen: Management, Finance & Controlling, Business IT, Marketing, Public Relations, Vertrieb und Banking.

Exklusiv für Leser von Springer-Fachbüchern: Testen Sie Springer für Professionals 30 Tage unverbindlich. Nutzen Sie dazu im Bestellverlauf Ihren persönlichen Aktionscode **C0005407** auf *www.springerprofessional.de/buchkunden/*

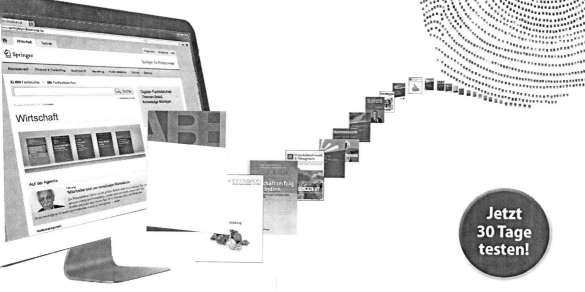

Springer für Professionals.
Digitale Fachbibliothek. Themen-Scout. Knowledge-Manager.

- Zugriff auf tausende von Fachbüchern und Fachzeitschriften
- Selektion, Komprimierung und Verknüpfung relevanter Themen durch Fachredaktionen
- Tools zur persönlichen Wissensorganisation und Vernetzung

www.entschieden-intelligenter.de

Alfred Kuß

Marketing-Theorie

Eine Einführung

3., überarbeitete und erweiterte Auflage

Prof. Dr. Alfred Kuß
Freie Universität Berlin
Marketing-Department
Otto-von-Simson-Str. 19
14195 Berlin
marketing@wiwiss.fu-berlin.de

ISBN 978-3-658-02133-7　　　　　　　　ISBN 978-3-658-02134-4 (eBook)
DOI 10.1007/978-3-658-02134-4

Die Deutsche Nationalbibliothek verzeichnet diese Publikation in der Deutschen Nationalbibliografie; detaillierte bibliografische Daten sind im Internet über http://dnb.d-nb.de abrufbar.

Springer Gabler
© Springer Fachmedien Wiesbaden 2009, 2011, 2013
Das Werk einschließlich aller seiner Teile ist urheberrechtlich geschützt. Jede Verwertung, die nicht ausdrücklich vom Urheberrechtsgesetz zugelassen ist, bedarf der vorherigen Zustimmung des Verlags. Das gilt insbesondere für Vervielfältigungen, Bearbeitungen, Übersetzungen, Mikroverfilmungen und die Einspeicherung und Verarbeitung in elektronischen Systemen.

Die Wiedergabe von Gebrauchsnamen, Handelsnamen, Warenbezeichnungen usw. in diesem Werk berechtigt auch ohne besondere Kennzeichnung nicht zu der Annahme, dass solche Namen im Sinne der Warenzeichen- und Markenschutz-Gesetzgebung als frei zu betrachten wären und daher von jedermann benutzt werden dürften.

Lektorat: Barbara Roscher, Jutta Hinrichsen

Gedruckt auf säurefreiem und chlorfrei gebleichtem Papier

Springer Gabler ist eine Marke von Springer DE. Springer DE ist Teil der Fachverlagsgruppe Springer Science+Business Media.
www.springer-gabler.de

Vorwort zur 3. Auflage

An Marketing-Lehrbüchern besteht wahrlich kein Mangel. Wozu also ein weiteres Lehrbuch zu einem Themenbereich, der in der Lehre an Hochschulen bisher eher selten erscheint? In den vergangenen Jahren hat sich die Lehre auch im Fachgebiet Marketing durch die Einführung von Bachelor-, Master- und inzwischen auch Promotionsstudiengängen sehr deutlich verändert. Gerade in einem Masterstudium oder in der Eingangsphase eines Promotionsstudiums besteht jetzt mehr Spielraum (und vielleicht auch Interesse), sich mit grundlegenden theoretischen Fragen des Fachgebiets Marketing zu beschäftigen. Für entsprechend interessierte Studierende ist dieses Lehrbuch geschrieben.

Die Schwerpunkte des Buches liegen bei der wissenschaftstheoretischen und methodologischen Diskussion *innerhalb* der Marketingwissenschaft sowie bei der Kennzeichnung und Entwicklung dieses Fachgebiets. Die Literatur dazu ist weit verstreut und zeichnet sich nicht immer durch eine klare und leicht verständliche Darstellung der jeweiligen Thematik aus. Gleichwohl wird es für eine tiefgehende Beschäftigung mit Marketing-Theorie unabdingbar sein, die Original-Quellen sorgsam zu studieren. Deswegen wird in diesem Buch immer wieder auf die einschlägige Literatur verwiesen. Mit dem vorliegenden Buch soll ein knapper und möglichst gut verständlicher Einstieg und Überblick hinsichtlich wesentlicher Teile der Marketing-Theorie gegeben werden, der die Beschäftigung mit spezielleren Fragen erleichtert. Gelegentlich wird im Text zwischen weiblichen und männlichen sprachlichen Formen gewechselt, um anzudeuten, dass die Ausführungen natürlich geschechtsneutral sein sollen.

Der Autor hat mehreren Personen für die Unterstützung bei der Erstellung des Buches zu danken. Einige befreundete Kollegen – Martin Eisend (Europa-Universität Viadrina, Frankfurt / O.), Michael Kleinaltenkamp (Freie Universität Berlin), Richard Köhler (Universität zu Köln), Henning Kreis (Freie Universität Berlin) und Georg Schreyögg (Freie Universität Berlin) – haben sich der Mühe unterzogen, zumindest Teile des Manuskripts für die bisherigen Auflagen zu lesen und den Autor schonend auf Schwächen und Mängel aufmerksam zu machen, was hier dankbar gewürdigt sei. Jana Möller (M.A.), wissenschaftliche Mitarbeiterin am Marketing-Department der Freien Universität Berlin, kümmerte sich kompetent, umsichtig und engagiert um die redaktionellen Arbeiten und das Layout. Dafür sei ihr herzlich gedankt. Für verbliebene Mängel und Fehler liegt die Verantwortung natürlich ausschließlich beim Autor.

Berlin, Februar 2013
Alfred Kuß

Inhaltsverzeichnis

1 Einleitung 1

2 Marketing und Marketingwissenschaft –
  Kennzeichnung und Entwicklung 5
   2.1   Kennzeichnung des Marketing 5
   2.2   Zur Entwicklung des Marketing 8
   2.3   Kennzeichnung von Marketingwissen 10
   2.4   Entstehung und Verbreitung von Marketingwissen 14
   2.5   Interessante und erfolgreiche Marketingforschung 24
   2.6   Marketingwissenschaft und ihre Entwicklung 31
   2.6.1   Kennzeichnung der Marketingwissenschaft 31
   2.6.2   Entwicklung der Marketingwissenschaft 38

3 Wesen und Bedeutung von Theorien 46
   3.1   Grundlagen 46
   3.2   Theorie und Realität 57
   3.3   Entstehung und Überprüfung von Theorien 59
   3.4   Qualitätskriterien für Theorien 76
   3.5   Theorie und Praxis 79

4 Gesetzmäßigkeiten, Erklärungen und Kausalität 85

- 4.1 Wissenschaftliche Gesetzmäßigkeiten 85
- 4.2 Erklärungen 89
- 4.3 Erklärungen, Prognosen und Verständnis 101
- 4.4 Kausalität 103

5 Relativismus und wissenschaftlicher Realismus in der Marketingwissenschaft 108

- 5.1 Realismus und Relativismus 108
- 5.2 Historisch begründeter Relativismus (Kuhn) 115
- 5.3 Relativismus und wissenschaftlicher Realismus 125

6 Forschungsmethoden in der Marketingwissenschaft 142

- 6.1 Überblick 142
- 6.2 Empirische Forschung zur Überprüfung von Theorien 144
  - 6.2.1 Ein Grundmodell der empirischen Marketingforschung 144
  - 6.2.2 Überprüfung der Reliabilität und Validität von Messinstrumenten 154
  - 6.2.3 Hypothesen über Zusammenhänge 159
  - 6.2.4 Kausalhypothesen 163
  - 6.2.5 Netzwerke von Hypothesen 174
- 6.3 Empirische Forschung und Generalisierbarkeit 179
- 6.4 Qualitative Forschung bei der Theoriebildung 186
- 6.5 Weitere Forschungsmethoden in der Marketingwissenschaft 196
  - 6.5.1 Klassifikationsansätze 196
  - 6.5.2 Modeling 201

7 Theoretische Ansätze der Marketingwissenschaft 205

- 7.1 Überblick 205
- 7.2 Mikroökonomische Ansätze auf Basis der Neoklassik..........208
- 7.3 Verhaltenswissenschaftliche Ansätze 217
- 7.4 Neo-institutionenökonomische Ansätze 222
- 7.5 Ausblick 1: Generelle Marketing-Theorien 230
- 7.6 Ausblick 2: Service Dominant Logic 237
- 7.7 Anhang: Inhaltliche Teilgebiete der Marketingwissenschaft 240

8 Marketing und Gesellschaft 260

- 8.1 Einführung und Überblick 260
- 8.2 Gesellschaftlicher Nutzen und Schaden durch Marketing ...264
- 8.3 Gender-Aspekte im Marketing 268
- 8.4 Marketing und Ethik 271

Verzeichnis der verwendeten Literatur 275

Personenverzeichnis 309

Stichwortverzeichnis 319

1 Einleitung

An zahlreichen Hochschulen werden heute umfassende Lehrprogramme zum Marketing angeboten. Parallel dazu ist die Zahl der Publikationen - selbst die Zahl der Neu-Erscheinungen - zum Themengebiet Marketing heute völlig unüberschaubar geworden. Gleichwohl findet man eher selten Lehrveranstaltungen oder Lehrbücher, die dem Thema „Marketing-Theorie" gewidmet sind. Angesichts der für jede Wissenschaft zentralen Bedeutung der Entwicklung, Überprüfung und Anwendung von Theorien (siehe dazu Kapitel 3) muss dieses Missverhältnis etwas verwundern.

Kerlinger / Lee (2000, S. 11) zur Bedeutung von Theorien:

„Das grundlegende Ziel der Wissenschaft ist die Theorie. Vielleicht weniger geheimnisvoll ausgedrückt heißt das: Das grundlegende Ziel der Wissenschaft besteht darin, natürliche Phänomene zu erklären. Solche Erklärungen werden Theorien genannt."

Ein wesentlicher Einflussfaktor bei der Entstehung dieser Diskrepanz war wohl die ausgeprägte Anwendungsorientierung der Marketingforschung. Diese trägt einerseits zu dem ungewöhnlichen Erfolg des Marketing in Wissenschaft und Praxis bei, der beispielsweise daran erkennbar wird, dass innerhalb weniger Jahrzehnte zahlreiche Marketing-Lehrstühle neu eingerichtet wurden, dass Marketing zu den am stärksten frequentierten Fächern innerhalb der Betriebswirtschaftslehre gehört und dass es heute kaum noch größeren Unternehmen gibt, die nicht über einen personell stark ausgebauten Marketing-Bereich verfügen.

Nikolaus Franke (2002, S. 1) illustriert die beinahe stürmische Entwicklung des Marketing innerhalb der Betriebswirtschaftslehre:

„... wurde der erste deutsche Lehrstuhl für Marketing erst vor 30 Jahren in Münster eingerichtet – mittlerweile stellt das Fach in der deutschen betriebswirtschaftlichen Hochschullandschaft die meisten Lehrstühle: 102 von 823 BWL-Lehrstühlen in Deutschland (12,4 %) sind dem Marketing gewidmet."

Andererseits erschwert die Anwendungsorientierung bei den Gegenständen der Marketingforschung die Theoriebildung, weil Vereinfachungen – z.B. bei den Annahmen –, die für die Theoriebildung notwendig sind, den Realitätsbezug der jeweiligen Theorie so stark einschränken können, dass deren Aussagekraft hinsichtlich einer – im Marketing typischerweise komplexen - Realität (zu) begrenzt ist. In Teilen der volkswirtschaftlichen Theorie findet man entsprechende Probleme (siehe dazu Kapitel 7 dieses Buches).

So ist es angesichts der für Wissenschaften typischen Theorie-Orientierung nicht verwunderlich, dass der Erfolg der Marketingwissenschaft auch von Einwänden hinsichtlich ihrer – in den Augen mancher Kritiker zu schwachen - theoretischen Fundierung begleitet wird (Franke 2002, S. 2 u. 200).

Franke (2002, S. 200) illustriert die Kritik an der Theoriebildung im Marketing durch eigene Erfahrungen bei der Vorbereitung seines Buches:

„Während der Arbeit an dieser Schrift hörte der Verfasser von interessierten Fachfremden als Reaktion auf seine Aussage, er beschäftige sich mit Marketingtheorie sehr häufig die – durchaus nicht scherzhaft gemeinte – Frage ‚Gibt es denn Marketingtheorie?'"

Nun ist die „Sehnsucht nach Theorie im Marketing" (Franke 2002, S. 186) sicher nicht der einzige Grund, sich mit Marketing-Theorie zu beschäftigen. Maclaran / Saren / Tadajewski (2008, S. XX) stellen die dabei wohl wichtigsten Gesichtspunkte zusammen:

Entwicklung von Wissen: Theorie gibt die Richtung für wissenschaftliche Forschung vor und ermöglicht eine systematische Integration von Forschungsergebnissen.

Akademischer Status der Marketingwissenschaft: Für die Anerkennung als wissenschaftliche Disziplin bedarf es eigenständiger und spezifischer Theorien.

Intellektuelle Herausforderung: Theorien sind die wichtigste Basis für das Verständnis von Marketing-Phänomenen und ihres Zusammenwirkens.

Praktischer Nutzen: Bewährte Theorien können Problemlösungen und Entscheidungen in der Praxis verbessern.

Vor diesem Hintergrund gab es vor allem in der US-amerikanischen Literatur immer wieder ernsthafte Versuche, die „Theorie-Lücke" der Marketingwissenschaft zu schließen. Im vorliegenden Buch sollen entsprechende Ansätze überblicksartig dargestellt bzw. zusammengefasst werden.

Welche Inhalte sind nun in einem Buch, das den Titel „Marketing-Theorie" trägt, zu erwarten? In der bisher vorliegenden Literatur findet man diesbezüglich unterschiedliche Sichtweisen:

- Manche Bücher (z.B. Sheth / Gardner / Garrett 1988; Backhaus 2000) haben ihren Schwerpunkt bei der Diskussion unterschiedlicher Teilgebiete und theoretischer Ansätze der Marketingwissenschaft.
- Vereinzelt findet man auch Versuche, eine umfassende (gewissermaßen *die*) Marketing-Theorie zu entwickeln (Alderson 1957, 1965; Hunt 2000). Derzeit stark diskutiert wird der Ansatz der „Service Dominant Logic" (Vargo / Lusch

2004; Lusch / Vargo 2006), der zur Grundlage einer generellen Marketing-Theorie werden könnte.
- Wieder andere Bücher konzentrieren sich auf die wissenschaftstheoretischen Grundlagen der Marketingforschung. Hier sind die Arbeiten von Gerald Zaltman (Zaltman / LeMasters / Heffring 1982) und Shelby Hunt (2010) hervorzuheben.
- Letztlich gibt es Publikationen, in denen die Behandlung von wissenschaftstheoretischen Grundlagen, historischen Entwicklungen, inhaltlichen Schwerpunkten und theoretischen Ansätzen der Marketingwissenschaft gemeinsam erfolgt (Brown / Fisk 1984; Sheth / Garrett 1986; Franke 2002; Maclaran / Saren / Stern / Tadajewski 2009).

Angesichts des eher begrenzten Schrifttums zur Marketing-Theorie im deutschsprachigen Raum wird im vorliegenden Buch der zuletzt genannte Ansatz verfolgt, um der Leserin bzw. dem Leser einen Überblick über die wichtigsten Teilgebiete zu geben und den Einstieg in die vertiefende Literatur zu erleichtern. Es geht hier also nicht um *die* Marketing-Theorie. Vielmehr liegt ein Buch *über* Marketing-Theorie vor.

Nun also zu Inhalt und Struktur des vorliegenden Lehrbuchs. Einen wesentlichen Teil machen – angesichts des Buchtitels „Marketing-Theorie" nicht völlig überraschend – theoretische Ansätze und die häufig in enger Verbindung damit stehenden wichtigen inhaltlichen Teilgebiete der Marketingwissenschaft aus. Beispiele dafür sind verhaltenswissenschaftliche und institutionenökonomische Ansätze. Zuvor wird erörtert, wie Marketing-Theorien entstehen und überprüft werden. Es geht hier also schwerpunktmäßig um einschlägige wissenschaftstheoretische Grundlagen und eine Darstellung des Wissenschaftssystems, das zur Entstehung von Marketingwissen führt. Dabei geht es nur um einen Überblick über wissenschaftstheoretische Diskussionen *innerhalb* der Marketingwissenschaft. Zu generellen wissenschaftstheoretischen Fragen liegt umfassende Literatur vor, die vor allem durch AutorInnen aus der Philosophie und einigen Naturwissenschaften geprägt ist. Es folgen Überlegungen zur Methodik bei der Entwicklung und vor allem Überprüfung von Theorien. Dabei liegt im Marketing der Fokus auf der empirischen Methodik, von der hier nur die Grundlagen in Verbindung mit den zuvor schon erörterten wissenschaftstheoretischen Gesichtspunkten behandelt werden. Im Hinblick auf eher technische Einzelheiten der empirischen Methodik muss hier auf die umfangreiche Spezialliteratur dazu verwiesen werden. Am Ende des Buches steht ein Kapitel zu „Marketing und Gesellschaft", in dem auch ethische Fragen angesprochen werden. Abbildung 1.1 fasst die Struktur des Buches zusammen.

Abbildung 1.1: Anlage und Inhalt des Buches

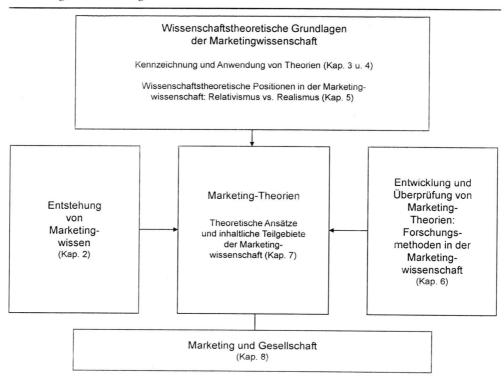

2 Marketing und Marketingwissenschaft - Kennzeichnung und Entwicklung

2.1 Kennzeichnung des Marketing

Über viele Jahre hat es immer wieder Versuche gegeben, die zentralen *Merkmale des Marketing* in Definitionen zusammenzufassen. Einerseits spiegeln unterschiedliche Definitionen auch unterschiedliche Sichtweisen wider. Andererseits lassen unterschiedliche Definitionen im Zeitablauf auch die entsprechende Entwicklung des Marketing-Konzepts erkennen. Herausragende Bedeutung haben dabei die verschiedenen Definitionen der American Marketing Association (AMA), weil diese in Wissenschaft und Praxis weltweit größte Beachtung finden. Darin ist jeweils zusammengefasst, wie sich die Sichtweise des Marketing in Theorie und Praxis zum jeweiligen Zeitpunkt entwickelt hatte.

In den frühen Entwicklungsphasen lag der Fokus bei der Verteilung (Distribution) erzeugter Güter. Hintergrund dafür war die Entwicklung der industriellen Produktionsweise in der zweiten Hälfte des 19. Jahrhunderts und am Beginn des 20. Jahrhunderts. Damit waren eine räumliche Konzentration der Produktion und eine verstärkte Arbeitsteilung verbunden, die im Vergleich zur dezentralen landwirtschaftlichen und handwerklichen Produktionsweise viel mehr Anstrengungen bei der Verteilung von Gütern erforderten. Dazu bedurfte es sowohl der dazu notwendigen physischen Möglichkeiten (Transport und Lagerhaltung) als auch der entsprechenden Institutionen (Groß- und Einzelhandel). Zu dieser Zeit war im deutschen Sprachraum der Begriff „Marketing" noch weitgehend unbekannt. Man verwendete meist den Begriff „Absatzwirtschaft" und meinte damit eine „Leistungsverwertung" in Form der Verteilung und des Verkaufs erzeugter Produkte. Eine solche Sichtweise findet sich auch in der AMA-Definition von 1935, die folgendermaßen lautet:

„Marketing ist die Durchführung von Unternehmensaktivitäten, die den Strom von Gütern und Dienstleistungen vom Hersteller zum Konsumenten oder Nutzer leiten." (Quelle: Marketing News, 15.1.2008, S. 29)

In der Folgezeit – insbesondere durch deutliches wirtschaftliches Wachstum und damit verbundenem wachsenden Wohlstand in den ca. 20 Jahren nach dem Ende des 2. Weltkrieges – verlagerte sich der Schwerpunkt zu umfassenden Anstrengungen der Anbieterunternehmen im Hinblick auf eine Förderung des Absatzes. Das heute übliche Instrumentarium des Marketing mit Produktpolitik, Preispolitik, Distributionspolitik und

Kommunikationspolitik wurde weiterentwickelt, verfeinert und aufeinander *abgestimmt* eingesetzt. Der dafür heute übliche Begriff „Marketing-Mix" wurde durch einen entsprechenden Aufsatz von Neil Borden (1964) geprägt (siehe dazu auch Abschnitt 8.3). Mit der Entwicklung des Marketing-Instrumentariums einher ging die Ausbreitung des Marketing auf andere – nicht-kommerzielle – Bereiche, z.B. entwickelten sich Bereiche wie Nonprofit-Marketing oder Social-Marketing (siehe Kapitel 8). Insbesondere Philip Kotler (Kotler / Levy 1969; Kotler / Zaltman 1971) hat diese Entwicklung stark forciert. Von da war es nicht mehr weit zu einer Sichtweise, bei der die unterschiedlichsten Arten des Austauschs in den verschiedensten Bereichen den Kern des Marketing bildeten (Kotler 1972; Bagozzi 1975; Hunt 1983). Auf der Basis dieser Entwicklungen wurde dann 1985 die Marketing-Definition der AMA neu formuliert:

„Marketing ist der Prozess der Planung und Durchführung der Entwicklung, Preisgestaltung, Verkaufsunterstützung und des Vertriebs von Ideen, Gütern und Dienstleistungen im Rahmen von Austauschbeziehungen, die individuellen und organisationalen Zielen gerecht werden." (Quelle: Marketing News, 15.1.2008, S. 29)

Im Sinne eines Marketing-Verständnisses, bei dem es generell um unterschiedlichste Arten von Austauschvorgängen geht, formulieren Kotler / Keller / Bliemel *(2007, S. 15) ein allgemeines Konzept für das Marketing:*

„Im Grunde will der Vermarkter… aktiv auf den Austauschprozess einwirken; er will einer anderen Person eine bestimmte Verhaltensreaktion entlocken. Das Wirtschaftsunternehmen wünscht sich eine Reaktion namens ‚Kauf', ein Politiker, der für ein Amt kandidiert, will eine Reaktion, die sich ‚Wählerstimme' nennt, eine Kirche will ‚Schäfchen um sich sammeln' und eine bestimmte Interessengruppe oder Bürgerinitiative will die ‚Akzeptanz einer Idee'. Zur Vermarktung gehört alles, was dem Ziel dient, eine Zielgruppe zu einer gewünschten Reaktion im Hinblick auf ein bestimmtes Objekt zu bewegen."

Dieser Sichtweise entsprechend schreibt der Wirtschaftshistoriker Hartmut Berghoff (2007) im Umschlagstext der von ihm herausgegebenen „Marketing-Geschichte":

„Marketing, so zeigt sich, ist mittlerweile zu einer umfassenden Sozialtechnik geworden: Ob Wissenschaftler, Politiker oder Popstar, ob Universität, Partei oder Unternehmen – niemand, der sich öffentlich präsentiert, kann noch auf gutes Marketing verzichten."

Nachdem das „klassische" Instrumentarium des Marketing – man spricht auch von den „4P" Product, Price, Place, Promotion – weitgehend entwickelt war, gingen unter dem Druck sich durch Internationalisierung, technologische Entwicklung etc. verändernder Marktverhältnisse (siehe z.B. Kuß / Kleinaltenkamp 2011, S. 18 f.) weitere Schritte in Richtung auf eine *strategische Orientierung* des Marketing und die Förderung *längerfristiger Geschäftsbeziehungen*. Zuvor stand im Mittelpunkt die Ausrichtung auf ein Marketing-Mix (s.o.) mit dem Ziel, einen Verkauf herbeizuführen. Jetzt richtete sich die Aufmerksamkeit auch stärker auf Nachkaufprozesse (z.B. Kundenzufriedenheit) mit der

Perspektive, Folgekäufe und dauerhafte Geschäftsbeziehungen zu erreichen. Diese Perspektive wurde z.B. von Webster (1992) schon relativ frühzeitig forciert und theoretisch diskutiert.

Schon etwas früher war eine deutlich stärkere strategische Orientierung des Marketing – nicht zuletzt durch Übernahme von Konzepten aus dem strategischen Management (z.B. Day 1984) – in Verbindung mit einer systematischen Marktorientierung der Unternehmensplanung erfolgt. Der Fokus im Marketing verschob sich damit zur Erzielung dauerhafter Wettbewerbsvorteile durch Angebote, die für den Kunden einen größeren Wert als die von Konkurrenten haben. Vor dem Hintergrund solcher Entwicklungen kam die AMA im Jahre 2004 zu der folgenden Definition:

„Marketing bezeichnet die Funktion von Organisationen und die Prozesse, die dazu da sind, Werte für Kunden zu schaffen, zu kommunizieren und zu liefern sowie Kundenbeziehungen in einer Weise zu gestalten, die der Organisation und ihren Beteiligten nutzt." (Quelle: Marketing News, 15.1.2008, S. 29)

Czepiel (1992, S. 35 f.) macht deutlich, dass es sich bei der Ausrichtung auf „wertschaffendes Handeln" (Kotler / Keller / Bliemel 2007, Untertitel des Buches „Marketing-Management")) um eine gedankliche Weiterführung der Grundideen von Austauschprozessen handelt:

„Da Austauschprozesse in Märkten größtenteils frei sind von ... außerökonomischen Einflüssen, besteht ihre einzige Motivation darin, dass beide Beteiligten nach dem Austausch wohlhabender sind als vorher. Mit anderen Worten: Austausch wird durch Wert motiviert." „Weil der Austausch ein Prozess ist, bei dem Wert entsteht..., gibt es häufig Konkurrenz im Hinblick darauf, wer Austauschpartner wird."

Bei der jüngsten AMA-Definition von 2007 stammt die Formulierung wieder von einem entsprechenden Ausschuss der AMA, der die Ergebnisse einer entsprechenden Befragung von mehreren tausend AMA-Mitgliedern in seine Überlegungen einbezogen hat:

„Marketing bezeichnet die Aktivitäten, Institutionen und Prozesse zur Schaffung, Kommunikation, Bereitstellung und zum Austausch von Angeboten, die einen Wert für Kunden, Auftraggeber, Partner und die Gesellschaft insgesamt haben." (Quelle: Marketing News, 15.1.2008, S. 29)

Wenn man versucht, den Wandel der Inhalte der Marketing-Definition der American Marketing Association kurz zusammenzufassen, dann kann man das durch folgende Stichworte tun:

1935:   Schwerpunkt bei Distribution / Handel

1985:   Fokus auf Marketing-Mix; Austauschbeziehungen; Ausweitung des Marketing auf nicht-kommerzielle Bereiche

2004:   Fokus auf Geschäftsbeziehungen und Schaffung von Werten beim Kunden

2007: Schaffung von Werten bei unterschiedlichen Adressaten; Einbeziehung von Marketing-Institutionen

Auf unterschiedliche Ausrichtungen und Schwerpunkte bei der wissenschaftlichen Beschäftigung mit dem Marketing wird im Abschnitt 2.6 und im Kapitel 7 noch detaillierter eingegangen.

2.2 Zur Entwicklung des Marketing

Häufig wird die Entwicklung zum Marketing, also die weitgehende Ausrichtung von Unternehmen auf Nachfragerwünsche, als Reaktion auf eine Veränderung der Marktverhältnisse (vom „Verkäufermarkt" zum „Käufermarkt") angesehen (siehe z.B. Tomczak / Kuß / Reinecke 2009, S. 1 ff.). Besondere internationale Beachtung hat das *Drei-Phasen-Konzept* von Robert Keith (1960) gefunden, das auch in zahlreichen Marketing-Lehrbüchern aufgegriffen wurde (Hollander 1986). Danach wären zu unterscheiden:

- Phase der **Produktionsorientierung**: Starke Nachfrage, begrenzte Produktion → Ausrichtung auf den Engpasssektor Produktion / Beschaffung. Derartige Marktverhältnisse werden den Perioden der beginnenden industriellen Massenproduktion am Ende des 19. Jahrhunderts sowie der Zeit im Anschluss an den 2. Weltkrieg in Deutschland zugeordnet.

- Phase der **Verkaufsorientierung**: Sättigungserscheinungen in den Märkten werden spürbar → Einsatz von Marketing-Instrumenten (pers. Verkauf, Werbung, Preispolitik) zur Unterstützung des Verkaufs wird notwendig. Diese Phase wird als Übergangsphase zwischen Produktions- und Marketingorientierung (s.u.) angesehen.

- Phase der **Marketingorientierung**: Kennzeichnend dafür ist das Überangebot in vielen Märkten, wodurch die Kunden in die stärkere Position geraten → Unternehmen müssen sich mit allen Bereichen, einschließlich der marktorientierten Festlegung des Leistungsprogramms auf Kunden bzw. Marktsegmente ausrichten. In der Bundesrepublik Deutschland hat es etwa seit den 1960er / 1970er Jahren eine solche Situation gegeben, in den USA wohl etwas früher.

Dieses Phasenschema nach Keith (1960) ist recht anschaulich und macht die Entwicklung zum Marketing plausibel. Gleichwohl gibt es an der historischen Korrektheit des Phasenschemas erhebliche Zweifel. Vor allem Fullerton (1988) hat durch detaillierte historische Recherchen diese Zweifel begründet und eine *alternative Periodisierung* entwickelt. Er belegt mit zahlreichen Quellen und Beispielen u.a. die folgenden Einwände gegen das Drei-Phasen-Konzept und dessen zeitliche Zuordnung (Fullerton 1988, S. 111 ff.):

- Überproduktion und scharfe Konkurrenz von Anbietern war in den Industrieländern schon seit der 2. Hälfte des 19. Jahrhunderts zu beobachten.
- Die Hypothese der Steigerung von Nachfrage, ohne dass es Marketing-Anstrengungen bedarf (gewissermaßen Nachfragesteigerung „von selbst"), wird bezweifelt. Fullerton (1988, S. 112) spricht hier von der – in seiner Sicht falschen – Vorstellung von Kunden als „Konsum-Maschinen, deren Nachfrage automatisch steigt".
- Schon sehr früh (ab ca. 1850 !) zu beobachtende systematische Marketing-Aktivitäten von Anbieter-Unternehmen wurden ignoriert. Auch Berghoff (2007 a), Engel (2007) und Rossfeld (2007) berichten über diverse Beispiele für Marketingstrategien schon Ende des 19. Jahrhunderts.

Fullerton (1988, S. 117) fasst seine historische Analyse in dem Satz „Es gab keine Phase der Produktionsorientierung" zusammen und äußert auch erhebliche Zweifel an der Vorstellung der (angeblich) darauf folgenden Verkaufs- und Marketingorientierung.

Fullerton (1988, S. 114 ff.) stellt zur Illustration seiner Argumentation zahlreiche Beispiele für Marketing-Aktivitäten schon im 19. und frühen 20. Jahrhundert zusammen, von denen hier einige genannt seien:

Marketing-Aktivität	Beispiel	Jahr
Gebrauch von Marken	Henkel's Bleichsoda	1876
Verpackungspolitik	Waschmittelkartons von Lever	1860
Marktsegmentierung	Stifte von Parker zu Preisen von $ 1,50 bis $ 20,--	1899
Marktforschung	Verlag Velhagen u. Klasing mit demographischer Auswertung von Kundenlisten	1880
Produktdesign	Peter Behrens als Chef-Designer der AEG	1907
Werbung	Waschmittelwerbung von Henkel	1870

Auf Basis seiner historischen Analysen gelangt Fullerton (1988) zu einer alternativen Periodisierung der Entwicklung zum Marketing, die wesentlich früher einsetzt. Er identifiziert die folgenden Phasen (S. 121 ff.):

- Das Zeitalter der Vorläufer (seit ca. 1500 !) mit der Entwicklung zum Kapitalismus und (überregionalem) Handel
- Das Zeitalter der Entstehung des Marketing (seit ca. 1750 (GB) bzw. 1830 (USA und Deutschland)) mit umfassenden Anstrengungen zur Weckung und Befriedigung von Nachfrage in fast allen Teilen der Gesellschaft

- Das Zeitalter der Entwicklung von Marketing-Institutionen (seit ca. 1850 (GB) bzw. 1870 (USA und Deutschland)) mit der weiteren Entwicklung von Möglichkeiten der Werbung, der Marktforschung, der Logistik und des Handels
- Das Zeitalter der Verfeinerung und Formalisierung von Instrumenten und Institutionen (seit ca. 1930), z.B. mit weiter entwickelten Analysemethoden und einer systematischen Ausbildung von Marketing-Personal.

Im deutschsprachigen Raum ist von Hansen / Bode (1999) ein weiteres wichtiges Schema zur historischen Entwicklung des Marketing mit den Phasen

- Ursprung und Beginn des Marketing,
- Unternehmenssteuerung durch das Marketing,
- Erweiterung des Marketing und Einbeziehung der gesellschaftlichen Perspektive sowie
- Fragmentierung und Konsolidierung

konzipiert, detailliert beschrieben und begründet worden. Auch hier wird diese Entwicklung vor allem als Reaktion auf Veränderungen in Märkten und Gesellschaft interpretiert. Einen Ausblick auf aktuelle und zukünftige Entwicklungen im Marketing geben Achrol / Kotler (2012).

2.3 Kennzeichnung von Marketingwissen

In den vorigen Abschnitten ist (sehr) kurz skizziert worden, was man unter „Marketing" versteht und wie sich das Marketing (etwa) im real existierenden Wirtschaftsleben entwickelt hat. Im vorliegenden Buch geht es aber – deutlich über diese beiden Aspekte hinausreichend – um die Entwicklung und Überprüfung entsprechender Theorien und damit um Inhalt und Methoden der *Marketingwissenschaft*. Unabhängig von unterschiedlichen Sichtweisen und Ansprüchen bezüglich einer Marketingwissenschaft wird man wohl davon ausgehen können, dass diese dazu dient, Marketingwissen zu generieren, aufzubewahren und zu verbreiten (Hunt 2010, S. 46 f.). Deswegen wird hier die Frage gestellt, was denn mit dem Begriff „**Marketingwissen**" gemeint ist. Zunächst – eher allgemein – zum Begriff „**Wissen**", der ja im Zusammenhang mit dem Wissensmanagement in jüngerer Zeit in der Betriebswirtschaftslehre große Beachtung erfahren hat. Bell (1973, S. 175; zitiert nach Bloom 1987, S. 3) kennzeichnet Wissen als „Eine Menge von Aussagen über Tatsachen oder Ideen, welche eine begründete Einschätzung oder reale Erfahrungen darstellen, die an andere über Kommunikationsmedien übertragen wird." Hier geht es also um rational nachvollziehbare bzw. durch Beobachtung der Realität nachvollziehbare Erkenntnisse. Stärker auf den Prozess der Wissensentstehung ausgerichtet ist die Sichtweise von Bühner (2001, S. 886): „Informationen werden zu Wissen, wenn die Informationen durch subjektive Einstellungen,

Annahmen, Theorien und Schlussfolgerungen ergänzt werden. Wissen entsteht somit in einem Prozess, in dem Daten und Informationen mittels Lernen und Intelligenz weiterverarbeitet werden." Auch in dieser Kennzeichnung wird deutlich, dass es beim Wissen nicht nur um eine Ansammlung möglichst vieler Einzel-Informationen geht, sondern um Zusammenhänge zwischen diesen Informationen und um eine entsprechende Systematik.

Was versteht man nun unter „**Marketingwissen**"? John Rossiter (2001 u. 2002) hat es unternommen, in einem größeren Projekt Marketingwissen zunächst zu kennzeichnen und zu kategorisieren. In späteren Phasen des Projekts soll eine systematische Bestandsaufnahme des aktuellen Wissens erfolgen (Jones 2002). Hinsichtlich der Charakterisierung von Marketingwissen hat Rossiter (2001, S. 9) eine eher pragmatische Sichtweise: „Marketingwissen ist das, was Marketingwissenschaftler und –berater lehren bzw. vermitteln und worauf sich Marketingmanager stützen bei der Entwicklung von Marketingplänen." Hier wird eine Sichtweise erkennbar, die am ehesten auf die praktische Anwendung von Wissen in Unternehmen gerichtet ist. Eine entsprechende (allgemeinere) Kennzeichnung nimmt im Bereich des Wissensmanagements Al-Laham (2003, S. 43) vor: „Wissen als unternehmungsspezifische Ressource umfasst all diejenigen Informationen, Kenntnisse und Fähigkeiten, die dem jeweiligen Akteur zur Verfügung stehen und die er bewusst oder unbewusst zur Lösung von Aufgaben und Problemen verwendet." Rossiter (2001, S. 10) nimmt eine weitere Eingrenzung vor: „Es wird vorgeschlagen, dass Marketingwissen deklarativ (‚wissen, was') ist und dass es unabhängig von Marketingfähigkeiten bzw. prozeduralem Wissen (‚wissen, wie') existiert und davon unterschieden werden sollte." Hier wird an die (auch) in der Konsumentenforschung gebräuchliche Unterscheidung von deklarativem und prozeduralem Wissen (vgl. z.B. Kuß / Tomczak 2007, S. 22 f.) angeknüpft. **Deklaratives Wissen** bezieht sich danach auf Fakten, d.h. auf Marketing-Phänomene sowie deren Eigenschaften und Beziehungen untereinander. **Prozedurales Wissen** bezieht sich dagegen eher auf Verhaltensweisen, auf die Frage, wie man Dinge tut. So ist es häufig zu beobachten, dass ein qualifizierter Verkäufer in der Lage ist, ein Verkaufsgespräch kundenorientiert und erfolgreich zu führen. Nicht immer wird er in der Lage sein, jeden seiner Schritte in dem Gespräch analytisch zu begründen. Vieles dürfte auf Erfahrungen und / oder Intuition beruhen (was den Erfolg nicht mindern muss). Nach Rossiter (2001) ist Marketingwissen also von dem letzteren Aspekt deutlich abzugrenzen. Auf dieser Basis identifiziert Rossiter (2001, 2002) fünf Arten von Marketingwissen:

- Marketing-Fachbegriffe („Marketing Concepts")
- Strukturierungen von Marketing-Problemen („Structural Frameworks")
- Empirische Generalisierungen („Empirical Generalizations")
- Strategische Grundsätze („Strategie Principles")
- Empfehlungen für die Forschung („Research Principles")

Nun zur Erläuterung dieser fünf Wissensarten. Bei den „**Marketing-Fachbegriffen**" stehen die Bedeutungsinhalte dieser Begriffe im Mittelpunkt. Man formuliert, was man unter einem bestimmten Fachbegriff versteht. Ein solcher Begriff ist im Hinblick auf seine kennzeichnenden Merkmale definiert. So sind Begriffe wie Marktsegmentierung, Testmarkt oder Verkaufsförderung jedem geläufig, der grundlegende Fachkenntnisse im Marketing hat, und werden auch (weitgehend) einheitlich verstanden. Fachbegriffe sind gewissermaßen die Basis des Marketingwissens. Sie bieten für sich allein noch keine Hilfe bei der Lösung wissenschaftlicher oder praktischer Fragestellungen, sie sind aber ein notwendiges Element für die anderen Arten des Marketingwissens.

[Marginalie: Marketing Concepts]

Definitionen von Fachbegriffen sind im Prinzip frei wählbar. Es handelt sich nur um sprachliche Festlegungen, die selbst über die Realität nichts aussagen. Insofern können Definitionen auch nicht richtig oder falsch sein, wohl aber mehr oder weniger zweckmäßig. Wesentlich dafür ist u.a. ein weitgehend einheitliches Verständnis in der Fachwelt, da ansonsten eine diesbezügliche Kommunikation kaum möglich ist. Zu wesentlichen Überlegungen bei der Formulierung von Definitionen sei auf Jaccard / Jacoby (2010, S. 75 ff.) verwiesen.

„Definieren ist ein Vorgang, bei dem ein neuer Begriff auf der Basis bereits existierender Begriffe festgelegt wird." (Zaltman / Pinson / Angelmar 1973, S. 26, siehe auch Psillos 2007, S. 62). Der neue (zu definierende) Begriff wird in der wissenschaftstheoretischen Literatur als **Definiendum**, die definierenden Begriffe werden als **Definiens** bezeichnet (Schanz 1988, S. 18). Beispiele für Definitionen sind die verschiedenen Kennzeichnungen des Marketing-Begriffs durch die AMA, die im Abschnitt 2.1 vorgestellt wurden.

Shelby Hunt (1987, S. 209) zu Wesen und Zweckmäßigkeit von Definitionen:

„Definitionen sind ‚Regeln zum Ersetzen' (...). Mit einer Definition meint man also, dass ein Wort oder eine Gruppe von Worten (das Definiens) äquivalent mit dem zu definierenden Wort (dem Definiendum) sein soll. Gute Definitionen zeigen Inklusivität, Exklusivität, Unterscheidbarkeit, Klarheit, Kommunizierbarkeit, Konsistenz und Knappheit."

Dabei ist mit „Inklusivität" gemeint, dass die Phänomene, die gemeinhin dem Definiendum zugerechnet werden, von der Definition eingeschlossen werden. Dagegen bezieht sich die „Exklusivität" auf die klare Abgrenzung gegenüber anderen Phänomenen.

[Marginalie: Structural Frameworks]

Die „**Strukturierungen von Marketing-Problemen**" bieten schon weitergehende Anwendungsmöglichkeiten, vor allem für die Praxis. Rossiter (2001, S. 20) versteht darunter „Beschreibende Listen von Begriffen, dargestellt in Form von Aneinanderreihungen oder Rastern bzw. Tabellen, die dazu dienen, ein Marketing-Problem zu ordnen und zu strukturieren." Weit verbreitete Beispiele dafür sind Checklisten, die „4 P's" für das Marketing-Mix oder das Portfolio der Boston Consulting Group zur Darstellung von strategischen Geschäftsfeldern.

„Empirische Generalisierungen" basieren – wie die Bezeichnung schon erkennen lässt – auf Erfahrungen und Daten. Typischerweise werden die Ergebnisse einer größeren Zahl von Untersuchungen zu den relevanten Phänomenen, die unter verschiedenen Bedingungen erfolgt sind, zusammengefasst, sofern eine Konsistenz der Ergebnisse erkennbar ist (Bass 1995; Bass / Wind 1995; Eisend 2006). Rossiter (2002, S. 374) spricht bei derartigen Ergebnissen von „beobachteten Wenn-Dann-Beziehungen". Auf empirische Generalisierungen wird im Abschnitt 6.3 noch näher eingegangen.

Beispielsweise haben Blattberg / Briesch / Fox (1995) eine Vielzahl empirischer Untersuchungen zur Verkaufsförderung zusammenfassend analysiert und kommen u.a. zu folgenden empirischen Generalisierungen:

Zeitweilige Preissenkungen im Handel (Preisaktionen) führen zu erheblichen Steigerungen der Verkaufsmengen.

Marken mit hohem Marktanteil sind weniger „deal elastic", d.h. dass Marktanteilsveränderungen bei Preisaktionen (relativ) geringer sind als bei „kleineren" Marken.

Die Häufigkeit von Sonderangeboten beeinflusst den Referenzpreis von Konsumenten.

Mit zunehmender Häufigkeit von Sonderangeboten sinkt die Wirkung eines Angebots.

„Strategische Grundsätze" geben gewissermaßen Handlungsempfehlungen für bestimmte Situationen im Sinne von „Wenn Situation X gegeben ist, dann verfolge Strategie Y". Ein (inzwischen wohl obsoletes) Beispiel sind die Empfehlungen, die früher mit dem Portfolio der Boston Consulting Group verbunden wurden, etwa die Empfehlung, Geschäftsbereiche aufzugeben, wenn diese durch geringes Marktwachstum und geringen relativen Marktanteil gekennzeichnet sind („Poor dogs"). Von Rossiter selbst stammt mit dem „Rossiter / Percy-Grid" (Rossiter / Percy 1997, S. 212 ff.) ein weiteres Beispiel, bei dem für verschiedene Kombinationen von Kaufmotiven und Stärken des Involvements Empfehlungen für die jeweilige Werbestrategie gegeben werden.

„Empfehlungen für die Forschung" haben ebenfalls Wenn-Dann-Charakter. Sie gelten der Zuordnung geeigneter Forschungsmethoden zu bestimmten Fragestellungen und / oder Situationen. So ist heute bei der Messung der Wichtigkeit von Produkteigenschaften die Conjoint-Analyse die Standardmethode (Backhaus u.a. 2008, S. 452 ff.). Bei der Untersuchung von Kausalzusammenhängen ist das Experiment die „klassische" Methode (Kuß 2012, S. 156 ff.).

Die fünf vorstehend skizzierten Arten des Marketingwissens sind in der folgenden Abbildung 2.1. graphisch symbolisiert und zusammenfassend dargestellt. Eine Übersicht mit gängigen Fachbegriffen und Strukturierungen der Marketingwissenschaft gibt Chernev (2008).

Abbildung 2.1: *Formen des Marketingwissens (nach Rossiter 2002)*

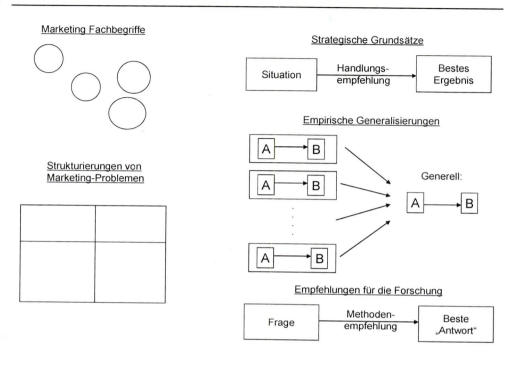

2.4 Entstehung und Verbreitung von Marketingwissen

Nach dem vorstehenden kurzen Überblick über Wesen und Arten von Marketingwissen geht es im vorliegenden Abschnitt um Institutionen und Prozesse zur *Generierung* und *Verbreitung von Marketingwissen*. Das ist auch eine Annäherung an die in Abschnitt 2.6 folgende Kennzeichnung der Marketingwissenschaft und ihrer Entwicklung.

Wo entsteht also Marketingwissen? Jeder, der sich im Studium und / oder in der Praxis etwas intensiver mit Marketing befasst hat, wird wohl vor allem an die folgenden drei Bereiche denken, bei denen die hier gewählte Reihenfolge nicht unbedingt ihrer Bedeutungsrangfolge entsprechen muss:

- **Akademische Marketingforschung** an Hochschulen in aller Welt. Die ausgeprägte Nachfrage nach Lehrangeboten im Fach Marketing bringt es mit sich, dass dieses Fach zumindest in wirtschaftlich stark entwickelten Ländern auch personell relativ stark vertreten ist. An den wissenschaftlich führenden Hochschulen ist die Lehrtätigkeit regelmäßig mit entsprechenden Forschungsaktivitäten der DozentInnen verbunden. Diese bearbeiten also theoretische oder empirische Forschungsfragen und publizieren die Ergebnisse vor allem in wissenschaftlichen Zeitschriften. Da erfolgreiche Forschung für die Reputation und Karrieremöglichkeiten von WissenschaftlerInnen einen hohen Stellenwert hat, gibt es auch starke Anreize zur Generierung von Marketingwissen in diesem Bereich. Hinzu kommt, dass im akademischen Bereich wesentliche Qualifikations- bzw. Karriereschritte mit größeren Forschungsarbeiten (insbes. Dissertationen, bis vor kurzem auch Habilitationsschriften) verbunden sind.

- Die **kommerzielle Marktforschung** hat weltweit einen großen Umfang angenommen, was nicht zuletzt an den Milliardenumsätzen dieser Branche abzulesen ist. Typischerweise werden die Ergebnisse der Marktforschungsuntersuchungen nicht publiziert, weil der jeweilige Auftraggeber diese seinen Wettbewerbern natürlich nicht zugänglich machen will. Im Hinblick auf (generell relevantes) Marketingwissen wäre ein Großteil dieser Ergebnisse wohl auch wenig hilfreich, weil die kommerziellen Untersuchungen meist auf ganz spezielle Fragestellungen ausgerichtet sind, die nur für das jeweilige Unternehmen in einer bestimmten Situation interessant sind. Welches generell bedeutsame Marketingwissen könnte man beispielsweise aus einer Marktanalyse zum Wachstum des norddeutschen Damenschuh-Marktes zwischen 2008 und 2012 entnehmen? Gleichwohl können die Marktforschungsinstitute durch die Vielzahl ihrer Untersuchungen zu sich wiederholenden Fragestellungen in verschiedenen Branchen oder Märkten auch generell nutzbares Wissen generieren, z.B. durch Messungen der Werbewirkung oder des Erfolges von Produktinnovationen. Daneben werden manche Untersuchungen, z.B. wenn sie von Medien zur Akquisition von Werbekunden in Auftrag gegeben werden, auch publiziert. Letztlich ist der wesentliche Beitrag der Marktforschungsinstitute zur *Entwicklung von Forschungsmethoden* hervorzuheben. Entsprechende Publikationen bringen auch einen Reputationsgewinn für die Institute.

- **Beratungsunternehmen** generieren Marketingwissen in ihren Projekten bzw. zur Steigerung ihrer Kompetenz und damit zur Gewinnung von Kunden. Sie führen generell interessierende Studien durch und entwickeln Hilfsmittel (z.B. „Strategische Grundsätze", siehe Abschnitt 2.3) zur Lösung von Problemen. Prominente Beispiele dafür sind – beide von der Boston Consulting Group entwickelt und propagiert – die Erfahrungskurve und das BCG-Portfolio (vgl. z.B. Tomczak / Kuß / Reinecke 2009, S. 23 ff. bzw. S. 80 ff.).

> Shelby Hunt (2010, S. 46 f.) zur Rolle von Universitäten bei der Generierung, Sammlung und Verbreitung von Wissen:
>
> „Universitäten sind in meiner Sicht in der „Wissens-Branche" tätig. Genauer gesagt speichern und vertreiben Universitäten Wissen und erzeugen dieses. Universitäten ‚lagern' Wissen mit Hilfe von Bibliotheken. Sie verbreiten und ‚verkaufen' Wissen durch ihre Aufgaben in der Lehre. Sie ‚produzieren' Wissen durch die Forschung."

Ein Bereich der Wissensgenerierung, der in anderen Wissenschaftsbereichen eine bedeutsame Rolle spielt, tritt im Marketing kaum in Erscheinung: Durch die öffentliche Hand, Stiftungen, Verbände getragene reine Forschungsinstitutionen. In anderen Disziplinen, nicht zuletzt in den Natur- und Ingenieurwissenschaften, spielen hier – im deutschsprachigen Raum – z.B. die Max-Planck-Institute, die Institute der Helmholtz-Gemeinschaft und die Institute der Fraunhofer-Gesellschaft eine wesentliche Rolle. Für den Bereich der Volkswirtschaftslehre wären hier die allseits bekannten wirtschaftswissenschaftlichen Forschungsinstitute (z.B. DIW Berlin, ifo München) zu nennen. Die Betriebswirtschaftslehre – einschließlich des Gebiets Marketing – findet hier weitaus weniger Beachtung, obwohl sie bei der Nachfrage seitens der Studierenden und beim Ausbildungserfolg die Volkswirtschaftslehre weit hinter sich gelassen hat. Auch das Interesse an betriebswirtschaftlichem Wissen dürfte wesentlich breiter gestreut sein. Ein Grund für die geringe öffentliche Förderung betriebswirtschaftlicher Forschung könnte darin bestehen, dass man diese den Unternehmen, Beratern oder Marktforschungsinstituten überlässt, weil diese – bezogen auf ihre speziellen Probleme – ein hinreichend großes Interesse daran haben.

Immerhin gibt es international eine Institution, die ausschließlich der systematischen Marketingforschung gewidmet ist, das **Marketing Science Institute** (www.msi.org) in Cambridge (Mass., USA), das schon 1961 gegründet wurde. Dieses Institut – getragen von großen Unternehmen wie AT&T, General Motors, DuPont, GfK, Henkel, IBM, McKinsey oder Coca Cola – unterstützt akademische Forschung, identifiziert Forschungsbedarf und verbreitet Forschungsergebnisse durch entsprechende Publikationen und Tagungen. Das ist ein Beispiel dafür, dass man in den USA schon relativ früh und systematisch Anstrengungen zur Entwicklung von Marketingwissen unternommen hat (siehe dazu auch Myers / Greyser / Massy 1979).

Wesentliche *Einflussfaktoren* der Entstehung von Marketingwissen im akademischen Bereich hat Bloom (1987, S. 22) in einem Modell zusammengefasst (siehe Abbildung 2.2). Im Mittelpunkt steht (natürlich) der Prozess der Wissensentstehung, beginnend bei der Person der Forscherin / des Forschers mit ihren relevanten Merkmalen. Der hier etwas abstrakt „Beobachtung der Umwelt" genannte Schritt bezieht sich auf die Identifizierung lohnender Forschungsfragen durch Literaturstudium, Praxiskontakte, Gedankenaustausch auf Tagungen etc. Es folgt die Generierung von Ideen für ein entsprechendes Forschungsprojekt. Zentrale Bedeutung haben dafür der entsprechende theoretische Rahmen und die methodische Ausrichtung der Untersuchung. Diese beiden Aspekte werden bei der Durchführung der Untersuchung wesentlich konkreter ausgearbeitet und vor allem realisiert, z.B. durch die Erhebung und Analyse geeigneter Daten. Als letzten Schritt sieht Bloom (1987, S. 23) die Darstellung der Ergebnisse und deren Publikation an.

Abbildung 2.2: *Einflussfaktoren der Entstehung und Verbreitung von Marketingwissen (Quelle: Bloom 1987, S. 22)*

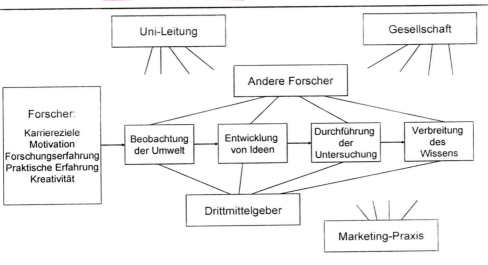

Dieser (idealtypische) Forschungsprozess wird in der Realität durch mannigfaltige Faktoren beeinflusst, deren wichtigste in der Abbildung 2.2 eingetragen sind. Einfluss auf alle Untersuchungsphasen haben andere Forscher, z.B. durch kollegialen fachlichen Austausch oder ihre Tätigkeit als so genannte „Reviewer", die vor der Publikation von Forschungsergebnissen in einer wissenschaftlichen Zeitschrift entscheiden, ob die jeweilige Untersuchung zur Publikation angenommen wird bzw. ob vor einer Veröffentlichung noch Änderungen / Verbesserungen erforderlich sind. Bei der in der Marketingwissenschaft stark verbreiteten empirischen Forschung sind oft erhebliche Ressourcen erforderlich, die von Drittmittelgebern kommen können. Dabei handelt es sich in Deutschland am ehesten um im Wesentlichen staatlich beeinflusste Organisationen (z.B. Deutsche Forschungsgemeinschaft DFG), um Stiftungen (z.B. Volkswagen-Stiftung) oder um private Unternehmen, die bestimmte Untersuchungen fördern (z.B. die GfK, Nürnberg). Hier ist natürlich der Einfluss auf den Prozess der Wissensentstehung offenkundig, beispielsweise im Hinblick auf Grundlagenforschung vs. anwendungsorientierte Forschung. Mit dem Stichwort „Uni-Leitung" sind die entsprechenden Organe (z.B. Fachbereichsräte, Forschungskommissionen, Dekane, Präsidenten)

gemeint. Diese haben **wesentlichen direkt**en (durch Bereitstellung von Ressourcen für die Forschung) und **indirekt**en (durch Festlegung von Leistungsmaßstäben für die Karriereentwicklung der Wissenschaftler) Einfluss auf Ausrichtung und Intensität der Forschung. Beispielsweise wird bei vielen Uni-Leitungen in den letzten Jahren verstärkt Wert gelegt auf Drittmittel-Forschung, weil die Einwerbung von Drittmitteln (unabhängig von Untersuchungszweck und –erfolg) in Teilen der Öffentlichkeit, die nicht über spezifische Fachkenntnisse verfügen, als Erfolgskriterium für Forschung gilt. Letztlich haben die Marketing-Praxis (beispielsweise durch Anregung von Forschungsfragen oder die Bereitstellung von Daten) und auch die Gesellschaft allgemein Einfluss auf die Generierung von Marketingwissen. Als Beispiel für den letztgenannten Aspekt seien Untersuchungen zur Wirkung von Tabakwerbung oder zum Einfluss der Werbung auf Kinder genannt.

Die Wege der **Verbreitung von Marketingwissen** sind weitgehend bekannt und bedürfen wohl keiner ausführlichen Erläuterung. Die wichtigsten und gängigsten dieser Wege seien hier genannt:

- Wissenschaftliche Zeitschriften (z.B. Journal of Marketing, Journal of Consumer Research, Marketing ZFP)
- Praxisorientierte Zeitschriften (z.B. Absatzwirtschaft)
- Lehre an Hochschulen
- Fachbücher, Internet
- Tagungen, Kongresse (z.B. Jahrestagungen der American Marketing Association oder Association for Consumer Research, Deutscher Marketing-Tag)
- Weiterbildung (Manager-Seminare oder so genannte „Executive Studiengänge", z.B. „Executive Master of Business Marketing" an der Freien Universität Berlin)
- Persönliche Kommunikation (z.B. von Unternehmensberatern)

Hinsichtlich der *wissenschaftlichen Zeitschriften* wegen ihrer herausragenden Bedeutung hier noch einige zusätzliche Erläuterungen: Für den Marketing-Bereich existiert eine große Zahl internationaler wissenschaftlicher Zeitschriften mit unterschiedlichsten Schwerpunkten (vom breit angelegten „Journal of Marketing" bis zum „Journal of Food Distribution Research") und unterschiedlichem Rang (s.u.). Donald Lehmann (2005) nennt allein für den englischsprachigen Bereich 105 Marketing-Fachzeitschriften. Die Rolle der Einreichung wissenschaftlicher Manuskripte bei Fachzeitschriften, deren Begutachtung / Auswahl und Publikation für das Wissenschaftssystem wird durch die folgende Abbildung 2.3 illustriert.

Abbildung 2.3: *Einfluss von wissenschaftlichen Zeitschriften auf die Verbreitung von Marketingwissen (Quelle: Lehmann / McAlister / Staelin 2011, S. 156)*

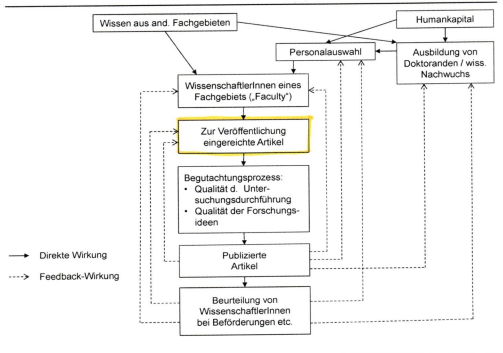

Im Zentrum der Abbildung 2.3 steht die Einreichung eines Artikels bei einer Zeitschrift, dessen Begutachtung durch so genannte „Reviewer" und dann gegebenenfalls die Publikation des Artikels. Menge und Qualität eingereichter Artikel werden wesentlich bestimmt von Anzahl und Ausbildungsniveau bzw. -richtung der Wissenschaftler im jeweiligen Fachgebiet und auch von Einflüssen anderer Fachgebiete (im Marketing z.B. Psychologie, Statistik). Zahlreiche Feedback-Wirkungen von Publikationen haben wiederum Einfluss auf das Wissenschaftssystem. So haben Publikationserfolge einzelner Wissenschaftler deutliche Auswirkungen auf deren Berufungs- und Aufstiegschancen, was wiederum verhaltensprägend sein kann. Publizierte Artikel beeinflussen natürlich – wie es ja sein soll – inhaltlich und methodisch künftige Forschung und die Ausbildung des wissenschaftlichen Nachwuchses.

Die schon angesprochene Rangposition der Zeitschriften in Form von A, B, C...-Journals spielt eine große Rolle hinsichtlich ihres Einflusses und ihrer Attraktivität für Autoren. Im deutschsprachigen Raum wird insbesondere das entsprechende Ranking des Verbandes der Hochschullehrer für Betriebswirtschaft VHB (http:// vhbonline.org/

service/jourqual/) stark beachtet. Je deutlicher die folgenden Merkmale ausgeprägt sind, desto höher (Maximum: A+) ist eine Zeitschrift dort eingeordnet:
- Scharfe Auslese der qualitativ besten Beiträge (mit Ablehnungsraten in der Größenordnung von 90 %)
- Publikationen ausschließlich innovativer und wissenschaftlich sehr fundierter Beiträge
- Anwendung des „Double Blind Review"-Verfahrens, bei dem die Autoren nicht die Gutachter kennen und umgekehrt, damit eine möglichst objektive Beurteilung der eingereichten Beiträge erfolgt
- Sorgfältiger und konstruktiver Begutachtungsprozess, um eine Verbesserung der eingereichten Beiträge vor der Publikation zu erreichen. Einen Eindruck von einem solchen Review-Prozess (und seinen Problemen) gibt Homburg (2003).
- Internationale Verbreitung und Beachtung der Zeitschriften in Fachkreisen
- Anziehung international führender Autoren
- Hoher Prestigegewinn und damit verbundene Karriereförderung für die Autoren durch Publikationen in diesen Zeitschriften
- Häufige Zitationen der Beiträge in anderen wissenschaftlichen Publikationen und damit große Wirkung („Impact") (siehe z.B. Sivadas / Johnson 2005)

Allerdings gibt es auch deutliche Kritik an der Validität der Einstufungen bei derartigen Rankings und an den Wirkungen der Rankings auf die Entwicklung der Forschung und des Wissenschaftssystems. So hebt Alfred Kieser (2012) als negative Wirkungen u.a. eine Einschränkung der wissenschaftlichen Vielfalt durch Anpassung an einen „Mainstream", Einschränkungen von Kreativität und Innovation und eine weitere Entfernung von Fragestellungen der Praxis hervor.

Roland T. Rust fasst in einem „Editorial" am Ende seiner Tätigkeit als Herausgeber des Journal of Marketing (Rust 2008) wesentliche Gesichtspunkte zum Status und Erfolg dieser Zeitschrift zusammen:

„Der Rang des Journal of Marketing war nie höher. Beim „Journal Citation Report" des „ISI Web of Knowledge" werden im Bereich „Business" drei Kategorien unterschieden: Business, Business and Finance sowie Management. Unter allen Zeitschriften in diesen drei Kategorien steht JoM im Hinblick auf Zitationen an der Spitze mit einem „Impact-Factor" von 4,83. Die sieben meistzitierten Zeitschriften erscheinen in der folgenden Tabelle:

Zeitschrift	Impact Factor
Journal of Marketing	4,83
MIS Quarterly	4,73
Academy of Management Review	4,52

Marketing Science	3,98
Journal of Accounting and Economics	3,36
Academy of Management Journal	3,35
Journal of Finance	3,26

Die fünf meistzitierten Zeitschriften mit Bezug zum Marketing erscheinen in der folgenden Tabelle: .....

Zeitschrift	Impact Factor
Journal of Marketing	4,83
Marketing Science	3,98
Journal of Marketing Research	2,39
Journal of Consumer Research	2,04
Journal of Service Research	1,72

Ich bin davon überzeugt, dass der Rang und das Prestige des JoM auf die folgenden Faktoren zurückzuführen ist: (1) Bei den dort erscheinenden Artikeln wird auf deren Bedeutung für das Marketing geachtet; (2) die Artikel sind relevant für wichtige Bezugsgruppen wie Manager, Konsumenten oder Entscheidungsträger im öffentlichen Bereich; (3) es ist eine internationale Zeitschrift, (4) sie ist offen für alle Marketing-Themen und Forschungsansätze und (5) sie bietet eine schnelle und kompetente Begutachtung."

In der folgenden Abbildung 2.4 ist schematisch (und natürlich vereinfachend) dargestellt, wie man sich – gewissermaßen in einem Kreislauf bzw. selbstverstärkenden Prozess – die Entwicklung der Reputation wissenschaftlicher Zeitschriften vorstellen kann. Hohes Ansehen zieht zahlreiche und gute Autoren, die ihre Artikel einreichen, sowie besonders qualifizierte Gutachter an. Dadurch kann man aus einem großen Angebot an Artikeln die allerbesten zur Publikation auswählen. Der Begutachtungsprozess dient nicht nur der Auswahl von Artikeln, sondern auch der Verbesserung der eingereichten Manuskripte durch Kritik und Anregungen von den Gutachtern. Die hohe Qualität der in einer Zeitschrift publizierten Artikel führt direkt und auch indirekt durch häufige Zitationen (siehe dazu den folgenden Abschnitt 2.5) zur Stabilisierung bzw. Steigerung der Reputation der Zeitschrift.

Abbildung 2.4: Einflussfaktoren und Wirkungen der Reputation von wissenschaftlichen Zeitschriften

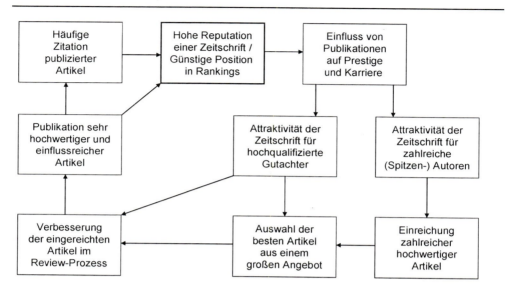

Im Zeitschriften-Ranking des Verbandes der Hochschullehrer für Betriebswirtschaft („VHB-JOURQUAL 2", Stand: Mai 2012, http://vhbonline.org/service/jourqual/) haben die folgenden vier Marketing-Zeitschriften eine internationale Spitzenstellung (Rang: „A+"):

Journal of Marketing

Journal of Consumer Research

Journal of Marketing Research

Marketing Science

Von den deutschsprachigen Marketing-Zeitschriften wird "Marketing ZFP" am höchsten (Platz 22 unter allen Marketing-Zeitschriften, Kategorie „C") eingestuft. Für die nähere Zukunft (Stand Mitte 2012) ist ein aktualisiertes Ranking „JOURQUAL 3" angekündigt.

Welche Inhalte werden in diesen Zeitschriften publiziert? Es gibt Zeitschriften, die das ganze Spektrum des Marketing abdecken (z. B. Journal of Marketing, Marketing ZFP), und enger spezialisierte Zeitschriften (z. B. Journal of Retailing, Journal of Consumer Research). Hinsichtlich der Anlage von Publikationen unterscheiden Schwaiger / Starke (2009) drei Typen, die den weitaus größten Teil in wissenschaftlichen Zeitschriften erscheinender Publikationen abdecken:

1. *Konzeptionelle, modellierende und methodische Arbeiten* (Entwicklung theoretischer Ansätze, formaler / mathematischer Modelle und von Algorithmen)

2. *Empirische Arbeiten* (Überprüfung der Übereinstimmung von theoretischen Vermutungen mit der Realität mit Hilfe geeigneter Daten)
3. *Metastudie und narrativer Review* (statistische oder kritisch diskutierende Zusammenfassung bisheriger Forschungsergebnisse zu einem Thema)

In den führenden Marketing-Zeitschriften war in den letzten drei Jahrzehnten ein deutliches Übergewicht empirischer Studien und ein laufender Rückgang des Anteils rein konzeptioneller Artikel zu beobachten (Yadav 2010).

Zweifellos stehen Publikationen in wissenschaftlichen Zeitschriften international und auch im deutschsprachigen Raum im Mittelpunkt des Interesses (siehe dazu auch Abschnitt 2.5). Monographien, auf die sich früher – nicht zuletzt in Form von Dissertationen und Habilitationsschriften - ein großer Teil der wissenschaftlichen Produktivität ausrichtete, haben einen starken Bedeutungsrückgang erfahren. Dagegen haben Lehrbücher zwar nicht im Hinblick auf die aktuelle Entwicklung der Forschung, aber hinsichtlich der Darstellung von Grundlagen und Inhalt eines Fachs ihre Bedeutung behalten, weil sie die Ausbildung des wissenschaftlichen Nachwuchses und „das Bild einer Wissenschaft in ihrem gesellschaftlichen Umfeld" (Schneider 1983, S. 197) wesentlich prägen. Auch Kuhn (1970, S. 43), auf dessen einflussreichen Ansatz im 5. Kapitel noch eingegangen wird, hebt die Bedeutung von Lehrbüchern für die Entwicklung und Festigung von „Paradigmen" hervor.

Zum Abschluss dieses Abschnitts noch ein kurzer Blick auf die *Verwender von Marketingwissen*. Die AMA Task Force (1988, S. 2 ff.) und Shugan (2003, S. 2) heben u.a. die folgenden Adressatengruppen hervor:

- **Akademische Forscher, Lehrende, Lehrbuch-Autoren und Studierende**

  In der (Marketing-) Forschung ist es eine Selbstverständlichkeit, mit eigenen neuen Untersuchungen auf früheren Forschungsergebnissen aufzubauen, was sich in entsprechenden Verweisen, Zitaten etc. niederschlägt. Entsprechendes gilt für Seminar- und Abschlussarbeiten von Studierenden. Wissenschaftliche Arbeiten zeichnen sich dadurch aus, dass die darin enthaltenen Aussagen belegt und nachvollziehbar sind, was in der Regel durch logische Ableitungen, Empirie oder eben durch Heranziehung wissenschaftlicher Quellen geschieht. In der Lehre kommt Marketingwissen vor allem aus Lehrbüchern und (hoffentlich) den Köpfen der Lehrenden.

- **Akademische Forscher in anderen Fachgebieten**

  In einigen Nachbardisziplinen werden Ergebnisse hauptsächlich aus der Marketingwissenschaft verwendet. Konsumentenforschung verwendet. So findet man in der Psychologie häufiger Bezugnahmen auf die Konsumentenforschung.

- **Manager, Berater, Marktforscher**

  Manager und Berater haben in der Regel eine fachspezifische Ausbildung, in der sie oft entsprechendes Marketingwissen erworben haben. Teilweise geschieht das auch aufgabenbezogen durch Weiterbildung. So findet man im so genannten „Technischen Vertrieb" zum großen Teil Ingenieure, die sich solche Kenntnisse während ihrer Berufstätigkeit angeeignet haben. Auch in der Marktforschung findet man einen hohen Anteil von Beschäftigten mit anderer Ausbildung (z.B. Psychologen, Soziologen), die sich beruflich dann dem Marketing-Bereich zugewandt haben.

- **Politik, Verwaltung, Justiz, Anwälte**

    Als Beispiele, in denen Marketingwissen für politische oder rechtliche Angelegenheiten relevant ist, seien hier Fragen des Verbraucherschutzes oder des Markenschutzes genannt.

- **Spezielle Interessengruppen**

    Beispiele für solche Gruppen sind Verbraucherschutz-Organisationen oder Organisationen wie „attac" (www.attac.de), die dem Wirtschaftssystem und Konsumstil der westlichen Industrieländer kritisch gegenüberstehen (z.B. im Hinblick auf die starke Rolle von Marken in unserer Gesellschaft).

- **Kunden von Unternehmen**

    Hier geht es darum, dass Kunden Marketingwissen haben oder suchen, um Verhaltensweisen und Absichten von Anbietern einschätzen und entsprechend reagieren zu können.

2.5 Interessante und erfolgreiche Marketingforschung

Im vorigen Abschnitt ist skizziert worden, wie Marketingwissen entsteht und wer es generiert. Hier werden Überlegungen angestellt zu der Frage, welches aus der unendlichen Zahl von Marketing-Problemen denn für ein Forschungsprojekt ausgewählt wird. Welche Fragestellung ist also für einen Marketingforscher so **„interessant"**, dass er eine entsprechende Untersuchung durchführt? Im alltäglichen Sprachgebrauch bezeichnet man eine Angelegenheit als interessant, wenn sie besondere Aufmerksamkeit und gedankliche Anteilnahme erregt. Je nach Blickwinkel können dafür Maßstäbe der Theorie (-Entwicklung) oder die Relevanz eines Problems für die Praxis wichtig sein.

Bei Zaltman / LeMasters / Heffring (1982, S. 25 ff.) dominiert die theoretische Perspektive. Diesen Autoren zufolge ist eine Theorie besonders interessant, wenn sie - bei ihrer Bestätigung – dazu führt, dass bisheriges Denken und Handeln vieler Leute stark verändert wird: „In welchem Maße müsste das bisherige Denken wie vieler Menschen verändert werden, wenn die Theorie wahr wäre?" (Zaltman / LeMasters / Heffring 1982, S. 27). Ein Beispiel für einen Ansatz mit solchen weit reichenden Konsequenzen ist das Involvement-Konzept von Krugman (1965), das sowohl die theoretischen Vorstellungen als auch die Praxis in den Bereichen Kommunikation und Konsumentenverhalten entscheidend verändert hat. Hier wird schon erkennbar, dass auch bei einer Ausrichtung auf Theorie die (praktische) Relevanz einer wissenschaftlichen Aussage natürlich nicht in den Hintergrund tritt. Eine Aussage, die ganz neuartig ist und allen bisherigen Auffassungen widerspricht, aber kaum Relevanz für Theorie oder Praxis hätte, würde wohl geringes Interesse finden.

Zaltman / LeMasters / Heffring (1982, S. 36) fassen ihre Sichtweise bezüglich interessanter Forschung in vier Empfehlungen zusammen:

„ *1. Informiere dich über die Annahmen der Zielgruppe, derer man sich sicher ist.*

2. Informiere dich über die Festigkeit dieser Annahmen. Wird an ihnen festgehalten (a) mit extremer Hartnäckigkeit oder sogar Fanatismus, (b) mit Bestimmtheit oder (c) nur schwach?

3. Bemühe dich um einen höheren Wissensstand, indem du die mit Bestimmtheit vertretenen Annahmen kreativ in Frage stellst

4. Stelle sicher, dass die Theorie für die Zielgruppe praktischen Wert hat."

Daniel Smith (2003) gibt – etwas konkreter – u.a. die folgenden Empfehlungen für „interessante" Forschung:

- *Überprüfung von Grundlagen und Annahmen bisheriger Forschung*
- *Erschließung ganz neuer Forschungsgebiete*
- *Ausweitung und Überprüfung der in Theorien enthaltenen Kausalketten*
- *Infragestellung gängiger Sicht- und Verhaltensweisen der Marketing-Praxis*
- *Auflösung oder Erklärung bisheriger Inkonsistenzen von Forschungsergebnisse*

Eine etwas pragmatischere Sichtweise hinsichtlich „interessanter Forschung" formuliert Shugan (2003). Grundlegend dafür ist die Orientierung an den unterschiedlichsten Zielgruppen für Marketingforschung (siehe dazu Abschnitt 2.4). Sicher ist beispielsweise das Interesse an einer Untersuchung zum Einfluss von Werbung auf das Ernährungsverhalten von Kindern bei Verbraucherschützern anders als bei Unternehmensberatern. „Forschung wird oftmals besonders interessant sein, wenn sie eine breite Zielgruppe beeinflusst und wenn der Einfluss auf diese Zielgruppe groß ist." (Shugan 2003, S. 2). Darüber hinaus betont Shugan (2003, S. 5 ff.) die Ausrichtung von Marketing-Publikationen auch auf andere Wissenschaften, weil die Akzeptanz und Reputation der Marketingwissenschaft eben auch wesentlich davon abhängen, in welchem Maße sie eine spezifische Kompetenz hat und ihre Forschungsergebnisse in anderen Disziplinen Verwendung finden. Schon deutlich auf Publikationen in führenden Zeitschriften (s.u.) ausgerichtet ist die Einschätzung von Voss (2003), der vor allem Beiträge mit neuartigen Beziehungen unter Konstrukten oder neuartigen Messungen und Analysen zentraler Konstrukte als interessant ansieht. Dagegen schätzt er Beiträge, die kaum über eine Replikation hinausgehen, als wenig interessant ein. Allerdings wird die sich hier andeutende Geringschätzung von Replikationsstudien in der Marketingwissenschaft keineswegs geteilt (siehe z.B. Easley / Madden / Dunn 2000; Hunter 2001 und Abschnitt 6.3 dieses Buches). Beiträge mit völlig neuen Konzeptualisierungen sind natürlich interessant, aber häufig nur für herausragende Forscher realisierbar.

Wann kann man davon sprechen, dass ein Marketingforscher mit einem Projekt bzw. einer Untersuchung **erfolgreich** ist? Innerhalb des Wissenschaftssystems gibt es dafür einige Kriterien (s.u.). Die Einschätzung der Relevanz für die Praxis, die ja für „interessante Forschung" (s.o.) bedeutsam sein kann, ist dagegen weitaus weniger klar. Ein wichtiger Schritt im Hinblick auf den Forschungserfolg ist die Akzeptanz und Publikation einer Untersuchung in einem möglichst hochrangigen (siehe Abschnitt 2.4) Publikationsorgan, typischerweise einer wissenschaftlichen Zeitschrift. Mit hochrangigen Publikationen steigt nicht nur die Reputation eines Forschers, sie sind auch die Voraussetzung für wichtige Karriereschritte. So sind heute auch im deutschsprachigen Raum gute internationale Veröffentlichungen oftmals notwendige Voraussetzung, um auf einen Marketing-Lehrstuhl berufen zu werden. In den USA, wo es keine Lehrstühle, sondern Departments gibt, sind hochwertige Publikationen der Maßstab bei Entscheidungen über Vertragsverlängerungen (siehe z.B. Lehmann / McAlister / Staelin 2011), Aufstieg (z.B. vom Assistant Professor zum Associate Professor) oder über unbefristete Beschäftigung („tenure decision").

Neuerdings gibt es auch deutlich artikulierte Kritik (z.B. Rost / Frey 2011; Kieser 2012; Gummesson 2010) an derartigen Rankings und ihren Wirkungen. So haben Margit Osterloh und Alfred Kieser im Jahre 2012 zu einem Boykott des so genannten „Handelsblatt-Rankings" aufgerufen. Einige ihrer wesentliche Kritikpunkte seien hier kurz gekennzeichnet:

- Publikations- bzw. Forschungsrankings erfassen nur einen Teil der Tätigkeit von Wissenschaftlern. Engagement und Erfolg in der Lehre oder bei Beziehungen zur Praxis spielen keine Rolle.
- Die Rankings der Zeitschriften (z.B. A oder B+) sind im Hinblick auf die Qualität der einzelnen Beiträge nur bedingt aussagekräftig.
- Die Orientierung an Rankings führt – nicht zuletzt wegen der damit verbundenen Karriere-Auswirkungen – zu einem Forschungs- und Publikationsverhalten, das nicht mehr an wissenschaftlichen Maßstäben der Substanz und Innovation orientiert ist, sondern an der Erreichung möglichst vieler „Ranking-Punkte".

Steven Seggie und David Griffith (2009) haben den Einfluss von Publikationen in führenden Marketing-Zeitschriften auf Karrieren im akademischen Bereich umfassend und sorgfältig untersucht. Einige wesentliche Ergebnisse sind in der folgenden Tabelle zusammengefasst. In den Feldern der Tabelle ist die durchschnittliche Zahl von Publikationen eines Wissenschaftlers, der die jeweiligen Karriereschritte erreicht hat, in den vier führenden Marketing-Zeitschriften pro

Jahr eingetragen. Die Ergebnisse sind differenziert nach Rang / Reputation der jeweiligen Universität ausgewiesen.

Rang der Universität	Ernennung zum Associate Professor	Ernennung zum Full Professor	Beförderung vom Associate zum Full Professor
Top 10 Univ.	.57	.59	.61
Top 11-20 Univ.	.47	.48	.43
Top 21-40 Univ.	.47	.42	.35
Top 41-70 Univ.	.26	.27	.24

Es ist klar erkennbar, dass mit höherem Rang der Universität die Ansprüche an die Publikationserfolge der Professoren steigen. Anders ausgedrückt: Insbesondere wer häufig und regelmäßig in den führenden Zeitschriften publiziert, kann an den Spitzen-Universitäten erfolgreich sein.

Nach welchen *Kriterien* fällt bei den wissenschaftlichen Zeitschriften die Entscheidung über die Akzeptanz eines Beitrages? Sehr verbreitete Kriterien sind die Folgenden:
- Interessante / relevante Fragestellung (s.o.)
- Neuartige Ergebnisse und / oder innovative Untersuchungsmethodik
- Theoretische Fundierung
- Umfassende Auswertung des bisherigen Forschungstandes (→ Literaturauswertung) als Basis für die Untersuchung
- Untersuchungsmethodik, die dem aktuellen Stand entspricht („state of the art")
- Häufig: Empirische Überprüfung / Bestätigung der Ergebnisse
- Klare und (für Fachleute) gut nachvollziehbare Darstellung der Untersuchung und ihrer Ergebnisse (siehe dazu Sawyer / Laran / Xu 2008). (Hinweise zur klaren und verständlichen Darstellung von Forschungsergebnissen finden sich u.a. bei Booth / Colomb / Williams (1995) und Jaccard / Jacoby (2010, S. 337 ff.).)

Je höher der Rang einer wissenschaftlichen Zeitschrift ist, desto höher sind die Anforderungen im Hinblick auf diese Kriterien. Der entsprechende Standard ist nur für gut ausgebildete, kreative und hoch motivierte Forscher zu erreichen. Darüber hinaus bedarf es entsprechender Kenntnisse und Erfahrungen im Publikationssystem der jeweiligen Fachdisziplin. Das ist der Grund dafür, dass – bisher überwiegend in amerikanischen Doktorandenprogrammen - diese Kenntnisse gezielt vermittelt werden („How to publish a paper"). Darüber hinaus stellen die verschiedenen wissenschaftlichen Zeitschriften im Hinblick auf ihren fachlichen Schwerpunkt und ihre fachliche Ausrichtung spezifische Anforderungen, über die meist in so genannten „Editorials" informiert wird (siehe z.B. Rust 2006; Shugan 2002; Stewart 2002).

David Whetten (1989) stellt für die „Academy of Management Review" einige Gesichtspunkte zusammen, die bei der Entscheidung über die Publikation konzeptionell / theoretisch ausgerichteter Arbeiten wesentlich sind. Diese Aspekte (hier auszugsweise wiedergegeben) dürften weitgehend auf den Marketing-Bereich übertragbar sein.

„1. Was ist neu? *Leistet das Paper einen signifikanten und wertvollen Beitrag zur aktuellen Diskussion?*

2. Was bringt es? *Wird die Theorie voraussichtlich die Organisationsforschung in diesem Gebiet verändern? Sind die Verbindungen zu anderer Forschung klar (entweder deutlich dargestellt oder leicht und klar ableitbar)?*

3. Warum ist das so? *Sind die Schlussweise und die unterstützenden Fakten überzeugend? Sind die Annahmen des Autors explizit? Ist die Sichtweise des Autors glaubwürdig?*

4. Gut gemacht? *Enthält das Paper ausgereifte Ideen, zeigt es Vollständigkeit und Tiefgang?*

5. Gut geschrieben? *Ist das Paper logisch aufgebaut? Sind die zentralen Ideen leicht verständlich? Ist es gut zu lesen?*

6. Warum jetzt? *Ist das Paper von aktuellem Interesse für Forscher in diesem Gebiet? Wird es aktuelle Diskussionen vorantreiben, neue Diskussionen auslösen, neue Diskussionen anregen oder alte Diskussionen neu befruchten?*

7. Wen interessiert das? *Welcher Anteil der Leser aus dem akademischen Bereich ist an dem Thema interessiert?"*

Im Zusammenhang mit der Publikation von Ergebnissen einer Forschungsarbeit fällt heute häufig das Stichwort „Contribution" (etwas unzureichend übersetzt: Beitrag zur Forschung). Dieser immer wichtiger gewordene Maßstab wissenschaftlicher Arbeit ist von Ladik / Stewart (2008) ausführlich analysiert und diskutiert worden. Diese Autoren kennzeichnen „Contribution" (dieser Ausdruck wird so auch im deutschsprachigen Raum benutzt) in folgender Weise (S. 157): „Ein Beitrag (contribution) ist erbracht, wenn ein Manuskript über den bisherigen Wissensstand hinaus etwas hinzufügt, ausbaut oder Neues schafft." Insofern ist es verständlich, warum dieser Aspekt bei der Entscheidung über die Publikation von wissenschaftlichen Aufsätzen und bei deren Bewertung so wichtig geworden ist. Als wesentliche Dimensionen hinsichtlich der Contribution heben Ladik / Stewart (2008)

- *Theorie* (Beiträge zum Verständnis eines wichtigen Phänomens),
- *Methode* (Ansätze zur Untersuchung eines Phänomens) und
- *Kontext* (Wirkungsbereich des untersuchten Phänomens)

hervor.

Robert Lusch – früherer Herausgeber des Journal of Marketing – (hier zitiert nach Ladik / Stewart 2008, S. 161) *fasst einige Gesichtspunkte zur Einschätzung einer Contribution anschaulich zusammen:*

„Eine ‚Contribution' ist auch eine Funktion der Überraschung, die dem Leser bereitet wird. Einfach gesagt: Wenn ich ein Manuskript lese und ich nicht überrascht bin, dann hat es keine oder wenig ‚Contribution'. Überraschung ist keine dichotome Variable, sie ist eher kontinuierlich und reicht von kleinen zu großen Überraschungen. Es sind die großen Überraschungen, die die größten ‚Contributions' bringen. Das sind die Artikel, bei denen der Leser sich zurücklehnt und zu sich sagt:

Donnerwetter, ich wünschte, daran schon früher gedacht zu haben;

das ist ein nicht erwartetes und erhellendes Ergebnis;

das habe ich nicht erwartet, aber ich bin jetzt überzeugt, dass das so funktioniert oder funktionieren könnte;

das verändert wirklich die Art, wie ich Marketing realisiere oder wie Politik in diesem Bereich gemacht werden sollte."

Ähnlich äußert sich Kohli (2009, S. 1):

„Das Journal ist hauptsächlich an Manuskripten interessiert, die wirklich innovative Einsichten bringen und das Potenzial haben, das Verhalten der wichtigsten Interessentengruppen des Journal of Marketing (z.B. nachdenkliche Praktiker, akademische Marketingforscher, Mitarbeiter politischer Institutionen, Konsumenten) wesentlich zu verändern."

Hier ist auch die Beziehung zu den in diesem Abschnitt schon vorgestellten Sichtweisen von Zaltman / LeMasters / Heffring (1982) und Shugan (2003) sehr deutlich.

Nun ist die Publikation einer Forschungsarbeit natürlich nicht der einzige Erfolgsmaßstab. Es stellt sich auch die Frage nach ihrer Bedeutung und ihrer Wirkung. Gängige Maßstäbe dafür (innerhalb des Wissenschaftssystems) sind die Auszeichnung von Artikeln („Best Paper Award" o.ä.) und – neben den im Zusammenhang mit der „Contribution" angesprochenen Gesichtspunkten - vor allem die Zitationshäufigkeit (siehe auch Abschnitt 2.4). Auszeichnungen werden in der Regel von einer (fachlich kompetenten) Jury vergeben auf Basis einer Bewertung von Artikeln, die in einem bestimmten Zeitraum erschienen sind oder von Beiträgen, die auf einer bestimmten Tagung präsentiert wurden.

Beispiele für Preise für besonders hochwertige Publikationen sind:

„Harald H. Maynard Award" (Journal of Marketing): Auszeichnung des JM-Artikels aus dem letzten Jahr mit der größten theoretischen Bedeutung

„Marketing Science Institute / H. Paul Root Award" (Journal of Marketing): Auszeichnung des JM-Artikels aus dem letzten Jahr mit der größten Bedeutung für die Marketing-Praxis

„William F. O'Dell Award" (Journal of Marketing Research): Auszeichnung des JMR-Artikels, der fünf Jahre zuvor erschienen ist und in der Rückschau den größten Beitrag zur Forschung geleistet hat

„John D. C. Little Award" (Marketing Science / Management Science): Auszeichnung des besten Artikels eines Jahres mit Marketing-Bezug in diesen beiden Zeitschriften.

Wichtigster und gängigster *Erfolgsindikator* für wissenschaftliche Publikationen ist aber die **Zitationshäufigkeit**. Dadurch, dass andere Forscher bei ihren eigenen Arbeiten sich auf eine Publikation beziehen, kommt zum Ausdruck, dass diese Publikation für bedeutsam und weiterführend gehalten wird. Wenn viele andere Autoren eine Publikation zitieren, dann ist das ein Indikator dafür, dass diese für viele andere Untersuchungen nützlich ist und / oder einen besonders signifikanten Beitrag („Impact") geleistet hat. Die in der Marketingwissenschaft übliche Quelle zur Feststellung (nicht nur) der Zitationshäufigkeit ist der **„Social Science Citation Index"** (SSCI).

Allerdings lässt sich durch eine solche Analyse („impact factor") die Relevanz einer wissenschaftlichen Publikation erst mit langer Verzögerung messen. Wegen des bei führenden Zeitschriften sehr aufwändigen Systems von Begutachtungen und Überarbeitungen von Artikeln vor der Veröffentlichung vergeht viel Zeit (zwei bis drei Jahre sind eher die Norm als die Ausnahme) zwischen der Durchführung einer Studie und dem Erscheinen ihrer Ergebnisse in einer Fachzeitschrift. Auch für Untersuchungen, die diese Studie zitieren, vergeht viel Zeit bis zur Publikation. So kann es leicht sein, dass erst nach 3-5 Jahren die ersten Zitationen erfolgen und der Erfolg der Forschung wird auf diese Weise relativ spät sichtbar. Die Verwendung derartiger quantitativer Indikatoren als Maßgröße für wissenschaftlichen Erfolg ist allerdings nicht unstrittig. Wichtige Einwände dagegen und den alternativen Ansatz qualitativer Maßgrößen (z.B. die Mitgliedschaft von Wissenschaftlern in „Editorial Boards") diskutieren u.a. Rost / Frey (2011).

Stremersch / Verniers / Verhoef (2007) haben die Einflussfaktoren der Zitationshäufigkeit von Artikeln aus führenden Zeitschriften der internationalen Marketingforschung untersucht. Dabei zeigte sich, dass Qualität und Themenbereich eines Artikels den stärksten Einfluss auf die Zitationshäufigkeit haben (wie man es auch erwarten sollte). Die Prominenz des Autors / der Autorin spielt eine geringere Rolle und Merkmale der äußeren Form eines Artikels (Gestaltung des Titels, Anzahl der Abbildungen etc.) haben den geringsten Einfluss.

In der Wissenschaftstheorie und -soziologie gibt es auch Ansätze, die den Erfolg von Wissenschaftlern in ökonomischer Perspektive betrachten. Uskali Mäki (2008, S. 550 f.) kennzeichnet eine solche Sichtweise:

„In Anwendung ökonomischer Ansätze beschreiben Philosophen (…..) Wissenschaftler als angetrieben durch eigennützige Interessen in einem kompetitiven Markt für Ideen: Wissenschaftler versuchen systematisch, sich so zu verhalten, dass sie ihren eigenen Ruhm und ihr Vermögen maximieren, ihre Akzeptanz und ihr Prestige und andere soziale Ziele, die ihren persönlichen Nutzen maximieren. Wissenschaftler tätigen Investitionen und erwarten Erträge, erleiden Kosten und freuen sich über Erfolge, erwerben Ansprüche und reagieren auf Anreize."
Einen Überblick über diesen Ansatz gibt Bonilla (2012)

2.6 Marketingwissenschaft und ihre Entwicklung

2.6.1 Kennzeichnung der Marketingwissenschaft

Im Abschnitt 2.1 ist anhand der verschiedenen Definitionen der American Marketing Association versucht worden, die zentralen Ideen des *Marketing* zu umreißen. Im vorigen Abschnitt ging es dann um Arten von Marketing*wissen*. Hier geht es gedanklich einen Schritt weiter zur **Marketingwissenschaft**.

Offenkundig ist mit dem Begriff der *Wissenschaft* eine gewisse Attraktivität und Autorität verbunden. So ist der technische und materielle Fortschritt in vielen westlichen Gesellschaften auf wissenschaftliche Entwicklungen in den vergangenen Jahrhunderten und Jahrzehnten zurückzuführen. Hans Poser (2001, S. 11) kennzeichnet einen wesentlichen Anspruch an Wissenschaft: „Wissenschaft verwaltet … das bestgesicherte Wissen einer Zeit." Bei manchen Weltanschauungen (z.B. beim Marxismus oder aktuell in den USA beim Kreationismus) ist das Bemühen deutlich erkennbar, die jeweilige Sichtweise als wissenschaftlich begründet und damit als „wahr" oder „objektiv" zu etablieren. Auch im Bereich der Politik oder des Managements findet man häufig die Praxis, Streitfragen durch wissenschaftliche Untersuchungen zu klären, die eben ein „richtiges" Ergebnis bringen sollen. Was kennzeichnet nun Wissenschaft (hier Marketingwissenschaft)? Das ist eine Streitfrage, die (nicht nur) Philosophen seit vielen Jahren beschäftigt. Einige weitere Gesichtspunkte dazu werden in den folgenden Kapiteln angesprochen. Auf der Basis einer wissenschaftshistorischen Analyse hat David Lindberg (1992, S. 1 f.; siehe dazu auch Bishop 2007, S. 9 ff) einige *Merkmale* zusammengestellt, die sich in unterschiedlicher Zusammensetzung in verschiedenen Sichtweisen bzgl. „Wissenschaft" wiederfinden, die aber keineswegs unumstritten sind (siehe dazu vor allem Kapitel 5):

- „Wissenschaft als Tätigkeit": Wissenschaft wird hier als Aktivität von Menschen angesehen, die dazu geführt hat, dass zunehmend Verständnis und Kontrolle bezüglich der Umwelt (im weiteren Sinne) erlangt wurde.
- „Wissenschaft als Theorieorientierung": Wissenschaft basiert auf theoretischem Wissen, also einer geordneten Menge von Konzepten, Fakten und ihren

Beziehungen. Lindberg grenzt davon *Technologien* ab, bei denen es um die Anwendung theoretischen Wissens zur Lösung praktischer Probleme geht.
- „Wissenschaft als Suche nach allgemeinen Gesetzmäßigkeiten": Wissenschaft versucht, möglichst präzise allgemeine Gesetzmäßigkeiten (häufig mathematisch formuliert) zu entdecken. Diese können für die Erklärung realer Phänomene verwendet werden (siehe Kapitel 4).
- „Wissenschaft als Methode": Wissenschaft bedient sich bestimmter (spezifisch „wissenschaftlicher") Methoden zur Entwicklung und Überprüfung von Theorien. Lindberg sieht hier einen Schwerpunkt bei Experimenten.
- „Wissenschaft als Anwendung einer spezifischen Art der Erkenntnisgewinnung": Wissenschaftliche Aussagen werden auf eine spezifische Weise entwickelt und begründet, die oft durch Logik, kritische Reflexion und empirische Überprüfungen bestimmt ist. Lindberg zitiert dazu Bertrand Russell (1961, S. 514): „Typisch für den Wissenschaftler ist nicht, *was* er glaubt, sondern *wie* und *warum* er das glaubt. Seine Aussagen sind vorläufig und nicht dogmatisch; sie sind durch Beweise begründet, nicht durch Autorität oder Intuition."
- „Wissenschaft als Themenbereich": Wissenschaft bezieht sich auf bestimmte Fachgebiete (→ Objektbereiche, s.u.), z.B. die Marketingwissenschaft – nicht ganz überraschend – auf das Gebiet Marketing. Manche Fachgebiete, z.B. Astrologie oder Parapsychologie, gelten als unwissenschaftlich.
- „Wissenschaft als Stringenz von Aussagen": Wissenschaftliche Aussagen haben ein relativ hohes Maß an Präzision, Strenge und Objektivität.

Im Zusammenhang einer allgemeinen Kennzeichnung von Wissenschaft sind auch bestimmte Prinzipien relevant, die auf den amerikanischen Soziologen Robert K. Merton zurückgehen (hier zitiert nach Nola, 2008). Das Prinzip der Universalität beinhaltet den Anspruch, dass alle qualifizierten Wissenschaftler ohne ethnische, nationale, religiöse oder andere Diskriminierung zum wissenschaftlichen Fortschritt beitragen können und sollen. Die schmerzlichen Folgen einer Diskriminierung hat man in Deutschland erfahren nachdem in den Jahren von 1933 bis 1945 zahlreiche herausragende Wissenschaftler wegen ihrer jüdischen Herkunft verjagt worden waren. Weiterhin gilt der Grundsatz, dass wissenschaftliche Erkenntnisse der Allgemeinheit zur Verfügung stehen sollen. „Geheimhaltung" relevanter Forschungsergebnisse behindert den wissenschaftlichen Fortschritt. Dritter Gesichtspunkt ist die Neutralität von Wissenschaftlern. Persönliche Interessen (z.B. finanzieller Art) sollen ihre wissenschaftlichen Urteile nicht beeinflussen. Hier gibt es im Zusammenhang mit Auftrags- bzw. Drittmittelforschung möglicherweise an manchen Stellen Probleme. Letztlich spricht Nola (2008, S. 262) vom „organisierten Skeptizismus" der Wissenschaft. Damit ist gemeint, dass wissenschaftliche Aussagen unabhängig von politischem, religiösem oder sozialem Einfluss nur nach den Maßstäben wissenschaftlicher Methodik und kritischer Überprüfung beurteilt werden sollen.

Alan Chalmers (1999, S. XX) vermittelt einen ersten anschaulichen Eindruck vom Wesen der Wissenschaft: Danach besteht verbreitet der Eindruck, dass es „spezifisch für die Wissenschaft ist, dass sie auf Fakten beruht und nicht auf persönlichen Meinungen. Das beinhaltet vielleicht die Idee, dass bei allen unterschiedlichen persönlichen Meinungen über die Qualität der Erzählungen von Charles Dickens und D.H. Lawrence kein Spielraum für solche unterschiedlichen Meinungen bezüglich der Bedeutung von Galileos und Einsteins Theorien besteht. Es sind die Fakten, die es erlauben, die Überlegenheit von Einsteins Innovationen im Vergleich zu älteren Sichtweisen der Relativität zu bestimmen, und jeder, der das nicht anerkennt, hat einfach Unrecht."

Hans Poser (2001, S. 21 f.) erläutert – anknüpfend an Immanuel Kant (1724-1804) – einige wesentliche Merkmale von Wissenschaft:

„Doch was ist Wissenschaft? Kant definiert auf der ersten Seite seiner Vorrede seiner ‚Metaphysischen Anfangsgründe der Naturwissenschaft':

‚Eine jede Lehre, wenn sie ein System, d.i. ein nach Prinzipien geordnetes Ganzes der Erkenntnis sein soll, heißt Wissenschaft.'

Diese Definition ist sehr aufschlussreich, enthält sie doch wesentliche Elemente dessen, was wir mit Wissenschaft verbinden: Erstens und vor allem geht es um Erkenntnis; und im Begriff Erkenntnis ist bereits enthalten, dass die Aussagen einer Wissenschaft begründet sein müssen, weil eine Erkenntnis eine als wahr nachgewiesene Aussage ist. Zweitens stellt Kants Definition fest, dass es nicht mit einzelnen Aussagen getan ist, so gut begründet sie sein mögen, sondern dass diese Aussagen ein System bilden müssen; Wissenschaft wird also verstanden als das Resultat eines wie auch immer gearteten methodischen Verfahrens, das zu einem Zusammenhang der Aussagen untereinander führt. Ein drittes Element der Definition besteht darin, dass dieses System eine argumentative Struktur haben muss; eben dies ist mit der These Kants gemeint, es müsse sich um ein ‚nach Prinzipien geordnetes Ganzes' der Erkenntnis handeln."

Hier zunächst eine knappe Charakterisierung der **Marketingwissenschaft**: Man denkt dabei in erster Linie an das auf Marketing bezogene systematische und (einigermaßen) gesicherte Wissen sowie den Erwerb dieses Wissens (Forschung). Hunt (2010, S. 19 f.) hebt in seiner Perspektive des wissenschaftlichen Realismus (siehe dazu Kap. 5) drei wesentliche Merkmale einer Wissenschaft hervor und bezieht diese auf die Marketingwissenschaft:

- Eine Wissenschaft muss **auf einen bestimmten Gegenstand gerichtet** sein, gewissermaßen ein spezifisches gemeinsames (Ober-)Thema haben. Beim Marketing ist das der Austausch mit den verschiedenen Facetten (s.u.), die im Abschnitt 2.1 schon angesprochen wurden.

- Voraussetzung für (sinnvolle) Anwendung von Wissenschaft ist die Annahme von **Gemeinsamkeiten und Regelmäßigkeiten** hinsichtlich der Phänomene, die den Gegenstand der Wissenschaft ausmachen. Das gilt im Marketing für Wirkungen von Maßnahmen (z.B. Preis-Absatz-Funktionen) und Reaktionen von Nachfragern (z.B. Einstellungsänderung, Präferenzbildung). Wenn man solche Regelmäßigkeiten nicht voraussetzen würde, wäre ja entsprechende Forschung sinnlos, weil sich deren Ergebnisse nicht auf vergleichbare Situationen / Phänomene anwenden ließen.

- Auf der Basis derartiger Regelmäßigkeiten versucht eine Wissenschaft, entsprechende Gesetzmäßigkeiten und **Theorien** (siehe Kapitel 3) zu entwickeln, um die interessierenden Phänomene erklären und prognostizieren zu können. So will man im Marketing eben verstehen, wie eine Kaufentscheidung zu Stande gekommen ist, wie Werbung wirkt oder wie sich Kundenzufriedenheit auf Wiederholungskäufe auswirkt. Davon ausgehend kann man dann Maßnahmen planen und realisieren, die zu den angestrebten Wirkungen führen.

Bezüglich des oben genannten Gegenstandes einer Wissenschaft verwendet man in der deutschsprachigen Literatur oft den Begriff des **Objektbereichs** (hier: der Marketingwissenschaft). Damit wird also der Bereich bezeichnet, über den eine Wissenschaft Aussagen macht bzw. Erklärungen gibt. Im Marketing besteht weitgehendes Einvernehmen, dass Austauschprozesse den Kern des Objektbereichs der Marketingwissenschaft bilden (vgl. z.B. Bagozzi 1975; Franke 2002, S. 62; Raffee 1995).

Franke (2002, S. 61) erläutert das Wesen des Objektbereichs einer Wissenschaft auf folgende Weise:

„Die Festlegung des Objektbereichs einer Wissenschaft hat weitreichende Folgen für die Forschungstätigkeit, denn er markiert ein Problemlösungsversprechen… Mit der Festlegung auf einen bestimmten Objektbereich definiert die wissenschaftliche Disziplin, welche Probleme in ihren Zuständigkeitsbereich fallen und welche nicht. Durch die Tatsache, dass damit Problemlösungsansprüche und –pflichten formulierbar werden und bestimmte Phänomene ausgegrenzt werden, steuert die Definition des Objektbereiches die Forschungsaktivitäten der Disziplin. Sie ist damit eine der wesentlichen konstitutiven Abgrenzungskriterien für eine wissenschaftliche Disziplin und maßgeblich für ihre Identität."

Bereits 1983 hat Shelby Hunt den eher allgemein formulierten Objektbereich der Marketingwissenschaft („Austauschprozesse") durch die Identifizierung dafür wesentlicher Erklärungsbereiche und typischer Forschungsfragen konkretisiert. In Abbildung 2.5 ist dieser Ansatz zusammenfassend dargestellt.

Abbildung 2.5: *Objektbereich und Forschungsgegenstände der Marketingwissenschaft (nach Hunt 1983, S. 13)*

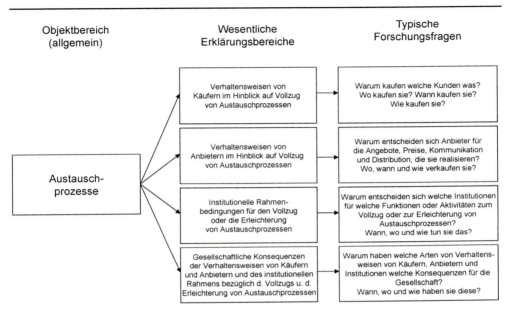

Im Hinblick auf eine umfassendere inhaltliche Kennzeichnung der Marketingwissenschaft und ihrer Teilgebiete kann man auf eine ältere Arbeit von Hunt (1976), der ja die Marketing-Theorie maßgeblich geprägt hat, zurückgreifen. Es handelt sich um das so genannte „**Drei-Dichotomien-Modell**", mit dem Hunt die Spannweite und die Arten von Marketing-Fragestellungen kennzeichnet. Er verwendet dazu die folgenden drei Dichotomien (Dimensionen mit jeweils zwei möglichen Ausprägungen):

- Positivistische oder normative Marketingwissenschaft
- Mikro- oder Makro-Perspektive
- Profit- oder Nonprofit-Orientierung

Positivistische Marketingwissenschaft ist ausgerichtet auf das Beschreiben, Erklären, Vorhersagen und Verstehen dessen, was *ist* (Marketing-Aktivitäten und -Phänomene). Ein Beispiel wären deskriptive Untersuchungen von Kaufentscheidungen. Dagegen will **normative** Marketingwissenschaft empfehlen, was Individuen oder Organisationen beim Marketing tun *sollen* bzw. wie Marketing-Systeme (z.B. die Handelsstruktur im Hinblick auf eine angemessene Versorgung der Konsumenten) gestaltet sein sollen. Die Maßstäbe dafür werden politisch / ethisch (z.B. im Hinblick auf Verbraucherschutz) oder rational / zielorientiert (z.B. im Hinblick auf die Realisierung von Unternehmenszielen) festgelegt.

Die **Mikro**- oder **Makro-Perspektive** gilt dem Bezugsrahmen der verschiedenen Marketing-Fragestellungen. Die **Mikro**-Perspektive ist also – nicht ganz überraschend – gerichtet auf marketingrelevante Aktivitäten und die Reaktionen darauf bei einzelnen Konsumenten, Haushalten und Unternehmen. Fragen des **Makro-Marketing** beziehen sich dagegen auf ganze Bevölkerungsgruppen (z.B. Arme oder Kinder), auf die Gesamtwirtschaft oder auf die Gesellschaft insgesamt.

Besonderes Gewicht in der Marketingwissenschaft hat die Ausrichtung auf **Profit**-Organisationen (Unternehmen), wobei Hunt (1976) hier Fragestellungen einschließt, die sich auf Nonprofit-Organisationen beziehen, aber die gleiche Perspektive wie im Profit-Bereich haben (z.B. Preisdifferenzierung bei öffentlich betriebenen Theatern). Mit **Nonprofit**-Orientierung sind natürlich Fragestellungen gemeint, die entsprechenden Organisationen gelten (z.B. AIDS-Kampagne, Marketing von Universitäten). Derartige Ansätze des Marketing haben sich in den letzten ca. 30 Jahren fest etabliert. Dabei ist auch auf die u.a. bei Berghoff (2007) artikulierte und illustrierte generelle Anwendung des Marketing als Sozialtechnik - weit über den kommerziellen Bereich hinaus - zu verweisen. In Abbildung 2.6 sind die vorstehend umrissenen drei Dichotomien des Marketing zusammengefasst.

Abbildung 2.6: Das Drei-Dichotomien-Modell nach Hunt (1976)

Profit		Nonprofit		
Positivistisch	Normativ	Positivistisch	Normativ	
1	2	5	6	Mikro
3	4	7	8	Makro

Die einzelnen in Abbildung 2.6 dargestellten Ausprägungen des Drei-Dichotomien-Modells seien durch Beispiele für entsprechende Fragestellungen illustriert:

(1) *Positivistisch / Mikro / Profit*: Arten der Werbewirkung, Entstehung von Markenbindungen

(2) *Normativ / Mikro / Profit*: Bestimmung des optimalen Marketing-Mix, Preis-Optimierung

(3) *Positivistisch / Makro / Profit*: Auswirkungen des Konsumklimas auf die Automobilnachfrage, Wirkungen von Werbeverboten auf Tabakkonsum
(4) *Normativ / Makro / Profit*: Wie weit geht ein Informationsrecht von Konsumenten? Darf die Konsumentensouveränität eingeschränkt werden?
(5) *Positivistisch / Mikro / Nonprofit*: Vorgehensweisen beim Nonprofit-Marketing, Instrumente des Marketing im Kulturbereich
(6) *Normativ / Mikro / Nonprofit*: Wie führt man effektives Nonprofit-Marketing durch? Lässt sich nachhaltiger Konsum stärker durch PR oder durch Werbung beeinflussen?
(7) *Positivistisch / Makro / Nonprofit*: Welche Wirkungen haben Marketingkonzepte in politischen Wahlkämpfen?
(8) *Normativ / Makro / Nonprofit*: Darf man emotionale Werbetechniken zur Unterstützung politischer Auffassungen einsetzen?

Eine alternative stark beachtete Darstellung des Objektbereichs der Marketingwissenschaft hat Franke (2002, S. 62 ff.) entwickelt. Er zeichnet mit der von ihm so genannten „Forschungslandkarte" gleichzeitig die Entwicklung – genauer gesagt die Ausweitung – dieses Objektbereichs nach. Diese enthält die folgenden Teilbereiche der Marketingwissenschaft:

- Im Mittelpunkt steht der **Austausch** von Leistungen zwischen Anbieter und Nachfrager.
- **Anbieteraktivitäten** (z.B. Einsatz der Marketing-Instrumente) waren praktisch von Anfang an Gegenstand der Marketingwissenschaft.
- Mit der Ausrichtung auf die Beeinflussung von Nachfragern entstand dann das Interesse am wissenschaftlichen Verständnis des **Nachfragerverhaltens**.
- Ebenfalls lange zurück reicht das Interesse am **institutionellen Rahmen** des Marketing, insbesondere an den Funktionen und Aktivitäten des Handels.
- **Weitere Anbieter**, also vor allem Konkurrenten, gerieten im Hinblick auf Strategien und die Gewinnung von Wettbewerbsvorteilen ins Blickfeld.
- Letztlich sind diese verschiedenen Bereiche und Beziehungen eingebettet in den Rahmen einer **Gesellschaft** mit ihren rechtlichen, ökonomischen und sonstigen Rahmenbedingungen.

Die sich aus diesen Bereichen ergebende „Forschungslandkarte" von Franke (2002, S. 65) ist in Abbildung 2.7 wiedergegeben.

Abbildung 2.7: *Forschungslandschaft der Marketingwissenschaft*
(Quelle: Franke 2002, S. 65)

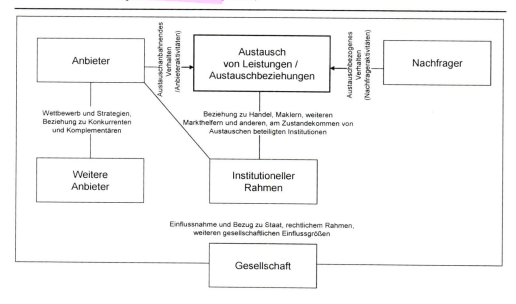

2.6.2 Entwicklung der Marketingwissenschaft

2.6.2.1 Zur Entwicklung in Nordamerika

Viele Leserinnen und Leser wird die historische Entwicklung des Fachgebiets Marketing nur begrenzt interessieren. Deswegen seien hier einige Hinweise für die vertiefende Lektüre für die Minderheit stärker interessierter Leserinnen und Leser gegeben. Anschließend folgt ein sehr kurzer Abriss zur *Entwicklung* der Marketingwissenschaft in den USA und Kanada. Diese Entwicklung ist besonders bedeutsam, weil dort wesentliche Ursprünge des Fachs liegen und weil die internationale Marketingforschung bis heute stark von der Forschung in Nordamerika bestimmt ist.

Zunächst zur Literatur: Besondere Bedeutung für eine umfassende und weit zurückreichende Darstellung der amerikanischen Marketingwissenschaft hat das Buch „The History of Marketing Thought" von Robert Bartels (1988; siehe dazu auch Shaw / Tamilia 2001). Ergänzungen, Aktualisierungen, andere Sichtweisen und detailliertes Material findet man u.a. bei Sheth / Gardner (1982), Jones / Shaw (2002), Wilkie / Moore (2003), Tadajewski / Jones (2008), Maclaran / Saren / Stern / Tadajewski (2009) und dem diesem Thema gewidmeten Heft von „Marketing Theory" vom September 2005. Die Entwicklungen einzelner Teilgebiete der Marketingwissenschaft werden z.B. von McDonald / Scott (2007; Werbung), Kassarjian / Goodstein (2009; Konsumentenverhalten) und Stewart (2009; Marktforschung) behandelt. Aus deutscher Sicht recht interessant ist ein Artikel von Jones / Monieson (1990), in dem der Einfluss deutscher Wirtschaftswissenschaftler auf die Entwicklung des Marketing im akademischen Bereich der USA am Ende des 19. Jahrhunderts und am Beginn des 20. Jahrhunderts untersucht wird.

Wilkie / Moore (2003) teilen die Entwicklung der Marketingwissenschaft in Nordamerika in die folgenden Phasen ein und kennzeichnen diese:

Vor 1900	**Prä-Marketing:**	Marketing noch nicht als eigenständiges wissenschaftliches Fachgebiet; relevante Themen werden im Rahmen der Volkswirtschaftslehre behandelt
1900 – 1920	**Begründung des Fachgebiets:**	Schwerpunkt bei der Distribution; erste Marketing-Kurse werden an Universitäten angeboten
1920 – 1950	**Etablierung des Fachgebiets:**	Entwicklung einer Infrastruktur zur Entwicklung von Marketingwissen (American Marketing Association als Berufsverband, Tagungen, wissenschaftliche Zeitschriften wie Journal of Marketing und Journal of Retailing); Herausbildung allgemein akzeptierter Grundlagen des Fachgebiets
1950 – 1980	**Schwerpunktverschiebung im Fachgebiet:**	Starke Ausweitung von Massenmärkten und des Marketingwissens; gleichzeitige Entwicklung der Management-Orientierung (z.B. Marktsegmentierung, 4 P's, Marketing-Mix, Marketingcontrolling) sowie von quantitativer und verhaltenswissenschaftlicher Forschung; Ausbau der Infrastruktur zur Wissensentwicklung
1980 bis heute	**Weitere Schwerpunktverschiebung und Fragmentierung:**	Veränderte Situation in vielen Märkten (z.B. durch Internationalisierung); Auseinandersetzungen über unterschiedliche wissenschaftstheoretische Positionen; hoher Publikationsdruck im akademischen Bereich; Wachstum und Spezialisierung / Differenzierung bei Zeitschriften, Tagungen etc.

Einige markante Daten sollen die Entwicklung der Marketingwissenschaft in Nordamerika zusätzlich illustrieren:

1902	*Erster Marketing-Kurs an einer US-Hochschule (University of Illinois)*
1925	*„Journal of Retailing" erscheint in den USA als erste wissenschaftliche Zeitschrift des Marketing-Bereichs*
1935	*Erste Marketing-Definition der AMA (siehe Abschnitt 2.1)*
1936	*Beginn der Publikation des „Journal of Marketing" durch die AMA*
1964	*Beginn der Publikation des „Journal of Marketing Research" durch die AMA*

1967	*Erste Auflage des bis heute weltweit führenden Lehrbuchs „Marketing Management" von Philip Kotler (heute in Co-Autorschaft mit Kevin Lane Keller)*
1970	*Gründung der Association for Consumer Research und Etablierung des Gebiets der Konsumentenforschung*
1974	*Beginn der Publikation des interdisziplinären „Journal of Consumer Research" (Hrsg.: American Marketing Association, American Economic Association, American Psychological Association u.a.)*
1982	*Durchführung der AMA-Konferenz "Marketing Theory" (Herausgeber des Tagungsbandes: Bush / Hunt)*
1982	*Beginn der Publikation von „Marketing Science" durch das „Institute for Operations Research and the Management Sciences"*
1985	*Zweite Marketing-Definition der AMA (siehe Abschnitt 2.1)*
2004	*Publikation des einflussreichen Artikels „Evolving to a New Dominant Logic for Marketing" von Stephen Vargo und Robert Lusch im Journal of Marketing*
2007	*Derzeit aktuelle Marketing-Definition der AMA (siehe Abschnitt 2.1)*
2008	*Wegen des stark gewachsenen Volumens hochrangiger internationaler Marketingforschung steigern das „Journal of Marketing" und das „Journal of Marketing Research" ihren Erscheinungsrhythmus von vier auf sechs Hefte pro Jahr*

2.6.2.2 Zur Entwicklung der Marketingwissenschaft im deutschsprachigen Raum

Auch für die Entwicklung der deutschsprachigen Marketingwissenschaft gilt wohl, dass deren detaillierte Darstellung nur einen sehr begrenzten Kreis von Studierenden oder Praktikern interessieren dürfte. Deswegen sei im Hinblick auf Einzelheiten hier auf die dazu vorliegende Spezialliteratur verwiesen, z.B. auf Bubik (1996), Hansen / Bode (1999; 2007), Leitherer (1961), Meissner (1995) und Sabel (1999). Die folgenden Ausführungen stützen sich vor allem auf die Analyse von Richard Köhler (2002), eines der einflussreichsten deutschsprachigen Marketingwissenschaftler der letzten Jahrzehnte.

Ein inhaltlicher Wandel der Marketingwissenschaft im deutschsprachigen Raum ist schon an der Veränderung der entsprechenden Terminologie erkennbar. Am Beginn standen die Begriffe „Handel" und „Handelswissenschaft" (Köhler 2002, S. 359 f.), weil der Fokus eben bei der Güterversorgung und beim Güteraustausch lag (siehe Abschnitt 2.1). Später wurden die Begriffe „Absatz", „Absatzwirtschaft" und „Absatzlehre" dominierend, bei denen die Ausrichtung auf Leistungsverwertung schon erkennbar wird. Der Übergang auf den heute – auch international – üblichen Begriff „Marketing" erfolgte erst in den 1960er Jahren. Damit verbindet sich der Anspruch einer umfassenden Ausrichtung aller Unternehmensaktivitäten am „Engpasssektor" Absatz.

Köhler gibt dann einen Überblick über die Entwicklung wesentlicher Teilgebiete der Marketingwissenschaft. Nicht ganz zufällig steht die „Marktforschung als Informationsbasis" (Köhler 2002, S. 362 ff.) am Anfang, weil eben das Wissen um Kundenwünsche der Ausgangspunkt für ein entsprechendes Marketing ist. Einen Grundstein für die **Marktforschung** im deutschsprachigen Raum legte Erich Schäfer bereits 1928 mit seinen „Grundlagen der Marktbeobachtung". Ein weiterer entscheidender Schritt bei der Anwendung der Marktforschung auf praktische Fragestellungen erfolgte 1935 mit der Gründung der „Gesellschaft für Konsumforschung" (GfK) in Nürnberg, aus der heute das größte europäische Marktforschungsunternehmen geworden ist. Im Zuge der Internationalisierung bezeichnet man heute den auch für Deutsche ein wenig altmodisch klingenden Inhalt der Abkürzung „GfK" mit „Growth from Knowledge". Ebenfalls auf die 1930er Jahre ist die Begründung der modernen Sozialforschung, nicht zuletzt durch Wissenschaftler, die Deutschland oder Österreich verlassen mussten und in die USA gingen, zurückzuführen. Diese Methodik befruchtet bis heute die Marktforschung. Frühe Beispiele dafür sind die Arbeiten von Paul Lazarsfeld (1934, 1937), der jetzt als einer der herausragenden Soziologen des 20. Jahrhunderts gilt (siehe dazu auch Fullerton 1990).

In den 1950er Jahren begann die Etablierung der noch heute gängigen repräsentativen Umfrageforschung in der Praxis und mit Ausrichtung auf Fragen der Politik und Publizistik, vor allem durch Elisabeth Noelle-Neumann (vgl. z.B. Noelle-Neumann 1963) vom Institut für Demoskopie in Allensbach und in der akademischen Betriebswirtschaftslehre durch Karl-Christian Behrens (vgl. z.B. Behrens 1961) von der Freien Universität Berlin. Seit den 1970er Jahren gibt es eine starke methodische Entwicklung, die vor allem – ermöglicht durch die Computer-Technologie – einen Schwerpunkt bei der Anwendung komplexer (multivariater) statistischer Analysemethoden hat (Kuß 2012, S. 8).

Wesentlich jüngeren Datums ist die **verhaltenswissenschaftliche Orientierung** in der Marketingwissenschaft, insbesondere im Hinblick auf die Untersuchung des Konsumentenverhaltens. Vor dem Hintergrund der Ausrichtung der Unternehmen auf Absatzmärkte war es ja naheliegend, mit der Marktforschung nicht nur das methodische Instrumentarium zur Informationsgewinnung bereitzustellen, sondern auch das Verhalten von Nachfragern (theoretisch und empirisch) zu untersuchen. Die traditionellen mikroökonomischen Ansätze waren dafür nicht leistungsfähig genug und wurden durch verhaltenswissenschaftliche Ansätze zunächst ergänzt und jetzt ersetzt. Die Arbeit von Werner Kroeber-Riel an der Universität Saarbrücken, die sich u.a. in seinem 1975 erstmalig publizierten Lehrbuch „Konsumentenverhalten" (heute: Kroeber-Riel / Weinberg / Gröppel-Klein 2009) niederschlug, legte dafür den Grundstein. Heute sind verhaltenswissenschaftliche Konzepte trotz gelegentlicher Kritik daran (z.B. Schneider 1983) unverzichtbarer Bestandteil der Marketingwissenschaft. Einzelheiten der historischen Entwicklung der Konsumentenforschung erläutern Silberer / Büttner (2007).

Seit es notwendig wurde, den Absatz von Produkten systematisch durch entsprechende Instrumente zu fördern, sind diese auch Gegenstand der wissenschaftlichen Beschäftigung geworden. Als eine der ersten markanten Publikationen mit diesem Schwerpunkt nennt Köhler (2002, S. 366) Erich Schäfers Aufsatz von 1936 „Über die künftige Gestalt der Absatzlehre". Theoretisch ausgearbeitet wird dann die Kombination der „absatzpolitischen Instrumente" (heute zünftig als **Marketing-Mix** bezeichnet) von Erich Gutenberg im 2. Band („Der Absatz") seiner „Grundlagen der Betriebswirtschaftslehre". Eines dieser Instrumente, die **Werbung**, hat aus leicht nachvollziehbaren Gründen in der breiteren Öffentlichkeit besondere Aufmerksamkeit gefunden und ist schon frühzeitig wissenschaftlich untersucht und diskutiert worden. Köhler (2002, S. 367) verweist hier z.B. auf das Buch „Die Reklame des Kaufmanns" von Rudolf Seyffert (1914). Zu einer umfassenderen Darstellung der Entwicklung der Werbeforschung sei auf Silberer / Mau (2007) verwiesen.

Als gewissermaßen jüngsten Teil der Marketingwissenschaft skizziert Köhler (2002, S. 372 ff.) „Marketing als Management-Konzeption". Diese entspricht also dem umfassenden Konzept des Marketing zur Ausrichtung der gesamten Unternehmenstätigkeit am Absatzmarkt. Dem entsprechend geht es hier um die Einordnung des Marketing in die strategische Planung, um Marketing-Kontrolle, um Geschäftsbeziehungen etc. Wichtige deutschsprachige Publikationen in diesem Zusammenhang sind z.B. von Franz Böcker (1988) „Marketing Kontrolle", von Erwin Dichtl (1987) „Der Weg zum Käufer" oder von Hermann Diller und Marion Kusterer (1988) „Beziehungsmanagement" (erschienen in Marketing ZFP).

Hier einige markante Daten zur Entwicklung der Marketingwissenschaft im deutschsprachigen Raum in der Zeit nach dem 2. Weltkrieg:

1955:	*Erscheinen von Erich Gutenbergs 2. Band der „Grundlagen der Betriebswirtschaftslehre" mit dem Titel „Der Absatz"*
1963:	*Robert Nieschlag formuliert den Ansatz des Marketing als Führungskonzeption*
1968:	*Das Lehrbuch „Einführung in die Lehre von der Absatzwirtschaft" (Titel ab der 4. Aufl.: „Marketing") von Robert Nieschlag / Erwin Dichtl / Hans Hörschgen erscheint in 1. Auflage*
1969:	*Das erste deutsche Universitäts-Institut für Marketing wird von Heribert Meffert an der Universität Münster gegründet*
1975:	*Lehrbuch „Konsumentenverhalten" von Werner Kroeber-Riel erscheint in 1. Auflage*

1976:	*Gründung der Wissenschaftlichen Kommission „Marketing" im Verband der Hochschullehrer für Betriebswirtschaft*
1977:	*Publikation des Aufsatzes „Investitionsgüter-Marketing" von Engelhardt / Backhaus / Günter in der Zeitschrift für Betriebswirtschaft als Auftakt zu einer intensiven entsprechenden Forschung (heute: Business-to-Business-Marketing) im deutschsprachigen Raum*
1979:	*Gründung der wissenschaftlichen Zeitschrift „Marketing - Zeitschrift für Forschung und Praxis" (Marketing ZFP)*
1983:	*Scharfer Angriff Dieter Schneiders (Ruhr-Universität Bochum) auf Inhalt und Anspruch der Marketingwissenschaft in der „Zeitschrift für betriebswirtschaftliche Forschung" löst heftige Debatten aus*
Ca. seit 2000:	*Deutlich wachsende Zahl von Autoren aus dem deutschsprachigen Raum in international führenden Zeitschriften*
2003:	*Christian Homburg (Universität Mannheim) wird als erster Deutscher in den „Editorial Review Board" des Journal of Marketing berufen*
2005:	*Englischsprachige Ausgabe von Marketing ZFP erscheint.*
Ca. seit 2005:	*Internationale Etablierung und Akzeptanz der deutschsprachigen Marketingwissenschaft (Homburg 2008b; Bergkvist / Mägi 2010)*
2012	*Christian Homburg (Universität Mannheim) wird als erster Deutscher zum „Area Editor" des Journal of Marketing berufen*

Im Zusammenhang mit der Entwicklung der deutschsprachigen Marketingforschung sollte nicht unerwähnt bleiben, dass hier die Forschung zum Business-to-Business-Marketing – auch im internationalen Vergleich – schon frühzeitig begonnen und besonders erfolgreich realisiert wurde. Backhaus (1997) gibt einen entsprechenden Überblick. Zum Abschluss dieses Abschnitts folgen noch kurze Ausblicke auf zwei Aspekte, die historisch bzw. für die aktuelle Entwicklung des Fachs besonders bedeutsam sind.

Der wohl gravierendste Einschnitt der deutschen Geschichte der letzten 100 Jahre war sicher die *Zeit des Nationalsozialismus* mit dem zweiten Weltkrieg. Zahlreiche Forscher, die für die Markt- und Konsumforschung Bedeutung erlangten, mussten emigrieren, z.B. der schon erwähnte Paul Lazarsfeld oder George Katona, auf den die noch heute stark beachteten Messungen des Konsumklimas zurückgehen. Hansen / Bode (1999, S. 66 f.) schätzen die 1930er und 1940er Jahre im Hinblick auf die Entwicklung der Marketingwissenschaft als weniger bedeutsam ein, wohl weil in dieser Zeit andere Fragen wichtiger waren als Distributionswege oder die Entwicklung von Werbekonzepten etc. Das (individuelle) Verhalten der Vertreter der Betriebswirtschaftslehre mit Schwerpunkt Absatz war nach Hansen / Bode (1999, S. 67) eher uneinheitlich und keineswegs durchgehend von einer Ablehnung des Nationalsozialismus geprägt. Interessant ist auch die umgekehrte Perspektive, von der Absatz- und Werbelehre auf deren Anwendungen im politischen Raum. Ganz offenkundig sind Mittel der Beeinflussung von Menschen, die im Zusammenhang der Werbung entwickelt worden waren, von der NSDAP für ihre propagandistischen Zwecke missbraucht worden. Schug (2007) erläutert und illustriert das unter dem etwas beklemmenden Titel „Hitler als Designobjekt und Marke".

Eine wichtige *aktuelle Entwicklung* der deutschsprachigen Marketingwissenschaft bezieht sich auf ihre *internationale Einbindung und Akzeptanz*. Über fast 30 Jahre ist diese Frage immer wieder diskutiert worden. (z.B. Simon 1979, 1993), bis vor wenigen Jahren mit eher negativem Ergebnis für die deutschsprachigen Marketingwissenschaftler. Simon (1993) sprach gar von einem „schwarzen Loch" in dem Sinne, dass zwar die internationale Forschung verfolgt und beachtet wird, dass aber wenige Ergebnisse aus dem deutschsprachigen Raum international präsentiert werden. Auch über mögliche Ursachen und Perspektiven ist vor allem von Simon und Homburg (1999, 2000, 2003) diskutiert worden. In den letzten Jahren konnte man allerdings einen geradezu dramatischen Anstieg deutscher Beiträge in den international führenden Marketing-Zeitschriften beobachten, der zum großen Teil auf nur zwei deutsche Marketingwissenschaftler (Christian Homburg, Mannheim, und Sönke Albers, Hamburg) sowie ihre Schüler zurückzuführen war. Die folgende Abbildung 2.8 illustriert am Beispiel des Anteils von Autoren aus der deutschsprachigen Marketingwissenschaft an den Publikationen im (international führenden) Journal of Marketing die entscheidende Veränderung in den letzten Jahren. Beachtlich ist dabei auch, dass an den Publikationen mit Beteiligung deutschsprachiger Autoren ein erheblicher großer Anteil allein auf einen einzigen Wissenschaftler (Christian Homburg, Mannheim) entfällt. Untersuchungsergebnisse auf deutlich breiterer Basis findet man bei Bergkvist / Mägi (2010), die u.a. berichten, dass der Anteil der Publikationen mit europäischer Beteiligung in „A-Journals" von 3,6 % (1966-1970) auf 22,4 % (2006-2007) gestiegen ist.

Abbildung 2.8: Anteile deutschsprachiger Marketingwissenschaftler an Publikationen im Journal of Marketing

	1999 – 2001	2009 - 2011
Gesamtzahl wissenschaftlicher Artikel im Journal of Marketing	96	167
Anzahl wissenschaftlicher Artikel im Journal of Marketing mit deutschsprachigen Autoren / Co-Autoren	6	21
Anteil der Artikel im Journal of Marketing mit deutschsprachigen Autoren / Co-Autoren	6,2 %	12,6 %

Damit einher gehen bedeutsame Veränderungen für die deutschsprachige Marketingwissenschaft. Man kann zunächst von einer deutlichen Niveausteigerung ausgehen, wenn es gelingt, in so stark wachsendem Maße in international führenden Zeitschriften akzeptiert zu werden. Eine wesentliche Motivation dafür, sich den mit diesem hohen Standard verbundenen Anstrengungen und der internationalen Konkurrenz auszusetzen, liegt darin, dass für eine wissenschaftliche Karriere im deutschsprachigen Raum internationale Publikationserfolge eine wesentlich größere Rolle spielen als früher. In Verbindung damit kommt es zu einem größeren Gewicht internationaler Gutachter (in Review-Prozessen) im Vergleich zu der früher dominierenden Rolle von „Doktorvätern"/ „Doktormüttern" oder Habilitationsgutachtern bei einer wissenschaftlichen Laufbahn (Schreyögg 2007, S. 146). Für die Entwicklung des Fachs „Marketing" an den Universitäten ist es auch bedeutsam, dass Publikationserfolge in international führenden Zeitschriften oft nur durch eine Spezialisierung auf eng abgegrenzte Forschungsgebiete erreichbar sind. Das kann im Konflikt stehen zu dem für das deutsche Hochschulsystem mit seiner Lehrstuhl-Struktur eher typischen Anspruch der breiten Abdeckung des Gebiets Marketing durch den jeweiligen (oftmals an einer Universität einzigen) Fachvertreter.

3 Wesen und Bedeutung von Theorien

3.1 Grundlagen

Angesichts des Titels des vorliegenden Lehrbuchs wird es nicht verwundern, dass die Kennzeichnung und Diskussion von Theorien hier eine wesentliche Rolle spielt. In der Einleitung (Kapitel 1) ist ja auch schon angedeutet worden, dass die Entwicklung und Überprüfung von Theorien für jede Wissenschaft zentrale Bedeutung hat.

Im vorliegenden Abschnitt geht es vor allem um die *Kennzeichnung* dessen, was man unter einer **Theorie** versteht. Diese Kennzeichnung wird dann durch das *Beispiel* des in der Konsumenten- und Kommunikationsforschung sehr bekannten Elaboration Likelihood Modells illustriert. Nachfolgend werden die typischen Prozesse bei der *Entstehung* und *Überprüfung* von Theorien erläutert. Es schließt sich ein Überblick über *Qualitätskriterien* für Theorien an. Am Ende des Kapitels steht ein Ausblick auf das nicht immer spannungsfreie Verhältnis von *Theorie und Praxis*. Bei all diesen Überlegungen stehen Theorien, wie sie in der Marketingwissenschaft verwendet werden, im Mittelpunkt, nicht Theorien aus den Geistes- und Naturwissenschaften.

Was meint man also mit dem Begriff „Theorie"? Ganz elementar geht es dabei um ein sprachliches Gebilde (oft auch – teilweise – in der Sprache der Mathematik formuliert oder graphisch illustriert), mit dem Behauptungen formuliert werden, die sich bei einer (späteren) Überprüfung als richtig oder falsch zeigen können. Wie so oft in der Wissenschaft sind die Auffassungen zum Wesen von Theorien nicht ganz einheitlich. Es lassen sich aber Kernelemente identifizieren (was hier versucht wird), über die in der Marketingwissenschaft weitgehend Einvernehmen herrscht. Hier zunächst drei **Definitionen**, durch die schon wesentliche Elemente deutlich werden:

- „Eine Theorie ist eine Menge von Aussagen über die Beziehung(en) zwischen zwei oder mehr Konzepten bzw. Konstrukten." (Jaccard / Jacoby 2010, S. 28)
- „Eine Theorie ist eine Menge miteinander verbundener Konstrukte (Konzepte), Definitionen und Lehrsätze, die einen systematischen Überblick über Phänomene vermitteln, indem sie die Beziehungen zwischen Variablen zu dem Zweck spezifizieren, Phänomene zu erklären und vorherzusagen." (Kerlinger / Lee 2000, S. 11)
- „Aus realwissenschaftlicher Perspektive ist eine Theorie ein System von allgemeinen Hypothesen über Zustände der Realität. Im Unterschied zu den rein

formalen Theorien, die ihren Ursprung in wenigen Axiomen haben und aus ihnen deduziert werden, beziehen sich Realtheorien also direkt auf Zustände der Realität und verdichten und systematisieren empirische Regelmäßigkeiten." (Franke 2002, S. 179)

Zur Interpretation dieser Definitionen: Im 2. und 3. Fall wird schon deutlich, dass es sich – zumindest im Bereich der Sozialwissenschaften - um gedankliche Gebilde handelt, die geeignet sind, *Phänomene der Realität* zu erklären. Es geht hier also um die Identifizierung *allgemeinerer* (also über den Einzelfall hinaus gültiger) *Gesetzmäßigkeiten* (siehe dazu Abschnitt 4.1). Die Autoren betonen auch den Aspekt der Systematik, also der geordneten Zusammenfassung von einzelnen Konzepten, Aussagen etc. zu einem „Lehrgebäude". Damit ist schon impliziert, dass es bei einer Theorie um eine *Menge von Aussagen* geht. Eine Einzelaussage (z.B. „Mit höherem Werbebudget steigt der Bekanntheitsgrad.") würde kaum jemand als Theorie bezeichnen. Vielmehr ist die Darstellung einer größeren Zahl von Beziehungen zwischen relevanten Phänomenen (z.B. Ursache-Wirkungs-Beziehungen) für eine Theorie charakteristisch.

In Anlehnung an einen (mündlich kommunizierten) Vorschlag von Ajay Kohli kann man die wesentlichen *Elemente einer Theorie* folgendermaßen zusammenfassen:

> Konzepte mit ihren Definitionen
>
> Aussagen über Beziehungen zwischen den Konzepten
>
> Argumente, die die Aussagen begründen

Richard Rudner (1966, S. 11) zur Systematik von Aussagen einer Theorie:

„Uns allen ist die Sichtweise vertraut, dass es nicht die Aufgabe der Wissenschaft ist, bloß unzusammenhängende, willkürlich ausgewählte und unverbundene Einzelinformationen zu sammeln und dass es das Ziel der Wissenschaft ist, einen geordneten Bericht über die Realität zu geben – die Aussagen, die das gewonnene Wissen enthalten, zu verbinden und in Beziehung zueinander zu setzen. Solch eine Ordnung ist eine notwendige Bedingung für die Erreichung von zwei der wichtigsten Aufgaben der Wissenschaft, Erklärung und Prognose."

Zu klären sind noch einige Begriffe, die Leserinnen und Lesern, die mit Marketing-Theorie noch nicht sehr vertraut sind (für die dieses Buch ja geschrieben ist), etwas unklar sein könnten. In der Definition von Kerlinger / Lee (2000) ist von Konstrukten / Konzepten die Rede, die dort ebenso wie im vorliegenden Buch synonym verwendet werden. Einige Autoren (z.B. Hildebrandt 2008, S. 86 f.; Jaccard / Jacoby 2010, S. 13) treffen hier aber eine Unterscheidung. Konzepte sind Abstraktionen (und damit Verallgemeinerungen) einzelner Erscheinungen in der Realität, die für die jeweilige Betrachtungsweise zweckmäßig sind. Kaum ein Mensch befasst sich z.B. mit der ungeheuren Vielfalt im Körper normalerweise ablaufender physiologischer Prozesse, sondern spricht – wenn es keine wesentlichen Probleme dabei gibt – von „Gesundheit". Ein zweites Beispiel: In der Regel setzt man sich auch nicht mit den Unterschiedlichkeiten der vielen Gegenstände mit vier Rädern und einem Motor auseinander, sondern verwendet – wenn es z.B. um Verkehrsprobleme oder entsprechende Märkte geht – das Konzept „Auto". Konzepte dienen dazu, eine Vielzahl von Objekten oder Ereignissen im Hinblick auf gemeinsame Charakteristika und unter Zurückstellung sonstiger Unterschiede zusammenzufassen. Sie ermöglichen also eine Vereinfachung des Bildes der Realität und werden auf diese Weise zu wesentlichen „Bausteinen des Denkens" (Jaccard / Jacoby 2010, S. 10).

Deborah MacInnis (2011, S. 140) kennzeichnet den Prozess der Konzeptualisierung auf folgende Weise:

„Konzeptualisierung ist ein Prozess abstrakten Denkens, der die gedankliche Darstellung einer Idee beinhaltet. Der Begriff Konzeptualisierung ist abgeleitet vom älteren lateinischen Wort ‚conceptualis' und vom neueren lateinischen Wort ‚conceptus', die sich auf einen Gedanken, der nur im Bereich des Denkens existiert und von seiner Verkörperung getrennt ist (......), beziehen. Dem entsprechend beinhaltet Konzeptualisierung die ‚Wahrnehmung' oder das ‚Verständnis' eines Abstraktums im eigenen Denken."

Konzepte im vorstehend umrissenen Sinne haben für wissenschaftliche Arbeit (einschließlich Theoriebildung) so grundlegende Bedeutung, dass ihre Charakteristika von Jaccard / Jacoby (2010, S. 11 ff.) ausführlicher erläutert werden:

- *„Konzepte sind generalisierende Abstraktionen."* Ein Konzept steht für eine allgemeine Idee, unter der eine Vielzahl von (im Detail unterschiedlichen) Ausprägungen in der jeweiligen Perspektive gleichartiger Phänomene zusammengefasst wird. So gibt es Millionen unterschiedlicher Autos, aber mit dem Konzept „Auto" werden wesentliche gemeinsame Merkmale von Autos bezeichnet und zusammengefasst. Insofern wird von bestimmten Einzelheiten (z.B. Farbe, Marke) abstrahiert.

- *„Konzepte umfassen eine Vielzahl unterschiedlicher Ausprägungen."* Anknüpfend an den vorstehenden Gesichtspunkt kann man also sagen, dass unter Konzepten ein Spektrum in manchen Einzelheiten unterschiedlicher Gegenstände subsumiert wird. So umfasst das Konzept „Auto" eben Gegenstände mit vier Rädern, Motor etc., die sich aber im Hinblick auf diverse Merkmale (z.B. Größe, äußere Form, Höchstgeschwindigkeit) deutlich voneinander unterscheiden können.

- *„Konzepte sind gedankliche Gebilde."* Diese Eigenschaft ist ganz offenkundig, wenn man an Konzepte wie „Involvement" oder „Solidarität" denkt. Aber auch beim Beispiel von Autos zeigt der Abstraktionsprozess der

Konzeptualisierung, dass es eben nicht mehr um die konkreten Objekte (z.B. den grünen Renault Twingo des Nachbarn) geht.

- *„Konzepte sind erlernt."* Im Sozialisationsprozess erlernt man, welche Konzepte für welche Gegenstände existieren.
- *„Konzepte werden in Gruppen und Gesellschaften geteilt."* So versteht man im deutschsprachigen Raum ziemlich einheitlich, was mit dem Konzept (bzw. Begriff, s.u.) Auto gemeint ist. In der Gruppe der Jugendlichen hat man (nach dem Eindruck des außenstehenden Beobachters) ein weitgehend einheitliches Verständnis vom Konzept „cool".
- *„Konzepte sind auf die Realität bezogen."* Konzepte haben eine Funktion für Interpretation und Verständnis der Realität. Ohne ein entsprechendes Verständnis z.B. des Phänomens „Einstellung" kann man entsprechendes Wissen (z.B. „Einstellungen beeinflussen Verhalten") nicht nutzen.
- *„Konzepte sind selektiv."* Konzepte sind abhängig von der jeweilig interessierenden Perspektive. Beispielsweise kann man denselben Menschen – je nach Untersuchungsperspektive – den Konzepten (Kategorien) Akademiker, Mann, Jogger, Opern-Liebhaber etc. zuordnen. Insofern können Konzepte auch „theoriegeladen" sein, weil vorhandene theoretische Vorstellungen die Wahrnehmung der Realität beeinflussen bzw. prägen können (siehe dazu Abschnitt 5.3).

In Abbildung 3.1 werden einige der vorstehend skizzierten Ideen illustriert. Man erkennt einerseits, dass von einem ganz bestimmten Verhalten in einer bestimmten Situation immer weiter abstrahiert (und damit auch generalisiert) wird, bis man zum recht allgemeinen Konzept „Konsum" kommt. Andererseits lenkt das Interesse am Phänomen „Konsum" (z.B. in gesamtwirtschaftlicher oder in Marketing-Perspektive) die Aufmerksamkeit auf die entsprechenden Aspekte menschlichen Verhaltens. So wird im Beispiel aus der Vielfalt der Verhaltensweisen von „Herrn XY" (z.B. im Hinblick auf berufliche Tätigkeit oder familiäre Bindungen) nur der Ausschnitt betrachtet, der mit Konsum zu tun hat. An diese Sichtweise wird im Zusammenhang mit dem Grundmodell empirischer Forschung im 6. Kapitel angeknüpft.

Im Abschnitt 2.3 ist im Zusammenhang mit Marketingwissen schon (indirekt) von Konzepten gesprochen worden. Mit den dort erörterten Marketing-Fachbegriffen (im Original bei Rossiter (2001): „Marketing Concepts") und entsprechenden Definitionen waren ebenfalls Bezeichnungen von bestimmten Bedeutungsinhalten gemeint. Der Unterschied besteht darin, dass Begriffe meist an eine bestimmte Sprache gebunden sind (Beispiel für eine Ausnahme: „Marketing" als Begriff, der Bestandteil verschiedener Sprachen geworden ist). So wird mit den Begriffen „Werbung" und „Advertising" dasselbe reale Phänomen bezeichnet; es geht also um ein identisches Konzept, dem verschiedene Begriffe zugeordnet sind.

*Abbildung 3.1: Symbolische Darstellung der Konzeptualisierung
(in Anlehnung an Zaltman / Pinson / Angelmar 1973, S. 29)*

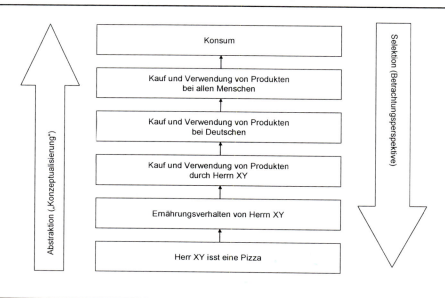

Bagozzi (1980, S. 114 f.) erläutert den Zusammenhang von Konzepten, Begriffen und Objekten:
„Ein Konzept kann als elementare Einheit des Denkens definiert werden (….). Es repräsentiert ein gedankliches Konstrukt oder Bild von einem Objekt, einer Sache, einer Idee oder einem Phänomen. Eher formal ausgedrückt erhalten Konzepte ihre Bedeutung durch ihre Beziehungen zu Begriffen und Objekten (wobei Objekte so breit gesehen werden, dass sie physische Gegenstände, Ereignisse, Abläufe etc. umfassen). Wie in der Abbildung gezeigt ist es möglich, diese Beziehungen zwischen den verschiedenen Welten von Bedeutungen darzustellen. Die Verbindung zwischen einem Konzept und einem Begriff ist eine zwischen der Welt des Denkens und der Welt der Sprache."

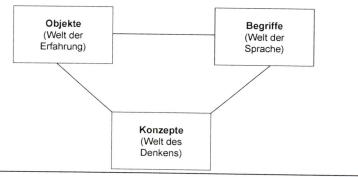

Weiterhin ist in der Theorie-Definition von Franke von **Hypothesen** die Rede. Was ist damit gemeint? Hypothesen sind Annahmen oder Vermutungen über Tatsachen oder Zusammenhänge, die noch nicht empirisch bewährt sind. Vielfach beziehen sich Hypothesen auf relativ konkrete Zusammenhänge, die im Hinblick auf die Prüfung der Gültigkeit einer generelleren Theorie getestet werden sollen (Jaccard / Jacoby 2010, S. 76). In der Definition von Franke (2002, S. 179; s.o.) kommt zum Ausdruck, dass die Theoriebildung häufig erfolgt, ohne dass alle Elemente der Theorie schon getestet sind. Die entsprechenden Überprüfungen sind in den Sozialwissenschaften dann Gegenstand (vor allem empirischer) Forschung, wie im Fortgang dieses Kapitels noch erörtert wird. In dieser Sichtweise kann man eine Hypothese auch als theoretisch begründete Prognose für ein bestimmtes empirisches Ergebnis (z.B. einen positiven linearen Zusammenhang zwischen den Variablen X und Y) betrachten. Eine entsprechende Untersuchung wird dann zeigen, ob die Prognose eintrifft und sich das erwartete Ergebnis tatsächlich zeigt bzw. die Hypothese bestätigt wird. Dieser Aspekt wird im Zusammenhang mit dem Modell des wissenschaftlichen Realismus von Hunt (2011) noch eine Rolle spielen (siehe Abschnitt 5.3).

Dieser Aspekt der empirischen Überprüfung von Theorien ist in der Marketingwissenschaft breit (aber nicht durchgehend, siehe dazu Kap. 5) akzeptiert. Rudner (1966, S. 10) bezieht ihn in seine Definition sozialwissenschaftlicher Theorien ein:

> „Eine Theorie ist eine Menge von Aussagen, die systematisch in Beziehung zueinander stehen – einschließlich einiger allgemeiner Gesetzmäßigkeiten – und die empirisch überprüft werden können."

Durch das Erfordernis einer empirischen Überprüfbarkeit wird dem Anspruch entsprochen, (zumindest approximativ „wahre") Aussagen über die Realität zu machen. Rudner (1966, S. 10) verdeutlicht das, indem er seine Sichtweise von Theorien von in diesem Sinne *falschen* Sichtweisen abgrenzt, die man gelegentlich in den folgenden oder ähnlichen Formulierungen hört bzw. liest:

> „Das ist in der Theorie richtig, wird aber in der Praxis nicht funktionieren."

> „Das ist bloß eine Theorie und keine Tatsache."

Hunt (2010, S. 175 ff.) schließt sich Rudner's Position an und hebt die folgenden zentralen Merkmale einer Theorie in diesem Sinne hervor:

- **Systematische Beziehungen** zwischen den in einer Theorie enthaltenen Aussagen. Die Systematik soll mit Widerspruchsfreiheit der Aussagen verbunden sein und ein Verständnis ermöglichen, das bei einer unsystematischen Ansammlung von Aussagen nicht möglich wäre.

- **Allgemeine Gesetzmäßigkeiten**
  Diese ermöglichen Erklärungen und Prognosen (siehe Kapitel 4) von Phänomenen. So erklären beispielsweise bestimmte Gesetze der Statik, warum eine Brücke eine bestimmte Belastung aushält und lassen auch eine Prognose ihrer Belastungsfähigkeit zu, wenn bestimmte Konstruktionsmerkmale bekannt sind.

- **Empirische Überprüfbarkeit**
  Damit ist vor allem die intersubjektive Überprüfbarkeit von Theorien gemeint. Die Überprüfung der Übereinstimmung von Theorie und Realität zeigt eben – zumindest in der Sichtweise des wissenschaftlichen Realismus (siehe Abschnitt 5.3), – ob eine Theorie mehr oder weniger wahr ist, unabhängig von den Sichtweisen, Wünschen oder Ideologien des Betrachters.

Als Beispiel für eine Theorie im Marketing sei hier das Elaboration-Likelihood-Modell (ELM) skizziert, das im Marketing seit den 1980er Jahren große Beachtung gefunden hat. Dieses Modell geht auf Richard Petty und John Cacioppo (vgl. z.B. Petty / Cacioppo / Schumann 1983) zurück und und wurde von diesen und anderen Autoren in zahlreichen Untersuchungen überprüft und bestätigt (vgl. z.B. Andrews / Shimp 1990).

Grundlegend für das Modell ist die Unterscheidung in einen „zentralen" und einen „peripheren" Weg der Informationsverarbeitung, die beide zu Einstellungsänderungen führen können. Auf dem zentralen Weg findet eine intensive Informationsverarbeitung durch Bewertung von Eigenschaften, Vergleich von Alternativen, Vergleich mit bereits vorhandenen Informationen etc. statt. Ergebnis eines solchen Prozesses kann eine relativ stabile Einstellungsänderung sein, die maßgeblich durch Inhalt und Gewicht der in der Botschaft enthaltenen Informationen (Argumente) bestimmt ist. Dieser zentrale Weg, der mit hohem Verarbeitungsaufwand verbunden ist, wird aber nur beschritten, wenn die betreffende Person entsprechend motiviert und befähigt ist. Nur sehr wenige Konsumenten sind eben bereit, vor dem Kauf von eher unwichtigen Produkten (Papiertaschentücher, Glühlampen etc.) umfassendes Informationsmaterial (Werbebroschüren, Testberichte etc.) zu studieren. Vielfach fehlen auch die Fähigkeiten zu Verständnis und Verarbeitung der Informationen, z.B. wegen intellektueller Begrenzungen oder mangelnder Expertise beim jeweiligen Gegenstand.

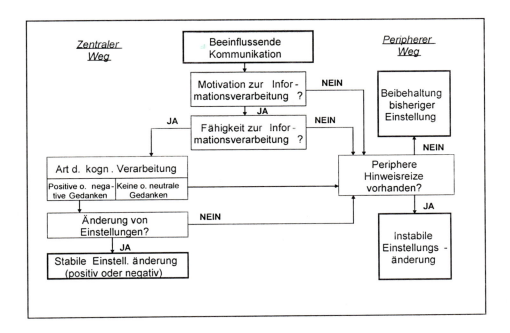

Der *periphere Weg* der Verarbeitung einer Botschaft wird beschritten, wenn Motivation und / oder Fähigkeit zur umfassenden Verarbeitung dieser Botschaft fehlen. Der erste Schritt dabei führt über das Vorhandensein so genannter „peripherer Hinweisreize". Das sind Merkmale der Botschaft, die mit deren Inhalt (z.B. dem beworbenen Produkt) wenig zu tun haben, beispielsweise die ästhetische Gestaltung einer Anzeige oder die Attraktivität von Personen, die in der Botschaft auftreten. Wenn solche Reize gegeben sind, dann können sie eine (relativ schwache) und weniger stabile Einstellungsänderung zur Folge haben. Die obige Abbildung gibt einen entsprechenden Überblick.

An diesem Beispiel lassen sich also die Merkmale einer Theorie im oben skizzierten Sinne veranschaulichen: nach Hunt (2010)

Die Systematik der Beziehungen von Aussagen ist schon aus der Abbildung klar erkennbar. Man sieht deutlich, welche Aspekte miteinander in welcher Weise in Verbindung stehen.

Die (natürlich nicht unbeschränkte) Allgemeinheit der Gesetzmäßigkeiten ist schon aus den im ELM verwendeten Formulierungen erkennbar. Es geht eben allgemein um „beeinflussende Kommunikation", nicht nur um Werbung oder um Kommunikation unter ganz spezifischen Bedingungen. Auch die anderen verwendeten Begriffe (z. B. "Motivation bzw. Fähigkeit zur Informationsverarbeitung") haben einen recht großen Allgemeinheitsgrad. Dagegen würde eine ganz spezifische Aussage (z.B. „Die Einstellung von Jimmy Smith zur Marke Ford wird von einer Anzeige stärker beeinflusst, wenn Jimmy die Anzeige beim Frühstück sieht und nicht in der U-Bahn") nicht den Ansprüchen an den Allgemeinheitsgrad einer Theorie entsprechen.

Die empirische Überprüfbarkeit der Aussagen ist durchgehend gegeben. Die entsprechenden Hypothesen können direkt aus dem Modell abgeleitet werden und – z.B. experimentell - getestet werden. Das ist in einer Fülle von Untersuchungen auch schon geschehen.

Warum haben Theorien für die Wissenschaft einen so hohen Stellenwert? Warum ist auch die Marketingwissenschaft auf Theorien ausgerichtet, obwohl ja bei „Kunden" der Marketingwissenschaftler – Praktikern und Studierenden – nicht immer Enthusiasmus zu spüren ist, wenn von Theorien die Rede ist? Welche Relevanz haben also Theorien? Dazu die folgenden Überlegungen und Erfahrungen.

Auf den ersten Aspekt, die **Ordnung und Strukturierung von Wissen**, ist bereits eingegangen worden. Jeder, der studiert oder einmal studiert hat, wird die Bedeutung von Ordnung und Strukturierung leicht nachvollziehen können, wenn er sich vorstellt, dass ihm in seinem Studium eine Fülle von nicht zusammenhängenden Einzelinformationen vermittelt worden wäre. Schon die bloße Speicherung im Gedächtnis (siehe dazu die Ausführungen zu Gedächtnisstrukturen bei Gerrig / Zimbardo 2008, S. 243 ff.) wäre sehr erschwert; ein Verständnis, für das ja Zusammenhänge (z.B. Ursache-Wirkungs-Beziehungen) wesentlich sind, wäre völlig unmöglich. Auch für eine Anwendung einer Theorie zur Erklärung und Prognose von Phänomenen ist es natürlich unabdingbar, die entsprechenden Zusammenhänge zu kennen.

Eine „gute Theorie" liefert allgemeine Erkenntnisse, aus denen **Regeln für** den konkreten, speziellen **Einzelfall abgeleitet** werden können. Mit einer „guten Theorie" ist in der hier zu Grunde gelegten Sichtweise eine empirisch überprüfte und (noch) nicht falsifizierte Theorie gemeint. In der Sichtweise des wissenschaftlichen Realismus (siehe Abschnitt 5.3) geht man davon aus, dass nach dauerhafter „Bewährung" von Theorien vieles dafür spricht, dass deren Aussagen weitgehend richtig sind. Musterbeispiele für Anwendungen theoretischer Erkenntnisse auf praktische Probleme bieten die Ingenieurwissenschaften und die Medizin, bei denen allgemeinere naturwissenschaftliche Erkenntnisse genutzt werden, um ein konkretes Problem (z.B. Auswahl eines Werkstoffs mit bestimmten Eigenschaften, Behandlung einer Fehlfunktion eines Organs) zu lösen. Entsprechende Anwendungen der Marketingwissenschaft sind ganz naheliegend. Wenn man beispielsweise aus der Theorie Zusammenhänge zwischen bestimmten Beeinflussungsstrategien und Einstellungsänderungen kennt, dann ist der Schritt zu einer Anwendung auf ein entsprechendes Marketingproblem nicht groß (siehe dazu auch Abschnitt 3.5).

Weiterhin lassen sich aus Theorien **Anregungen und Anleitungen für weitere Forschung** ableiten. Zunächst ist dabei an die empirische Prüfung der in der Theorie enthaltenen Aussagen zu denken. Daneben ist natürlich die Art der in einer Theorie enthaltenen Beziehungen Gegenstand theoretischer und empirischer Untersuchungen. Ist beispielsweise der Zusammenhang zwischen Werbebudget und Werbewirkung linear oder nichtlinear? Letztlich können auch Messmethoden eine Rolle spielen. So ist in den 1970er und 1980er Jahren das Involvement-Konstrukt in die Konsumentenforschung eingeführt worden. Daran anknüpfend hat dann Judith Zaichkowsky (1985) eine noch heute stark beachtete Skala zur Messung von Involvement entwickelt.

Letztlich geht es – über die jeweilige fachliche Zweckmäßigkeit hinaus – bei der Entwicklung und Überprüfung von Theorien um das Grundbedürfnis vieler (denkender) Menschen, die sie umgebende **Realität zu verstehen**. So kann man seit Jahrhunderten beobachten, dass Menschen versuchen zu verstehen, wie und warum Sterne am Himmel ihre Bahnen ziehen. Das geschah lange bevor an eine Nutzung dieses Wissens für Zwecke der Raumfahrt zu denken war. Das Verständnis von Realität kann sich natürlich auch auf vom Menschen selbst geschaffene Realitäten beziehen. Theorien mit ihrer Eigenschaft, Wissen zu organisieren, entsprechen offenkundig auch einem menschlichen Bedürfnis nach Verständnis der (Um-) Welt. Wenn Theoriebildung bzw. wissenschaftliche Arbeit generell mit einer solchen Perspektive betrieben wird, dann spricht man in de deutschsprachigen Literatur von **Realtheorie** (Franke 2002, S. 11 ff.) bzw. von **Realwissenschaft** (Schanz 1979, S. 122).

Im Zusammenhang mit dem Beispiel des Elaboration-Likelihood-Modells (ELM) ist schon (implizit) angeklungen, dass es offenbar deutliche Überschneidungen von Theorie- und Modell-Begriff gibt. Gerade in den verschiedenen Bereichen der Wirtschaftswissenschaften wird ja häufig mit Modellen gearbeitet. Was versteht man nun unter einem **„Modell"**? Als Modell bezeichnet man ganz allgemein vereinfachte Darstellungen relevanter Teile der Realität. So sind im ELM die für Kommunikationswirkungen besonders relevanten Einflussfaktoren und ihr Zusammenwirken dargestellt. Damit ist hier natürlich eine deutliche Vereinfachung verbunden, da ja die entsprechenden realen psychischen Prozesse mit einer Vielzahl weiterer Einflussfaktoren, Rückkopplungen etc. wesentlich komplexer sind. Mit Hilfe solcher vereinfachter Darstellungen kann man die wesentlichen Elemente eines (komplexeren) Problembereichs beschreiben, analysieren und entsprechende Lösungen finden.

Lilien / Kotler / Moorthy (1992, S. 5) illustrieren anschaulich die verbreitete Nutzung von Modellen:

„Weil Marketing-Probleme zu komplex sind, um sie in allen Details zu beherrschen, verwenden die Leute entsprechende Modelle. Jeder konstruiert dauernd irgendwelche Modelle. Wenn Sie Ihrem Kollegen erläutern, wie er zu Ihrem Büro kommt, dann geben Sie ihm ein verbales Modell des (physischen) Weges. Wenn Sie eine Landkarte zeichnen, dann benutzen Sie ein bildliches Modell."

Wie in dem vorstehenden Zitat von Lilien u.a. schon angedeutet gibt es ganz unterschiedliche Arten von Modellen:

- Graphische Modelle (z.B. Flussdiagramme, Landkarten)
- Gegenständliche Modelle (z.B. Holzmodell eines Gebäudes für einen Architektur-Wettbewerb)

- Verbale Modelle (z.B. Beschreibungen von Zusammenhängen)
- Mathematische Modelle (z.B. ein Regressionsmodell)

Gegenständliche Modelle dürften im Bereich der Wirtschaftswissenschaften kaum eine Rolle spielen, die anderen Formen sind sehr gängig. So sind für die Darstellung des ELM (s.o.) sowohl graphische als auch verbale Darstellungsformen verwendet worden.

Demetris Portides (2008, S. 385) veranschaulicht einige zentrale Merkmale von Modellen:
„Trotz der Unterschiedlichkeiten der Bedeutungsinhalte beim Gebrauch des Begriffs ‚Modell' kann man erkennen, dass die meisten – wenn nicht alle – aussagen, dass ‚Modell' für ‚Repräsentation' steht, d.h. ein Modell soll etwas anderes repräsentieren, entweder tatsächliche Gegebenheiten oder einen Idealzustnd, entweder ein physisches oder ein gedankliches System. Beispielsweise repräsentiert ein Modell ein tatsächliches (oder realisierbares) Gebäude. Darüber hinaus kann man erkennen, dass der Begriff ‚Modell' in enger Beziehung steht zu ‚Idealisierung' und ‚Abstraktion', d.h. ein Modell steht für ein physisches System in einer abstrahierenden und idealisierenden Weise."

Nun ist durch die Diskussion von Theorien in diesem Kapitel (hoffentlich) schon deutlich geworden, dass es sich dabei – zumindest in der Sichtweise des wissenschaftlichen Realismus – auch um Abbildungen realer Phänomene handelt. Insofern sind Theorien eine Teilmenge von Modellen (im allgemeinen Sinn). Gilt das auch umgekehrt, ist also auch jedes Modell eine Theorie? Diese Frage lässt sich schnell verneinen, weil eben viele Modelle den im vorliegenden Abschnitt formulierten Merkmalen von Theorien nicht entsprechen. Sofort offenkundig ist das bei den verwendeten Beispielen einer Landkarte oder eines Holzmodells. Auch in der Marketingwissenschaft gibt es z.B. „Messmodelle", die dazu dienen, bestimmte Konstrukte (z.B. Einstellungen) zu messen, die niemand als Theorie im hier umrissenen Sinne ansehen würde. Offenbar sind Theorien eine spezielle Form von Modellen, aber viele Arten von Modellen entsprechen nicht den Merkmalen einer Theorie (siehe Abbildung 3.2).

Abbildung 3.2: Theorien und Modelle (nach Hunt 2010)

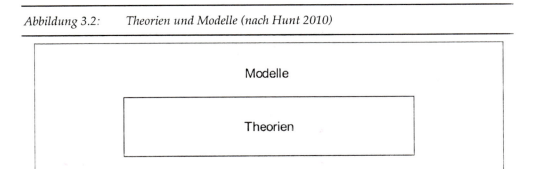

Beim ELM ist ja schon auf die Überlappung von Theorie- und Modellbegriff hingewiesen worden. Ein weiteres prominentes Beispiel ist das „Howard-Sheth-Modell" des Konsumentenverhaltens, das über lange Zeit für die Konsumentenforschung grundlegend und einflussreich war. Grundlage dafür war das Buch „The Theory of Buyer Behavior" von 1969, in dem John Howard und Jagdish Sheth eine umfassende Theorie des Konsumentenverhaltens entwickelt hatten, deren zusammenfassende Darstellung in Form eines Flussdiagramms meist als Howard-Sheth-Modell bezeichnet wird.

Shelby Hunt (2010, S. 78) fasst die Beziehungen von Theorie und Modell knapp zusammen: „Alle Theorien sind auch Modelle, weil (....) alle Theorien den Anspruch erheben, einige Aspekte von Erscheinungen der Realität wiederzugeben. Jedoch ist das Gegenteil nicht richtig: Nicht alle Modelle sind Theorien, weil viele Modelle nicht alle Bestandteile von Theorien haben."

Im Abschnitt 6.5.2 („Modeling") wird auf Forschungsmethoden, die auf der Entwicklung, Überprüfung und Nutzung von Modellen beruhen, noch weiter eingegangen.

3.2 Theorie und Realität

Im vorigen Abschnitt ist schon angesprochen worden, dass Theorien in der Marketingwissenschaft (auch) die Funktion haben, das Verständnis von Realität zu ermöglichen bzw. zu erleichtern (obwohl es auch Theorien geben soll, bei denen das nicht recht deutlich wird). Der Begriff Realität steht für die Wirklichkeit, also z.B. für die unzähligen Kaufentscheidungsprozesse von Konsumenten, die Prozesse der Wirkung von Werbung auf Einstellungen, die Wirkung der Außendienstentlohnung auf die Motivation von Verkäufern usw., usw.

Eine breit (und auch vom Autor dieses Buches) vertretene wissenschaftstheoretische Position, der so genannte „wissenschaftliche Realismus" (siehe dazu vor allem Abschnitt 5.3) besagt, dass die Realität (welche auch immer) unabhängig von der Perspektive und Wahrnehmung des Forschers existiert (Godfrey-Smith 2003, S. 173 ff.). Jaccard / Jacoby (2010, S. 7) kennzeichnen diese Position auf folgende Weise: „Es gibt eine reale Welt, die aus Objekten besteht, die wiederum einer Unzahl von natürlichen Gegebenheiten und Gesetzmäßigkeiten unterworfen sind. Es ist unsere Aufgabe, diese Fakten und Gesetzmäßigkeiten zu *entdecken*. In dieser Perspektive hat sich die Wissenschaft zu einem Ansatz für die Sammlung von Wissen entwickelt, das die angenommenen Tatsachen der realen Welt widerspiegelt." Vor diesem Hintergrund kommt Hunt (2010, S. 287) zu seiner Einschätzung, dass eine Theorie *wahr* ist, wenn sie mit der entsprechenden Realität weitgehend übereinstimmt:

„Wenn man mit irgendeiner Theorie konfrontiert wird, dann stelle man die grundlegende Frage: Ist die Theorie wahr? Weniger knapp gesagt: In welchem Maße ist die Theorie übereinstimmend mit der Realität? Ist die reale Welt tatsächlich so aufgebaut, wie es die Theorie unterstellt oder nicht?"

(Anmerkung: Auf eine radikal gegensätzliche wissenschaftstheoretische Position – den so genannten *Konstruktivismus* – wird im Abschnitt 5.1 noch kurz eingegangen. Dieser besagt im Wesentlichen, dass Wissen über eine Realität als aktiv *geschaffen* – eben konstruiert - durch Menschen und soziale Prozesse und nicht als abgeleitet aus einer gegebenen Realität betrachtet wird.)

Wenn man einmal bei der hier eingenommenen Position bleibt, dass eine von der individuellen Wahrnehmung unabhängige Realität existiert, dann lassen sich einige Eigenschaften der Realität feststellen, die für entsprechende – nicht zuletzt empirische – Forschung wichtig sind. Realität ist nach Jaccard / Jacoby (2010, S. 9 f.)

- komplex, *man kann nicht alles beobachten/erfassen*
- dynamisch, *Umwelt/exogene Faktoren ändern sich*
- (teilweise) verdeckt und *man kennt nicht alle Motive/Umstände*
- einzigartig. *beobachtete Situationen treten so nicht nochmal auf*

Diese Gesichtspunkte seien anhand eines Beispiels illustriert. Man stelle sich dazu eine Industrie-Messe (z.B. Hannover-Messe) zu einem bestimmten Zeitpunkt vor.

Komplexität: Der Versuch einer vollständigen Beschreibung dieser Messe muss scheitern. Eine Erfassung aller Details der Messestände (Aufbau, Größe, Farben, Beschriftungen, Präsentation von Produkten etc.), des Verhaltens von Messebesuchern usw. überfordert jeden auch extrem geduldigen Forscher.

Dynamik: Selbst wenn es gelänge, die Messestände, die präsentierten Produkte und das Verhalten der Besucher weitgehend zu beschreiben, wäre damit wenig gewonnen, denn währenddessen verändert sich die Realität: Neue Messebesucher kommen, das Standpersonal wechselt, es wird dunkler etc.

Verdecktheit: Zahlreiche (auch wesentliche) Einzelheiten sind nicht direkt beobachtbar. Beispielsweise ist es für die Situation auf der Messe wichtig, welche Kaufabsichten und welche Expertise bei den Messebesuchern vorhanden sind, obwohl diese selbst mit anspruchsvollen Untersuchungsmethoden nicht immer eindeutig feststellbar sind.

Einzigartigkeit: Da eine bestimmte Situation auf der Messe mit gleichem Personal, gleichen Besuchern mit gleichen Absichten, gleichen äußeren Bedingungen etc. sich so nie wiederholt, wäre eine vollständige Beschreibung oder Erklärung auch nutzlos, weil eben keine Situation erneut auftritt, in der man dieses Wissen gebrauchen könnte.

Vor diesem Hintergrund wird sofort klar, dass es aussichtslos ist, durch Forschung und Theoriebildung, Realität vollständig wiedergeben zu wollen. Vielmehr betrachtet und analysiert man in der (empirischen) Forschung immer nur – mehr oder weniger – gezielt ausgewählte Aspekte einer überwältigend komplexen Realität. Das hat natürlich auch Konsequenzen für die Forschungsmethodik, auf die im Abschnitt 6.2 eingegangen wird.

3.3 Entstehung und Überprüfung von Theorien

Offenkundig ist die Entwicklung und kritische Prüfung von Theorien eine der wissenschaftlichen Kernaufgaben, nicht zuletzt wegen der im Abschnitt 3.1 umrissenen Relevanz von Theorien. Was sind nun (zunächst) die typischen Wege bei der Entstehung von Theorien? Zur Beantwortung dieser Frage kann man an die grundlegenden Vorgehensweisen bei der Generierung von wissenschaftlichen Aussagen anknüpfen, die Induktion und die Deduktion.

Das Prinzip der **Induktion** schließt an die im Abschnitt 2.6.1 skizzierte Grundidee an, dass insbesondere Sozial- und Naturwissenschaften auf Fakten basieren (zu einer anderen Sichtweise: siehe Kapitel 5). Es geht bei der Induktion um die *Generalisierung* von in der Realität beobachteten Regelmäßigkeiten. Dabei unterscheidet Sankey (2008, S. 249) gedanklich zwei Schritte:

1. Sammlung empirischer Daten über ein interessierendes Phänomen
2. Formulierung von Gesetzmäßigkeiten oder Theorien durch Generalisierung von beobachteten Regelmäßigkeiten und Zusammenhängen

So könnte man aus einer Vielzahl von Beobachtungen, bei denen man feststellte, dass nach einer Verstärkung der Werbung der Umsatz stieg, den Schluss ziehen, dass *generell* mehr Werbung zur Umsatzsteigerung führt. Eine im Marketing stark beachtete Untersuchung, der ein induktiver Ansatz zu Grunde lag, ist die *PIMS-Studie* (Profit Impact of Market Strategies), bei der auf der Basis einer Vielzahl analysierter Geschäftsfelder so genannte Erfolgsfaktoren identifiziert wurden (Buzzell / Gale 1989), die *generell* relevant sein sollen.

Okasha (2002, S. 20) gibt ein Beispiel für die verbreitete Nutzung induktiver Schlussweisen, auch im Alltag:

„Wenn Sie das Lenkrad Ihres Autos entgegen dem Uhrzeigersinn drehen, dann gehen Sie davon aus, dass das Auto nach links und nicht nach rechts fährt. Immer wenn Sie im Straßenverkehr fahren, hängt Ihr Leben von dieser Annahme ab. Aber was macht Sie so sicher, dass diese richtig ist? Wenn Sie irgendjemand bittet, Ihre Überzeugung zu begründen, was würden Sie sagen? Sofern Sie nicht selbst Automechaniker sind, würden Sie wahrscheinlich antworten: ‚Immer wenn ich in der Vergangenheit das Lenkrad entgegen dem Uhrzeigersinn gedreht habe, ist das Auto nach links gefahren. Deswegen wird das Gleiche passieren, wenn ich diesmal das Lenkrad entgegen dem Uhrzeigersinn drehe.' Das ist eine induktive Schlussweise, keine deduktive."

Drei Mindestanforderungen bei einer induktiven Interpretation, an Hand derer auch einige damit verbundene Probleme deutlich werden, formuliert Chalmers (1999, S. 46):

- Die *Anzahl der Beobachtungen*, von denen generalisiert wird, muss *groß* sein. Kaum jemand würde von der Beobachtung oder Befragung von ein oder zwei KonsumentInnen auf Konsumentenverhalten generell schließen. Aber was heißt hier „groß"? Wie viele Beobachtungen wären nötig; 20, 100, 500, 1000 oder 3000?
- Die Beobachtungen müssen *unter verschiedenen Bedingungen wiederholt* werden und zum gleichen Ergebnis führen. Wenn man einen generellen Zusammenhang, z.B. zwischen Einstellung und Verhalten behauptet, dann muss dieser Zusammenhang unter verschiedensten Bedingungen – also *generell* – gelten, unter Zeitdruck, bei Wahlentscheidungen, bei Kaufentscheidungen, bei großem oder geringem Interesse an der jeweiligen Entscheidung etc. Wie viele und welche Bedingungen wären aber nötig, um zu einer allgemein gültigen Aussage zu kommen?
- *Keine der Beobachtungen sollte im Widerspruch* zu der abgeleiteten allgemeinen Gesetzmäßigkeit stehen. Da man es in den Sozialwissenschaften (einschl. der Marketingwissenschaft) kaum einmal mit deterministischen Zusammenhängen zu tun hat, gelten hier etwas schwächere Anforderungen (siehe Abschnitt 4.2). Zumindest muss aber die Zahl der widersprüchlichen Beobachtungen so gering (wie gering?) sein, dass die Wahrscheinlichkeit für die Geltung der abgeleiteten Aussage groß (wie groß?) ist.

Eine induktive Schlussweise ist also dadurch gekennzeichnet, dass man von bisherigen Beobachtungen auf zukünftige - noch nicht beobachtete - entsprechende Phänomene schließt bzw. ausgehend von einer begrenzten Zahl von Beobachtungen zu Generalisierungen kommt. Wenn sich beispielsweise in der Vergangenheit über viele Male ein Zusammenhang zwischen zwei Variablen gezeigt hat, dann kann man zwar mit hoher Wahrscheinlichkeit erwarten, dass sich dieser auch bei einer zukünftigen Beobachtung zeigt, aber wenn sich dieser Zusammenhang tatsächlich wieder gezeigt hat, dann liegt eben diese letzte Beobachtung auch schon wieder in der Vergangenheit und eine sichere Aussage über weitere (zukünftige) entsprechende Beobachtungen kann man nur machen, wenn sichergestellt ist, dass die Zukunft der Vergangenheit gleichen wird, was natürlich unmöglich ist (vgl. Psillos 1995, S. 2). Allerdings ist zu beachten, dass es hier um die Gewinnung von Aussagen geht, die *mit Sicherheit wahr* sind, ein hoher Anspruch, der von Phillips / Burbules (2000, S. 5 ff.) als „fundamentalistisch" bezeichnet wird. Beim später noch zu erörternden wissenschaftlichen Realismus wird sich zeigen, dass in dieser Perspektive induktive Schlussweisen akzeptiert werden, allerdings unter Inkaufnahme einer gewissen Unsicherheit und Ungenauigkeit („approximative Wahrheit") der Aussagen.

Neben diesem umrissenen logischen Problem existieren auch eher forschungspraktische Begrenzungen einer Theoriebildung durch Induktion, auf die Sankey (2008, S. 249 f.) hinweist. Zunächst stellt sich die Frage, ob die Beobachtungen, von denen aus generalisiert werden soll, wirklich unabhängig von der (zu entwickelnden) Theorie entstanden sind. Typisch ist es wohl eher, dass für die Sammlung solcher Beobachtungen bestimmte Vorinformationen notwendig sind, dass also diese Beobachtungen *gezielt* (im Hinblick auf die entstehende Theorie?) vorgenommen werden. „Ein Wissenshintergrund, der auch theoretisches Wissen einschließen kann, muss schon existieren bevor die Datensammlung überhaupt beginnen kann." (Sankey 2008, S. 250) Auf dieses Problem wird unter dem Stichwort **„Theoriebeladenheit"** noch einzugehen sein. Ein zweites Problem besteht darin, dass sich Aussagen von Theorien typischerweise auch auf nicht (direkt) beobachtbare Gegenstände beziehen, im Marketing beispielsweise auf Wissen oder Einstellungen von Konsumenten oder auf Ziele von Managern. Insofern können diese Elemente von Theorien sicher nicht durch eine Generalisierung von Beobachtungen zu Stande kommen.

Schon David Hume (1711 – 1776) hat das oben angesprochene logische Problem bei induktiven Schlussweisen mit dem Anspruch auf Sicherheit der Aussagen formuliert (Newton-Smith 2000). In jüngerer Zeit ist die Kritik von Karl Popper an der induktiven Schlussweise besonders prominent geworden. Popper (2005, S. 3 ff.) geht auch davon aus, dass es keinen logisch zwingenden Weg gibt, die Wahrheit von Theorien auf induktivem Weg mit Sicherheit festzustellen. Im Ergebnis laufen seine Überlegungen darauf hinaus, dass wissenschaftliche Theorien immer – auch nach sehr vielen bestätigenden entsprechenden Beobachtungen - den Charakter von Vermutungen behalten, solange nicht eine Falsifikation der Theorie durch ihr widersprechende empirische Ergebnisse erfolgt. Auf diesen *Falsifikationsansatz* wird später in diesem Abschnitt noch weiter eingegangen.

Popper (2005, S. 3) erläutert seine Ablehnung der induktiven Schlussweise folgendermaßen:

„Als *induktiven Schluss oder Induktionsschluss* pflegt man einen *Schluss von besonderen Sätzen*, die z.B. Beobachtungen, Experimente usw. beschreiben, *auf allgemeine Sätze, auf Hypothesen oder Theorien* zu bezeichnen.

Nun ist es aber nichts weniger als selbstverständlich, dass wir logisch berechtigt sein sollen, von besonderen Sätzen, und seien es noch so viele, auf allgemeine Sätze zu schließen. Ein solcher Schluss kann sich ja immer als falsch erweisen: Bekanntlich berechtigen uns noch so viele Beobachtungen von weißen Schwänen nicht zu dem Satz, dass alle Schwäne weiß sind.

Die Frage, ob und wann induktive Schlüsse berechtigt sind, bezeichnet man als *Induktionsproblem*."

Allerdings führt eine radikale Ablehnung induktiver Schlussweisen auch zu weitreichenden Begrenzungen der praktischen Anwendung wissenschaftlicher Erkenntnisse, z.B. in der Medizin, den Ingenieurwissenschaften oder der Marktforschung. Wenn man von einer begrenzten Zahl bisheriger Beobachtungen nicht auf die zukünftige Gültigkeit entsprechender Gesetzmäßigkeiten schließen darf, dann kann man eben auch nichts aussagen über zu erwartende Wirkungen von Medikamenten, die künftigen Leistungen einer Maschine oder die künftige Wirkung von Werbung (vgl. dazu auch Psillos 1995, S. 4). Bertrand Russell (1959, S. 60 ff.) ist bei der Kennzeichnung der Aussagekraft induktiver Schlüsse weniger ablehnend und arbeitet heraus, dass es hier im Wesentlichen um Wahrscheinlichkeitsaussagen gehe. Wenn eine Vielzahl von Beobachtungen gezeigt hat, dass bestimmte Merkmale (z.B. Tierart: Schwan; Farbe: Weiß) gemeinsam auftreten, dann ist in dieser Perspektive die Wahrscheinlichkeit dafür groß, dass bei der nächsten entsprechenden Beobachtung diese Merkmalskombination wieder auftritt. Ausführlichere Diskussionen des Induktionsproblems findet man beispielsweise bei Godfrey-Smith (2003, S. 39 ff.), Köhler (1966, S. 22 ff.) und Okasha (2002, S. 18 ff.).

Nun besteht in der Marketingwissenschaft kaum der Anspruch, ganz exakte und sichere Aussagen zu machen. Dort ist man in „bescheidener": Schon die verwendete empirische Methodik (siehe Kapitel 6) setzt hier Grenzen. Typischerweise gegebene Messfehler und die Wesensmerkmale der Inferenzstatistik führen eben zu Ungenauigkeiten und Unsicherheiten von Ergebnissen. Unstrittig ist aber, dass die Induktion zumindest bei der *Entwicklung* von Theorien (deren Überprüfung dann mit einer anderen Methodik erfolgt) Anwendung finden kann, wenn auch mit der oben angesprochenen Einschränkung hinsichtlich nicht beobachtbarer Phänomene.

Gewissermaßen das Gegenstück zur Induktion ist die **Deduktion**. Dabei geht es um die Ableitung von Aussagen aus anderen (allgemeineren) Aussagen mit Hilfe logischer Regeln. In Umkehrung des weiter oben genannten Beispiels eines allgemeinen Zusammenhanges von Einstellungen und Verhalten könnte man – wenn dieser gültig ist - daraus ableiten (anspruchsvoll ausgedrückt: „*deduzieren*"), dass dann auch im spezielleren Fall ein Zusammenhang zwischen der Einstellung zu einer Marke und entsprechendem Kaufverhalten bestehen müsste.

Hier ein Beispiel zur Deduktion mit Hilfe logischer Regeln in Anlehnung an Chalmers (1999, S. 42):

Aussage 1: Alle Marketing-Lehrbücher sind langweilig.

Aussage 2: Das vorliegende Buch ist ein Marketing-Lehrbuch

Ergebnis: Das vorliegende Buch ist langweilig.

Diese deduktive Schlussweise lässt sich nicht nur zur Entwicklung, sondern auch zur Überprüfung von Theorien nutzen. Eine solche Überprüfung besteht in der Ableitung von Aussagen aus einer Theorie, so genannten Hypothesen (siehe Abschnitt 3.1) – z.B. „Je positiver die Einstellung zu Marke X, desto größer ist die gekaufte Menge von X" -, die dann an Hand von entsprechenden Daten auf ihre Übereinstimmung mit der Realität geprüft werden. Die Bestätigung (bzw. „Nicht-Ablehnung") einer solchen Hypothese kann natürlich nicht im Sinne der Induktion mit Sicherheit generalisiert werden und gewissermaßen als Beweis der Wahrheit einer Theorie angesehen werden.

Franke (2002, S. 188) kennzeichnet den zentralen Unterschied von induktiver und deduktiver Theoriebildung:

„Ein grundsätzlicher Unterschied besteht in der Frage, ob eine Theorie aus bestehenden theoretischen Zusammenhängen stammt, also <u>deduktiv</u> abgeleitet wurde oder ob sie spekulativ verallgemeinernd aus der empirischen Beobachtung von Regelmäßigkeiten der Realität <u>induktiv</u> entwickelt wurde."

Die Prozesse der Theoriebildung und –prüfung lassen sich anhand einer Darstellung (Abbildung 3.3) von de Vaus (2001, S. 6) zusätzlich illustrieren. Dabei wird dem Prozess der Theoriebildung durch Induktion der Vorgang der Theorieprüfung durch den Test von (deduktiv) aus der Theorie abgeleiteten Hypothesen gegenübergestellt. Unter Induktion versteht man also die Generalisierung von beobachteten Regelmäßigkeiten in der Realität (s.o.). Wenn man beispielsweise bei einer Vielzahl von Werbekampagnen beobachtet, dass Bilder stärkere emotionale Wirkungen hervorrufen als Texte, dann wird man vielleicht vermuten, dass generell ein Zusammenhang zwischen Bildanteilen in der Werbung und emotionaler Werbewirkung besteht und entsprechende theoretische Vorstellungen entwickeln. Wenn eine solche Theorie vorliegt, dann besteht ein üblicher Weg zu deren Überprüfung darin, entsprechende Aussagen (*Hypothesen*) abzuleiten (→ *Deduktion*), deren Zutreffen man dadurch überprüft, dass man die auf dieser Basis erwarteten Ergebnisse mit den tatsächlichen Beobachtungen konfrontiert. Bei weitgehender Übereinstimmung spricht man von einer Bestätigung der Theorie, anderenfalls kommt man zur Ablehnung (→ Falsifikation) bzw. zur Modifikation der Theorie.

Abbildung 3.3: Theoriebildung und Theorieprüfung (nach: de Vaus 2001, S. 6)

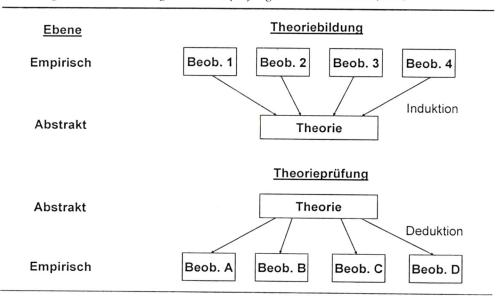

Im Zusammenhang mit der Diskussion von Theoriebildung und -prüfung ist auf eine recht anschauliche Unterscheidung hinzuweisen, die auf Hans Reichenbach (1891 – 1953) zurückgeht: Entdeckungszusammenhang und Begründungszusammenhang. Beim Entdeckungszusammenhang geht es um den Ablauf der Entstehung von Theorien. Dabei gibt es ein großes Spektrum an Möglichkeiten bzw. kaum festgelegte Regeln, wie im Folgenden zu erkennen sein wird. Dagegen bezieht sich der **Begründungszusammenhang** darauf, „rational und intersubjektiv zugängliche Maßstäbe an die gewonnenen theoretischen Einfälle anzulegen" (Köhler 1966, S. 25). Entdeckungszusammenhänge sind nicht zuletzt von wissenschaftshistorischem Interesse während Begründungszusammenhänge und ihre Logik im Mittelpunkt wissenschaftstheoretischer Überlegungen stehen. Einen Überblick zu den sonst weniger beachteten Prozessen der wissenschaftlichen „Entdeckung" gibt Nickles (2008).

Deduktive und induktive Theoriebildung haben (natürlich) spezifische *Vor- und Nachteile* (Franke 2002, S. 188 f.). Bei der *Deduktion* kann an vorhandene Theorien mit entsprechenden Annahmen, Begriffen, Methoden sowie an die in anderem Rahmen gewonnenen Ergebnisse angeknüpft werden, was zumindest die Effizienz positiv beeinflusst. Daneben ergibt sich der gewichtige Vorteil, dass sich naturgemäß deduzierte Theorien in den schon vorliegenden Theorie-Bestand relativ gut einordnen. Das bedeutet aber gleichzeitig, dass völlig neuartige Sichtweisen, die vielleicht ein besseres Verständnis der interessierenden Phänomene ermöglichen könnten, eher weniger entstehen. Dafür ist die *Induktion* wesentlich offener. Hier kommt man eher auf der Basis der jeweiligen Daten oder Erfahrungen zu einer dem jeweiligen Problem entsprechenden Sicht, die nicht so stark durch bisherige Vorstellungen vorgeprägt ist. Damit verbunden ist aber der Nachteil, dass so entwickelte Theorien (zunächst) eher isoliert stehen. Hinsichtlich einiger Beispiele für beide Wege der Theoriebildung in der Marketingwissenschaft sei wieder auf Franke (2002, S. 189 ff.) verwiesen.

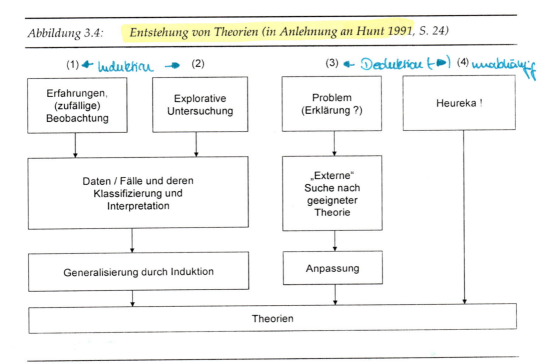

Abbildung 3.4: Entstehung von Theorien (in Anlehnung an Hunt 1991, S. 24)

Hunt (2010, S. 24 ff.) und Franke (2002, S. 188 ff.) diskutieren Wege zur Entstehung von Theorien. Auf dieser Basis ist die vorstehende Abbildung 3.4 mit vier typischen Wegen der Theoriebildung entstanden. Die beiden in der linken Hälfte eingetragenen Wege (1) und (2) folgen dem Muster der Induktion, der weiter rechts eingetragene Weg (3) ist eher durch Deduktion gekennzeichnet, während der ganz rechts dargestellte Weg (4) von diesen beiden Vorgehensweisen unabhängig ist. Nun zu einer kurzen Kennzeichnung dieser Wege:

(1) Am Beginn stehen Erfahrungen und mehr oder minder zufällige Beobachtungen in Wissenschaft und Praxis, die auf ein bestimmtes Phänomen aufmerksam machen. Dadurch angeregt werden entsprechende Daten gesammelt und interpretiert, wobei die Interpretation schon ein Bild der entstehenden Theorie zeichnet. Nach einer Generalisierung der Interpretation von Daten durch Induktion gelangt man zum Entwurf einer Theorie. Ein entsprechendes Beispiel aus dem Bereich der Marketingwissenschaft ist die Formulierung des Involvement-Konzepts, das wiederum eine wichtige Grundlage für das Elabo-

ration-Likelihood-Modell (siehe Abschnitt 3.1) war, durch Herbert Krugman (1965). Krugman war auf seinen Ansatz gestoßen, weil bei seiner Tätigkeit für General Electric diverse Ergebnisse von Werbewirkungsuntersuchungen nicht mit den damals gängigen Werbewirkungstheorien vereinbar waren. Heute ist die Zahl der Ansatzpunkte für diese Art der Theoriebildung wohl gestiegen, weil man durch das so genannte *Data Mining* auf eine Vielzahl von Regelmäßigkeiten und Zusammenhängen in Datensätzen aufmerksam wird.

(2) Das klare *Ziel der Theoriebildung* steht wesentlich deutlicher am Beginn dieses Weges. Die dort genannte explorative Untersuchung hat ja – wie der Name schon erkennen lässt – die Ausrichtung, relevante Phänomene und ihre Zusammenhänge zu *entdecken*. In der Marketingwissenschaft werden zu diesem Zweck typischerweise so genannte qualitative Untersuchungen (siehe Kapitel 6) durchgeführt. Die Interpretation auf diese Weise gewonnener Daten und deren Generalisierung führt dann zum theoretischen Entwurf. Ein Marketing-Beispiel dafür sind die qualitativen Interviews, die Rook (1987) durchgeführt hat, um Impulskäufe und ihre Merkmale zu kennzeichnen. Eine umfassende Darstellung und Diskussion von Methoden zur gezielten Theoriebildung findet man bei Jaccard / Jacoby (2010).

(3) In diesem Fall steht am Beginn ein Problem, für das man eine Erklärung sucht. Der erste Schritt dabei besteht in der Suche nach einer (bereits vorhandenen) generellen Theorie, die zur Klärung des Problems geeignet sein könnte. Deren Anpassung an die Spezifika des jeweiligen Problems führt dann zu einer entsprechenden Theorie. Da diese also aus einer generellen Theorie abgeleitet ist, hat man es hier mit einem *deduktiven* Vorgehen zu tun. Ein Beispiel für den Marketing-Bereich bietet die Theorie der kognitiven Dissonanz (Festinger 1957), die genutzt wurde, um die verbreitete Suche von (bestätigenden) Informationen nach einem Kauf zu erklären.

(4) Auf diesem Wege führt eine *plötzliche Idee* – hier gekennzeichnet durch den berühmten Ausspruch von Archimedes (3. Jh. v. Chr.) „Heureka!" („Ich habe es gefunden!") – direkt zum Entwurf einer Theorie. So wurde dem Verfasser des vorliegenden Buches von einem der Autoren der für das Dienstleistungsmarketing bedeutsamen Leistungstypologie von Engelhardt / Kleinaltenkamp / Reckenfelderbäumer (1993) persönlich übermittelt, dass eine der entscheidenden Grundideen dazu ganz plötzlich beim Blick in die Dunkelheit während einer Bahnfahrt zwischen Stuttgart und Duisburg an einem regnerischen Dezember-Abend im Jahre 1990 entstanden ist. Wenn eine solche Idee nicht ganz so plötzlich kommt, sondern eher auf längerem Nachdenken basiert, spricht Hacking (1983, S. 212 f.) von „Spekulation" : „Mit Spekulation meine ich die intellektuelle Darstellung einer Sache von Interesse, ein Spielen mit Gedanken und eine Umformung von Ideen, um wenigstens zu einem qualitativen Verständnis allgemeiner Eigenschaften der Umwelt zu gelangen."

Heute ist in der Marketingwissenschaft anscheinend noch ein weiterer Weg zur Theoriebildung hinzugekommen. Durch den hohen Publikationsdruck einerseits und die hohen Anforderungen an Umfang und Qualität der Daten, die für empirisch ausgerichtete Publikationen verwendet werden, gibt es wohl zunehmend Fälle, in denen der Zugang zu einem ergiebigen Datensatz der Auslöser dafür ist, entsprechende theoretische Fragestellungen zu entwickeln und mit Hilfe dieses Datensatzes dann zu analysieren.

Jaccard / Jacoby (2010) haben ihr ganzes Buch der Theoriebildung und den dabei angewandten Techniken gewidmet. Sie unterscheiden dabei drei „Kernprozesse": Kreativität und Entwicklung von Ideen, Konzeptualisierung und Festlegung von Definitionen sowie die (gedankliche) Klärung der Beziehungen zwischen den in der Theorie verwendeten Konzepten.

Die Abläufe bei der Entstehung von Theorien sind in wissenschaftstheoretischer Sicht wenig problematisch. Viel bedeutsamer für deren Aussagekraft und Akzeptanz sind in dieser Perspektive die Vorgehens- und Schlussweisen bei der **Überprüfung von Theorien,** wobei hier eine Einschränkung der Betrachtung auf sozialwissenschaftliche Theorien erfolgt, zu denen der weitaus größte Teil der Theorien aus dem Bereich des Marketing gehört. Das ist ein Thema, das noch in den folgenden Kapiteln Gegenstand dieses Buches bleiben wird. In einem ersten Schritt seien hier zwei gedankliche Ansätze zur *Theorieprüfung* vorgestellt: Der logische Empirismus und der Falsifikationsansatz. Der logische Empirismus wird teilweise als eine Variante des *logischen Positivismus,* teilweise auch als weitgehend identisch mit dem logischen Positivismus angesehen (Godfrey-Smith 2003). Die entsprechenden Ideen sind wesentlich durch den so genannten „Wiener Kreis", eine Gruppe von vor allem Philosophen, Mathematikern und Naturwissenschaftlern, die sich in der Zeit zwischen den beiden Weltkriegen in Wien mit wissenschaftstheoretischen Fragen beschäftigte, geprägt worden (siehe z.B. Hunt 2003, S. 63 f.; Godfrey-Smith 2003, S. 22 ff.). Der Falsifikationsansatz ist untrennbar mit dem – schon erwähnten – Namen Karl Popper verbunden.

Der Begriff des ‚logischen Empirismus' wird von Friedrich Kambartel (1995, S. 543) kurz gekennzeichnet:

„Von besonderer wissenschaftstheoretischer Relevanz .... ist der logische Empirismus des Wiener Kreises (R. Carnap, O. Neurath, H. Reichenbach u.a.). ‚Logisch' verdient dieser aus zwei Gründen zu heißen: (1) weil er neben den Sätzen empirischer Wissenschaften nur noch Sätze über die ‚logische Syntax' der Wissenschaftssprachen (....) als wissenschaftlich ansieht, (2) weil er für das empiristische Wissenschaftsprogramm erstmals die Mittel der modernen, weitgehend formalisierten Logik einsetzt."

Abbildung 3.5: Schema zum logischen Empirismus (nach Anderson 1983)

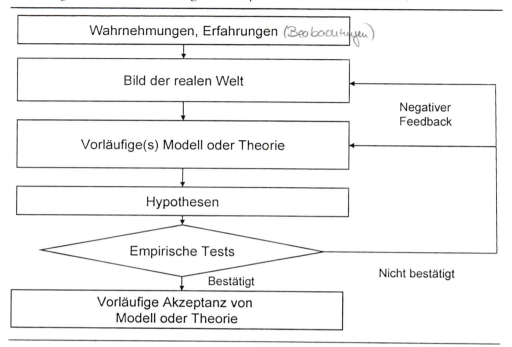

Vor dem Hintergrund der eingangs dieses Abschnitts schon angesprochenen Probleme der Induktion wird beim logischen Empirismus nicht die *Verifikation* einer Theorie, sondern nur deren „schrittweise zunehmende Bestätigung" (Carnap 1953, S. 48) anstrebt. Forschung im Sinne des logischen Empirismus – hier dargestellt in Anlehnung an Anderson (1983) – entspricht etwa folgendem Ablauf: Ausgangspunkt sind Beobachtungen (Erfahrungen, Wahrnehmungen). Auf dieser Basis wird (*induktiv*) eine vorläufige Theorie entwickelt. Mit großer wachsender Zahl bestätigender Beobachtungen steigt die Bestätigungsgrad dieser Theorie, obwohl von einem „Beweis" natürlich nicht die Rede sein kann. Nicht bestätigende Beobachtungen führen zum Zweifel an der Theorie, letztendlich zu ihrer Modifizierung oder Verwerfung. Abbildung 3.5 illustriert diesen gedanklichen Ablauf. Es verwundert nicht, dass bei entsprechenden Schlussweisen die *induktive* (!) Statistik bzw. Inferenzstatistik, die ja zeitlich etwa parallel zur Arbeit des Wiener Kreises große Fortschritte machte, wesentliche Bedeutung hat.

Welche *Probleme* sind nun mit dieser Schlussweise verbunden? Am Anfang steht natürlich das generelle Induktionsproblem (s.o.), dass nämlich aus einer begrenzten Zahl von Beobachtungen nicht mit Sicherheit allgemein gültige Gesetzmäßigkeiten abgeleitet werden können. Erschwerend kommt hinzu, dass Beobachtungen / Messungen (nicht zuletzt in der Marketingwissenschaft) grundsätzlich fehlerbehaftet sind. Diese Art von Fehlern bei Einzelbeobachtungen wird über das Induktionsprinzip gewissermaßen generalisiert, indem von einer begrenzten Zahl von – eben fehlerbehafteten - Beobachtungen ausgehend allgemeine Aussagen gemacht werden. Letztlich verweist Anderson (1983) vor dem Hintergrund seiner (relativistischen) wissenschaftstheoretischen Position (siehe dazu Kapitel 5) auf systematische Verzerrungen der Wahrnehmung von Beobachtungen durch die Erwartungen und die Betrachtungsweise („Theoriebeladenheit") des Beobachters.

Herausragende Bedeutung hat in den letzten Jahrzehnten der durch Karl Popper geprägte **Falsifikationsansatz** erlangt. Ausgangspunkt für diesen Ansatz war einerseits seine Kritik an induktiven Schlussweisen (s.o.) und andererseits seine Suche nach einer Charakterisierung und Abgrenzung wissenschaftlicher Theoriebildung (Geier 2003, S. 57 ff.). Danach steht am Beginn des Prozesses der Zweifel an existierenden Theorien und als darauf folgender Schritt der Entwurf einer neuen („besseren") Theorie. Der Test der Theorie erfolgt, indem man daraus Hypothesen ableitet (→ Deduktion) und diese empirisch überprüft. Wenn die Hypothesen dem Test nicht standhalten, also abgelehnt werden, wird die Theorie verworfen und es muss ein neuer Anlauf zum Verständnis des jeweiligen Phänomens unternommen werden. Bei Annahme der Hypothesen wird die Theorie vorläufig (bis zum nächsten Test) beibehalten (siehe Popper 1972). Ein Beispiel aus der Marketingwissenschaft für einen solchen Prozess ist die Ablehnung der traditionellen Vorstellungen von Werbewirkung (AIDA etc.) durch Krugman (1965), die Entwicklung des Elaboration Likelihood Modells und dessen zahlreiche Tests (z.B. durch Petty / Cacioppo / Schumann 1983). Abbildung 3.6 illustriert den Prozess der Theorieprüfung durch Falsifikationsversuche.

In seinem Buch „Conjectures and Refutations" („Vermutungen und Widerlegungen", 1972) erläutert Karl Popper noch einmal seine Sichtweise des Forschungsprozesses in deutlicher Abgrenzung zur induktiven Vorgehensweise:

Er geht dabei von einem Menschenbild aus, bei dem man nicht einfach auf Beobachtungen „wartet" und von diesen generalisiert, sondern bei dem Menschen sich aktiv ein Bild von der Realität und ihren Gesetzmäßigkeiten (→ Theorie) machen und dann dessen Bewährung überprüfen. „Das war eine Theorie von Versuch und Irrtum – von Vermutungen und Widerlegungen. Es ermöglichte uns zu verstehen, warum unsere Bemühungen, der Welt unsere Interpretationen aufzudrängen, logisch vor der Beobachtung von Regelmäßigkeiten standen. Da es logische Gründe für dieses Vorgehen gab, dachte ich, dass es auch im Bereich der Wissenschaft anzuwenden wäre; dass wissenschaftliche Theorien nicht die Zusammenfassung von Beobachtungen seien, sondern eher Erfindungen – Vermutungen, die entschieden einer Überprüfung zugeführt werden, um eliminiert zu werden, wenn sie mit den Beobachtungen kollidierten; mit Beobachtungen, die kaum zufällig zu Stande kamen, sondern eher in der klaren Absicht entstanden, eine Theorie zu testen und – wenn möglich – eine entschiedene Widerlegung zu erhalten." (Popper 1972, S. 46)

Abbildung 3.6: Schema zum Falsifikationsansatz (nach Anderson 1983)

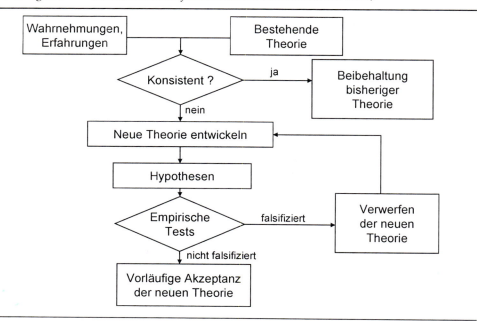

Für Popper (2005) geht es beim Falsifikationsansatz nicht nur um die Möglichkeit der Theorieprüfung. Er sieht in dem Grunderfordernis der Falsifizierbarkeit auch ein zentrales Merkmal für wissenschaftliche Aussagen in Abgrenzung zu anderen Arten von Aussagen (Popper 2005, S. 17): „Wir fordern zwar nicht, dass das (theoretische) System auf empirisch methodischem Wege endgültig positiv ausgezeichnet werden kann, aber wir fordern, dass es die logische Form des Systems ermöglicht, dieses auf dem Wege der methodischen Nachprüfung negativ auszuzeichnen. Ein empirisch-wissenschaftliches System muss an der Erfahrung scheitern können." (Hervorhebung von A.K.).

Okasha (2002, S. 23) fasst die Grundidee des Falsifikationsansatzes von Popper kurz zusammen:

„Poppers Hauptargument ist das folgende: Obwohl es nicht möglich ist, die Richtigkeit einer wissenschaftlichen Theorie auf Basis einer begrenzten Menge von Daten zu beweisen, ist es möglich zu beweisen, dass eine Theorie falsch ist. Angenommen eine Wissenschaftlerin beschäftigt sich mit der Theorie, dass alle metallischen Stoffe Elektrizität leiten. Sogar wenn alle Metallstücke, die sie untersucht, Elektrizität leiten, beweist das noch nicht, dass diese Theorie wahr ist... Aber wenn sie wenigstens ein Stück Metall findet, das Elektrizität nicht leitet, dann beweist das, dass die Theorie falsch ist."

Es sei noch einmal betont, dass die *Möglichkeit* zur Falsifizierung bei Popper das zentrale Merkmal bzw. Abgrenzungskriterium einer Wissenschaft ist. „Nicht nach Wahrheitsbeweisen ist in den Erfahrungswissenschaften zu suchen, denn diese sind dort grundsätzlich unmöglich; vielmehr müssen sogenannte Naturgesetze ausschließlich als Hypothesen betrachtet werden, die so lange beibehalten werden, als sie nicht falsifiziert sind. Damit eine solche Umorientierung möglich ist, muss zwingend vorausgesetzt werden, dass die fraglichen Hypothesen überhaupt falsifizier*bar* sind" (Poser 2001, S. 120). Falsifizierbarkeit und Falsifizierung sind in diesem Sinne deutlich zu unterscheiden.

Chalmers (1999, S. 62 ff.) illustriert die Falsifizierbarkeit von Aussagen durch einige Beispiele:

Falsifizierbare Aussagen:

„Am Mittwoch regnet es nie."

„Alle Stoffe dehnen sich bei Erhitzung aus."

„Wenn Licht auf einen ebenen Spiegel fällt, dann gilt Einfallwinkel = Ausfallwinkel."

Nicht falsifizierbare Aussagen:

„Morgen wird es regnen oder nicht regnen."

„Alle Punkte auf einem Kreis haben den gleichen Abstand zum Mittelpunkt."

„Alle Junggesellen sind unverheiratet."

Man erkennt, dass bei diesen Aussagen das Gegenteil nicht eintreten kann, weil sie entweder alle Möglichkeiten beinhalten („regnen oder nicht regnen") oder weil sie genau den jeweiligen Definitionen entsprechen.

Für den Ansatz Poppers hat sich inzwischen der Begriff des „**kritischen Rationalismus**" eingebürgert. Die zentrale Idee besteht darin, „dass alle Erkenntnis stets vorläufigen Charakter hat und sich in empirischen Prüfungen bewähren muss." (Gethmann 1995, S. 466) „Gewissheit ist nicht erreichbar und das Streben danach ist vergeblich. …… Trotzdem sind Rationalität und Objektivität möglich. Rationalität hat nichts mit Rechtfertigung zu tun, aber alles mit der Offenheit für Kritik." (Irzik 2008, S. 599)

Hier einige Angaben zur Person von Sir Karl Popper, des Begründers des „kritischen Rationalismus":

1902: Geboren in Wien

1924: Gesellenbrief als Tischler 1922 – 1924: Studium der Pädagogik, anschließend Tätigkeit als Lehrer

1928: Promotion

1934: Publikation der 1. Auflage „Logik der Forschung"

1937: Übersiedlung nach Neuseeland

1945: Professor an der London School of Economics

1982: Adelung durch die britische Königin („Sir Karl Popper")

1994: Tod in London

Quellen: Geier (2003) und Thornton (2009)

Bei Anderson (1983) und Chalmers (1999, S. 87 ff.) sind wesentliche **Probleme**, die mit dem Falsifikationsansatz von Popper verbunden sind, zusammengefasst. Diese Gesichtspunkte beziehen sich eher auf den Umgang mit dem Falsifikationsansatz in der Wissenschaft als auf dessen grundlegende Ideen.

Die Ablehnung einer Hypothese muss nicht unbedingt durch die Falschheit der entsprechenden Theorie begründet sein. Nicht zuletzt in der Marketingwissenschaft sind empirische Ergebnisse typischerweise fehlerbehaftet (durch Messfehler, Stichprobenfehler etc.). Es kann also durchaus sein, dass die Ablehnung einer Theorie „voreilig" wäre, weil der Grund der Nicht-Bestätigung einer daraus abgeleiteten Hypothese eher in den Mängeln der empirischen Untersuchung als in der Theorie zu sehen ist. Dieses Problem entspricht der so genannten **Duhem-These** (Duhem 1906 / 1954), nach der Voraussagen einer Theorie immer an die Gültigkeit von begleitenden Annahmen, z.B. über die Messeigenschaften der verwendeten Untersuchungsmethoden, gebunden sind. „Wenn die Voraussage nicht eintrifft, dann können wir daraus logisch nur schließen, dass *entweder* die begleitenden Annahmen nicht zutreffen *oder* dass die Theorie falsch ist." (Psillos 2007, S. 71). Streng genommen würde die Möglichkeit, dass man nicht mit Sicherheit sagen kann, ob eine Hypothese falsch ist oder ob diese Hypothese aufgrund von Messfehlern abgelehnt wurde, dazu führen, dass eine Aussage letztlich nicht falsifizierbar ist.

Ferner neigen Anhänger einer bestimmten Theorie nicht selten dazu, diese bei falsifizierenden Ergebnissen ad hoc zu modifizieren (sie zu „reparieren") und damit gewissermaßen zu „retten".

Ein dritter Einwand bedarf einer ausführlicheren Erläuterung. Dieser Einwand bezieht sich darauf, dass Theorien trotz Falsifizierung nicht obsolet werden, sondern in der „scientific community" weiterleben (Peter 1991, S. 539). Dafür gibt es mancherlei Erklärungen:

- Bei wissenschaftlichen Zeitschriften existiert ein so genannter „publication bias" bzw. ein „confirmation bias", der besagt, dass Artikel, in denen die theoretisch entwickelten Hypothesen bestätigt werden, eine größere Publikationschance haben als Artikel mit abgelehnten Hypothesen (Eisend 2006, S. 250).
- Wissenschaftler sind bei ihrer Arbeit normalerweise nicht primär darauf ausgerichtet, Theorien oder Hypothesen abzulehnen, sondern eher darauf, eigene

("positive") Beiträge zum Verständnis bestimmter Phänomene zu leisten (Oshaka 2002, S. 23). So kann man erkennen, dass wissenschaftliche Ehrungen (z.B. Nobel-Preise) typischerweise für bestimmte – gewissermaßen „positive" – Leistungen vergeben werden, nicht aber für die Falsifizierung bisheriger Theorien.

- Forscher, die sich mit einer bestimmten Theorie beschäftigen, sind oft durch ein entsprechendes „Paradigma" (siehe Kapitel 5) geprägt und in der Anlage und Interpretation ihrer Untersuchung nicht ganz neutral.
- Wissenschaftlern, die eine bestimmte Theorie in Forschung und Lehre lange Zeit vertreten haben, kann es – wie anderen Menschen auch – Schwierigkeiten bereiten, ihre bisherigen Auffassungen zu „widerrufen".
- Es gibt eine gewisse Verankerung von – möglicherweise obsoleten - Theorien in der Literatur (und in den Köpfen, s.o.), die nicht schnell zu überwinden ist. So kann man in der Marketingwissenschaft beobachten, dass die längst überholte „AIDA-Formel" („Attention, Interest, Desire, Action") der Werbewirkung – obwohl seit langem durch bessere Ansätze ersetzt – noch immer herumgeistert. In einigen Teilbereichen der Wirtschaftswissenschaften spielt immer noch das Konzept des „homo oeconomicus" eine zentrale Rolle, obwohl es seit Jahrzehnten sehr ernsthaft in Frage gestellt wird.
- Letztlich kann man natürlich auch bei Wissenschaftlern ein Beharrungsvermögen im Hinblick auf die laufende Überprüfung der von ihnen verwendeten Theorien auf Grund begrenzter Informationsverarbeitungskapazität oder auch von Bequemlichkeit nicht ausschließen.

Insbesondere Lakatos (1970) hat wesentliche Kritikpunkte am Falsifikationismus formuliert und auf dieser Basis seinen Ansatz der **Forschungsprogramme** entwickelt. Für einen ersten gedanklichen Schritt sind verschiedene Arten der Falsifikation (siehe dazu Lakatos 1970, S. 93 ff., Leong 1985; Hunt 2003, S. 149 ff.) zu unterscheiden:

„Dogmatischer Falsifikationismus" ist dadurch gekennzeichnet, dass – wie vorstehend skizziert – eine Theorie schon dann verworfen wird, wenn sich eine einzelne dazu im Widerspruch stehende Beobachtung findet (Lakatos 1970, S. 96). Diese Vorgehensweise wird schon durch die oben angesprochenen Probleme der Fehlerhaftigkeit empirischer Beobachtungen und der Theoriebeladenheit von Beobachtungen in Frage gestellt. Die Wissenschaftsgeschichte zeigt auch, dass bei gut etablierten Theorien immer wieder Ablehnungen daraus abgeleiteter Hypothesen vorgekommen sind (Lakatos 1970, S. 100).

Beim „**naiven Falsifikationismus**" wird der Anspruch, Theorien durch mit diesen nicht verträgliche empirische Ergebnisse widerlegen zu können, aufgegeben. Wegen der begrenzten Aussagekraft der Empirie beschränkt man sich hier auf deren „Ablehnung", die eben kein Beweis des Gegenteils ist. Gleichwohl zeigt nach Lakatos (1970, S. 114 f.) die Wissenschaftsgeschichte, dass immer wieder langfristig erfolgreiche Theorien zunächst mit „ablehnenden Ergebnissen" konfrontiert waren und dass oft trotz zahlreicher negativer Ergebnisse an den betreffenden Theorien festgehalten wurde (s.o.).

Lakatos' eigenes Konzept wird auch unter dem Begriff des **„raffinierten („sophisticated') Falsifikationismus"** subsumiert. Im Mittelpunkt dieses Ansatzes stehen so genannte *Forschungsprogramme*. Nach Godfrey-Smith (2003, S. 104) besteht ein solches Programm aus zwei Komponenten:

- Einem *„harten Kern"*, also einer Menge von grundlegenden Ideen und Überzeugungen der daran beteiligten Forscher, die für das jeweilige Forschungsprogramm zentral und kennzeichnend sind. Dieser Kern wird für einige Zeit beibehalten, auch wenn einzelne empirische Ergebnisse ihn nicht bestätigen, damit sich das Forschungsprogramm entwickeln und längerfristig bewähren kann. Als Marketing-Beispiel könnte man sich hierzu die zentralen Ideen des Fishbein-Modells zur Einstellungsbildung mit der Verbindung von kognitiver und affektiver Komponente vorstellen.

- Einerm *„Schutzgürtel"* von weniger grundlegenden und zentralen Ideen, mit denen Verbindungen zwischen dem „harten Kern" und beobachtbaren Phänomenen hergestellt werden, die durch Falsifikation scheitern können. Hier wäre in Fortsetzung des vorstehenden Beispiels an weitere Einflussfaktoren bei der Einstellungsbildung (z.B. Involvement) und an die Beziehung von Einstellung und Verhalten zu denken (→ „Theory of Reasoned Action").

Abbildung 3.7:   Harter Kern und Hilfshypothesengürtel im Forschungsprogramm nach Lakatos (Quelle: Poser 2001, S. 158)

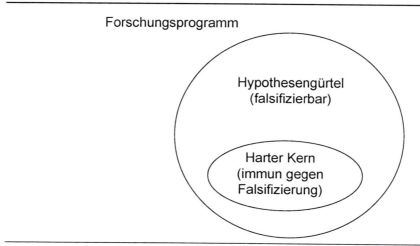

Hier zeigt sich eine gewisse Analogie zu dem von Thomas Kuhn (1970) vertretenen Bild der Paradigmen (siehe dazu Kapitel 5), wo es ebenfalls um einen „Rahmen" für einzelne Theorien und Hypothesen geht, der über eine gewisse Zeit Bestand hat, und erst verlassen wird, wenn sich eine größere Zahl von Widersprüchen ergeben hat und deswegen zu einem neuen Paradigma übergegangen wird.

Hans Poser (2001, S. 157) und Stathis Psillos (1995, S. 16) kennzeichnen die Position von Lakatos in Beziehung zu Popper und Kuhn:

Poser: „Ist es nicht so, dass das, was Kuhn an Nähe zur Alltagswissenschaft gewinnt, durch einen Relativismus erkauft wird, der den Anspruch der Begründetheit der Wissenschaften preisgibt, während umgekehrt Popper den Begründungszusammenhang ins Zentrum rückt und sich darüber von der tatsächlichen Arbeit des Wissenschaftlers entfernt? In dieser Lage suchte Lakatos nach einer Vermittlung beider Standorte."

Psillos: „Lakatos' zentrale Aufgabe kann folgendermaßen charakterisiert werden: Kombination von Poppers und Kuhns Vorstellungen über Wissenschaft in einem Modell der Theorie-Entwicklung, das Fortschritt und Rationalität beinhaltet sowie den naiven Falsifikationismus von Popper vermeidet und gleichzeitig der tatsächlichen historischen Entwicklung des grundlegenden theoretischen Wandels gerecht wird."

Die Grundidee von Forschungsprogrammen illustriert Leong (1985) mit einem Beispiel aus dem Bereich der Informationsverarbeitung bei Anbietern und Kunden. Zum harten Kern werden hier Aussagen zur Informationsverarbeitung als Grundlage für Handlungen, über Speicherung von Informationen, über begrenzte Informationsverarbeitungskapazität etc. gezählt. Dem schützenden Hypothesengürtel werden dagegen unterschiedlichste enger fokussierte Hypothesen, z.B. über Recall und Recognition, kompensatorische und nicht-kompensatorische Entscheidungsheuristiken, zugerechnet.

Die Idee der Entwicklung von Forschungsprogrammen im Sinne von Lakatos fasst Böttger (1993, S. 9) knapp zusammen:

„Im Zentrum steht für Lakatos die Erkenntnis, dass nicht einzelne Falsifikationen einzelner Hypothesen Gegenstand der Betrachtung sein sollten, sondern ganze Forschungsprogramme. Um nicht Forschungsprogramme durch Falsifikationen in ihrer Entstehungsphase zu behindern, schlägt er vor, dass neue Forschungsprogramme in ihrer Entstehungszeit einen 'Schutzgürtel' erhalten sollten. Damit ist eine Konvention gemeint, wonach in dieser Phase keine Falsifikationen zulässig sind."

Einige der vorstehend angesprochenen Ideen werden im Zusammenhang mit dem wissenschaftlichen Realismus (siehe Kapitel 5) wieder aufgegriffen. So wird darin die Grundhaltung des kritischen Rationalismus in Form der fortwährenden kritischen Infragestellung wissenschaftlicher Erkenntnisse übernommen. Auch die Ablehnung des dogmatischen Falsifikationismus findet sich insofern wieder, als die Akzeptanz oder Ablehnung einer Theorie von einer Bewährung (oder auch nicht) über eine größere Zahl von Beobachtungen und Untersuchungen – und nicht nur von einem einzelnen Ergebnis - abhängt.

Dogmatischer Falsifikationismus: Theorie schon dann verworfen, wenn sich eine einzelne im Widerspruch stehende Beobachtung findet

3.4 Qualitätskriterien für Theorien

Im vorigen Abschnitt ist mit dem Stichwort „Überprüfung von Theorien" schon der zentrale Maßstab für die Beurteilung einer sozialwissenschaftlichen Theorie angesprochen worden, nämlich ihre Eignung zur Wiedergabe und Erklärung realer Erscheinungen. Hunt (2010, S. 287) stellt als Vertreter des wissenschaftlichen Realismus (siehe Kapitel 5) die Wahrheit einer Theorie im Sinne einer Übereinstimmung von Theorie und Realität in den Mittelpunkt (siehe dazu auch das entsprechende Zitat im Abschnitt 3.2).

Neben dieser grundlegenden Anforderung treten noch weitere und differenziertere Kriterien, die hier kurz vorgestellt seien. Basis für den folgenden Überblick sind die (ausführlicheren) entsprechenden Diskussionen bei Franke (2002, S. 180 ff.), Jaccard / Jacoby (2010, S. 31 ff.), Kuhn (1977, S. 321 f.), McMullin (2008), Sheth / Gardner / Garrett (1988, S. 29 ff.) und Zaltman / Pinson / Angelmar (1973, S. 91 ff.).

- Als erstes Kriterium sei hier die **logische Korrektheit** einer Theorie genannt. Damit ist vor allem die Widerspruchsfreiheit gemeint. Dieses Kriterium ist relativ leicht durch Prüfung der logischen Konsistenz der Aussagen zu beurteilen.
- Zum Zweiten ist ein möglichst hoher **Allgemeinheitsgrad** der Aussagen einer Theorie gewünscht. Mit Allgemeinheit ist hier nicht Unbestimmtheit gemeint, sondern gewissermaßen der Gültigkeitsbereich einer Theorie. „Der Realitätsausschnitt, auf den sich die Aussagen beziehen, ist raum-zeitlich möglichst weit, idealerweise unbegrenzt" (Franke 2002, S. 181). In diesem Sinne wird beispielsweise eine (allgemeine) Theorie des Kaufverhaltens als „besser" eingeschätzt als eine Theorie des organisationalen Kaufverhaltens. Mit der Berücksichtigung des Allgemeinheitsgrades von Theorien knüpft man an das grundlegende Ziel der Wissenschaft an, Aussagen zu machen, die über bestimmte Einzelfälle hinaus gültig sind. So will der Marketingwissenschaftler generell verstehen, wie Werbung wirkt, während der Praktiker oft nur daran interessiert ist, welches von mehreren zur Auswahl anstehenden Werbemitteln im konkreten Fall die größere Wirkung verspricht (siehe dazu auch Abschnitt 3.4).
- Hinsichtlich der **Präzision** einer Theorie geht es um die eindeutige Definition der verwendeten Begriffe und die ebenso eindeutige Formulierung der in der Theorie enthaltenen Aussagen. Das ist keineswegs eine triviale Anforderung. So konnte man beobachten, dass es lange Schwierigkeiten bereitete, den für

die Konsumentenforschung bedeutsamen Involvement-Begriff zu definieren. Jacoby / Chestnut (1978, S. 57 ff.) identifizierten in einer relativ frühen Phase der Konsumentenforschung allein 53 verschiedene Messverfahren für Markentreue, die zum Teil auch auf unterschiedlichen Definitionen dieses Konzepts beruhten. Bei einem solchen „Chaos in Researchland" (Jacoby / Chestnut 1978, S. 57) ist natürlich an generalisierbare und allgemein kommunizierbare Aussagen kaum zu denken.

Die Relevanz der Präzision von Definitionen im Hinblick auf empirische Untersuchungen erläutern Jacoby / Chestnut (1978, s. 79):

„*Die Möglichkeiten, Ergebnisse einer Untersuchung mit denen einer anderen Untersuchung in Beziehung zu setzen und zu generalisieren, hängen in starkem Maße ab von der Klarheit und Präzision, mit der Konzepte definiert wurden. Wenn Konzepte nicht klar und präzise definiert wurden, dann steigt die Gefahr, dass diese missverstanden, nachlässig verwendet und nicht adäquat gemessen werden. Unpräzise Konzepte führen zu Verwirrung. Sie behindern Verständnis und die Entwicklung allgemeinen Wissens.*"

- Auf den Gesichtspunkt der **Falsifizierbarkeit** ist im vorigen Abschnitt schon eingegangen worden. Deswegen ist hier eine umfassende Diskussion nicht mehr erforderlich. Im Kern geht es darum, dass Beobachtungen möglich sein müssen, die im Widerspruch zu Aussagen der Theorie stehen, die also die Theorie widerlegen (können). Beispiele für nicht falsifizierbare Aussagen aus dem Marketing-Bereich sind:
„Planung soll sorgfältig erfolgen." (Normative Aussage)
„Markentreue liegt dann vor, wenn mindestens 50 % aller Käufe in einer Produktkategorie auf eine Marke entfallen" (Definition)
„Auch qualitativ hochwertige Produkte können erfolglos bleiben." (immunisierte Aussage)

- In Verbindung mit dem Allgemeinheitsgrad (s.o.) steht der **Informationsgehalt** einer Theorie Dieser ist hoch, wenn die Bedingungen („wenn") für das Auftreten eines Phänomens sehr weit gefasst sind (diese Bedingungen treten also relativ häufig auf) und die Prognose der Theorie für die entsprechenden Ausprägungen dieses Phänomens („dann") relativ konkret und genau ist. Franke (2002, S. 182) formuliert knapp die Grundidee hohen Informationsgehalts: „Weite Wenn-Komponente und möglichst enge Dann-Komponente". Umgekehrt (also niedrig) ist der Informationsgehalt, wenn ganz spezielle Bedingungen gegeben sein müssen, damit man eher unbestimmte Aussagen über das interessierende Phänomen machen kann. Eine ausführliche Diskussion des Informationsgehalts von Theorien bietet z.B. Richard Köhler (1966, S. 16 ff.).
Ein Beispiel für relativ *hohen Informationsgehalt*:

„Wenn ein Unternehmen zu den ersten fünf Anbietern gehört, die in einen neuen Markt eintreten, dann wird sein Marktanteil nach drei Jahren bei mindestens 10 % liegen."

Ein Beispiel für relativ *niedrigen Informationsgehalt*:

„Wenn ein Unternehmen als erster Anbieter (Pionier) in einen Markt eintritt und sein technisches Knowhow durch Patente abgesichert hat, dann hat dieser eine Wahrscheinlichkeit von $p > 0{,}1$, nach drei Jahren noch am Markt präsent zu sein."

- Weiterhin wird von Theorien auch „**Sparsamkeit**" (engl. „parsimony") / **Einfachheit** verlangt. Das bedeutet, dass sie mit möglichst wenigen Konzepten, Annahmen und Aussagen über Zusammenhänge auskommen sollen. Kuhn (1977, S. 321) spricht davon, dass die „Theorie Ordnung in Phänomene bringt, die ohne diese Theorie isoliert und insgesamt verwirrend wären." Ganz operational ist die Kennzeichnung von Psillos (1995, S. 12): „Einfachheit wird verstanden als die Minimierung der Anzahl einzelner Hypothesen."

- Der **Bewährungsgrad** von Theorien hat natürlich mit der schon erörterten Falsifizierbarkeit von Theorien und deren empirischer Überprüfung zu tun. In diesem Sinne haben Theorien, die schon mehrfach (unter verschiedenen Bedingungen) empirisch geprüft wurden – also mehrere Falsifizierungsversuche „überstanden" haben –, eine höhere Qualität als Theorien, deren Bewährungsgrad geringer ist.

- Das Kriterium der **Originalität** ist dann stark ausgeprägt, wenn eine Theorie zu ganz neuartigen Aussagen führt und damit das bisher vorhandene Wissen besonders stark erweitert. Ein historisches Beispiel dafür ist die Theorie von Nikolaus Kopernikus (1473-1543), dass nicht die Erde, sondern die Sonne Mittelpunkt unseres Sonnensystems ist. Diese Theorie hat damals das Weltbild der Menschheit entscheidend verändert (siehe dazu auch die Diskussion zum Paradigmenwechsel im Abschnitt 5.2). In der Marketingwissenschaft haben neue Theorien nicht so revolutionäre und weit reichende Wirkungen. Hier ist der Involvement-Ansatz (Krugman 1965) und das darauf aufbauende Elaboration-Likelihood-Modell (siehe Abschnitt 3.1) ein Beispiel für besondere Originalität, weil damit das Verständnis der Werbewirkung wesentlich erneuert und bereichert wurde, was wiederum erhebliche Konsequenzen für die Theorie (→ Konsumentenverhalten) und auch für die Werbepraxis hatte.

- Mit **Fruchtbarkeit** ist die Eignung einer Theorie gemeint, Wege zur Erforschung neuer Phänomene und ihrer Beziehungen untereinander zu weisen. So hat die Informationsverarbeitungstheorie in der Konsumentenforschung als Hilfsmittel zur Untersuchung zahlreicher Aspekte von Präferenzbildung und Entscheidungsverhalten gedient.

Jaccard / Jacoby (2010, S. 31) gehen auch auf den Aspekt der **Nützlichkeit** von Theorien ein und erläutern diesen auf folgende Weise:

„Wenn wir davon ausgehen, dass der Zweck einer Theorie darin besteht, dass wir unsere Umwelt besser verstehen, dann bezieht sich die wichtigste Überlegung darauf, ob sie tatsächlich so eine Wegweisung bietet. In dieser Perspektive ist Nützlichkeit das wichtigste Qualitätskriterium. Theoretische Aussagen werden daraufhin bewertet, inwieweit sie uns als ‚Führer durch die Erfahrungswelt' nützen, d.h. in welchem Maße sie uns befähigen, die Welt zu verstehen. Zu beachten ist, dass Nützlichkeit ein relativer Begriff ist. Man denke daran, dass man im Ozean treibt mit einer löchrigen Schwimmweste. Solange keine bessere Schwimmweste greifbar ist wäre man dumm, die löchrige Weste wegzuwerfen – es ist die beste, die wir haben. Ein weiteres Beispiel: Obwohl eine handgemalte Skizze einer Landkarte möglicherweise nicht zu 100% genau ist, kann sie genau genug sein, um nützlich zu sein. Wenn eine Theorie in mancher Hinsicht Schwächen hat, aber zu spezifischen und nützlichen Erkenntnissen in anderer Hinsicht führt, dann wird man sie beibehalten bis man etwas Besseres findet."

3.5 Theorie und Praxis

Unabhängig von den spezifischen Fragen der Marketingwissenschaft ist die Unterscheidung in Grundlagenforschung und angewandte Forschung schon lange etabliert. **Grundlagenforschung** ist nicht auf die Lösung anstehender (mehr oder weniger) praktischer Fragestellungen gerichtet, beschäftigt sich eher mit relativ allgemeinen Konzepten und führt hauptsächlich zu Erkenntnissen, die dem allgemeinen Verständnis des jeweils interessierenden Gegestandes dienen. Dagegen ist **angewandte Forschung** auf ein aktuelles (mehr oder weniger) konkretes Problem ausgerichtet, verwendet eher eng darauf fokussierte Konzepte und führt zu Ergebnissen, die nicht primär einem allgemeinen Wissenszuwachs zuzurechnen sind (Jaccard / Jacoby 2010, S. 31).

Theorie und Praxis werden oft als zwei verschiedene Welten angesehen. Praktiker sehen vielfach Theorien als zu abstrakt oder zu „weltfremd" an, um für die Lösung praktischer Probleme hilfreich zu sein. Die unterschiedliche Zielsetzung von Theorie (→ allgemeine Aussagen) und Praxis (→ Lösung spezieller Probleme) scheint für diese Auffassung zu sprechen. Weiterhin neigen auch manche Theoretiker (hier: Marketingwissenschaftler) dazu, die Probleme der Praxis zu ignorieren und sich um Fragen zu kümmern, die in ihrem Fach diskutiert werden, ohne die praktische Relevanz dieser Fragen zu beachten. Dabei spielt es sicher eine Rolle, dass für Erfolg und Karriere innerhalb der Marketingwissenschaft die Akzeptanz der Ergebnisse wissenschaftlicher Arbeit durch Gutachter, Mitglieder von Berufungskommissionen etc. oftmals wichtiger ist als die Relevanz dieser Arbeit hinsichtlich der Lösung praktischer Probleme.

Die zuletzt angesprochenen Fragen haben in den letzten Jahren zu einer Diskussion zu den Stichworten „**Relevance** versus **Rigor**" geführt (Varadarajan 2003). „Relevance" bezieht sich also auf auf die praktische Anwendbarkeit von Forschungsergebnissen, was bisweilen so operationalisiert wird, dass in einer Untersuchung Variable, die Entscheidungstatbeständen von Managern entsprechen, als unabhängige Variable verwendet werden und auf der anderen Seite darauf geachtet wird, in welchem Maße die abhängigen Variablen für Praktiker interessant bzw. wichtig sind. Der Aspekt „Rigor" ist dagegen auf gründliche theoretische Fundierung, sorgfältige Anlage und Realisierung, anspruchsvolle Datenanalyse und angemessene Interpretation der Ergebnisse (alles nach dem „State of the Art") von Untersuchungen ausgerichtet. Meist wird hier ein Konflikt zwischen Theorie-Orientierung mit anspruchsvoller (und damit oft schwierig zu realisierender und zu verstehender) Methodik (→ Rigor) auf der einen Seite und auf konkrete Praxis-Probleme mit robuster Methodik (→ Relevance) ausgerichteter Forschung auf der anderen Seite gesehen.

In einer umfassenden und aktuellen Untersuchung zu diesem Thema von Matthias Koch (2010) wird dagegen ein etwas „versöhnlicheres" Bild gezeichnet. Im Hinblick auf das Verhältnis von Praxisrelevanz und wissenschaftlicher Relevanz der Publikationen zur Marketingforschung kennzeichnet Koch (2010, S. 32) zunächst diese beiden Begriffe:

- „Unter **Praxisrelevanz** wird der wahrgenommene, gegenwärtige, konzeptionelle Nutzen der Erkenntnisse einzelner Artikel der angewandten Marketingforschung für eine Managerial Community aus Sicht der Managerial Community verstanden."

- „Unter **wissenschaftlicher Relevanz** wird der wahrgenommene, gegenwärtige Erkenntnisbeitrag einzelner Artikel zum Wissensbestand der angewandten Marketingforschung aus der Sicht der Scientific Community verstanden."

In seiner empirischen Untersuchung überprüfte er den Zusammenhang beider Arten von Relevanz für eine Stichprobe von ca. 60 Artikeln aus international führenden Markteing-Zeitschriften. Die wissenschaftliche Relevanz wurde dabei durch die Zitationshäufigkeit der Artikel und die Praxisrelevanz durch Expertenurteile von Managern gemessen. Die daraus resultierende signifikant positive Korrelation spricht gegen den oft vermuteten (s.o.) Gegensatz von Theorie und Praxis.

Wie kann man sich „Praxisrelevanz" wissenschaftlicher Forschung nun genauer vorstellen und wodurch wird diese bestimmt? Einige wesentliche Merkmale diskutiert Jaworski (2011), der allerdings von „managerial relevance" spricht, was im Vergleich zu Praxisrelevanz, die ja auf „die Praxis" allgemein gerichtet ist, möglicherweise einen etwas geringeren Allgemeinheitsanspruch bedeutet. Jaworski (2011) hebt u.a. die folgenden Merkmale hervor:

- Praxisrelevanz (bei ihm: managerial relevance) bezieht sich in unterschiedlicher Weise auf verschiedene Manager und ihre jeweilige Situation.

- Praxisrelevanz hat unterschiedliche Facetten im Hinblick auf die zeitliche Perspektive (sofortige oder längerfristige Relevanz) und die Art der Wirkung (direkte Entscheidungsrelevanz vs. Beeinflussung des Denkens von Managern).

Eine umfassendere Konzeptualisierung von Praxisrelevanz und ihrer Einflussfaktoren findet sich bei Koch (2010). Er hat Praxisrelevanz - wie oben zitiert - definiert und identifiziert als deren direkte Einflussfaktoren *inhaltliche Relevanz* (charakterisiert durch Modifizierung oder Erweiterung bisherigen Wissens) und *Vertrauenswürdigkeit* (Absicherung der Information) von wissenschaftlichen Erkenntnissen. Daneben unterstellt Matthias Koch auch einen indirekten Effekt der inhaltlichen Relevanz, indem diese die Vetrauenswürdigkeit beeinflusst. Die inhaltliche Relevanz wird in dem von Koch (2010, S. 65 ff.) Modell wiederum durch drei Faktoren beeinflusst:

Handlungsorientierung (Ausmaß der Umsetzungsmöglichkeiten wissenschaftlicher Erkenntnisse bei Entscheidungen)

Zielorientierung (Ausmaß der Ausrichtung von Forschungsergebnissen auf die Zielgrößen der Praxis)

Neuartigkeit (Erkenntniszuwachs durch Ausweitung / Veränderung des bisherigen Wissens der Unternehmenspraxis)

Die von Koch (2010) theoretisch entwickelten Wirkungszusammenhänge sind in Abbildung 3.8 dargestellt. Es sei hinzugefügt, dass Koch dieses Modell zur Erklärung von Praxisrelevanz in einer groß angelegten und sorgfältig durchgeführten empirischen Untersuchung bestätigen konnte.

Abbildung 3.8:   Einflussfaktoren der Praxisrelevanz (nach Koch 2010, S. 70)

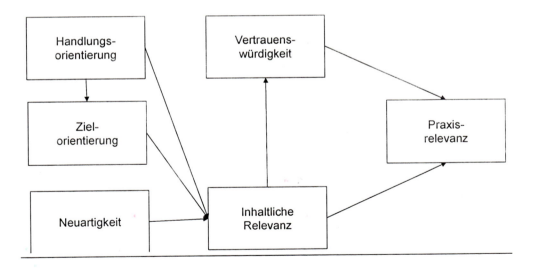

Thomas / Tymon (1982) heben – bezogen auf Managementforschung allgemein – auf der Basis einer umfassenden Literaturauswertung fünf Aspekte hervor, die zu einer stärkeren praktischen Relevanz der Forschung beitragen können:

„*Descriptive relevance*": Die Untersuchungsgegenstände und Ergebnisse müssen dem Erfahrungsbereich der Praktiker entsprechen. Deshalb gewichten die beiden Autoren das Kriterium der externen Validität (siehe Kapitel 6) im Vergleich zu interner Validität der Ergebnisse höher als es sonst in der wissenschaftlichen Literatur getan wird.

„*Goal relevance*": Die in einer Untersuchung betrachteten abhängigen Variablen sollen den Phänomenen entsprechen, die Praktiker beeinflussen wollen.

„*Operational validity*": Die vom Management einsetzbaren und beeinflussbaren Mittel / Maßnahmen sollen in den Untersuchung unabhängige Variable sein.

„*Nonobviousness*": Die Ergebnisse sollen verglichen mit dem bisherigen Erkenntnisstand der Praktiker nicht trivial sein, sondern einen wesentlichen Erkenntniszuwachs bringen.

„*Timeliness*": Die entsprechenden Forschungsergebnisse müssen vorliegen, wenn ein Problem für die Praxis relevant wird. Die Wissenschaft muss also auf den schnellen Wandel der betrieblichen Umwelt und Probleme rechtzeitig reagieren.

Unabhängig von Überlegungen zur Praxisrelevanz wissenschaftlicher Forschung stellt die im Abschnitt 3.4 schon angesprochene Forderung der empirischen Bewährung von Theorien eine wesentliche und enge Verbindung zu realen Vorgängen und Problemen her. Theorien, die eben nicht hinreichend geeignet sind, reale und damit (oft, aber nicht immer) für die Praxis relevante Marketing-Phänomene zu erklären und zu prognostizieren, werden den Ansprüchen an eine gute Theorie nicht gerecht, sollen verworfen (→ Falsifizierung) und nach Möglichkeit durch eine bessere Theorie ersetzt werden.

Den Zusammenhang zwischen Theorie und Praxis illustriert Hunt (2002, S. 195) in der Sicht des wissenschaftlichen Realismus durch die Gegenüberstellung von zwei Formulierungen, die eine nach seiner Auffassung ‚richtige' bzw. ‚falsche' Auffassung zeigen:

Falsch: „Es stimmt in der Theorie, aber nicht in der Praxis."

Richtig: „Wenn etwas in der Praxis nicht stimmt, kann es auch in der Theorie nicht richtig sein."

Diesen Gedanken führt Behrens (2009) noch weiter und spricht von *Theorie und Praxis als Einheit*. Im Mittelpunkt steht dabei die Überlegung, dass eine in der Theorie festgestellte Ursache-Wirkungs-Beziehung in der Praxis in gewissem Maße auf eine Mittel-Ziel-Beziehung übertragen werden kann, obwohl natürlich situationsspezifische Besonderheiten des jeweiligen Praxis-Problems beachtet werden müssen. Im Marketing nutzt man beispielsweise die gut etablierte Beziehung zwischen Kommunikationsmaßnahmen (Ursache) und Einstellungsänderungen (Wirkung), um das Ziel von Einstellungsänderungen (und entsprechendem Verhalten) über das Mittel intensiverer Kommunikationsmaßnahmen zu erreichen.

Die hier umrissene Sichtweise schlägt sich auch in dem bekannten Satz „Nichts ist so praktisch wie eine gute Theorie" (Kurt Lewin 1945, S. 129) nieder. Damit ist ja gemeint, dass eine „gute" Theorie (im oben skizzierten Sinne) zur Lösung einer Vielzahl unterschiedlicher Marketing-Probleme beitragen kann. Dafür ist allerdings die Fokussierung auf „gute" Theorien Voraussetzung, also auf Theorien, bei denen u.a. (siehe Abschnitt 3.4) die angemessene Übereinstimmung mit der Realität schon bei einigen empirischen Überprüfungen deutlich geworden ist. Gleichwohl gibt es eine weitere beachtenswerte Einschränkung beim Schluss von der Theorie auf die Praxis: Theorien geben typischerweise die Realität nur in vereinfachter Weise wieder. Der Allgemeinheitsgrad theoretischer Aussagen ist ja notwendigerweise mit Abstraktionen gegenüber den komplexen Bedingungen der Realität und situativen Einflussfaktoren verbunden. Insofern ist eine 1:1-Übertragung theoretischer Erkenntnisse auf ein Praxis-Problem im Regelfall ausgeschlossen. Es bedarf dazu vielmehr der Berücksichtigung der jeweiligen spezifischen Bedingungen.

Christian Böttger (1993, S. 156) zur Ableitung von Empfehlungen für die Praxis aus der Theorie:

„So bleibt an dieser Stelle die Erkenntnis, dass die Marketing-Theorie nicht in der Lage ist, Handlungsempfehlungen für Praktiker zu liefern, die quasi automatisch und jederzeit anwendbar sind. Die Aussagen der Marketing-Wissenschaft sind vielmehr nur in bestimmten Situationen anwendbar, wobei die Vielzahl der denkbaren Konstellationen es unmöglich macht, eine jeweils passende Handlungsempfehlung vorzugeben."

Damit sind schon zwei Einschränkungen für die Übertragbarkeit theoretischer Erkenntnisse auf praktische Probleme angesprochen, die Güte der Theorie und die Entsprechung allgemeiner Aussagen und der Spezifika des jeweiligen (Praxis-) Problems. Daneben muss man damit rechnen, dass sich die Aussagekraft von Theorien im Zeitablauf dadurch ändert, dass sich die Realität, über die Aussagen gemacht werden, verändert. So hatte man beispielsweise zu Zeiten, in denen nur wenig Werbung betrieben wurde, andere Vorstellungen von der Wirkungsweise der Werbung als in der heutigen Zeit der Reizüberflutung durch Werbung und andere Kommunikationsformen.

Hinzu kommt die – gelegentlich mangelnde – Beziehung von Gegenständen wissenschaftlicher Forschung und Problemstellungen der Praxis. Beispielsweise kann man beobachten, dass der Umfang der Forschung zum Business-to-Business-Marketing keineswegs der wirtschaftlichen Bedeutung dieses Bereichs entspricht (Backhaus / Voeth 2004). Noch deutlicher wird die Diskrepanz zwischen Theorie und Praxis im Bereich des persönlichen Verkaufs. Hier stehen sehr große Beschäftigtenzahlen und entsprechend hohe Budgets einem geringen Umfang entsprechender Forschung gegenüber

(Schuchert-Güler 2001, S. 15 ff.). In der Marketing-Literatur (z.B. Dichtl 1989, 1995, 1998; Reibstein / Day / Wind 2009; Koch 2010; Jaworski 2011) ist die mangelnde Entsprechung von Praxis-Problemen und Marketingforschung immer wieder angesprochen und diskutiert worden.

Hermann Simon (2008), ein Marketingforscher, der nach längerer Tätigkeit als Professor jetzt seinen Schwerpunkt in der (erfolgreichen) Unternehmensberatung hat, hat vor seinem Erfahrungshintergrund einige ausgewählte Bereiche der Marketingforschung im Hinblick auf ihre Relevanz für die bzw. Akzeptanz in der Praxis diskutiert und kommt zu einer Einteilung in „Flops" und „Hits". Hier die entsprechenden (von ihm begründeten) Einschätzungen von Simon (2008, S. 77 ff.):

- *Flops*: Ökonometrische Modelle, Diffusionsmodelle (für den Bereich der Produktinnovation), Kausalanalyse (komplexe Verbindungen von Struktur- und Messmodellen), Mental Accounting (Analyse irrationaler Verhaltensmechanismen von Kunden)
- *Hits*: Preisentscheidungen, Conjoint Measurement, Entscheidungsunterstützungssysteme, Pricing-Prozesse

Ein besonders auffälliges Beispiel bietet die Kausalanalyse, die in der wissenschaftlichen Marketingforschung große Akzeptanz gefunden hat, was sich auch in den Beiträgen in den führenden wissenschaftlichen Zeitschriften widerspiegelt. Dagegen findet diese Methode in der Praxis so gut wie keine Anwendung.

Mögliche Gründe für die mangelnde Akzeptanz der Kausalanalyse in der Praxis erläutert Hermann Simon (2008, S. 83):

„Warum erfreut sich diese mächtige Methode seit fast zwei Jahrzehnten großer Beliebtheit in der Wissenschaft, ist aber bisher ohne nennenswerte Auswirkungen auf die Praxis geblieben? Der Verfasser sieht im Wesentlichen zwei Ursachen: Zum einen sind die Anwendungsbereiche eingeschränkt, weil es eher um akademisch-theoretische Fragestellungen als um Entscheidungsorientierung geht. Praktiker sind nur in geringem Maße an Aspekten wie Messmodell, Konstruktvalidität etc. interessiert. Der Verfasser hat auch mehrfach die Erfahrung gemacht, dass Vorschläge, ein Problem mit Hilfe der Kausalanalyse zu untersuchen, bei Klienten nicht auf positive Resonanz stießen. Die Ursache lag zum einen in der zu hohen Komplexität bzw. den damit verbundenen Verständnisschwierigkeiten. Zum anderen wurde eingewandt, hier werde – um es mit den Worten von Meffert auszudrücken - 'mit methodischen Kanonen auf inhaltliche Spatzen geschossen'."

4 Gesetzmäßigkeiten, Erklärungen und Kausalität

4.1 Wissenschaftliche Gesetzmäßigkeiten

Im vorliegenden Kapitel geht es um Begriffe (und die damit verbundenen gedanklichen Konzepte), die in engster Verbindung zu den im vorigen Kapitel diskutierten Theorien stehen. Im Abschnitt 3.1 ist ja hervorgehoben worden, dass Aussagen über Gesetzmäßigkeiten wesentlicher Bestandteil von Theorien sind. Dieser Aspekt soll im vorliegenden Abschnitt etwas vertieft werden. Auch hier stehen Fragestellungen der Marketingwissenschaft im Mittelpunkt und ein Anspruch auf Generalisierbarkeit der Aussagen hinsichtlich anderer Wissenschaften wird nicht erhoben. Bei den im folgenden Abschnitt 4.2 diskutierten wissenschaftlichen Erklärungen werden dann Theorien und die darin enthaltenen Aussagen über Gesetzmäßigkeiten genutzt, um Beobachtungen aus der Realität zu verstehen.

Der Begriff „Gesetz" wird in der Umgangssprache häufig benutzt. Er bezieht sich einerseits auf staatliche Vorschriften, die allgemein bindend sind und deren Nicht-Einhaltung in der Regel zu Sanktionen führt. Dieser Aspekt ist im Zusammenhang des vorliegenden Buches natürlich weniger interessant. Andererseits beschreiben **Gesetze** bzw. **Gesetzmäßigkeiten** – und darum wird es hier vor allem gehen – (zumindest kurzfristig) unveränderliche Zusammenhänge zwischen bestimmten Erscheinungen in der Natur (im erweiterten Sinne einschließlich psychischer und sozialer Phänomene) nach dem Muster „Immer wenn x, dann y" (Schauenberg 1998, S. 49). Gesetzmäßigkeiten sind in der Natur gegeben und werden früher oder später (vielleicht auch nie) *entdeckt*. So ist jedem (?) aus der Schulzeit das „Ohm'sche Gesetz" bekannt, nach dem die Stromstärke in einem Leiter bei konstanter Temperatur proportional zur Spannung ist, das eben von Georg Simon Ohm (1789 – 1854) entdeckt wurde. „Zu beachten ist, dass ein Gesetz unentdeckt sein kann (obwohl ich ihnen kein Beispiel dafür angeben kann !) und dass es, nach seiner Entdeckung nicht offiziell als ‚Gesetz' bezeichnet werden muss (wie z.B. die Axiome der Quantenmechanik, das Bernoulli Prinzip oder die maxwellschen Gleichungen)" (Lange 2008, S. 203).

Man spricht von einer Gesetzmäßigkeit, wenn eine bestimmte beobachtete Regelmäßigkeit beobachtet *und* begründet bzw. in einen Theoriezusammenhang eingeordnet werden kann. Diese hebt sich also von anderen Zusammenhängen ab, einerseits von logischen Notwendigkeiten (z.B.: Dreiecke haben drei Seiten, ein volles Glas kann nicht gleichzeitig leer sein) und andererseits von eher zufälligen Koinzidenzen (z.B. alle Bäume in der Bismarckstraße in Berlin sind Kastanien; im Cote du Rhone-Gebiet gibt es keine Tempranillo-Rebstöcke). Gesetzmäßigkeiten bedeuten also eine gewisse Notwendigkeit von Zusammenhängen (Lange 2008, S. 204). Vor diesem Hintergrund bestimmen Gesetzmäßigkeiten nicht nur das jeweilige Geschehen, sondern würden auch andere Abläufe in anderen Situationen bestimmen. Beispielsweise würde der Zusammenhang zwischen Kundenzufriedenheit und Wiederholungskäufen bei unterschiedlichen Graden der Zufriedenheit auch zu unterschiedlichem Ausmaß von Wiederholungskäufen führen.

Hans Poser (2001, S. 69 f.) kennzeichnet Gesetze:

„…. lässt sich im Sprachgebrauch sicher folgende Abgrenzung beobachten: Jahrhunderte, vielleicht Jahrtausende war die Regularität der Planetenbewegungen geläufig, ohne dass mehr als Regeln darüber formuliert worden wären, und schon gar nicht Gesetze. Dies lässt sich inhaltlich darauf beziehen, dass es jeder theoretischen Vorstellung darüber ermangelte, warum diese Regularität in der Natur besteht und wie sie mit anderen Regularitäten zusammenhängt. Erst in dem Augenblick, in dem auch nach Gründen für die Regelmäßigkeit selbst gefragt wird, erfolgt eine solche Einbettung in einen Theoriezusammenhang, und von nun an lässt sich von Gesetzen oder von Gesetzeshypothesen sprechen ….."

Im Bereich der Marketing-Theorie geht es natürlich am ehesten um Zusammenhänge zwischen Marketing-Phänomenen, beispielsweise der folgenden Art: „Je früher der Markteintritt erfolgt, desto größer ist die Wahrscheinlichkeit, dauerhaft Marktführer zu bleiben." Dieses sehr stark vereinfachte Beispiel deutet schon an, dass man es beim Marketing kaum einmal mit deterministischen Zusammenhängen zu tun hat (wie beim Ohm'schen Gesetz), die immer und uneingeschränkt gelten, sondern eher mit Wahrscheinlichkeitsaussagen, die eine auf den Einzelfall bezogene sichere Aussage nicht zulassen. Ausschlaggebend dafür ist, dass für das Marketing komplexe verhaltenswissenschaftliche Zusammenhänge typisch sind, bei denen es praktisch (und möglicherweise auch logisch) unmöglich ist, alle relevanten Einflussfaktoren und deren Zusammenwirken zu erfassen. Das ist ganz typisch für viele sozialwissenschaftliche Probleme, aber nicht nur dafür. So kann man beispielsweise auch bei einem naturwissenschaftlichen Phänomen wie der Entstehung und Prognose des Wetters erkennen, dass hier die große Komplexität des Zusammenwirkens verschiedener physikalischer Prozesse eine exakte und sichere Analyse und Prognose erschwert. Ähnliches gilt für die Medizin. Deswegen findet man hier auch häufig entsprechende Wahrscheinlichkeitsaussagen (z.B. zur Wahrscheinlichkeit für Regenfälle in einer Region in einem bestimmten Zeitraum).

Vor dem Hintergrund solcher komplexen Zusammenhänge findet man in den Wirtschaftswissenschaften häufig den Verweis auf eine Ceteris-paribus-Klausel („unter sonst gleichen Bedingungen"), die dazu dient, bei der Analyse des Zusammenhanges weniger Variabler deutlich zu machen, dass von einer Konstanthaltung der weiteren möglichen Einflussfaktoren ausgegangen wird. „Beispielsweise gilt ceteris paribus, dass bei einer Nachfrage, die das Angebot für ein Produkt übersteigt, der Preis steigt. Hier ist es offenkundig, dass die Ceteris-paribus-Klausel dazu da ist, die Möglichkeit von Ausnahmen zu begründen: Die Gesetzmäßigkeit gilt so lange wie alle anderen Einflussfaktoren (z.B. die Existenz eines alternativen Produkts) unverändert bleiben. …. Jedoch gilt für manche Leute eine Wissenschaft, die Ceteris-paribus-Gesetzmäßigkeiten verwendet, als noch nicht reif." (Psillos 2007, S. 38 f.).

Mit der obigen ersten Kennzeichnung von wissenschaftlichen Gesetzmäßigkeiten ist schon implizit angesprochen, dass es hier um Zusammenhänge geht, die – wenn bestimmte Bedingungen gegeben sind – *allgemein* gelten. Dieses Streben nach Allgemeingültigkeit von Aussagen (in gewissen Grenzen) in Abgrenzung zur Lösung spezieller Probleme in der Praxis ist schon in den Abschnitten 3.4 und 3.5 als Charakteristikum der Wissenschaft angesprochen worden.

Ein Zitat von Hunt (1976, S. 26) mag den Anspruch der Wissenschaft nach Allgemeingültigkeit von Aussagen belegen bzw. illustrieren:

„Jede Wissenschaft geht von der Existenz ihrem Gegenstand zu Grunde liegender Gemeinsamkeiten oder Regelmäßigkeiten aus. Die Entdeckung dieser grundlegenden Gemeinsamkeiten führt zu empirischen Zusammenhängen und …. zu Gesetzmäßigkeiten. Gemeinsamkeiten und Regelmäßigkeiten sind auch Bausteine für die Theorie-Entwicklung, weil Theorien systematisch zusammenhängende Aussagen sind, die einige Gesetzmäßigkeiten enthalten, die empirisch überprüfbar sind."

Es ist vielleicht nicht ganz zwingend, dass – wie Hunt sagt – mehrere Gesetzmäßigkeiten zu einer Theorie gehören. Es sind auch Fälle denkbar, in denen nur eine gegeben ist.

Welche Bedeutung haben nun Gesetzmäßigkeiten für das Marketing bzw. die Marketingwissenschaft?

- Sie sind notwendig für die *Erklärung von Marketing-Phänomenen*. Wenn man beispielsweise die Zusammenhänge zwischen dem Einsatz von Marketing-Instrumenten und der Entwicklung des Marktanteils kennt, dann kann dieses Wissen in Verbindung mit dem Wissen um tatsächlich erfolgte Veränderungen der Marketing-Instrumente dazu dienen, Veränderungen des Marktanteils zu erklären (zum Wesen von Erklärungen, siehe Abschnitt 4.2).
- Sie sind eine Voraussetzung für die Abgabe von *Wirkungsprognosen*. Wenn man den Zusammenhang zwischen zwei Variablen kennt, dann kann man eben angeben, wie eine Variable auf die Veränderung der anderen Variablen reagieren wird. So ist beispielsweise nach der Zunahme des wahrgenommenen Risikos bei einer Kaufentscheidung eine Steigerung der Informationsnachfrage zu erwarten. (zum Zusammenhang von Erklärungen und Prognosen, siehe Abschnitt 4.3).

- Letztlich ist die Kenntnis entsprechender Gesetzmäßigkeiten oft eine Voraussetzung für die *Beeinflussung von Marketing-Phänomenen*, was ja die typische Aufgabe des Managements ist. Wenn man z.B. die Einflussfaktoren des Erfolges einer Produktinnovation und ihre Wirkungen kennt, dann kann man diese Faktoren so beeinflussen, dass das gewünschte Ergebnis erzielt wird. Dazu gehört also die Kenntnis der relevanten Gesetzmäßigkeiten in Verbindung mit dem Willen und der Fähigkeit zur Beeinflussung der Erfolgsfaktoren. Allerdings gibt es auch zahlreiche Beispiele dafür, dass Manager ohne die Kenntnis expliziter Gesetzmäßigkeiten höchst erfolgreich Entscheidungen treffen und sich dabei z.B. auf Erfahrung und Intuition stützen. Neuere psychologische Forschung zeigt sogar, dass die Anwendung einfacher Faustregeln bei (zu) komplexen Entscheidungen zu besseren Ergebnissen führen kann als die umfassende Analyse von Fakten und Gesetzmäßigkeiten (Gigerenzer 2007).

Im letzten Teil dieses Abschnitts soll nun etwas genauer erörtert werden, welches die typischen Merkmale einer wissenschaftlichen Gesetzmäßigkeit sind. Basis dafür ist vor allem die entsprechende Diskussion bei Hunt (1991, S. 105 ff. und 2010, S. 77 ff.).

Hier einige Informationen zur Person von Shelby Hunt, *der die Marketing-Theorie in den letzten Jahrzehnten entscheidend beeinflusst hat und deswegen auch in den folgenden Kapiteln dieses Buches noch häufig zitiert wird:*

Geboren: 1939

Studium: Ingenieurwissenschaften an der Ohio University

Promotion: Business Administration (1968, Michigan State University)

Derzeit: Inhaber eines Stiftungslehrstuhls für Marketing an der Texas Tech University

Zahlreiche einflussreiche Beiträge in führenden Zeitschriften

Wichtige Bücher von Shelby Hunt:

    A General Theory of Competition (2000)

    Foundations of Marketing Theory (2002)

    Controversy in Marketing Theory (2003)

    Marketing Theory – Foundations, Controversy, Strategy, Resource-Advantage Theory (2010)

Mehr Informationen zur Person und zur Arbeit von Hunt findet man in einem kurzen Artikel von ihm im Journal of Marketing (Hunt 2001).

Nach Hunt (1991, 2010) gibt es vier kennzeichnende Merkmale von Gesetzmäßigkeiten, wobei auch hier an die Fokussierung auf die Marketingwissenschaft erinnert sei. In anderen Disziplinen mag es andere Sichtweisen geben. Zunächst muss es sich um *allge-*

meingültige Konditionalbeziehungen handeln, also um Wenn-Dann-Beziehungen im Sinne von: „Wenn A auftritt, dann tritt auch B auf" (s.o.). Wenn man an das Beispiel des Elaboration Likelihood Modells zurückdenkt (siehe Abschnitt 3.1), dann könnte ein entsprechendes Beispiel lauten: „Wenn das Involvement hoch ist und die Fähigkeit zur Informationsverarbeitung gegeben ist, dann findet umfassende Informationsverarbeitung (zentraler Weg) statt." Weiterhin fordert Hunt (2010, S. 134 ff.) *empirischen Gehalt* der Aussagen über Gesetzmäßigkeiten. Voraussetzung dafür ist die Falsifizierbarkeit (siehe Abschnitt 3.3) der Aussage. Das Ausmaß bisheriger empirischer Überprüfungen ohne negatives Ergebnis kann sehr unterschiedlich sein und wird natürlich das Vertrauen in Erklärungen und Prognosen auf der Basis der jeweiligen Gesetzmäßigkeit wesentlich beeinflussen. Das dritte Kennzeichen einer Gesetzmäßigkeit besteht nach Hunt (2010, S. 136 ff.) darin, dass ein *begründeter Zusammenhang* bestehen muss. Damit erfolgt die Abgrenzung gegenüber situativen oder zufällig zu Stande gekommenen Aussagen. In dieser Weise begründete Gesetzmäßigkeiten haben Aussagekraft über einen aktuellen Einzelfall hinaus, was ja zumindest für wissenschaftliche Aussagen zentrale Bedeutung hat.

Hier ein Beispiel in Anlehnung an Psillos (2002, S. 8) und Hunt (2010, S. 136 f.) für einen Zusammenhang, bei dem die ersten beiden oben genannten Merkmale (Konditionalbeziehung, empirischer Gehalt) erfüllt sind, der aber nicht begründet ist:

Im Augenblick des Schreibens dieser Passage hat der Autor dieses Buches in seine Geldbörse geschaut und festgestellt, dass alle Münzen darin einen Wert von weniger als € 2,-- haben. Es gilt eine Wenn-Dann-Beziehung: "Wenn eine Münze am 1.7.2012 in der Geldbörse von A.K. ist, dann hat sie einen Wert < € 2,--." Die Aussage ist durch einen Blick in die Geldbörse auch leicht empirisch überprüfbar. Aber würde man dabei von einer Gesetzmäßigkeit sprechen? Wohl kaum. Es handelt sich offenkundig um ein situativ bestimmtes Zufallsergebnis.

Die vierte Anforderung von Hunt (2010, S. 138 ff.) bezieht sich auf die *systematische Integration* von Aussagen. Aussagen über Gesetzmäßigkeiten sollen also in ein größeres System von Aussagen (→ Theorie) integriert sein, in dem Sinne, dass sie verträglich mit weiterem Wissen und in diesem Sinne widerspruchsfrei sind. Allerdings führt diese Anforderung zu einer Behinderung der Gewinnung ganz neuer und überraschender Erkenntnisse, die (noch) nicht mit dem bestehenden Wissen verträglich sind.

4.2 Erklärungen

In den vorstehenden Abschnitten ist schon mehrfach das Stichwort „**Erklärung**" gefallen. Dessen Relevanz sei zunächst mit Hilfe zweier Zitate beleuchtet:

„Ohne Erklärungen gibt es keine Wissenschaft." (Hunt 2010, S. 77)

„Das typische Ziel der Wissenschaft besteht darin, systematische und seriös begründete Erklärungen zu geben." (Nagel 1961, S. 15)

Die von diesen Autoren betonte Bedeutung von Erklärungen ist leicht nachvollziehbar: Was würde man von der Astronomie halten, wenn diese nicht in der Lage wäre, eine Sonnenfinsternis zu *erklären*? Was hielte man von einem Physiker, der nicht *erklären* kann, warum Reibung zu Hitzeentwicklung führt? Welche Akzeptanz würde eine Marketingwissenschaft genießen, die keine *Erklärungen* für Wirkung von Werbung anzubieten hätte?

Ernest Nagel (1961, S. 4) kennzeichnet die Bedeutung von Erklärungen für eine Wissenschaft:

„Es ist der Wunsch nach Erklärungen, die gleichzeitig systematisch sind und bestimmt werden von der Übereinstimmung mit realen Beobachtungen, der die Wissenschaft antreibt und es ist das spezifische Ziel der Wissenschaften, Wissen auf der Basis von Erklärungsprinzipien zu organisieren und zu klassifizieren. Genauer gesagt, die Wissenschaften versuchen, in allgemeiner Form die Bedingungen, unter denen die unterschiedlichsten Erscheinungen auftreten, zu entdecken und zu formulieren; die Darstellungen solcher Bedingungen sind die Erklärungen für die entsprechenden Ereignisse."

Damit ist noch nicht gemeint, dass eine wissenschaftliche Disziplin *alle* einschlägigen Phänomene erklären kann. Dann wäre ja weitere Forschung überflüssig. Es bedeutet auch nicht, dass alle Erklärungen völlig zweifelsfrei und dauerhaft gültig sind. Vielmehr lehrt die Wissenschaftsgeschichte, dass bestimmte – zu ihrer Zeit dem Stand der Wissenschaft entsprechende – Erkenntnisse (z.B. über die Erde als Mittelpunkt des Universums) durch neue und typischerweise bessere Erkenntnisse ersetzt werden. Nagel (s.o.) spricht ja auch nur von „systematischen und seriös begründeten Erklärungen", nicht von bewiesenen oder ewig wahren Erklärungen.

Was ist nun eigentlich eine *Erklärung*? Es ist im Zusammenhang der Wissenschaftstheorie die Beantwortung der Frage „Warum…?" bzw. die „Rückführung des Eintretens eines Ereignisses auf seine Gründe oder Ursachen" (Schwemmer 1995, S. 579). Beispiele dazu aus der Marketingwissenschaft:
- Warum führt Werbung zu höherem Marktanteil?
- Warum ist nach zahlreichen Sonderpreis-Aktionen für ein Produkt die entsprechende Zahlungsbereitschaft der Konsumenten gesunken?
- Warum ist der persönliche Verkauf im B-to-B-Bereich besonders wichtig?

Die oben genannte Kennzeichnung von Oswald Schwemmer lässt schon erkennen, dass Erklärungen und Kausalität (siehe Abschnitt 4.4) viel miteinander zu tun haben.

Abbildung 4.1: Gesetzmäßigkeiten und Erklärungen

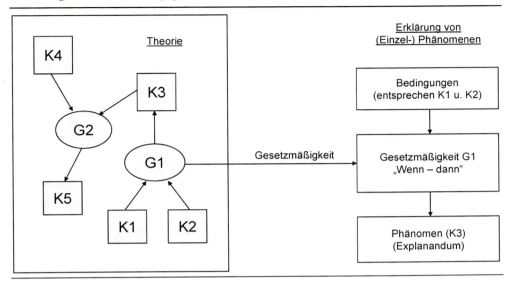

Für die Erklärung derartiger (und zahlloser anderer, aber nicht aller) Phänomene macht man sich das in Theorien (siehe Kapitel 3), einschließlich entsprechender Gesetzmäßigkeiten, systematisierte Wissen zunutze. Sehr wohl gibt es aber beobachtbare Phänomene, die auf diese Weise nicht erklärt werden können, weil das vorhandene Wissen nicht ausreicht oder weil der Zufall dabei eine wesentliche Rolle spielt. Wissenschaftliche Erklärungen bestehen aus *drei Komponenten*: Einer (deterministischen oder statistischen) *Gesetzmäßigkeit*, den in der jeweiligen Situation *gegebenen Randbedingungen* und dem *zu erklärenden Sachverhalt*. Wenn beispielsweise eine Gesetzmäßigkeit existiert, dass Ablenkungen der Zielperson bei der Übermittlung einer Werbebotschaft die Wirkung der Botschaft verstärken, weil die kognitive (kritische) Verarbeitung der Botschaft eingeschränkt wird, dann kann diese Gesetzmäßigkeit in Verbindung mit einer gegebenen Randbedingung, z.B. dass eine Person beim Lesen einer Botschaft durch Musik abgelenkt war, erklären, dass in diesem Fall die Wirkung der Botschaft besonders hoch war. Es geht also bei Erklärungen um Anwendungen (allgemeiner) Gesetzmäßigkeiten auf bestimmte Fälle. Die Randbedingungen geben an, ob die Voraussetzungen für eine bestimmte Gesetzmäßigkeit gegeben sind, und es ergibt sich dann eine Aussage über den zu erklärenden Sachverhalt. Abbildung 4.1 illustriert diese gedanklichen Schritte.

Wissenschaftliche Erklärungen im sozialwissenschaftlichen Bereich müssen nach Hunt (2010, S. 78 f.) u.a. den folgenden Anforderungen entsprechen:

- Das zu erklärende Phänomen soll unter den jeweiligen Bedingungen *zu erwarten* sein. Hier knüpft man an die vorstehend erläuterten Gesetzmäßigkeiten an: Wenn man erklären will, warum Phänomen K3 unter bestimmten Bedingungen (K1 und K2) aufgetreten ist, dann muss eine Gesetzmäßigkeit existieren, die unter K1 und K2 tatsächlich K3 erwarten lässt. Wenn man beispielsweise erklären will, warum eine Brücke maximal eine Belastung von 50 Tonnen aushält, dann müssen Gesetze der Statik existieren, die bei den verwendeten Materialien, dem vorhandenen Untergrund etc. eine solche Tragfähigkeit erwarten lassen.

- Die Erklärung muss *intersubjektiv überprüfbar* sein, d.h. sie muss logisch nachvollziehbar und möglichst weitgehend frei von Vorurteilen, Gefühlen etc. sein. Meist geht man davon aus, dass in der Wissenschaft Objektivität zumindest angestrebt wird. Hunt (2010, S. 77) zitiert dazu eine Aussage des Wissenschaftstheoretikers Mario Bunge: „Die Wissenschaft hat nicht das Monopol für Wahrheit, sondern nur das Monopol auf die Hilfsmittel, um zu prüfen, ob etwas wahr ist, und um entsprechende Fortschritte zu erreichen."
- Die Erklärung muss *empirischen Gehalt* haben. Dadurch soll wieder sichergestellt werden, dass die Erklärungen sich auf reale Phänomene beziehen.

Schauenberg (1998, S. 50) schildert ein einfaches Beispiel für wissenschaftliche Erklärungen:
„Wir beobachten, dass die Börsenkurse steigen (Explanandum). Ein Kapitalmarkttheoretiker, den wir befragen, sagt uns, dass die Börsenkurse immer dann steigen, wenn die Ertragserwartungen der Unternehmen steigen (Gesetz). Wir schlagen in der Zeitung nach und stellen fest, dass die Regierung vor einigen Tagen die Ertragssteuern gesenkt hat (Randbedingung). Damit hätten wir auch schon eine Erklärung: Die Börsenkurse sind gestiegen, weil das erwähnte Gesetz gilt und die Ertragserwartungen wegen der Steuersenkung gestiegen sind."

Nun zu einigen typischen Arten von Erklärungen. Diese Darstellung stützt sich hauptsächlich auf die entsprechende Übersicht bei Hempel (1965, S. 249 ff. und 1962). Es werden dabei folgende Begriffe und Symbole gebraucht:

ES	Explanans (Menge der Bedingungen und Gesetzmäßigkeiten, die zusammen das betreffende Phänomen erklären)
ED	Explanandum (Zu erklärendes Phänomen)
B	Bedingungen (Bedingungen, die die Basis der Erklärung sind)
G	Gesetzmäßigkeiten (Universelle, deterministische Gesetze, die also in jedem Fall gelten)
SG	Statistische Gesetzmäßigkeiten (Wahrscheinlichkeitsaussagen, „Wenn X .., dann Y mit $p = \ldots$")

Deduktiv-nomologische Erklärungen („Ableiten aus Gesetzen")

Die Grundstruktur deduktiv-nomologischer Erklärungen ist in der folgenden Abbildung 4.2 dargestellt.

Abbildung 4.2:   *Struktur deduktiv-nomologischer Erklärungen*

$$\left.\begin{array}{l} B_1, B_2, \ldots, B_k \\ G_1, G_2, \ldots, G_l \end{array}\right\} = \text{ES (Explanans)}$$

ED (Explanandum) zu erklärendes Phänomen

Ein klassisches *Beispiel* für eine solche Erklärung stammt von Archimedes (285 – 212 v. Chr.): Wenn das spezifische Gewicht eines Körpers geringer ist als das spezifische Gewicht einer Flüssigkeit, dann schwimmt dieser Körper in der Flüssigkeit (Gesetzmäßigkeit). Wenn also die Bedingung gegeben ist, dass das spezifische Gewicht des Körpers geringer (bzw. größer) ist, dann kann man erklären, warum ein Körper schwimmt (bzw. nicht schwimmt). Dem entsprechend sind also auch die Erwartungen, z.B. wenn man einen Körper ins Wasser wirft. Die verwendete Gesetzmäßigkeit wirkt in jedem Fall gilt immer, ist also deterministisch. Wenn also das Explanans so gegeben ist, dann muss das entsprechende Explanandum auftreten. wenn Menge aus B+G auftritt, muss zu erklärendes Phänomen auftreten

Wie kann man sich nun die *empirische Überprüfung* einer deduktiv-nomologischen Erklärung (D-N-Erklärung) vorstellen? Die D-N-Erklärung besteht ja in der Aussage, dass dann, wenn bestimmte Bedingungen (B) gegeben sind und bestimmte Gesetzmäßigkeiten (G) gelten, wenn also das Explanans (ES_i) bestimmte Eigenschaften hat, eine bestimmte Ausprägung des Explanandums (ED_i) auftritt. Wenn aber dieses Explanans ES_i gegeben ist und nicht das entsprechende Explanandum ED_i beobachtet wird, dann ist das offenkundig ein Widerspruch. Sofern bei der entsprechenden Untersuchung weder logische noch methodische Fehler gemacht wurden, wäre dann diese Erklärung falsch. Abbildung 4.3 veranschaulicht diese Schlussweise.

Deduktiv-nomologische Erklärungen gibt es in der Marketingwissenschaft kaum oder gar nicht, weil hier deterministische Gesetzmäßigkeiten kaum einmal (eher nie) auftreten.

Abbildung 4.3: Test von D-N-Erklärungen

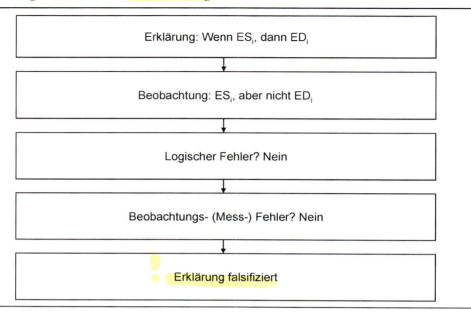

Deduktiv-nomologische Erklärungen gibt es in der Marketingwissenschaft kaum oder gar nicht, weil hier Gesetzmäßigkeiten kaum einmal (eher nie) unabhängig von situativen Faktoren und diversen Nebenbedingungen gelten. Man könnte einige / viele dieser Faktoren natürlich bei der Festlegung der Bedingungen berücksichtigen, müsste aber dann eine große Komplexität des Explanans hinnehmen und es bliebe dennoch Unsicherheit hinsichtlich des Eintretens des Explanandums bzw. seiner Ursachen.

„Statistische" Erklärungen

„Statistische" Erklärungen enthalten nach Hunt (2010, S. 81) zumindest eine Gesetzmäßigkeit der Form

$$P(L \mid K) = w,$$

d.h. die Wahrscheinlichkeit für L unter der Bedingung, dass K gegeben ist, ist gleich dem Wert w.

Statistische Erklärungen sind ganz typisch für die Sozialwissenschaften. Man hat es hier oft mit einer sehr, sehr großen Zahl von komplexen Interaktionen zu tun, wenn man z.B. Verhaltensweisen erklären will. Deswegen muss man sich auf relativ wenige Einflussvariable beschränken, die dann eben das Explanandum nicht (annähernd) vollständig erklären, sondern nur Wahrscheinlichkeitsaussagen zulassen. Damit kann man beispielsweise bezogen auf eine größere Zahl von Fällen relativ exakte Aussagen hinsichtlich bestimmter Anteilswerte (z.B. Veränderung von Bekanntheitsgraden nach Werbung) machen. Nicht zuletzt bei praktischen Anwendungen der Marketingwissenschaft sind solche Aussagen oftmals völlig ausreichend, weil man ja beispielsweise nicht am Verhalten einzelner Kunden, sondern an Kundengruppen interessiert ist und Wahrscheinlichkeiten leicht in entsprechende Anteilswerte überführt werden können.

May Brodbeck (1968, S. 294) erläutert Aussagemöglichkeiten und Grenzen statistischer Erklärungen:

„Ohne Abstraktion oder die Auswahl aus allen möglichen Einzelheiten der Realität kann es überhaupt keine Wissenschaft geben. Zum Wesen wissenschaftlicher Gesetzmäßigkeiten gehört es, dass sie nur bestimmte Merkmale der Gegenstände oder Ereignisse beschreiben, über deren Beziehungen sie Aussagen machen. Wie viel davon ohne Schaden ignoriert werden kann, hängt vom jeweiligen Untersuchungsgegenstand ab. Sogar bei menschlichem Verhalten ist nicht alles relevant. Der Musik-Geschmack eines Menschen hängt von vielen Variablen ab, aber seine Augenfarbe gehört wohl nicht dazu. Die Anzahl von Variablen, wie Schulbildung, Alter, familiärer Hintergrund, Vererbung, spezielle Ausbildung usw., kann so groß sein und die Feststellung des jeweiligen Einflusses kann so schwierig sein, dass wir verzweifeln, wenn wir eine exakte funktionale Beziehung zwischen dem Musik-Geschmack und den anderen Faktoren ermitteln wollen. …. Der Sozialwissenschaftler …. ist auf weniger als Perfektion ausgerichtet. Vollständigkeit der Erklärung ist weit außerhalb seiner Möglichkeiten; deshalb gibt er dieses Ziel auf. ….. Dem entsprechend ….. richtet der Sozialwissenschaftler sein Interesse nicht auf die Prognose einzelner Ereignisse oder Verhaltensweisen, sondern auf eine Zufallsvariable, d.h. auf die Vorhersage der Häufigkeit, mit der ein bestimmtes Verhalten in einer großen Gruppe von Individuen, die bestimmte Merkmale haben, auftritt. Das ist der zu zahlende Preis. Die Belohnung dafür besteht natürlich darin, dass er nicht hilflos über die unendliche Komplexität von Mensch und Gesellschaft staunt. Vielmehr hat er eher unvollständiges als perfektes Wissen, das aber dennoch nicht zu verachten ist, über eine Wahrscheinlichkeitsverteilung und nicht über einzelne Ereignisse. Wir mögen es zwar bevorzugen, wenn wir die Bedingungen kennen, unter denen sich bei einer bestimmten Person Krebs entwickelt, es ist aber alles andere als wertlos, die Einflussfaktoren zu kennen, die statistisch korreliert sind mit der Häufigkeit des Auftretens von Krebs."

Von den so genannten „statistischen" Erklärungen sollen hier die induktiv-statistische Erklärung und die Erklärung auf Basis statistischer Relevanz wegen ihrer Bedeutung für die Marketingwissenschaft etwas beleuchtet werden.

Induktiv-statistische Erklärungen (I-S-Erklärungen)

I-S-Erklärungen können formal wie in Abbildung 4.4 dargestellt werden:

Abbildung 4.4:   Struktur induktiv-statistischer Erklärungen (I-S-Erklärungen)

$B_1, B_2, \ldots\ldots, B_k$
$SG_1, SG_2, \ldots, SG_l$ } ES (Explanans)

_____ (es ist sehr wahrscheinlich)

ED (Explanandum)

Die Grundidee besteht darin, dass bei einer bestimmten Konstellation des Explanans (bestimmte Bedingungen und entsprechende statistische Gesetzmäßigkeiten) mit großer Wahrscheinlichkeit eine bestimmte Ausprägung des Explanandums zu erwarten ist. Hier ein *Beispiel* dazu: Wenn ein Unternehmen eine neue Marke einführt und dafür in der Einführungsphase mit großer Intensität und in zahlreichsten unterschiedlichsten Medien (diverse TV-Kanäle, Printmedien, Internet etc.) Werbung betreibt, durch die sehr viele Konsumenten erreicht werden (Explanans), dann ist die Wahrscheinlichkeit sehr groß, dass ein befragter Konsument die Werbung gesehen hat und die neue Marke kennt. Der theoretische Zusammenhang dafür ist ganz einfach und längst bekannt: (Mehrfacher) Kontakt zur Werbebotschaft führt zu entsprechenden Lernprozessen. Es kann aber in Einzelfällen (→ geringe Wahrscheinlichkeit) vorkommen, dass Konsumenten im entsprechenden Zeitraum keine Medien genutzt haben und deshalb das neue Produkt nicht kennen. Durchaus – aber eben selten – können also Fälle beobachtet werden, in denen (trotz der umfassenden Werbung) Konsumenten die neue Marke nicht kennen. Inwieweit dadurch die entsprechende Erklärung in Frage gestellt wird, sei nachstehend skizziert.

Auch bei I-S-Erklärungen liegt offenkundig eine Erwartung hinsichtlich des Explanadums ED_i bei einem bestimmten Explanans ES_i vor. Wie ist es nun um die *empirische Überprüfung* bestellt? Hier sind die entsprechenden Schlussweisen ein wenig komplizierter als bei der D-N-Erklärung (s.o.). Am Beginn steht wieder der Widerspruch zwischen einer Erklärung („Wenn ES_i, dann ED_i") und einer Beobachtung („ES_i gegeben, aber ED_i tritt nicht auf, sondern ED_j"). Es folgen die Schritte der logischen Überprüfung und der Überprüfung der Messungen im Hinblick auf systematische Fehler (→ Validität, siehe Abschnitt 6.2.1). Wenn beide Überprüfungen keine Hinweise auf entsprechende Fehler gegeben haben, ist immer noch nicht ganz klar, woran der Widerspruch zwischen ES_i und ED_j liegt: Daran, dass die Erklärung falsch ist oder daran, dass die Erklärung zwar richtig ist, aber per Zufall (es handelt sich ja „nur" um eine statistische Erklärung) ein widersprüchliches Ergebnis zu Stande gekommen ist. Man spricht in einem solchen Fall also lediglich davon, dass die Erklärung nicht bestätigt wurde. I-S-Erklärungen können im strengen Sinne also nicht falsifiziert werden; die Abweichung zwischen Explanans und entsprechendem Explanandum kann ja immer durch Zufall zu Stande gekommen sein. Wohl aber gibt es „schwache" Falsifizierungen, etwa in folgender Art: „Die Wahrscheinlichkeit, dass die Erklärung falsch ist, ist sehr groß." Wenn man also in dem im vorigen Absatz dargestellten Werbe-Beispiel eine sehr große Zahl von Fällen findet, in denen das Produkt nicht bekannt ist, würde man wohl an der Erklärung zweifeln, dass der Kontakt zur Werbung zu Bekanntheit des Produkts führt. Abbildung 4.5 illustriert das Vorgehen.

Abbildung 4.5: Test von I-S-Erklärungen

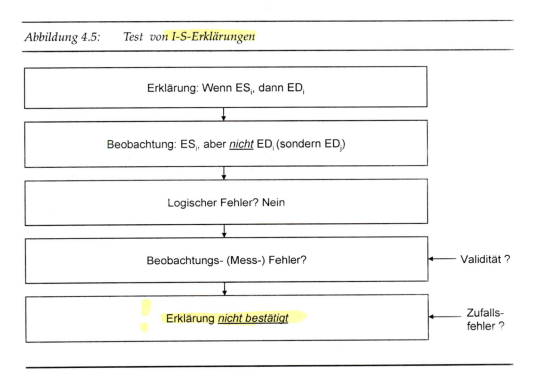

Eine entsprechende Schlussweise liegt auch statistischen Tests in der Marktforschung zu Grunde, bei denen man sich für die Annahme oder Ablehnung einer Hypothese entscheidet, wenn die Wahrscheinlichkeit für zufälliges Zustandekommen eines entsprechenden Untersuchungsergebnisses klein bzw. groß ist (vgl. z.B. Kuß 2012, S. 225 ff.).

Erklärungen auf Basis statistischer Relevanz (S-R-Erklärungen)

Bei S-R-Erklärungen werden im Vergleich zu I-S-Erklärungen geringere Anforderungen bezüglich der Wahrscheinlichkeit für das Eintreten eines bestimmten Ergebnisses gestellt. Man geht hier nicht mehr davon aus, dass dieses mit großer Wahrscheinlichkeit als Ergebnis einer bestimmten Konstellation beim Explanans auftritt, sondern nur davon, dass die entsprechenden Bedingungen und Gesetzmäßigkeiten einen deutlichen („signifikanten") Einfluss auf das Explanandum haben. S-R-Erklärungen haben in diesem Sinne geringeren Informationsgehalt als I-S-Erklärungen. Die formale Darstellung des S-R-Modells findet sich in Abbildung 4.6.

Abbildung 4.6: Struktur von Erklärungen auf Basis statistischer Relevanz (S-R-Erklärungen)

$B_1, B_2, \ldots, B_k$
$SG_1, SG_2, \ldots, SG_l$ $\Big\}$ ES (Explanans)

――――――――――― Wahrscheinlichkeit >> 0

ED (Explanandum)

In anderer Form kennzeichnet Psillos (2002, S. 253) die zentrale Idee statistischer Relevanz auf folgende Weise: Ein Einflussfaktor C leistet einen Erklärungsbeitrag für das Auftreten eines Ereignisses E, wenn gilt

$P(E|C) > P(E)$

bzw.

$P(E|C) > P(E|\text{nicht } C)$

mit $P(E|C)$ = Wahrscheinlichkeit für E unter der Bedingung, dass C gegeben ist

Ein *Beispiel für S-R-Erklärungen* aus der Marketingwissenschaft bezieht sich auf den Kauf von ökologischen Produkten. Hier kann man feststellen, dass die Wahrscheinlichkeit für den Kauf solcher Produkte bei umweltbewussten Konsumenten größer ist als bei anderen Konsumenten. Gleichwohl ist es keineswegs so, dass Umweltbewusstsein das Verhalten der genannten Konsumentengruppe ausschließlich oder entscheidend bestimmt (Balderjahn 2004, S. 152 ff.), Umweltbewusstsein ist vielmehr nur ein Einflussfaktor unter mehreren. An diesem Beispiel kann man übrigens erkennen, dass in den Sozialwissenschaften Gesetzmäßigkeiten keineswegs im Zeitablauf unveränderlich existieren müssen. So konnte vor 50 und mehr Jahren von einem Umweltbewusstsein und seinem Einfluss auf Verhalten noch keine Rede sein.

Man erkennt daran, dass S-R-Erklärungen eigentlich keine Erklärungen in dem Sinne sind, dass das Auftreten des Explanandums (mit hoher Wahrscheinlichkeit) zu erwarten wäre. Hunt (2010, S. 91) verweist hier – vielleicht etwas makaber – auf den Zusammenhang des Rauchens mit dem Auftreten von Lungenkrebs. Nun gibt es sehr viele Raucher, die nicht an Lungenkrebs sterben und vielleicht auch Nichtraucher, die dennoch an Lungenkrebs sterben. Gleichwohl hat offenbar das Rauchen Einfluss auf die Wahrscheinlichkeit, an Lungenkrebs zu erkranken, ist also in diesem Sinne *relevant*, obwohl (glücklicherweise) bei einem Raucher nicht unbedingt Lungenkrebs zu erwarten ist. In diesem Sinne geht es bei S-R-Erklärungen eher um die Identifizierung von Einflussfaktoren im Hinblick auf das Explanandum.

Bei der empirischen Überprüfung von S-R-Erklärungen geht es hauptsächlich um die Frage, ob die Wirkung der unabhängigen Variablen auf das zu erklärende Phänomen hinreichend deutlich (statistisch signifikant) von Null verschieden ist. Abbildung 4.7 zeigt ein einfaches Beispiel einer solchen Überprüfung für den Fall, dass es nur um die Korrelation einer unabhängigen (→ Explanans) mit einer abhängigen Variablen (→ Explanandum) geht.

Abbildung 4.7: Beispiel zu S-R-Erklärungen

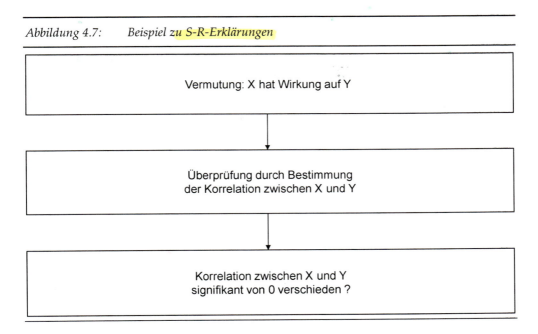

Auch hier stellt sich die Frage, ob es bei der Untersuchung zu logischen Fehlern oder Messfehlern gekommen ist. Im Beispiel der Abbildung 4.7 könnte eine (erwartungswidrig) zu geringe Korrelation ja auch auf unzureichende (stark fehlerbehaftete) Messungen zurückzuführen sein (siehe dazu Abschnitt 6.2).

S-R-Erklärungen sind in der Marketingwissenschaft (und in den Sozialwissenschaften generell) stark verbreitet, weil man es hier typischerweise mit komplexen Wirkungszusammenhängen einer Vielzahl von Variablen zu tun hat. In der Regel kann man nur eine kleine Zahl (besonders) relevanter Variabler betrachten und deren komplexe Interaktionen nicht vollständig erfassen (siehe dazu das ausführliche Zitat von May Brodbeck einige Seiten weiter vorn). Deswegen beschränkt man sich in der empirischen Markt- und Sozialforschung hinsichtlich der Erklärung eines Phänomens (z.B. des Wachstums eines Marktanteils oder einer Veränderung des Wählerverhaltens) oft auf Aussagen zur Identifizierung der wichtigsten Einflussfaktoren, Gewichtung der relevanten Einflussfaktoren und zur Art des Zusammenhanges (z.B. positiv / negativ; linear / nicht-linear).

Die vorstehend umrissenen Ansätze zur Erklärung, die im Wesentlichen auf Carl Hempel (1905 - 1997) zurückgehen, sind bisher in der Literatur – nicht zuletzt der Marketingwissenschaft – breit akzeptiert, obwohl wegen einiger Gegenbeispiele die Sichtweise von Hempel in der wissenschaftstheoretischen Literatur (z.B. Godfrey-Smith 2003, S. 193 f.; Okasha 202, S. 44 ff.; Psillos 2002, S. 215 ff.) auch kritisiert wird.

Als weiterer Ansatz zur Erklärung hat in der Marketingwissenschaft früher der so genannte „Funktionalismus" Bedeutung gehabt, der auf die Rolle von Verhaltensweisen und Institutionen im Hinblick auf die Funktionsweise größerer sozialer Systeme ausgerichtet ist (vgl. z.B. Hunt 2002, S. 105 ff.; Sheth / Gardner / Garrett 1988, S. 86 ff.). Im Marketing ist hier vor allem die umfassende Marketing-Theorie von Wroe Alderson zu nennen, auf die im Abschnitt 7.5 kurz eingegangen wird (ausführlich dazu: Wooliscroft / Tamilia / Shapiro 2006). In einer Definition, über deren Verständlichkeit und sprachliche Schönheit man verschiedener Meinung sein kann, kennzeichnet Ganslandt (1995, S. 694) den Funktionalismus als „Sammelbezeichnung für ein auf makrotheoretische Analysen komplexer Systeme bezogenes Forschungsprogramm empirischer Sozialwissenschaften, in dem das Funktionieren von als strukturierte Ganzheiten betrachteten Systemen nicht durch Aggregation isolierter Kausalerklärungen von Teilaspekten, sondern aus der Interdependenz der auf die ermittelten Strukturelemente bezogenen, für die Bestandserhaltung notwendigen Funktionen erklärt werden soll." Etwas überschaubarer ist die Charakterisierung einer funktionalistischen Erklärung durch Psillos (2007, S. 97): „Sie erklärt die Existenz eines Bestandteils eines Systems im Hinblick auf die Wirkungen dieses Bestandteils für das System, dem es zugehört." Dabei stellt sich allerdings das Problem, ob die jeweilige Funktion nicht auch durch ein anderes, äquivalentes Element wahrgenommen werden könnte. So war die Funktion des Einzelhandels für die Distribution in Marketing-Systemen über lange Zeit klar, wird aber heute durch Vertrieb mit Hilfe des Internets in Frage gestellt.

Ein wichtiger Pionier der Marketing-Theorie, Wroe Alderson (1957, S. 16), kennzeichnet den für seinen Ansatz zentralen Funktionalismus auf folgende Weise:

„Funktionalismus ist der Ansatz der Wissenschaft, der damit beginnt, bestimmte Systeme von Handlungen zu identifizieren, und dann versucht herauszufinden, wie und warum es in der gegebenen Weise funktioniert. Der Funktionalismus ist ausgerichtet auf das Gesamt-System und versucht, dessen einzelne Teile im Hinblick auf ihre Rolle für das System zu verstehen."

4.3 Erklärungen, Prognosen und Verständnis

Erklärungen und Prognosen stehen in einem engen Zusammenhang. **Prognosen** bestehen ja darin (wie die Leserin / der Leser schon erahnt), zukünftige Zustände oder Entwicklungen vorauszusagen. Hier wird die gedankliche Entsprechung zu den im vorigen Abschnitt 4.2 diskutierten **Erklärungen** sofort deutlich. Bei diesen bestand die zentrale Idee darin, dass aus einer bestimmten Konstellation von Bedingungen und Gesetzmäßigkeiten (Explanans) das Auftreten eines bestimmten Phänomens (Explanandum) folgt. Also kann man – bei Gültigkeit der Erklärung – folgern, dass beim Auftreten dieser Konstellation der entsprechende Zustand zu erwarten ist (→ Prognose). Insofern wäre jede Erklärung eine potenzielle Prognose. Diese Auffassung wird von führenden Autoren geteilt, wobei hier nur auf Brodbeck (1968, S. 9 f.) und Hunt (2010, S. 104 ff.) verwiesen sei. In Wissenschaft und Praxis gilt darüber hinaus die erfolgreiche – also den zukünftigen tatsächlichen Zustand relativ exakt beschreibende – Prognose als besondere Bewährung einer Erklärung. So müssen sich Berater oder Marktforscher, denen es regelmäßig gelungen ist, Entwicklungen von Märkten oder Wirkungen von Marketing-Instrumenten gut zu prognostizieren, um künftige Aufträge nicht viele Sorgen machen.

Eine in der empirischen Forschung sehr gängige Anwendung von Prognosen ist in diesem Buch schon angesprochen worden und wird im Zusammenhang mit dem Modell von Shelby Hunt zum wissenschaftlichen Realismus (siehe Abschnitt 5.3) erneut eine Rolle spielen. In den Abschnitten 3.1 und 3.3 ist die Rolle von Hypothesen bei der Prüfung von Theorien bzw. bei Falsifikationsversuchen erläutert worden. Die Grundidee hierzu besteht ja darin, dass man in Form einer Hypothese prognostiziert, welches Ergebnis – typischerweise hinsichtlich eines Zusammenhangs von Variablen – sich zeigen müsste, wenn die Theorie Bestand haben soll (siehe z.B. Forster 2008). Entspricht das empirische Ergebnis nicht dieser Prognose, so gilt die Theorie als nicht bestätigt (vorausgesetzt Messfehler etc. sind nicht die Ursache).

Gleichwohl gibt es auch *Einwände* gegen die Gleichsetzung von Erklärung und Prognose. So kennt man in der Marketing-Praxis genügend Beispiele für die Fähigkeit zur Prognose ohne entsprechende Erklärungen und umgekehrt Erklärungen ohne hinreichende prognostische Kraft. Beispielsweise findet man häufig Verkäufer, die auf Basis ihrer Erfahrungen oder Intuition ziemlich gut einschätzen können (→ Prognose), ob ein potenzieller Kunde kaufen wird, die aber kaum erklären könnten, welche Konstellation von Merkmalen sie zu dieser Prognose geführt hat. Ähnliches gilt für erfahrene Produkt-Manager, die z.B. Wirkungen von Marketing-Instrumenten oder den Erfolg einer Produktinnovation recht gut vorhersagen können. Andererseits zeigt die Konsumentenforschung, dass die Erklärung von Konsumentenverhalten mit Hilfe von Konzepten wie Involvement, Einstellungen oder Werten möglich ist, dass aber eine Prognose des Handelns von einzelnen Konsumenten seltener erfolgreich ist. Offenbar gibt es in der

(Forschungs-) Praxis schon Unterschiede zwischen den Fähigkeiten zur Erklärung und Prognose (siehe z.B. Psillos 2002, S. 235 f.).

Jaccard / Jacoby (2010, S. 16) nennen anschauliche Beispiele dafür, dass Erklärung und Verständnis in der Praxis nicht immer miteinander verbunden sind:

„Obwohl sie oft Hand in Hand gehen, sind Prognose und Erklärung tatsächlich getrennte Aspekte von Verständnis. Die Frau, die zum Automechaniker sagt ‚Immer wenn ich auf das Gaspedal trete, höre ich ein Klappern im Motor. Lassen Sie mich drauftreten und Sie werden hören, was ich meine.', ist wohl in der Lage zu prognostizieren, ohne zu erklären. Dem entsprechend – wie ein kurzes Nachdenken über Wetterprognosen zeigt – bedeutet die Fähigkeit, die Entstehung des heutigen Wetters zu erklären, noch nicht, dass man in der Lage ist, genau zu prognostizieren, an welchem Tag und zu welcher Zeit diese Wetterkonstellation wieder auftritt."

Für Wissenschaft und Praxis ist die Unterscheidung beachtenswert, ob sich eine Prognose auf Einzelfälle oder auf Anteilswerte in Gruppen bezieht. Im ersten Fall müsste die Basis dafür eine D-N-Erklärung sein, aus der sich eindeutig ableiten lässt, welcher Zustand (Explanandum) bei einem bestimmten Explanans zu erwarten ist (siehe dazu das Beispiel des schwimmenden Körpers von Archimedes). Solche Arten von Prognosen kommen in der Marketingwissenschaft kaum vor. Sehr gängig sind dagegen Prognosen von Anteilswerten auf Basis statistischer Erklärungen, z.B. „Unter den Bedingungen x, y und z werden mindestens 10 % der Konsumenten das neue Produkt probieren."

May Brodbeck (1968, S. 10) erläutert beide Arten von Prognosen: „Es ergibt keinen Unterschied, ob die Prognosen statistisch oder deterministisch sind, wie nicht-statistische Generalisierungen genannt werden. Wenn sie deterministisch sind, können wir ein einzelnes Ereignis prognostizieren; wenn sie statistisch sind, können nur Angaben zu Gruppen von Ereignissen erklärt oder prognostiziert werden."

Zum Abschluss dieses Abschnitts noch einige Bemerkungen zur Beziehung von Erklärungen und **Verstehen**. Was ist mit „Verstehen" gemeint? Wilhelm Dilthey (1924, S. 318; zitiert nach Poser 2001, S. 212) formuliert die Antwort in einer Sprache aus etwas entfernter Zeit: „Wir nennen den Vorgang, in welchem wir aus Zeichen, die von außen sinnlich gegeben sind, ein Inneres erkennen: Verstehen." Allgemein geht es darum, den Sinn von etwas zu erfassen. Das kann sich beziehen auf eine Nachricht, ein Kunstwerk, eine wissenschaftliche Publikation oder auf zahlreiche andere Gegenstände. Jacoby (1985, S. 6 ff.) identifiziert – hauptsächlich bezogen auf den wissenschaftlichen Bereich – sechs Aspekte von Verständnis:

- *Beschreibung von Phänomenen*, d.h. Identifizierung, Bezeichnung oder Kategorisierung von Elementen dessen, was wir wahrnehmen, und deren Zuordnung zu Konzepten (siehe Abschnitt 3.1).
- *Organisation von Wissen*, d.h. Herstellung von Beziehungen zwischen Konzepten, z.B. räumlicher oder zeitlicher Art.
- *Erklärung von Phänomenen*: Hier geht es um die im Abschnitt 4.2 schon angesprochene „Warum…?"-Frage.
- *Prognose von Phänomenen*: Wie bereits erläutert, ist damit die Vorhersage von Phänomenen auf Basis von Erklärungen gemeint.
- *Kontrolle*: Wenn Verständnis im Sinne der vorstehend genannten Merkmale besteht, dann kann dieses in Verbindung mit dem Willen und der Fähigkeit zur Beeinflussung relevanter Faktoren genutzt werden, um ein davon abhängiges Ergebnis zu erzielen, in diesem Sinne also unter Kontrolle zu haben.
- *Kommunikation*: Auch dieser Aspekt baut auf den ersten vier Aspekten auf. Damit ist gemeint, dass dadurch die Übermittlung von Bedeutungsinhalten und strukturierten Zusammenhängen ermöglicht wird.

Es ist klar erkennbar, dass die Möglichkeiten zur Erklärung wesentlicher Bestandteil von Verständnis ist. Hunt (2002, S. 119) fasst den für seine Sichtweise zentralen Punkt in einem Satz zusammen: „Zum wissenschaftlichen Verständnis eines Phänomens gehört es zumindest, dass wir das Phänomen wissenschaftlich erklären können."

4.4 Kausalität

Offenbar ist es ein elementares Bedürfnis von (denkenden) Menschen, Dingen „auf den Grund" zu gehen, also die Ursachen z.B. für den Lauf der Gestirne oder – im Marketing – den Erfolg von Produkten bzw. Geschäftsfeldern (→ Beispiel: PIMS-Studie) kennen zu lernen. Man knüpft hier gedanklich an die schon erörterten Erklärungen an. Godfrey-Smith (2003, S. 194) bringt das auf den Punkt: „Etwas zu erklären bedeutet, die Ursachen dafür zu beschreiben." Es verwundert also nicht, dass Fragen der Kausalität, die Suche nach Ursachen und Wirkungen, seit langem viele Menschen – nicht zuletzt in der Wissenschaft - bewegen. Gleichwohl gibt es im wissenschaftstheoretischen und philosophischen Schrifttum unterschiedliche Auffassungen und umfassende Diskussionen über Wesen und Kennzeichnung von Kausalität (siehe z.B. Godfrey-Smith 2003, S. 194 ff. oder Psillos 2002).

Die Frage, warum Kausalität trotz zahlreicher philosophischer Probleme in sozialwissenschaftlichen Theorien eine bedeutsame Rolle spielt, beantworten Jaccard / Jacoby (2010, S. 140) auf folgende Weise:

„Unsere Antwort ist die, dass Kausalität eine Heuristik ist, die uns hilft, über unsere Umwelt nachzudenken, unsere Gedanken zu ordnen, zukünftige Ereignisse vorherzusagen und sogar künftige Ereignisse zu beeinflussen. Mit dem Denken in Begriffen der Kausalität sind wir in der Lage, systematische Beziehungen zwischen Variablen zu identifizieren und diese Variablen so zu manipulieren, dass Veränderungen bei Phänomenen erreicht werden, die aus wissenschaftlichen oder gesellschaftlichen Gründen verändert werden sollen."

Seit Jahrhunderten spielt das Konzept der **Kausalität** in der Philosophie eine wichtige Rolle. So gibt Psillos (2004) einen Überblick über die entsprechende Diskussion, in dem er bis auf Aristoteles (384 – 322 v. Chr.) zurückgeht. Aber auch in einer pragmatischen Sichtweise hat Kausalität große Bedeutung: Die Kenntnis einer Ursache-Wirkungs-Beziehung erlaubt es eben, bei einer angestrebten „Wirkung" (z.B. einer Steigerung des Marktanteils), deren Ursachen man kennt, durch Beeinflussung der „Ursachen" (der Einflussfaktoren) die gewünschte Wirkung zu erzielen. Wenn bestimmte „Wirkungen" unerwünscht sind (z.B. das Auftreten einer Krankheit) und man kennt deren Ursachen (z.B. entsprechende Viren), dann hat man auch hier den Ansatz, um die entsprechenden Folgen zu verhindern.

Lehmann / Gupta / Steckel (1998, S. 143) erläutern die praktische Relevanz der Kenntnis von Kausalbeziehungen:

„Das Konzept der Kausalität impliziert, dass bei der Veränderung einer bestimmten Variablen (z.B. Werbung) sich eine andere Variable (z.B. Absatzmenge) als Ergebnis der getroffenen Maßnahme verändert. Deswegen werden bei fast jeder Marketing-Entscheidung (….) implizit deren Konsequenzen bedacht. Wenn Manager Verständnis für die kausalen Beziehungen in ihrem Markt entwickeln, dann können sie „optimale" Entscheidungen treffen."

Was macht nun *Kausalität* aus? Psillos (2002, S. 6) stellt einige in der Literatur genannte **charakteristische Merkmale** zusammen:

- Kausalbeziehungen führen zu Veränderungen: Wenn die Ursache nicht vorhanden wäre, dann wäre die „Wirkung" nicht eingetreten und der Zustand des interessierenden Phänomens eben anders. Bei statistischen Zusammenhängen wäre die Wahrscheinlichkeit für das Eintreten der Wirkung anders.
- Kausalbeziehungen sind „Rezepte": Wenn man eine Kausalbeziehung kennt, dann kann man „Ursachen" so manipulieren, dass man bestimmte Wirkungen erzielt bzw. verhindert (s.o.).
- „Ursachen erklären ihre Wirkungen, aber nicht umgekehrt" (Psillos 2002, S. 6).

- Ursachen sind *Indikatoren* für ihre Wirkungen: Wenn man bei einer Kausalbeziehung weiß, dass eine bestimmte Ursache gegeben ist, dann kann man (mit einer gewissen Wahrscheinlichkeit) erwarten, dass die entsprechende Wirkung eintritt.

Hier noch eine kurze Erläuterung zum erstgenannten Aspekt der Veränderungen, genauer gesagt der Veränderungen einer Variablen („Wirkung"), die durch Veränderungen einer anderen Variablen („Ursache") ausgelöst werden. Was unterscheidet eine Aussage, dass X und Y gemeinsam auftreten von der Aussage, dass X die Ursache von Y ist? (Hunt 2010, S. 110). Im Kern geht es darum, dass die „Ursache" (bzw. „Grund" oder „unabhängige Variable") ein Faktor ist, der die Fähigkeit hat, eine „Wirkung" (bzw. einen „Effekt") zu erzielen, also den anderen Faktor (bzw. die „abhängige Variable") zu verändern. In diesem Sinne ist eine Preissenkung die Ursache für eine Veränderung der Absatzmenge oder die Aufnahme von Informationen über Produkteigenschaften die Ursache für eine Einstellungsänderung.

Nun gibt es unterschiedliche Bedingungen, bei denen man von Kausalität spricht (siehe z.B. Bagozzi 1980, S. 16 ff.; Psillos 2002, S. 81 ff.). So könnte man von einer Kausalbeziehung zwischen X und Y sprechen, wenn immer bei X auch (später) Y eintritt oder wenn Y nur eintritt, sofern X (vorher) aufgetreten ist. Besonders gängig und wichtig im Marketing ist die so genannte „INUS-Bedingung". INUS ist dabei eine Abkürzung für „*i*nsufficient (nicht hinreichend) – *n*ecessary (notwendig) – *u*nnecessary (nicht notwendig) – *s*ufficient (hinreichend)". Was ist mit dieser (etwas kryptisch anmutenden) Bezeichnung gemeint? „Eine Ursache kann angesehen werden als ein nicht hinreichender, aber notwendiger Teil von Bedingungen, die selbst nicht notwendig, aber hinreichend für das Ergebnis sind." (Bagozzi 1980, S. 17). Da die zentrale Idee damit vielleicht immer noch nicht ganz leicht verständlich ist, hier ein Beispiel:

Kausalbeziehung: „Werbebotschaften verändern Einstellungen"

„*nicht notwendig für das Ergebnis*": Einstellungsänderungen können auch anders zu Stande kommen

„*hinreichend für das Ergebnis*": Wenn die Bedingungen (u.a. Kontakt zur Werbebotschaft, s.u.) eingehalten sind, dann (→ hinreichend) entsteht die Einstellungsänderung (Werbewirkung).

„*nicht hinreichender Teil der Bedingungen*": Werbebotschaften allein (→ nicht hinreichend) verändern noch keine Einstellungen, sondern nur, wenn sie den Empfänger auch erreichen, wenn hinreichend hohes Involvement gegeben ist etc.

„*notwendiger Teil von Bedingungen*": Wenn die Werbebotschaft nicht vorhanden wäre (→ notwendig), dann würden sich unter den ansonsten gegebenen Bedingungen die Einstellungen nicht ändern.

Hier noch zwei weitere Beispiele von Psillos (2004, S. 277) und Bagozzi (1980, S. 17 f.) zur Illustration der etwas komplizierten INUS-Bedingung:

<u>Psillos:</u> *„Wenn man sagt, dass Kurzschlüsse Hausbrände verursachen, dann meint man, dass der Kurzschluss eine INUS-Bedingung für Hausbrände ist. Er ist nicht hinreichend, weil er das Feuer nicht allein verursachen kann (andere Bedingungen wie Sauerstoff, entflammbares Material etc. müssen gegeben sein). Der Kurzschluss ist nichtsdestoweniger ein notwendiger Teil, weil ohne ihn der Rest der Bedingungen nicht hinreichend für das Feuer wäre. Er ist nur ein Teil, nicht das Ganze einer hinreichenden Bedingung (zu der auch Sauerstoff, Vorhandensein entflammbaren Materials etc. gehören), aber die ganze hinreichende Bedingung ist nicht notwendig, weil auch andere Kombinationen von Bedingungen, z.B. ein Brandstifter mit Benzin, ein Feuer verursachen können."*

<u>Bagozzi:</u> *„Als Beispiel betrachten wir die gelegentlich von Marketing-Leuten getroffene Aussage, dass das Marken-Image (gemessen für den Markennamen) die Qualitätswahrnehmung beeinflusst. Wenn Marketing-Leute das sagen, dann behaupten sie nicht, dass das Marken-Image eine notwendige Bedingung oder ein notwendiger Grund für die Einschätzung der Qualität ist. Man kann ein Produkt hinsichtlich seiner Qualität genauso hoch oder niedrig einschätzen, ohne dass man die Marke kennt. Entsprechend sagen die Marketing-Leute nicht, dass das Marken-Image für die Qualitätswahrnehmung hinreichend ist, weil man zumindest den Markennamen wahrnehmen und einschätzen muss, bevor solch eine Zuordnung gemacht werden kann. Vielmehr wird das Marken-Image als INUS-Bedingung angesehen, in dem Sinne, dass es ein nicht hinreichender, aber notwendiger Teil von Bedingungen ist, die wiederum nicht notwendig, aber hinreichend für das Ergebnis sind. Viele der Kausalbeziehungen, die im Marketing untersucht werden, sind von dieser Art."*

Die Kriterien für die Überprüfung / Feststellung eines Kausalzusammenhanges gehen im Wesentlichen auf John Stuart Mill (1806-1873) zurück (Shadish / Cook / Campbell 2002, S. 6; siehe dazu auch Humphreys 2000 und Hitchcock 2008). Hier diese gewissermaßen „klassischen" Kriterien:

- *Die vermutete Ursache tritt vor der Wirkung auf.* Wenn beispielsweise eine Steigerung der Absatzmenge bereits deutlich vor einer Preissenkung zu beobachten ist, dann würde kein (vernünftiger) Mensch auf die Idee kommen, dass die Preissenkung die Ursache der Absatzsteigerung sein könnte.
- *Die Ursache steht im Zusammenhang mit der Wirkung.* Hier geht es um einen *theoretischen und* einen *empirischen* Zusammenhang. Man geht, wenn man von einer Kausalbeziehung spricht, also von einem systematischen (begründeten und nachvollziehbaren) Zusammenhang zwischen den entsprechenden Variablen aus. Hinsichtlich der Empirie fordert man, dass bei Beobachtungen die jeweiligen Größen in der erwarteten Weise gemeinsam variieren.
- Es gibt *keine andere plausible Erklärung für die „Wirkung" außer der (vermuteten) Ursache (Ausschluss alternativer Erklärungsmöglichkeiten).* Wenn man *ausschließen* kann, dass ein Zusammenhang zwischen den Beobachtungen der unabhängi-

gen (→ Ursache) und der abhängigen (→ Wirkung) Variablen durch andere Einflussfaktoren, durch Spezifika der Situation, durch Messfehler etc., etc. zu Stande gekommen sein kann, dann kann es ja nur an der vermuteten Ursache gelegen haben, dass die Wirkung aufgetreten ist.

David de Vaus (2001, S. 36) erläutert, warum eine theoretische Begründung für die Annahme einer Kausalbeziehung wesentlich ist:

„Die Behauptung von Kausalität muss sinnvoll sein. Wir sollten in der Lage sein, zu erläutern, wie X Einfluss auf Y ausübt, wenn wir auf eine Kausalbeziehung zwischen X und Y schließen wollen. Selbst wenn wir empirisch nicht zeigen können, wie X Einfluss auf Y hat, müssen wir eine plausible Erläuterung für den Zusammenhang geben können (plausibel im Sinne von anderer Forschung, aktueller Theorie etc.)."

Auf empirische Methoden zur Überprüfung von Kausalbeziehungen, typischerweise Experimente, wird im Kapitel 6 noch eingegangen. Dabei wird sich eine enge Korrespondenz zwischen den vorstehend umrissenen Kriterien für eine Kausalbeziehung und den zentralen Elementen experimenteller Designs zeigen.

5 Relativismus und wissenschaftlicher Realismus in der Marketingwissenschaft

5.1 Realismus und Relativismus

In den 1980er und 1990er Jahren hat eine – teilweise scharf geführte – Auseinandersetzung über wissenschaftstheoretische Grundfragen der Marketingwissenschaft in der internationalen Fachdiskussion eine große Rolle gespielt. Dabei ging es um zentrale Aspekte der Erkenntnisgewinnung und der Aussagemöglichkeiten (nicht nur) in der Marketingforschung. Zaltman / Pinson / Angelmar (1973, S. 4) als aus der Marketingwissenschaft kommende Autoren kennzeichnen **Wissenschaftstheorie** als „Untersuchung, Analyse und Beschreibung der Vorgehensweise bei der Entwicklung von Theorien, der Theorien selbst und der Nutzung von Theorien."

Wenn schon bei manchen Praktikern und Studierenden eine gewisse Zurückhaltung gegenüber der Beschäftigung mit Theorien besteht, warum sollte man sich dann mit Theorien, die sich mit Theorien befassen, – also gewissermaßen Meta-Theorien – beschäftigen? Ein zentraler Gesichtspunkt dabei besteht darin, dass jede Forschungsaktivität zumindest *implizit* von bestimmten wissenschaftstheoretischen Positionen ausgeht (Hunt 2003, S. 184). So unterstellt man im Marketing bei vielen Untersuchungen beispielsweise, dass man Ergebnisse einer repräsentativ angelegten Untersuchung generalisieren kann oder dass einzelne Variable, die aus ihrem Kontext herausgelöst und z.B. experimentell untersucht werden, allgemeine Aussagekraft für Konsumentenverhalten haben (siehe dazu Kapitel 6). Die Beschäftigung mit entsprechenden wissenschaftstheoretischen Fragen soll solche Positionen und die damit verbundenen Probleme offen legen sowie einer entsprechenden kritischen Reflexion dienen.

Zaltman / Pinson / Angelmar (1973, S .4) kennzeichnen den Nutzen der Beschäftigung mit Wissenschaftstheorie durch die folgenden Gesichtspunkte:

„1. Sie hilft, bestehende philosophische Auffassungen zu korrigieren und zu systematisieren.

2. Sie gibt dem Wissenschaftler größere konzeptuelle Klarheit, hilft ihm, Irrtümer zu vermeiden, wie z.B. die Verwechslung von Aufeinanderfolge und Kausalität, und hilft ihm bei der Einordnung empirischer Ergebnisse.

3. Sie hilft bei der Sensibilisierung der Forscher für die Offenlegung ihrer Annahmen.

4. Sie verringert Dogmatismus beim wissenschaftlichen Denken.

5. Sie hilft dem Wissenschaftler bei der Einschätzung der Begrenzungen seiner Instrumente.

6. Sie verbessert die Forschungsstrategie, d.h. sie sensibilisiert den Wissenschaftler für methodologische Probleme.

7. Sie hält den Wissenschaftler intellektuell rastlos und unzufrieden."

Insbesondere in Folge der Publikation des disziplinübergreifend äußerst einflussreichen Buches „*The Structure of Scientific Revolutions*" von Thomas Kuhn (1970; erste Auflage 1962) wurden auch in der Marketingwissenschaft die wissenschaftstheoretischen Grundlagen der bis dahin erfolgten Forschung in Frage gestellt. Zuvor war die Marketingwissenschaft durch ein „*realistisches Wissenschaftsverständnis*" (Franke 2002, S. 132 f.) dominiert. Franke fasst unter diesem Begriff – in diesem Buch wird im Folgenden der Einfachheit halber von „**Realismus**" gesprochen - verschiedene wissenschaftstheoretische Ansätze zusammen, die sich teilweise ergänzen oder überschneiden und nennt dabei (S. 133) u.a. den Positivismus, den logischen Empirismus und den kritischen Rationalismus (siehe auch Abschnitt 3.3). Hier ist eine gewisse Vereinfachung auch angebracht, weil die entsprechenden Darstellungen in der Literatur oftmals uneinheitlich sind und sich nicht immer durch Klarheit und Anschaulichkeit auszeichnen. Unter Realismus wird hier – grob und einfach gesagt – die Ausrichtung der Erkenntnis auf bzw. die weitgehende Orientierung der Wissenschaft an (in dieser Perspektive: „objektiven") Tatsachen / Fakten verstanden. Dabei geht man davon aus, dass eine Realität, über die man wissenschaftliche Aussagen macht, unabhängig von deren Wahrnehmung und Interpretation existiert (Ladyman 2002, S. 158). Erkenntnis entsteht also nicht durch bloßes Denken, sondern durch Wahrnehmung und Interpretation der Realität sowie durch Überprüfung von theoretischen Vorstellungen im Hinblick auf ihre Übereinstimmung mit der Realität. Dem entsprechend orientiert sich Kennzeichnung von „Wahrheit" am Ausmaß der Übereinstimmung von Theorie und Realität (→ „Korrespondenztheorie der Wahrheit"). Das erscheint vielleicht als bloße Selbstverständlichkeit, wird aber, insbesondere von so genannten „Konstruktivisten" (s.u.), durchaus bestritten. In diesem Sinne hat man in vielen Wissenschaften, nicht zuletzt in den Naturwissenschaften, über Jahrhunderte Forschung betrieben, indem man beobachtete Phänomene theoretisch zu erklären suchte und die entsprechenden Theorien empirischen Tests (z.B. in Experimenten) unterwarf. So entstandene und bewährte Erkenntnisse hat man lange als gesichertes Wissen angesehen.

Die Sichtweise des Realismus entspricht gut der für die Marketingwissenschaft ganz typischen empirischen Ausrichtung. Das bedeutet natürlich nicht, dass eine solche Form wissenschaftlicher Arbeit theorielos wäre oder sein könnte, weil man sich etwa auf eine unstrukturierte „Faktensammelei" beschränken könnte. Gerade empirische Forschung ist ja typischerweise auf Überprüfung, Modifizierung oder Generierung von Theorien ausgerichtet. Allerdings ist man in der Marketingwissenschaft immer von einer gewissen Unsicherheit empirischer Ergebnisse ausgegangen (s.u.).

Elizabeth Hirschman (1986, S. 238f.), eine der bekanntesten Konsumentenforscherinnen der letzten Jahrzehnte, kennzeichnet wesentliche Merkmale realistischer (sie spricht von „positivistischer") Wissenschaft auf folgende Weise: „…

(1) eine einzige beobachtbare Realität, die aus eigenständigen Elementen besteht,

(2) die Aufteilung der einzelnen Elemente in Ursachen und Wirkungen,

(3) Unabhängigkeit zwischen Forscher und Untersuchungsgegenstand,

(4) die Möglichkeit und Wünschbarkeit der Gewinnung wahrer Aussagen, die im Hinblick auf Zeit und Kontexte generalisierbar sind, und

(5) die Möglichkeit und Wünschbarkeit wertfreier und objektiver Wissensgenerierung."

Es wird sich im Laufe dieses Kapitels zeigen, dass manche Kritikpunkte daran einzelne dieser Annahmen zu Recht in Frage gestellt haben und dass in der modernen Auffassung des wissenschaftlichen Realismus solche Aspekte berücksichtigt sind (siehe Abschnitt 5.3).

Herbert Schnädelbach (1989, S. 267) charakterisiert und diskutiert den oben erwähnten Positivismus in einem Handbuch-Beitrag. Daraus einige zentrale Aussagen:

„Unter Positivismus versteht man eine wissenschaftstheoretische Position, die das ‚Positive' zum Prinzip allen wissenschaftlichen Wissens macht, wobei das Wort ‚positiv' hier (in der Regel) nicht das Gegenteil des Negativen, sondern das ‚Gegebene', Tatsächliche, unbezweifelbar Vorhandene bezeichnet; die ‚positiven' Tatsachen oder das, was man ‚positiv' weiß.…

Der Positivismus fasst das Positive (in diesem Sinne) als Ursprung und Rechtfertigungsgrund all unserer Erkenntnis auf.…

Der Positivismus hält also sicheres Wissen auf der Basis des Positiven für effektiv möglich und vertritt damit keine bloß leere Forderung nach einem solchen Wissen."

Nun zu der Kritik am Realismus, die zunächst zu radikal anderen wissenschaftstheoretischen Ansätzen führte (z.B. Relativismus, Konstruktivismus) und später in einer modernen Variante des Realismus, nämlich im "wissenschaftlichen Realismus" weitgehend berücksichtigt wurde (für eine ausführliche Übersicht sei hier auf Phillips / Burbules 2000, S. 14 ff. verwiesen):

Theoriebeladenheit von Beobachtungen: Damit ist gemeint, dass Wahrnehmungen der Realität und deren Interpretationen typischerweise vom Vorwissen des Beobachters, seinen theoretischen Annahmen, Hypothesen etc. beeinflusst werden. Beispielsweise zeigt jeder Vergleich wissenschaftlicher Aussagen zu Kaufentscheidungen von Konsumenten, die sich einerseits auf die empirische Konsumentenforschung und andererseits auf die mikroökonomische Theorie stützen, dass die jeweiligen Beobachter in „verschiedenen Welten leben" (Anderson 1983, S. 22) und dass die Ergebnisse ihrer Untersuchungen maßgeblich von den unterschiedlichen (theoretisch vorgeprägten) Sichtweisen abhängig sind. Abbildung 5.1 illustriert diesen Effekt. Man erkennt darin, dass im Prozess der Entwicklung, Überprüfung und Veränderung von Theorien diese eben auch die Wahrnehmung realer Phänomene beeinflussen.

Abbildung 5.1: Zum Problem der „Theoriebeladenheit" (nach Hunt 1994, S. 138)

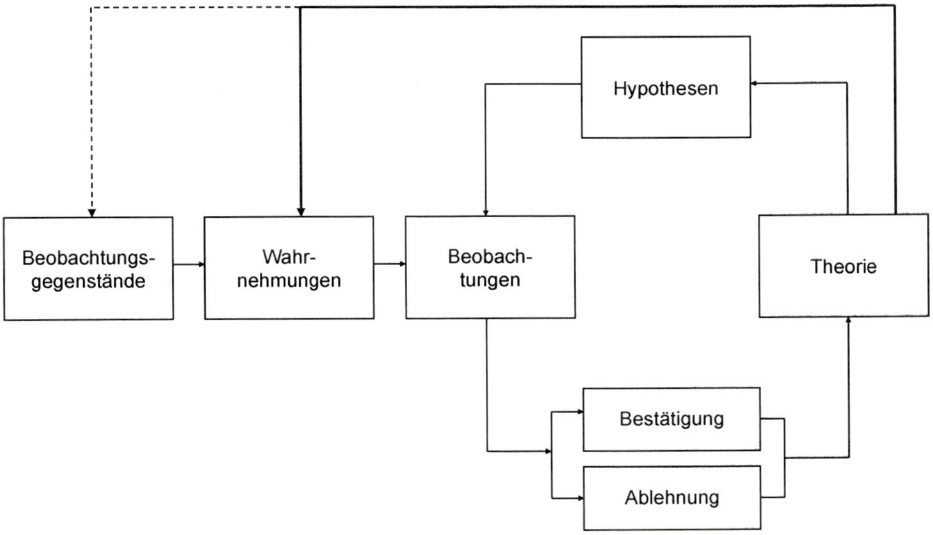

Unterbestimmtheit von Theorien: Diese Unterbestimmtheit bezieht sich auf das Problem, dass bestimmte Beobachtungen bzw. Konstellationen von Daten unterschiedliche theoretische Interpretationen erlauben und somit nicht die Wahrheit einer bestimmten (einzelnen) Theorie belegen können. „Eine Theorie ist durch Daten *unterbestimmt*, wenn die Daten nicht ausreichend sind, um festzulegen, welche von mehreren Theorien wahr ist" (Ladyman 2002, S. 162). Ein anschauliches Beispiel dafür ist das so genannte „curve fitting problem", das durch die folgende Abbildung

5.2 illustriert wird (siehe dazu auch Phillips / Burbules 2000, S. 17 ff.). Man erkennt darin deutlich, dass eine bestimmte Menge von Messwerten unterschiedliche Deutungen der Art eines vorliegenden Zusammenhanges zulässt, in diesem einfachen Beispiel eine lineare und eine nicht-lineare.

Abbildung 5.2: *Unterbestimmtheit von Theorien durch Daten*
(nach Phillips / Burbules 2000, S. 18)

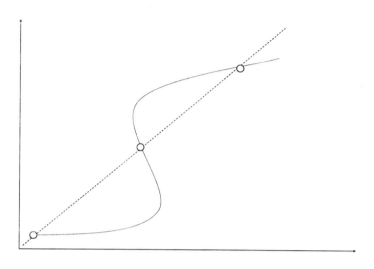

Abhängigkeit von Erkenntnissen vom sozialen / historischen Kontext: In der Wissenschaftsgeschichte findet man immer wieder Beispiele für wechselnde „Weltanschauungen" und daraus resultierende ganz unterschiedliche theoretische Bilder der jeweils interessierenden Teile der Realität. Das berühmteste dieser Beispiele ist der Übergang vom ptolemäischen Weltbild mit der Erde als Mittelpunkt des Universums zum kopernikanischen Weltbild mit einer um die Sonne kreisenden Erde um 1500. Eine neue Weltsicht führte also zu einer ganz neuen Interpretation (→ Theorie) bekannter Daten über die Umlaufbahnen von Planeten. So konnte man auch über Jahrhunderte Versuche der katholischen Kirche beobachten, Wissenschaft und Wissenschaftler zu beeinflussen ebenso wie heute in den USA sich so genannte Kreationisten bemühen, die biblische Schöpfungsgeschichte an Stelle der Darwin'schen Evolutionstheorie treten zu lassen. Ein - aus heutiger Sicht etwas bizarr wirkendes - Beispiel aus dem 20. Jahrhundert ist der gescheiterte Versuch des sowjetischen Biologen Trofim Lyssenko, genetische Theorien zur Schaffung eines neuen Menschentyps zu entwickeln. In den Wirtschaftswissenschaften hat man über lange

Zeit mit der neoklassischen Mikroökonomik zeigen wollen, dass ein marktwirtschaftliches System zu optimalem Wohlstand für die Bevölkerung führt, ein Anliegen das sicher nicht frei von politischen und ideologischen Interessen war. Man sieht an diesen Beispielen übrigens auch, dass anscheinend Wissenschaft immerhin so viel Autorität besitzt, dass unterschiedliche Weltanschauungen sich bemühen, ihre Sichtweisen mit dem Merkmal der Wissenschaftlichkeit zu schmücken.

Historische Erfahrung („pessimistische Induktion"): Hier bezieht man sich auf die Erfahrung, dass sich in der weiter zurückliegenden Vergangenheit akzeptierte und erfolgreiche Theorien später als falsch erwiesen haben (z.B. Devitt 2008, S. 232 f.). So hat Larry Laudan (1981) für die Physik eine recht lange Liste von Theorien erstellt, die zeitweilig akzeptiert und gut bestätigt schienen, aber später verworfen werden mussten. In der Marketingwissenschaft erinnert man sich vielleicht noch an die mikroökonomisch geprägte Preistheorie (siehe z.B. Gutenberg 1968) oder das AIDA-Modell der Werbewirkung, beides theoretische Ansätze, die heute weder Beachtung noch Akzeptanz finden. Das Argument der *„pessimistischen Induktion"* bezieht sich hier auf einen induktiven Schluss von Erfahrungen mit früheren Theorien auf die Einschätzung heutiger Theorien: Wenn frühere Theorien sich zum erheblichen Teil nicht dauerhaft bewährt haben, dann muss man auch bei heute aktuellen Theorien damit rechnen, dass diese nur teilweise Bestand haben werden.

Das letztgenannte Problem stellt sich mit voller Schärfe vor dem Hintergrund eines früher in der Wissenschaft üblichen **„fundamentalistischen"** (Phillips / Burbules 2000, S. 5 ff.) Anspruchs auf sichere Aussagen. „Bis zum Ende des 19. Jahrhunderts waren alle wichtigen philosophischen Theorien des Wissens (‚Epistemologien') fundamentalistisch. Es erschien als eindeutig, dass eine Sache mit Sicherheit etabliert sein musste, um als ‚Wissen' bezeichnet zu werden..." (Phillips / Burbules 2000, S. 5 f.). Nun mag dieser Anspruch für einige naturwissenschaftliche Disziplinen über lange Zeit gegolten haben, aber in der empirischen Marketingforschung hat man sich daran weniger orientiert. Hier war schon durch die Schlussweisen der Inferenzstatistik und die immer mögliche Fehlerhaftigkeit von Messungen klar, dass Untersuchungsergebnisse und Theorien immer mit Unsicherheit und / oder Fehlern behaftet sind. Im Zusammenhang mit dem wissenschaftlichen Realismus wird deutlich werden, dass dabei generell ein „fundamentalistischer" Anspruch für die Wissenschaft nicht mehr erhoben wird.

Insbesondere im Hinblick auf den ersten (Theoriebeladenheit), dritten (historischer Kontext) und vierten (pessimistische Induktion) der oben skizzierten Kritikpunkte ist eine deutliche Beziehung zu der wissenschaftshistorisch geprägten Analyse von Thomas Kuhn (1970) erkennbar. Der ursprüngliche Ansatz einer weitgehend objektiven, an Tatsachen ausgerichteten Wissenschaft ist durch Kuhn fundamental kritisiert worden, was danach – wie schon erwähnt – auch entsprechende (heftige) Diskussionen in der Marketingwissenschaft auslöste. Ein zentraler Kritikpunkt von Kuhn bestand in der durch Beispiele belegten Behauptung, dass eine objektive (gewissermaßen unverzerrte) Wahrnehmung der Realität nicht möglich sei, dass vielmehr ein vorhandenes „Weltbild" die Wahrnehmung von Tatsachen wesentlich prägt. Kuhn (1970) spricht in diesem

Zusammenhang von einem „**Paradigma**" (siehe dazu der folgende Abschnitt). Daraus ist in der amerikanischen Marketingwissenschaft die Position des **Relativismus** abgeleitet worden, mit der die Möglichkeit zur objektiven Erkenntnis und zur Ermittlung von („objektiver") Wahrheit (im obigen Sinne) radikal verneint wird. Diese Position wird in den folgenden Abschnitten dargestellt und diskutiert. Anschließend an die Nachzeichnung der Diskussion in der Marketingwissenschaft wird dann der Ansatz des *wissenschaftlichen Realismus* vorgestellt, der heute in der Marketingwissenschaft eine dominierende Stellung einnimmt (Homburg 2007, S. 34 f.; Franke 2002, S. 154).

Es sei betont, dass hier die beiden wichtigsten wissenschaftstheoretischen Positionen aus der Sicht der internationalen *Marketing-Literatur* dargestellt werden. In der Spezial-Literatur zur Wissenschaftstheorie gibt es natürlich wesentlich differenziertere Positionen mit unterschiedlichen historischen und argumentativen Hintergründen.

Exkurs: Zum Konstruktivismus

Im deutschsprachigen Raum spielt auch das konstruktivistische Wissenschaftsverständnis eine gewisse Rolle (Franke 2002, S. 132 ff.). Zum Begriff des **Konstruktivismus** gibt es unterschiedliche Interpretationen. Im Wesentlichen steht dieser Ansatz für einen Standpunkt, bei dem Wissen über eine Realität (und bei manchen Autoren auch die Realität selbst) als aktiv geschaffen durch Menschen und soziale Prozesse und nicht als abgeleitet aus einer gegebenen Realität betrachtet wird. Stathis Psillos (2007, S. 232 f.) fasst wesentliche Positionen kurz zusammen:

- „Die Akzeptanz einer Aussage hat nichts zu tun mit deren Wahrheit; Aussagen sind bestimmt durch soziale, politische oder ideologische Einflussfaktoren, die deren Grundlagen ausmachen."
- „Die Akzeptanz wissenschaftlicher Theorien ist größtenteils – wenn nicht ganz - Gegenstand des gesellschaftlichen Diskurses und wird bestimmt durch die vorherrschenden gesellschaftlichen und politischen Werte."
- „Wissenschaft ist nur einer von mehreren möglichen ‚Diskursen', von denen keiner größere Wahrheit enthält als irgendein anderer."

Zusammengefasst heißt das, dass die Akzeptanz einer Theorie unabhängig ist von deren – in der konstruktivistischen Perspektive ohnehin zumindest zweifelhaften - „objektiver Wahrheit" (im Sinne einer Übereinstimmung mit der Realität), sondern entscheidend bestimmt wird von gesellschaftlichen Einflüssen und Interessen, die sich in der jeweiligen Situation durchsetzen und (evtl.) zu einem entsprechenden Konsens führen (Godfrey-Smith 2003, S. 181 ff.). Sandra Scarr (1985, S. 499) kennzeichnet diese Position mit einem Satz: „Wir entdecken keine wissenschaftlichen Tatsachen, wir erfinden sie."

Einen entscheidenden Schritt weiter gehen manche Vertreter des Konstruktivismus, die annehmen, dass nicht nur die Wahrnehmung und Darstellung von Realität sozial konstruiert ist, sondern auch die Realität selbst. Godfrey-Smith (2003, S. 234) deutet diesen

Schritt schon an: „Leute, die konstruktivistische Positionen vertreten, unterscheiden oft nicht klar zwischen der Ansicht, dass Theorien … konstruiert sind, und der Auffassung, dass die Realität, die von solchen Theorien beschrieben wird, konstruiert ist."

Der Konstruktivismus hat also u.a. zum Inhalt, dass nicht die möglichst „wahre" Darstellung und Erklärung einer „objektiv" gegebenen Realität im Mittelpunkt wissenschaftlicher Forschung steht, sondern die sprachliche Konstruktion von Wissen ohne den Anspruch einer (weitgehenden) Übereinstimmung mit einer gegebenen Realität. Einige konstruktivistische Positionen ähneln Auffassungen, die in diesem Buch dem Oberbegriff „Relativismus" (siehe Abschnitt 5.2) zugeordnet werden.

Der Konstruktivismus hat in der Marketingforschung in den 1980 / 1990er Jahren eine gewisse Beachtung und Anhängerschaft gefunden (Franke 2002, S. 171 ff.), spielt aber jetzt nur noch eine geringe Rolle.

Nikolaus Franke (2002) stellt die zentralen Ideen von Realisten und Konstruktivisten gegenüber:

„Realistische Wissenschaftsauffassungen betonen als Quelle der Erkenntnis die Realität, also die 'äußere Welt'. Von dieser wird angenommen, dass sie Gesetzmäßigkeiten enthält, die von der Wissenschaft entdeckt und annähernd wahr und objektiv beschrieben werden können. Insofern ist diese Wissenschaftsinterpretation von einem gewissen Optimismus gekennzeichnet. Um eine allmähliche Wissenskumulation zu erreichen, sind in der Wissenschaft strenge (Qualitäts-) Normen wichtig, die das Vorgehen regeln." (S. 132)

„Das Gegenstück zum realistischen Verständnis stellen konstruktivistische Wissenschaftsauffassungen dar….. Es wird betont, dass Wirklichkeit sozial konstruiert und Erkenntnisse letztlich Artefakte des Menschen sind. Entsprechend pessimistisch sind relativistisch orientierte Forscher bezüglich Kategorien wie 'Wahrheit' oder 'Objektivität' und der Möglichkeit des Wissenszuwachses." (S. 133)

5.2 Historisch begründeter Relativismus (Kuhn)

Im Abschnitt 4.2 ist schon Kritik am logischen Empirismus und am Falsifikationsansatz skizziert worden. Dort ging es nur um Probleme, die diesen Ansätzen immanent sind, und um Probleme von deren Anwendung. Im vorliegenden Abschnitt wird dagegen die völlig andersartige Position von Thomas Kuhn (1970; erste Auflage 1962) vorgestellt, die die Vertreter des Relativismus in der Marketingwissenschaft maßgeblich geprägt hat. Zu einer ersten Kennzeichnung relativistischer Positionen sei hier Swoyer (2003) zitiert: „Relativismus ist keine bestimmte Lehrmeinung, sondern eine Gruppe von Sichtweisen, deren Gemeinsamkeit darin besteht, dass wesentliche Aspekte von Erfahrungen, Gedanken, Urteilen und sogar der Realität irgendwie relativ zu anderen Dingen sind. Beispielsweise werden Maßstäbe für Begründungen, moralische Prinzipien oder Wahrheit manchmal als relativ im Hinblick auf Sprache, Kultur oder biologische Veranlagung angesehen."

Alexander Bird (2004) unterstreicht die besondere Bedeutung Kuhns für die Wissenschaftstheorie im 20. Jahrhundert:

„Thomas Samuel Kuhn (1922 – 1996) wurde einer der einflussreichsten Wissenschaftstheoretiker des zwanzigsten Jahrhunderts, vielleicht der einflussreichste, sein Buch ‚The Structure of Scientific Revolutions' ist eines der am meisten zitierten wissenschaftlichen Bücher aller Zeiten. Sein Beitrag zur Wissenschaftstheorie bezeichnet nicht nur einen Bruch mit zentralen Annahmen des Positivismus, sondern begründete auch eine neue Art der Wissenschaftstheorie, der diese viel enger an die Wissenschaftsgeschichte heranführte. Seine Interpretation der Entwicklung der Wissenschaft zeigte, dass die Wissenschaft Perioden stabilen Wachstums erlebt, die von wissenschaftlichen Revolutionen unterbrochen werden."

Eine aktuelle Analyse des Einflusses von ‚The Structure of Scientific Revolutions' auf die wissenschaftstheoretische Literatur (Wray 2012) hat gezeigt, dass dieses Buch auch 50 Jahre nach seinem Erscheinen herausragend starke Beachtung findet.

Das Hauptwerk von Thomas Kuhn (1970) enthält zwei gedankliche Hauptstränge: Einerseits die Identifizierung bestimmter Muster (Normalwissenschaft, Krise, wissenschaftliche Revolution, s.u.) wissenschaftlicher Entwicklungen in der Vergangenheit und andererseits eine Gegenthese zu der zuvor verbreiteten Annahme eines mehr oder minder kontinuierlichen wissenschaftlichen Fortschritts (Psillos 1995, S. 10; Bird 2008). Kuhn geht also von wissenschaftshistorischen Analysen aus und belegt mit verschiedenen Beispielen, dass der wissenschaftliche Fortschritt nicht kontinuierlich verlaufe, sondern vielmehr durch deutliche Brüche in einem Fachgebiet in Form von neuartigen Sichtweisen und Methoden gekennzeichnet sei. Kuhn (1970, S. 84 f.) spricht in diesen Fällen von einem „**Paradigmenwechsel**", wobei der Begriff Paradigma hier vorläufig als wissenschaftliche Grundauffassung oder als „Weltanschauung" (Hunt 2003, S. 115; dort wird dieser Begriff in deutscher Sprache verwendet!) einer Zeit gekennzeichnet sei.

Hier einige Daten zur Person von Thomas S. Kuhn:

Geboren: 1922

1949 Promotion in Physik (Harvard University)

Später Forschungsschwerpunkt bei der Wissenschaftsgeschichte und -theorie

1961 Full Professor an der UCLA Berkeley (Philosophy Department)

1964 Professor of Philosophy and History of Science, Princeton University

1983 Laurence S. Rockefeller Professor of Philosophy am MIT

Hauptwerk: „The Structure of Scientific Revolutions"(1. Aufl. 1962, 2. Aufl. 1970)
Gestorben: 1996
Quelle: Bird (2004)

Nun zu einer etwas tiefer gehenden Diskussion der für Kuhn zentralen (Shapere 1964) Begriffe "**Paradigma**" und „Paradigmenwechsel". Kuhn (1970, S. 175) charakterisiert in einem für die 2. Auflage seines Buches geschriebenen Nachtrag ein Paradigma auf folgende Weise:

„Der Begriff ‚Paradigma' wird mit zwei verschiedenen Bedeutungsinhalten gebraucht:
- Auf der einen Seite steht er für Konstellationen von Annahmen, Werten, Methoden usw., die von den Mitgliedern einer (wissenschaftlichen; Hinzufügung von A.K.) Gemeinschaft geteilt werden.
- Auf der anderen Seite bezeichnet er eine Art von Elementen dieser Konstellation, die konkreten Problemlösungen, die – angewendet als Muster oder Muster-Beispiele – an Stelle festgelegter Regeln die Grundlage für die Lösung verbliebener Probleme der Normalwissenschaft sind."

Mit „Normalwissenschaft" ist bei Kuhn (1970) die Forschung innerhalb bestehender Paradigmen gemeint, die natürlich den durch die jeweiligen Paradigmen gesetzten Begrenzungen unterliegt und (nur) innerhalb dieser zu einer Kumulation von Wissen führt (s.u.). Ein Paradigma bestimmt in diesem Sinne für einige Zeit die weitere Forschung im jeweiligen Fachgebiet, auch weil es die Ausbildung von Nachwuchswissenschaftlern inhaltlich prägt. Abbildung 5.3 fasst die Kennzeichnung von Paradigmen in diesem Sinne zusammen.

Zentrale Merkmale von Paradigmen werden von Alexander Bird (2008, S. 69) und Paul Anderson (1983, S. 21 f.) charakterisiert:

Bird: „Die Bedeutung im weiteren Sinn ist ein Konsens über unterschiedliche Komponenten wissenschaftlicher Arbeit: Zentrale Theorien und Gleichungen, die Terminologie, anerkannte mathematische Techniken und experimentelle Anordnungen."

Anderson: Spezifische Theorien in Abhängigkeit von der Weltanschauung der wissenschaftlichen Gemeinschaft, Kriterien zur Beurteilung von Theorien, exemplarische Problemlösungen

Anderson (1983, S. 22) nennt einige Beispiele für Paradigmen:

„Beispiele für Paradigmen in den Naturwissenschaften sind die newtonsche Mechanik, Darwins Evolution, Quantentheorie und Plattentektonik. Innerhalb der Sozialwissenschaften werden Behaviorismus, Freud'sche Psychoanalyse, Diffusionstheorie und marxistische Ökonomik oft als Paradigmen bezeichnet."

Abbildung 5.3: Kennzeichnung von Paradigmen

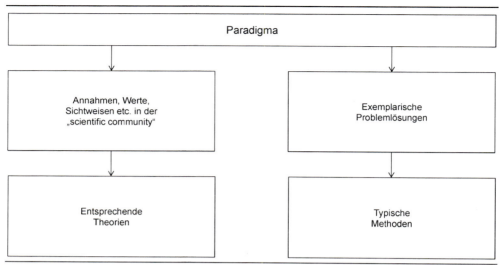

Auch in der **Marketingwissenschaft** und ihren Nachbardisziplinen gibt es natürlich Beispiele für Paradigmen bzw. Beispiele, die diesen sehr nahe kommen. So ist die Konsumentenforschung weitgehend geprägt durch verhaltenswissenschaftliche Theorien und empirische Methoden (z.B. Experimente) zur Überprüfung entsprechender Hypothesen. Für die volkswirtschaftlich geprägte Wirtschaftstheorie sind dagegen auch bezüglich des Konsumentenverhaltens stark vereinfachende Annahmen (z.B. über rationales Verhalten), mathematische Modellierung, Gewinnung von Aussagen auf der Basis eines entsprechenden Modells und nur sehr begrenzte empirische Überprüfung von Aussagen typisch. Dieser Unterschied führt nicht nur zu völlig unterschiedlichen Aussagen, sondern auch zu so verschiedenen Sichtweisen, dass eine Kommunikation zwischen den Vertretern beider Richtungen kaum stattfindet bzw. stattfinden kann.

Hier eine Illustration zu den oben angesprochenen Paradigmen der Marketingwissenschaft: Als Beispiel für unterschiedliche geprägte Sichtweisen auf das gleiche Problem kann man Kaufentscheidungen von Konsumenten betrachten. Die volkswirtschaftliche Perspektive sei hier durch ein Zitat von Samuelson / Nordhaus (2005, S. 84) gekennzeichnet:

„Mit der Nachfragetheorie sagen wir, dass die Leute ihren Nutzen maximieren, was bedeutet, dass sie das Bündel von Konsumgütern wählen, das sie am meisten präferieren." Damit wird – auf der Basis der getroffenen sehr vereinfachenden Annahmen – aus einem erfolgten Verhalten (Kauf) geschlossen, dass damit der Nutzen maximiert wurde.

In der Konsumentenforschung findet man dagegen eine völlig andere Sichtweise und auch eine ganz andere Forschungsmethodik. Man betrachtet eine größere Zahl relevanter Einflussfaktoren eines Kaufs, z.B. Wissen, Informationsverarbeitung oder soziale Einflussfaktoren (siehe z.B. Kuß

/ Tomczak 2007, S. 14), und konzentriert sich auf Aussagen, die in gewissem Maße empirisch bewährt sind. So besteht eine der möglichen Vorstellungen über das Zustandekommen eines Kaufs darin, dass man von einer Einstellungsbildung auf Basis des Wissens über Produkteigenschaften und deren Bewertung ausgeht, dass diese Einstellungen dann zu Kaufabsichten führen können und diese wiederum zu einer Kaufhandlung. Diese Betrachtungsweise unterscheidet sich von der oben vorgestellten volkswirtschaftlichen in mindestens drei Aspekten:

- Es werden auch andere Vorstellungen von Kaufprozessen in anderen Situationen akzeptiert, beispielsweise bei Impulskäufen, wo man ja keine Einstellungsbildung und daraus abgeleitete Kaufabsichten unterstellt. Insofern wird nicht von einer einheitlichen Sichtweise beim Kaufverhalten ausgegangen, sondern von situativ geprägten alternativen Ansätzen.
- Man trifft deutlich weniger radikale Ausnahmen, beispielsweise unterstellt man kein nutzenmaximierendes Verhalten von Konsumenten. Es wird eher von real beobachtbarem Verhalten als von idealtypisch unterstelltem Verhalten ausgegangen.
- Man trifft hier keine deterministischen Aussagen in dem Sinne, dass bei bestimmten gegebenen Bedingungen immer ein bestimmtes Verhalten erfolgt, beispielsweise immer die nutzenmaximierende Alternative gekauft wird. In der verhaltenswissenschaftlich geprägten Konsumentenforschung wird – schon fast selbstverständlich – berücksichtigt, dass reales Verhalten auch durch Zufälligkeiten, Bequemlichkeit, Unvollkommenheit der Informationsverarbeitung, soziale Einflüsse etc. beeinflusst wird.

An dieser Gegenüberstellung von volkswirtschaftlicher Theorie und Konsumentenforschung wird schon erkennbar, dass offenbar das jeweilige Paradigma die Wahrnehmung eines Phänomens entscheidend prägen kann.

Wenn man aber feststellt, dass die Ergebnisse wissenschaftlicher Forschung wesentlich durch die „Weltanschauung" des Forschers und seine Forschungsmethodik geprägt sind, dann könnte man zu einer relativistischen Position kommen, die besagt, dass auch wissenschaftliche Erkenntnisse nicht „objektiv" sind, sondern eben wesentlich von der Vorprägung des Betrachters abhängen. In diesem Sinne bedeutete **Relativismus** für die amerikanische Marketingwissenschaft, dass wissenschaftliche Aussagen von der jeweiligen Sichtweise des Forschers beeinflusst und aus dem Dialog unterschiedlicher Wahrnehmungen und Sichtweisen entstehen.

Nun zur von Kuhn so genannten „**Normalwissenschaft**"[. Kuhn](1970, S. 10) kennzeichnet diese als „Forschung, die auf einer oder mehreren wissenschaftlicher/n Errungenschaft(en) der Vergangenheit fest ruht, Errungenschaften, die eine bestimmte ‚scientific community' für die jeweilige Zeit als Grundlage ihrer weiteren Arbeit anerkennt." Kurz gesagt bilden also die jeweiligen Paradigmen die Grundlage und den Rahmen der Normalwissenschaft. Kuhn (1970, S. 23 ff.) zeichnet ein wenig faszinierendes Bild der Tätigkeit von „Normalwissenschaftlern" und verwendet dafür das Wort „puzzle-solving", was hier wohl am ehesten als „Geduldsspiel" oder „Denksportaufgabe" zu übersetzen wäre. Er bezieht das auf die große Zahl von Forschungsarbeiten, mit denen relevante Fakten (z.B. in der Astronomie die Entfernung von Sternen) möglichst präzise bestimmt werden, Hypothesen der verwendeten Theorien empirisch überprüft werden und die jeweilige Theorie verfeinert wird (z.B. im Hinblick auf die Art funktionaler Zusammenhänge). Insgesamt eine Tätigkeit, die nicht gerade zu herausragend interessanten Ergebnissen oder großen Entdeckungen führt. Insofern wird Normalwissenschaft als „konservativ" angesehen (Bird 2008).

Wie kann man sich nun einen **Paradigmenwechsel** vorstellen, d.h. den Übergang von einer Weltsicht und Forschungsmethodik zu einer anderen? Der zentrale Grund dafür liegt darin, dass bestimmte Phänomene mit dem bisher herrschenden Paradigma nicht mehr erklärbar bzw. vereinbar sind. Ein klassisches Beispiel aus der Astronomie ist der Übergang vom ptolemäischen Weltbild mit der Vorstellung von der Erde als Mittelpunkt des Universums zum kopernikanischen Weltbild mit der Vorstellung von der Eigendrehung der Erde und deren jährlichem Umlauf um die Sonne. In der Marketingwissenschaft sind die Dimensionen natürlich etwas bescheidener. Aber auch hier sind Paradigmenwechsel zu beobachten. So spielte seit Gutenberg (1968; 1. Auflage 1954) über viele Jahre die mikroökonomische Preistheorie eine zentrale Rolle hinsichtlich der preispolitischen Analyse im Marketing. Auch in den frühen Auflagen einiger damals einflussreicher Marketinglehrbücher spiegelt sich das noch wider. Nun hat sich gezeigt, dass dieser Ansatz bei der Erklärung (erst recht bei der Prognose) realer preispolitischer Probleme völlig gescheitert ist. Die Erkenntnisse, die man damals (unter diesem Paradigma) z.B. über optimale Preispolitik in irgendwelchen Monopol- oder Oligopolsituationen etc. gewonnen hat, sind jetzt wertlos und – zu Recht – vergessen. Heute wird der mikroökonomische Ansatz kaum noch beachtet und andere Ansätze (z.B. verhaltenswissenschaftliche) spielen eine wesentlich größere Rolle.

Ein exemplarisches Beispiel für einen Schritt zu einem Paradigmenwechsel innerhalb der Marketingwissenschaft findet man in einem Teilbereich der Konsumentenforschung. Diese war bis in die 1980er Jahre fast ausschließlich bestimmt durch die „traditionelle" empirische Methodik (mit experimentellen Designs, statistischen Methoden etc.) und sehr weitgehend ausgerichtet auf Probleme des Marketing. Einige Forscher (z.B. Russell Belk, Elizabeth Hirschman, Morris Holbrook, Melanie Wallendorf) sahen das Problem, dass wesentliche Aspekte des Konsumentenverhaltens auf diese Weise und mit der Perspektive einer Verwertbarkeit im Management nicht angemessen zu untersuchen waren. Sogar der Aspekt des Konsums, also der Verwendung von Produkten nach dem Kauf, als offenkundig zentraler Bereich spielte in der traditionellen Konsumentenforschung im Vergleich zu Kaufverhalten und dessen Beeinflussung eine eher untergeordnete Rolle. Noch stärker war das der Fall bei Phänomenen, wie dem Schenk- und Sammlerverhalten oder bei der Unterscheidung zwischen „heiligem" und „profanen" Konsum (Belk / Wallendorf / Sherry 1989). Dem entsprechend tat diese Forschergruppe den Schritt der Herauslösung der Konsumentenforschung aus der Marketingwissenschaft in Richtung auf eine eigenständige Disziplin und der Einführung einer eher qualitativen Methodik (siehe Kapitel 6), die es erlaubte, bis dahin unbekannte Aspekte und Motive des Konsums zu entdecken und Konsum im realen Zusammenhang des Lebens von Menschen, eben nicht nur in künstlichen Untersuchungssituationen, zu beobachten. Belk (1991 b, S. 2) beschreibt diesen Schritt:

„Ich spürte die Notwendigkeit, aus der Zwangsjacke der Management-Orientierung auszubrechen, wie es andere in dem Fachgebiet gefordert hatten. Da musste es mehr im Konsumentenverhalten geben als man mit Laborexperimenten zu kognitiven Prozessen aufdecken konnte."

*Allerdings handelt es sich hier noch nicht um einen Paradigmenwechsel im Sinne Kuhns, bei dem ein Paradigma durch ein anderes ersetzt wird. Es ist vielmehr dem vorhandenen Paradigma der Konsumentenforschung ein weiteres hinzugefügt worden. Inzwischen hat sich hierzu unter dem Stichwort „****Consumer Culture Theory****" eine eigenständige Forschungsrichtung entwickelt (siehe z.B. Kroeber-Riel / Weinberg / Gröppel-Klein 2009, S. 18 ff.).*

Der Titel des Buchs von Kuhn (1970) „The Structure of Scientific Revolutions" macht ja schon klar, dass es beim Paradigmenwechsel um eine **wissenschaftliche „Revolution"** (Umsturz, Umwälzung) geht, also um ganz neuartige Sichtweisen und Methoden mit völlig neuartigen Erkenntnissen. Die Entstehung einer solchen Revolution folgt danach einem typischen Muster (Carrier 2006, S. 145 f.). Am Anfang steht ein bisher dominierendes Paradigma, das den Rahmen und die Basis für die so genannte „Normalwissenschaft" bildet, die oben schon kurz gekennzeichnet wurde, und damit die Vorannahmen bestimmt, die jeder Wissenschaftler bei einer Untersuchung treffen muss. Dabei geht es um die Ansammlung (Kumulation) von Wissen, das aber den durch das Paradigma gegebenen Rahmen nicht sprengt. In der Konsumentenforschung vor dem oben kurz erläuterten inhaltlichen und methodischen Bruch durch die Gruppe um Russell Belk waren das Fragen, wie z.B. die Folgenden:

- Von welcher Informationsmenge an entsteht bei Kaufentscheidungen Informationsüberlastung?
- Welchen Einfluss hat Involvement auf die Wirkung informativer Werbung?
- Wie entsteht ein Geschäftsstättenimage?

Carrier (2006, S. 145) kennzeichnet den Ablauf von Normalwissenschaft auf folgende Weise:

„In der Kuhnschen Normalwissenschaft hat ein Paradigma eine Monopolstellung erlangt und ist zum einmütig akzeptierten Rahmen theoretischer Arbeit geworden. Die Forschung operiert mit einer verbindlichen Leitlinie, ein klarer Stand der Forschung bildet sich aus, arbeitsteilige Kooperation setzt ein. Dies bringt eine Professionalisierung und Spezialisierung mit sich, durch die der betreffende Gegenstandsbereich mit einer zuvor unbekannten Genauigkeit und Intensität untersucht wird."

In der Sichtweise von Belk u.a. (1991 b; siehe Beispiel oben) entstand eine *Krise,* weil manche Fragen des Konsumentenverhaltens mit der bisherigen Sichtweise nicht mehr zu klären waren, beispielsweise Fragen wie die folgenden:

- Warum kaufen Sammler bestimmte Produkte (z.B. Kunst, CDs, Bücher), ohne diese im sonst üblichen Maße Umfang zu nutzen? So sind viele Kunstsammler nur in der Lage, einen kleinen Teil ihrer gesammelten Kunstgegenstände in

den eigenen Wohnräumen zu präsentieren, und mancher Käufer einer Gesamtausgabe eines Autors denkt kaum daran, diese vollständig zu lesen.
- Warum bewahren Konsumenten bestimmte Produkte auf, die sie wohl nie wieder nutzen werden (z.B. ein Hochzeitskleid oder eine – inzwischen vielleicht defekte – Uhr, die sie zum Abitur geschenkt bekamen oder geerbt haben)?
- Welche Funktion haben Trödelmärkte, Tauschbörsen etc. und welche Verhaltensweisen von Konsumenten findet man dort?

Solche mit den bisherigen Ansätzen und Methoden nicht mehr lösbaren Fragestellungen und Erklärungsprobleme („**Anomalien**") führen in der Sicht von Kuhn (1970, S. 66 ff.) zu einer **Krise**, die durch den Übergang auf ein *neues Paradigma* (vorläufig) überwunden werden kann. In diesem Sinne vollzieht sich in der Perspektive von Kuhn wissenschaftlicher Fortschritt zum großen Teil in Form solcher „Revolutionen" (Brühl 2006).

In seinem Buch erläutert Kuhn (1970, S. 52 f.) Wesen und Relevanz von Anomalien:

„Entdeckungen beginnen mit dem Bemerken von Anomalien, d.h. mit der Feststellung, dass die Natur irgendwie die ‚paradigma-bestimmten' Erwartungen verletzt hat, die die Normalwissenschaft leiten. Sie setzen sich fort mit einer mehr oder weniger umfassenden Erkundung des Bereichs der Anomalie. Und sie enden nur, wenn Paradigma / Theorie so korrigiert wurden, dass das (bisher) Anomale das zu Erwartende geworden ist."

Im oben angesprochenen Beispiel der Konsumentenforschung waren die zentralen Elemente eines neuen (von Belk und befreundeten Kollegen konzipierten) Paradigmas die Loslösung von der auf kommerzielle Anwendungen (→ Beeinflussung von Kaufverhalten durch Marketingaktivitäten von Anbietern) ausgerichteten Sichtweise und der Übergang zu einer qualitativen Methodik (siehe Kapitel 6), die die Entdeckung bisher nicht beachteter Konsum-Phänomene ermöglichte. Abbildung 5.4 illustriert die - im Sinne Kuhns – idealtypischen Schritte beim Übergang auf ein neues Paradigma.

Abbildung 5.4: Schritte beim Paradigmenwechsel

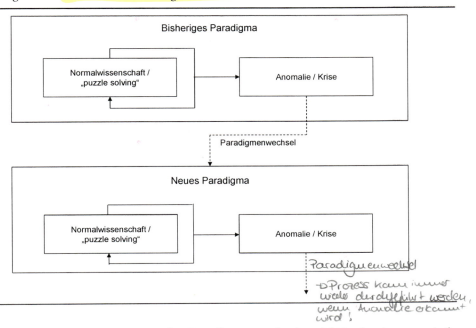

Neben Paradigmen und Prozessen des Paradigmenwechsels spielt in der Argumentation von Kuhn das Problem der so genannten „**Inkommensurabilität**" (Unvergleichbarkeit) eine wichtige Rolle. Damit ist gemeint, dass eine vergleichende Beurteilung von Theorien, die auf verschiedenen Paradigmen beruhen, unmöglich sei. Hier ist wieder auf das Beispiel von Theorien des Konsumentenverhaltens aus der VWL und aus der Konsumentenforschung zu verweisen. Beide wurden praktisch unabhängig voneinander seit Jahrzehnten entwickelt und – im jeweiligen Bereich – diskutiert. Ein gedanklicher Austausch zwischen beiden Forschungsrichtungen findet nicht statt und hätte wohl auch wenig Aussicht auf Erfolg. Viele Studierende, die sich während eines wirtschaftswissenschaftlichen Studiums sowohl mit der traditionellen mikroökonomischen Theorie als auch mit den eher verhaltenswissenschaftlich geprägten Ansätzen der Marketingwissenschaft beschäftigt haben, werden bemerkt haben, dass sowohl in der jeweiligen Literatur als auch bei den Dozenten beider Richtungen kaum fachliche Beziehungen existieren, obwohl man sich ja in erheblichem Maße mit dem gleichen Gegenstand (ökonomisches Verhalten) beschäftigt. Die Gründe dafür mögen in unterschiedlichen Verwendungen von Begriffen, verschiedenen Interessenlagen, unterschiedlichem Kenntnisstand und der Abhängigkeit der Wahrnehmung vom jeweiligen Vorwissen zu sehen sein.

Ian Hacking (1983, S. 67 ff.) kennzeichnet verschiedene Arten der Inkommensurabilität und illustriert zugleich deren Wesen mit der folgenden Unterscheidung:

- **Themen-Inkommensurabilität**: Beispielsweise kann die Beschäftigung mit Märkten zu kaum vergleichbaren Ergebnissen führen, weil schon das Verständnis, was ein Markt ist, ganz unterschiedlich ist. Definition von Samuelson / Nordhaus (2005, S. 744): „Ein Arrangement, durch das Käufer und Verkäufer interagieren, um die Preise und Mengen einer Ware festzulegen." Definition von Kotler / Keller (2012, S. G5): „Verschiedene Gruppen von Kunden".
- **Dissoziation** (Trennung, Zerfall): Nach längerer Zeit mit großen theoretischen (und sprachlichen) Veränderungen können frühere Arbeiten für eine spätere Generation von Wissenschaftlern unverständlich werden. So gelten theoretische Überlegungen von Wroe Alderson (siehe auch Abschnitt 7.6) in der Marketingwissenschaft als nach wie vor bedeutsam, werden aber wenig beachtet, weil ihre Darstellung heute kaum noch verständlich ist (Hunt / Muncy / Ray 1981).
- **Begriffs-Inkommensurabilität**: Häufig werden Begriffe von unterschiedlichen Autoren oder in unterschiedlichen Theorien unterschiedlich verstanden und verwendet. So gibt es immer noch verschiedene Sichtweisen von Kundenzufriedenheit (Homburg / Stock-Homburg 2008). Jacoby / Chestnut (1978, S. 33) haben seinerzeit in der Literatur über 50 verschiedene Definitionen von Markentreue identifiziert.

Anderson (1983, S. 22) illustriert das Problem der Inkommensurabilität:

„Kuhn argumentiert, dass Wissenschaftler, die verschiedenen Paradigmen folgen, in gewissem Sinne in verschiedenen Welten leben (Hervorhebung von A.K.). Sie sind nicht in der Lage, Einvernehmen zu erzielen im Hinblick auf Probleme, die gelöst werden müssen, die anzuwendenden Theorien oder die zu verwendende Terminologie. Noch bedeutsamer, sie werden nicht fähig sein, sich zu einigen hinsichtlich der ‚ausschlaggebenden Experimente', die ihre Meinungsunterschiede klären könnten."

Wenn man die Sichtweise von Kuhn (1970) bezüglich Paradigmen und Paradigmenwechsel sowie zur Inkommensurabilität zusammenfasst, dann ergeben sich in dieser Perspektive folgende *Konsequenzen*:
- Wissenschaftliche Aussagen sind wesentlich *vorbestimmt* durch das jeweils zu Grunde liegende Paradigma.
- Unterschiedlichen Paradigmen entspringende Theorien können *nicht verglichen* werden.
- Es gibt *keine objektiven Kriterien* für den Wahrheitsgehalt von Theorien.
- Es gibt *keine kontinuierliche Akkumulation* wissenschaftlicher Erkenntnisse, sondern eher immer wieder ganz neue Ansätze auf Basis eines jeweils neuen Paradigmas.

„Für viele – Kritiker und Unterstützer – erschien Kuhn's Ansatz als eine Version des Relativismus, weil wissenschaftliche Akzeptanz relativ zu einem Paradigma definiert wird und nicht im Bezug zu einem festgelegten Standard" (Bird 2008, S. 70). Damit ist diese Grundlage relativistischer Positionen umrissen, um die es (u.a.) im folgenden Abschnitt geht.

5.3 Relativismus und wissenschaftlicher Realismus

Die Analyse von Kuhn (1970) und seine daraus entwickelte wissenschaftstheoretische Position hatten großen Einfluss auch auf die Marketingwissenschaft. Kuhn hatte ja an Hand einiger Beispiele gezeigt, dass ein wissenschaftliches Ergebnis durchaus von der Sichtweise des Betrachters abhängig sein kann, dass also eine *Objektivität* wissenschaftlicher Erkenntnis keineswegs sichergestellt sei. In Verbindung damit wurden die Möglichkeiten zur Ermittlung einer („objektiven") Wahrheit, eindeutige („objektive") Kriterien für die Beurteilung von Theorien und Methoden und in der Folge auch die Möglichkeit zur Unterscheidung von Wissenschaft und „Nicht-Wissenschaft" in Frage gestellt. Letzteres hätte natürlich gravierende Konsequenzen für den Status und die Akzeptanz wissenschaftlicher Erkenntnisse.

Hauptvertreter relativistischer Positionen in der Marketingwissenschaft waren Paul F. Anderson, Jerry Olson und J. Paul Peter (zu einem generellen Überblick: Baghramian 2008). In seinem einflussreichen (und dem entsprechend häufig zitierten) Aufsatz von 1983 (S. 25 f.) fasst Anderson die in seiner Sichtweise zentralen Elemente des **Relativismus** zusammen:

- *Empirische Überprüfung* und Bewährung ist *nicht der einzige Weg* zur Rechtfertigung von Theorien. Vielmehr sei der Erfolg von Theorien z.B. auch durch deren Akzeptanz in einer „scientific community" oder deren Nützlichkeit bestimmt.
- Es gibt *keine „einzige" wissenschaftliche Methode*, vielmehr kann die Akzeptanz einer Theorie in einem Fach auf unterschiedlichen Wegen zu Stande kommen.
- *Unterschiedliche Disziplinen haben verschiedene Ansätze und Methoden*. Dazu sei an die im Abschnitt 5.2 schon skizzierten Unterschiede der Betrachtung von Konsumentenverhalten in Volkswirtschaftslehre und Marketingwissenschaft erinnert.
- Die Akzeptanz von Erkenntnissen innerhalb einer Disziplin wird durch *Konsens bestimmt*, nicht durch „objektive" Kriterien. Diese Sichtweise wird von Peter / Olson (1983) gewissermaßen damit auf die Spitze getrieben, dass die beiden Autoren die Möglichkeiten des Marketing zur Propagierung und Durchsetzung von Theorien diskutieren (s.u.). Das muss natürlich nicht be-

deuten, dass hier wissenschaftliche Erkenntnis völlig subjektiv oder gar willkürlich ist.
- Es gibt *keine klare und eindeutige Abgrenzung* zwischen Wissenschaft und „Nicht-Wissenschaft".

Ähnlich wie Anderson (1983) argumentieren Peter / Olson (1983) und Peter (1991). Sie heben u.a. die folgenden eine **relativistische Position** kennzeichnenden Aspekte hervor:
- Wissenschaft ist als Tätigkeit interagierender Menschen ein *sozialer Prozess*. Es geht dabei um den Austausch von Ideen und deren Akzeptanz bei anderen Personen.
- Wissenschaft ist *subjektiv* in dem Sinne, dass ihre Aussagen abhängen von den Personen, die eine Untersuchung durchführen.
- Dennoch ist Wissenschaft insofern *rational*, als die Zielrichtung der Forschung zwar subjektiv bestimmt wird, die Vorgehensweise aber möglichst gut dieser Zielsetzung entspricht und insofern der Anforderung der Rationalität entspricht.
- Theorien sind auf den *Kontext* bezogen, in dem sie *entstanden* sind, und gelten somit nicht generell.
- Theorien werden auch nach ihrer *Nützlichkeit* beurteilt, weil in relativistischer Sicht die Wahrheit einer Theorie ohnehin nicht festgestellt werden kann und deswegen die Bewährung einer Theorie bei der Lösung von (praktischen) Aufgabenstellungen (z.B. Entwicklung erfolgreicher Strategien) als Maßstab herangezogen wird.
- *Daten sprechen nicht für sich selbst*, sondern sind geprägt durch ihre gezielte Erhebung und Wahrnehmung, die wiederum durch die existierenden theoretischen Vermutungen geprägt sind („Theoriebeladenheit").

Der – zumindest originelle, aber wohl etwas zu stark zugespitzte – Gedanke von Peter / Olson (1983), Wissenschaft als Marketing von Ideen anzusehen mit dem Ziel, Konsens über bzw. Akzeptanz von Ideen oder Theorien zu erreichen, wird etwas anschaulicher, wenn man in dem Artikel die Übertragung der Instrumente des Marketing auf diesen Kontext, die sich in den entsprechenden Zwischenüberschriften niederschlagen, betrachtet. Dort findet man:
- *„Theorien als Produkte" (S. 112)*
- *„Distributionskanäle für Theorien" (S. 114)*
- *„Kommunikationspolitik für Theorien" (S. 114)*
- *„Preise für Theorien" (S. 115)*
- *„Zielmärkte für neue Theorien" (S. 116)*

Aus einer solchen Perspektive ergeben sich auch Implikationen für die Methoden, mit denen (in diesem Sinne) wissenschaftliche Forschung betrieben wird. Direkt ableitbar aus der Kontextabhängigkeit von Wissenschaft ist die Anwendung vielfältiger Methoden an Stelle „objektiver" und allseits akzeptierter Methoden. Der Akzent bei der Forschung liegt nicht in der Bestätigung (oder gar des Beweises) von Theorien, sondern eher beim Entdecken, Verstehen und Interpretieren, was dann eine entsprechende (eher qualitative) Methodik zur Folge hat (Hirschman 1989; Belk 1991 b). Damit ist wiederum die hier ganz typische umfassende Berichterstattung über eine Untersuchung und gleichzeitig die geringe Verdichtung (z.B. durch statistische Maßzahlen) der erhobenen Daten verbunden (siehe dazu auch Abschnitt 6.4).

Eine besonders auf die Forschungsmethodik ausgerichtete relativistische Position hat Paul **Feyerabend** (1924-1994) entwickelt, die wohl auch durch seinen griffigen Slogan „*Anything goes*" besonders prominent geworden ist. Ähnlich wie Thomas Kuhn begründet Feyerabend seine Sicht mit einigen Beispielen aus der Wissenschaftsgeschichte, nicht zuletzt mit den Auseinandersetzungen um Galileo Galilei (1564-1642). Feyerabend zeigt damit auf, dass immer wieder wesentliche Fortschritte in der Wissenschaft in Verbindung mit bzw. durch die Verletzung methodischer Regeln entstanden sind. In diesem Sinne kann die Bindung von Forschung an bestimmte festgelegte Regeln eben auch hinderlich sein, weil damit Kreativität und Innovation beeinträchtigt werden.

Aus Feyerabends am stärksten beachteten Buch (1983) „Wider den Methodenzwang" (!) stammen die folgenden charakteristischen Zitate:

„Der vorliegende Essay wurde in der Überzeugung geschrieben, dass der Anarchismus vielleicht nicht gerade die anziehendste politische Philosophie ist, aber gewiss eine ausgezeichnete Arznei für die Wissenschaften und die Philosophie." (S. 13)

„Der einzige Grundsatz, der den Fortschritt nicht behindert, lautet: Anything goes". (S. 21)

Einen kurzen Überblick über das Werk Paul Feyerabends bieten z.B. Döring (1998), Hunt (2003, S. 126 ff.) und Preston (2000).

Zentrale Ideen Feyerabends werden von Hans Poser (2001, S. 179) und John Preston (2000, S. 146) kurz zusammengefasst:

Poser: „Natürlich, meint Feyerabend, <u>kann</u> man wissenschaftlich Traditionen schaffen, die durch strenge Regeln zusammengehalten sind; aber <u>soll</u> man es? Seine Antwort ist ein entschiedenes Nein, denn erstens ist die Welt, die wir erforschen wollen, etwas weitgehend Unbekanntes (sonst bedürfte es der Forschung nicht); darum sollten wir unsere Methoden nicht von vornherein einschränken. Zweitens ist die wissenschaftliche Ausbildung, so wie sie jetzt betrieben wird, menschenfeindlich, denn sie unterdrückt zugunsten einer Dressur alle Individualität und Kreativität: sie hat ‚verdummende Wirkung'."

Preston: „'Wider den Methodenzwang' hat den ‚epistemologisch anarchistischen' Schluss gezogen, dass es keine nützlichen und ausnahmslos gültigen methodologische Regeln gibt, die den Fortschritt der Wissenschaft und den Zuwachs an Erkenntnissen bestimmen."

Die wissenschaftstheoretischen Positionen des *Relativismus* und des *wissenschaftlicher Realismus*, auf den dann anschließend näher eingegangen wird, werden im Folgenden mit Hilfe zweier Abbildungen sowie einer tabellarischen Übersicht gegenübergestellt und damit (hoffentlich) verdeutlicht. Peter (1992) kennzeichnet den wissenschaftlichen Realismus durch eine Abbildung (siehe Abbildung 5.5), die den dafür charakteristischen Forschungsprozess wiedergibt. Ausgangspunkt ist der jeweils interessierende Teil der Realität. Mit Hilfe wissenschaftlicher Methodik gewinnt man in dieser Sichtweise zutreffendes Wissen über die Realität, das also näherungsweise der Realität entspricht und in diesem Sinne „wahr" ist, ohne dass man einen Wahrheits*beweis* führen könnte.

Abbildung 5.5: Sichtweise der Realität beim wissenschaftlichen Realismus (Quelle: Peter 1992, S. 73)

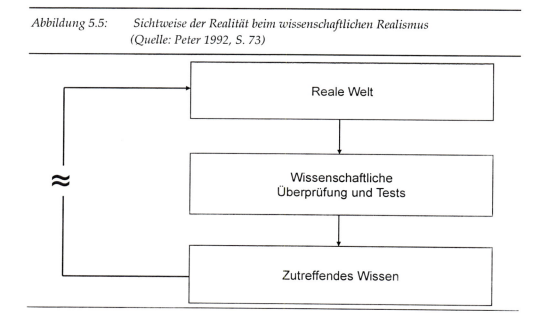

Auch in der relativistischen Sichtweise steht (nach Peter, 1992) am Beginn die (noch nicht interpretierte) Realität. Bei der entsprechenden Wahrnehmung findet gewissermaßen eine „Filterung" oder Verzerrung durch die Sichtweise des Wissenschaftlers bzw. das herrschende Forschungsparadigma statt (siehe Abschnitt 5.2). Das Ergebnis ist eine gedankliche Interpretation und in diesem Sinne eine Konstruktion der Realität. Offenkundig kann letztere durch den skizzierten Prozess deutlich von der nicht interpretierten Realität abweichen. Abbildung 5.6 illustriert diesen Ablauf.

Abbildung 5.6: Sichtweise der Realität in relativistischer / konstruktivistischer Sicht (Quelle: Peter 1992, S. 74)

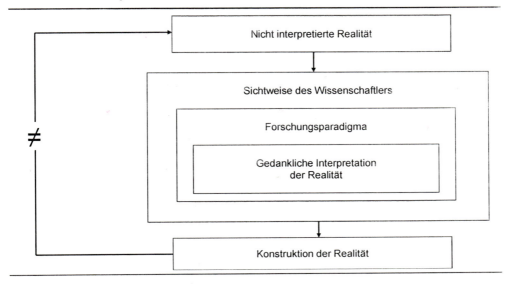

Auf Basis entsprechender Vergleiche von Peter / Olson (1983, S. 119) und Franke (2002, S. 133 f.) sind in der folgenden Übersicht wesentliche Unterschiede zwischen einer realistischen und einer relativistischen Position gegenübergestellt.

(wissenschaftlich) Realistisch	Relativistisch
Wissenschaft sucht die (eine) Wahrheit über die Realität.	Wissenschaft kennt unterschiedliche Realitäten.
Wissenschaft strebt Objektivität an.	Wissenschaft ist subjektiv beeinflusst.
Gute Wissenschaft folgt festen Regeln.	Es gibt je nach Situation unterschiedliche Regeln.
Theorien müssen an der Realität scheitern können.	Theorien sollen einen gedanklichen Orientierungsrahmen bieten.
Typische Methoden: Logik, Empirie	Typische Methoden: Verstehen, Interpretation
Daten liefern annähernd objektive Erkenntnisse.	Daten sind „theoriebeladen".

Eine letzte Verdeutlichung der unterschiedlichen Sichtweisen mag die Gegenüberstellung von Aussagen Kuhns, Andersons und Hunts (bereits im Abschnitt 3.2 zitiert) zu Wesen und Bedeutung von „**Wahrheit**" bringen. Die (nicht unbedingt dauerhaft und einschränkungslos erfolgreiche) Suche nach Wahrheit gehört ja zum Kern eines realistischen Wissenschaftsverständnisses, während die Relativisten („objektive") Wahrheit nicht für ein wesentliches Ziel der Wissenschaft halten. Auf das für den wissenschaftlichen Realismus bedeutsame Konzept der *approximativen* Wahrheit wird später noch eingegangen. Hier also die drei Aussagen zum Begriff „Wahrheit".

Kuhn (1970, S. 206) über Wahrheit:

„Man hört oft, dass aufeinander folgende Theorien immer enger an die Wahrheit herankommen oder dass sich diese immer mehr an die Wahrheit annähern. .... Die Vorstellung einer Übereinstimmung zwischen der Ontologie einer Theorie und ihrem ‚realen' Gegenstück scheint mir im Grundsatz illusionär zu sein."

Anderson (1988, S. 405) über Wahrheit:

„Ich hoffe, dass die vorangehenden Ausführungen gezeigt haben, dass ´Wahrheit´ ein unangemessenes Ziel für die Wissenschaft ist, und dass die Konsumentenforschung gut daran tut, so ein lebensfremdes Ideal aufzugeben."

Hunt (2010, S. 287) über Wahrheit:

„Wenn man mit irgendeiner Theorie konfrontiert wird, dann stelle man die grundlegende Frage: *Ist die Theorie wahr?* Weniger knapp gesagt: In welchem Maße ist die Theorie übereinstimmend mit der Realität? Ist die reale Welt tatsächlich so aufgebaut, wie es die Theorie unterstellt oder nicht?"

Die Kennzeichnung von Hunt (s.o.) entspricht klar der so genannten **Korrespondenztheorie der Wahrheit**. Diese Bezeichnung ist leicht nachvollziehbar, weil ja Hunt's Kennzeichnung sich auf eine weitgehende Übereinstimmung (Korrespondenz) *von Theorie und Realität* bezieht. Eine solche Sichtweise wäre aus relativistischer Position natürlich undenkbar. Hier wird ja betont, dass es eben unterschiedliche Wahrheiten in Abhängigkeit von Personen und sozialem Kontext gibt. Dem entsprechend hängt die Feststellung von Wahrheit an den unterschiedlichen Sichtweisen. Hier setzt die so genannte **Konsenstheorie der Wahrheit** an, die sich auf die *Übereinstimmung mehrerer Leute,* dass eine Behauptung wahr ist, bezieht. In diesem Sinne ist eine Aussage wahr, „wenn jeder Sachkundige und Gutwillige hätte zustimmen können" (Lorenz 1995, S. 595).

Shelby Hunt macht seine gegenüber dem Relativismus sehr kritische wissenschaftstheoretische Position schon in den Titeln oder Untertiteln einiger seiner wichtigen Publikationen deutlich, die hier im Original zur Illustration wiedergegeben seien:

„Truth in Marketing Theory and Research" (Artikel im Journal of Marketing, 1990)

"For Reason and Realism in Marketing" (Artikel im Journal of Marketing, 1992)

"For Reason, Realism, Truth and Objectivity" (Untertitel des Buches "Controversy in Marketing Theory" von 2003)

In einem neueren Aufsatz (Hunt / Hansen 2010, S. 111) formuliert Hunt seine Ablehnung des Relativismus besonders deutlich:

„Marketingforscher stoßen oft auf ein Dilemma, wenn sie nach einer philosophischen Grundlage für ihre Forschung suchen. Auf der einen Seite, wenn sie den Relativismus als Basis in Betracht ziehen, erkennen sie, dass alle Formen des Relativismus zum Nihilismus führen. D.h., dass alle Formen des philosophischen Relativismus zu dem Ergebnis führen, dass alle Aussagen, die ein Forscher machen kann, gleich gut, gleich schlecht, gleich richtig, gleich falsch, gleich ethisch und gleich unethisch sind. Da die meisten Forscher sich nicht dem Nihilismus zurechnen wollen, ist der philosophische Relativismus nicht akzeptabel."

In der Marketingwissenschaft hat vor allem Shelby Hunt immer wieder – manchmal heftig – gegen den Relativismus Stellung genommen (s.o.). Die Heftigkeit und Dauerhaftigkeit der Debatte innerhalb der Marketingwissenschaft (siehe dazu auch Easton 2002) mit den Haupt-Protagonisten Shelby Hunt und Paul Anderson kommt auch im Titel eines Aufsatzes von Donncha Kavanagh (1994) zum Ausdruck: „Hunt versus Anderson: Round 16". Hunt (1990; 2010, S. 239 ff.) konzentriert sich bei seiner Kritik am Relativismus und bei der Begründung des wissenschaftlichen Realismus vor allem auf den Aspekt des über Jahrhunderte dauerhaften Erfolges der Wissenschaft(en) und die damit verbundenen Implikationen. So kann man seit 400 bis 500 Jahren erkennen, dass zahlreiche wissenschaftliche Erkenntnisse – bei all ihrer Unvollkommenheit und Unbeständigkeit – sich vielfach bewährt haben und somit Belege für ihre Annäherung an die Wahrheit geliefert haben. Aus der gewaltigen Fülle von Beispielen seien nur wenige genannt:

- In der Medizin hat man hinsichtlich zahlreicher unterschiedlicher Infektionsmöglichkeiten gelernt, wie diese entstehen und wie sie zu verhindern sind. Dadurch sind zahlreiche gesundheitliche Gefahren dramatisch vermindert und manche Krankheiten (fast) ausgerottet worden.
- In der Astronomie und Physik ist das Verständnis für die Anziehungskräfte von Himmelskörpern so umfassend und genau geworden, dass man in der Lage ist, Satelliten ins All zu befördern, die mit großer Präzision extrem weit entfernte Ziele erreichen und innerhalb eines GPS-Systems zur extrem genauen Standortbestimmung auf der Erde genutzt werden.
- Bau-Ingenieure und Architekten haben so genaue und solide Kenntnisse über Statik, Eigenschaften von Werkstoffen etc., dass es auch bei (scheinbar) kühn konstruierten Bauwerken fast nie zu einem Einsturz kommt.

Auch in der Marketingwissenschaft hat man – trotz gewisser Defizite im Vergleich zu den Naturwissenschaften – auch einen einigermaßen gesicherten Wissensbestand erreicht. Dazu ebenfalls einige Beispiele:

- Prozesse der Werbewirkung sind soweit bekannt, dass mit recht großer Erfolgswahrscheinlichkeit Werbekampagnen gestaltet und realisiert werden können.
- Bei angemessener Stichprobenziehung und -realisierung kann in der Marktforschung mit recht großer Sicherheit von einer kleinen Zahl von Auskunftspersonen auf eine viel größere Grundgesamtheit geschlossen werden.
- Das Verhalten von Konsumenten in Einkaufsstätten ist in einem Maße erklär- und prognostizierbar, dass erfolgreich Schlüsse im Hinblick auf deren Wege im Geschäft und die entsprechende Produktplatzierung gezogen werden können.

Wären diese und unzählige weitere erfolgreiche Anwendungen wissenschaftlicher Erkenntnisse insbesondere in Medizin und Technik plausibel, wenn man davon ausgehen müsste, dass Wissenschaft subjektiv geprägt ist und eine systematische Annäherung an die Wahrheit nicht erwartet werden kann? Wohl kaum. Der Jahrhunderte dauernde Erfolg moderner Wissenschaft wäre ein *Wunder*. Wie sollte man in relativistischer Sicht erklären, dass Astronauten, die Millionen von Kilometern durch den Weltraum geflogen sind, tatsächlich zur Erde zurückkehren oder dass einige Kubikzentimeter eines Impfstoffs tatsächlich verhindern, dass jemand Malaria bekommt? Das ist alles nur plausibel, wenn man (eben *nicht* relativistisch) unterstellt, dass durch wissenschaftliche Forschung eine Annäherung an ein der (letztlich natürlich unbekannten) Wahrheit entsprechendes Verständnis der Realität erfolgt. Man spricht bei dieser Argumentation deswegen vom „**Wunderargument**". Dieses Argument hat – wie schon erwähnt – zentrale Bedeutung für die Begründung und Rechtfertigung des wissenschaftlichen Realismus. „Das entscheidende Argument für den Realismus besteht darin, dass er die einzige Philosophie ist, durch die der Erfolg der Wissenschaft nicht zu einem Wunder wird." (Putnam 1975, S. 69; zitiert nach Hunt 2010, S. 242).

Carrier (2006, S. 148 f.) fasst die zentrale Idee des Wunderarguments zusammen:

„.... besondere Prominenz genießt das so genannte Wunderargument. Dieses sieht im Groben vor, dass ohne die Annahme, erfolgreiche Theorien erfassten die Wirklichkeit, der Erfolg der Wissenschaft unerklärlich bliebe, eben ein bloßes Wunder. Aber Wunder gibt es eben doch nicht immer wieder, und deshalb ist nach einer tragfähigen Erklärungsgrundlage für den Erfolg der Wissenschaft zu suchen. Eine solche Grundlage wird durch die Annahme bereitgestellt, erfolgreiche Theorien gäben die tatsächliche Beschaffenheit der einschlägigen Phänomene wieder."

Carrier (2004, S. 140) hebt unter Bezugnahme auf Hilary Putnam zwei grundlegende Annahmen des wissenschaftlichen Realismus hervor:

1. „Die theoretischen Konzepte in reifen Wissenschaften beziehen sich typischerweise auf reale Gegenstände."

2. „Die theoretischen Gesetzmäßigkeiten in *reifen* (Hervorhebung von A.K.) Wissenschaften sind typischerweise approximativ wahr."

Nach seiner Kritik am in der Marketingwissenschaft zeitweilig einflussreichen Relativismus formulierte und propagierte Hunt (siehe z.B. 1990; 2003, S. 170 ff.; 2010, S. 223 ff.; Hunt / Hansen 2010) auf der Basis der entsprechenden philosophischen Literatur (siehe z.B. die Übersichten bei Boyd 2002 und Hunt 2010) das Konzept des wissenschaftlichen Realismus als – in seiner Sicht – deutlich bessere Alternative für die Marketingwissenschaft und kennzeichnete diese Position durch vier Grundsätze, die vom Autor dieses Buches jeweils kurz erläutert werden:

- „Klassischer" Realismus: Es wird angenommen, dass eine *Realität* existiert, die unabhängig ist von der Wahrnehmung und Sichtweise des Betrachters. Psillos (2006, S. 688) spricht hier von der „metaphysischen These" des wissenschaftlichen Realismus in dem Sinne, dass die entsprechende Aussage („Die Welt hat eine gegebene denk-unabhängige Struktur.") jenseits des Erfahrungsbereichs liegt und nicht belegt oder gar bewiesen werden kann, sondern eher „geglaubt" werden kann (oder auch nicht).
- „Fehlbarer" Realismus: Vollständige *Sicherheit*, dass dieses Wissen über die Realität zutrifft (etwa im Sinne einer logisch zwingenden Schlussweise), kann nicht erreicht werden. Das ist eine klare Absage an einen „fundamentalistischen" (Phillips / Burbules 2000, S. 5 ff.) Anspruch von Wissenschaft (siehe auch Abschnitt 5.1).
- „Kritischer" Realismus: Eine der Aufgaben der Wissenschaft ist es, Aussagen über die Realität im Hinblick auf ihre Korrektheit *in Frage zu stellen*, (empirisch) zu überprüfen und Wissen zu gewinnen, das der Realität möglichst gut entspricht. Hier wird direkt an den kritischen Rationalismus angeknüpft (siehe Abschnitt 3.3).
- „Induktiver" Realismus: Wenn eine Theorie und die darin enthaltenen Aussagen sich langfristig und oft bei entsprechenden Tests und in praktischen Anwendungen bewähren, dann spricht offenbar vieles dafür, dass diese Aussagen weitgehend richtig sind, obwohl man keine Sicherheit erreichen kann. Durch die Aufgabe des „fundamentalistischen Anspruchs" (s.o.) wird der zentrale Einwand gegen induktive Schlussweisen (→ Hume, Popper) hier unwirksam (siehe auch Abschnitt 3.3).

In Verbindung damit spielt das bereits angesprochen Konzept der **approximativen Wahrheit** eine wichtige Rolle. Beispielsweise halten Boyd (2002) und Carrier (2004) dieses Konzept für einen wesentlichen Bestandteil einer Position des wissenschaftlichen Realismus. Obwohl man vielleicht in der Wissenschaftsgeschichte einzelne Ausnahmen identifizieren kann, wird davon ausgegangen, dass Theorien und Aussagen in „reifen" Wissenschaften approximativ wahr sind, dass also typischerweise die Abweichungen von einer wohl nie erreichbaren vollständig sicheren Wahrheit gering sind (bzw. mit zunehmender Forschung geringer werden). Ein ganz einfaches Beispiel (vgl. Psillos

2007, S. 12 f.) mag dies illustrieren: Die Aussage „Alfred ist 1,760 m groß" ist falsch, wenn Alfred tatsächlich 1,765 m groß ist, aber diese Aussage ist immerhin approximativ wahr. In den meisten Fällen ist in der Marketingwissenschaft ein solcher Genauigkeitsgrad auch ausreichend. Wer muss schon wissen, ob ein Marktanteil genau bei 20% oder bei 20,1% liegt oder ob ein Regressionskoeffizient exakt den Wert 0,42 oder 0,41 hat? Ein berühmtes entsprechendes Beispiel aus den Naturwissenschaften sind die Newton'schen Gravitationsgesetze, die zwar durch Einstein's Relativitätstheorie in Frage gestellt wurden, aber dennoch weiter für entsprechende Berechnungen genutzt wurden, weil die Ergebnisunterschiede eben minimal sind.

Die Ausrichtung auf approximative Wahrheit unterscheidet sich also deutlich von dem bis Ende des 19. Jahrhunderts vertretenen „fundamentalistischen" (Phillips / Burbules 2000, S. 5 f.) Anspruch, dass man von „Wissen" nur sprach, wenn dieses gesichert war. Dem entsprechend stellen sich dann einige der Begrenzungen von Aussagemöglichkeiten, wie sie z.B. im Abschnitt 3.3 im Zusammenhang mit der Induktion diskutiert worden sind, oder das Problem der „pessimistischen Induktion" (Abschnitt 5.2) nicht mehr mit dieser Schärfe. Der Begriff der approximativen Wahrheit ist immer wieder kritisch diskutiert und im Hinblick auf seine Konkretisierung in Frage gestellt worden. Shelby Hunt (2011, S. 169) hat im Zusammenhang mit seinem „induktiv-realistischen" Modell (s.u.) folgende Kennzeichnung entwickelt: „Es ist gerechtfertigt, eine Theorie (…) als approximativ wahr zu akzeptieren, wenn die empirischen Belege für diese Theorie ausreichend begründen, dass so etwas wie die spezifischen Gegenstände, deren Eigenschaften sowie die Beziehungen, Strukturen und Mechanismen, die von der Theorie postuliert werden, sehr wahrscheinlich in der Realität existieren (…)."

Boyd (2002) fasst zentrale Ideen des wissenschaftlichen Realismus kurz zusammen:

„Wissenschaftliche Realisten sind der Ansicht, dass Wissen über weitgehend theorieunabhängige Phänomene das typische Ergebnis erfolgreicher wissenschaftlicher Forschung ist und dass solches Wissen auch in den Fällen, in denen die relevanten Phänomene … nicht beobachtbar sind, möglich ist (und tatsächlich entsteht). Beispielsweise würde es der Sichtweise wissenschaftlicher Realisten entsprechen, dass man, wenn man ein gutes und aktuelles Chemie-Lehrbuch bekommt, guten Grund hat (weil die Wissenschaftler, deren Arbeitsergebnisse in dem Buch zusammengefasst sind, gute wissenschaftliche Belege dafür hatten) anzunehmen, dass die darin enthaltenen Aussagen über Atome, Moleküle, Atomteile, Energie, Reaktionen etc. (approximativ) wahr sind. Darüber hinaus hat man guten Grund davon auszugehen, dass solche Phänomene die in dem Lehrbuch angegebenen Eigenschaften unabhängig von unseren theoretischen Ansätzen in der Chemie haben. Wissenschaftlicher Realismus ist deswegen eine Sichtweise des 'gesunden Menschenverstandes' (…) in dem Sinne, dass unter Berücksichtigung der Tatsache, dass wissenschaftliche Methoden fehlbar sind und dass wissenschaftliche Erkenntnisse größtenteils approximativ sind, es gerechtfertigt ist, die am besten gesicherten Forschungsergebnisse zu akzeptieren."

Die Vorgehens- und Schlussweise bei der (empirischen) Forschung in der Sichtweise des wissenschaftlichen Realismus hat Hunt (2005, 2011, 2012) in mehreren Schritten in einem Modell zusammengefasst, das im Folgenden skizziert wird. Es zeigt sich, dass – den Grundideen des wissenschaftlichen Realismus (→ „Wunderargument") folgend – die Bewährung der Theorien in ihrer Anwendung (Erfolge und Misserfolge) zentrale Bedeutung hat. Zunächst wird das Modell in Abbildung 5.7 dargestellt, dann folgen entsprechende Erläuterungen.

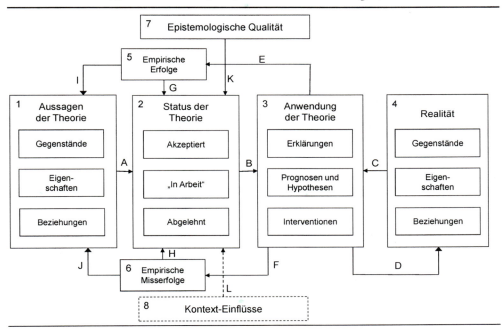

Abbildung 5.7:   Induktiv-realistisches Modell der Theorieprüfung
(Quelle: Hunt 2012, S. 9, mit kleinen Veränderungen)

Hier nun die Erläuterungen zu dem Modell von Hunt (2012). Man erkennt zunächst die vier Boxen 1 bis 4, die für die Theorie, den Status der Theorie, Anwendungen der Theorie und die Realität (im Original „External World", was aber nach persönlicher Auskunft von Shelby Hunt weitgehend synonym mit Realität gebraucht wird) stehen. Box 4 enthält (reale) „Gegenstände" (z.B. Konsumenten, Marken, Produkte), „Eigenschaften" (z.B. der Konsumenten, Marken, Produkte) und „Beziehungen" zwischen Gegenständen, ihren Eigenschaften und untereinander. Da sich Theorie und Realität möglichst weitgehend entsprechen sollen, überrascht es nicht, dass der Inhalt von Box 1 mit dem von Box 4 korrespondiert. Box 1 enthält die den Gegenständen mit ihren Eigenschaften aus Box 4 entsprechenden gedanklichen Konzepte (siehe dazu Abschnitt 3.1) und als „Beziehungen" die theoretischen Vermutungen über Zusammenhänge. Wenn hinreichende Übereinstimmung von Theorie und Realität vorliegt, spricht man von (approximativer) Wahrheit (Hunt 2010, S. 287) der Theorie.

Box 3 („Anwendung der Theorie") enthält ganz andere Elemente. Es sind dies die drei hauptsächlichen Anwendungsmöglichkeiten von Theorien auf reale Phänomene:

- **Erklärungen** (siehe Abschnitt 4.2). Hier geht es also um Fragen nach dem „Warum" für das Auftreten bestimmter realer Phänomene (Beispiel: Warum sind bildliche Elemente in der Kommunikation wirksamer bei geringem als bei hohem Involvement?).
- **Prognosen und Hypothesen** (siehe Abschnitt 4.3). Hier steht einerseits die Nutzung von (theoretischem) Wissen über Wenn-dann-Beziehungen für Aussagen über zukünftige Phänomene bei Vorliegen bestimmter Bedingungen im Mittelpunkt (Beispiel: „Wir erhöhen das Werbebudget und dann müsste der Marktanteil steigen."). Andererseits sind Hypothesen ja (theoretisch basierte) Vermutungen über Ausprägungen und Zusammenhänge von Phänomenen unter bestimmten Bedingungen und sind in diesem Sinne Prognosen für diese Bedingungen (siehe dazu auch Abschnitt 3.1) (Beispiel: „Auf Basis des Elaboration Likelihood Modells stellen wir die Hypothese auf (erwarten also), dass Einstellungsänderungen nach Informationsverarbeitung auf dem zentralen Weg stabiler sind als beim peripheren Weg. Wir testen diese Hypothese mit entsprechenden Daten.")
- **Interventionen** beziehen sich auf Maßnahmen – häufig getroffen auf Basis theoretischer Überlegungen -, die die Realität beeinflussen / verändern. Z.B. kann das Wissen um die Bedeutung von Einstellungen für Kaufentscheidungen dazu führen, dass ein Manager entscheidet, die Einstellungen der Konsumenten (in der Realität) durch Werbeaktivitäten positiv zu beeinflussen.

Box 2 („Status der Theorie") kennzeichnet die unterschiedlichen Einschätzungen einer Theorie in der jeweiligen „scientific community". Die Kategorie „*akzeptiert*" bedeutet, dass eine Theorie angemessen bewährt ist und als die beste verfügbare Theorie für das entsprechende Gebiet gilt. Eine solche Theorie ist am ehesten die Grundlage für die in Box 3 angesprochenen Erklärungen, Prognosen und (praktischen) Interventionen. Die – etwas salopp bezeichnete – Kategorie „*In Arbeit*" bezieht sich auf Theorien, die noch nicht voll etabliert sind und noch weiter entwickelt und getestet werden. Dafür ist natürlich in Bezug auf Box 3 der Hypothesentest zentral. Hier sei auf die Analogie zu den von Lakatos konzipierten Forschungsprogrammen (siehe Abschnitt 3.3), bei denen neuen Theorien auch eine gewisse Zeit zur „Bewährung" eingeräumt wird. Es dürfte nicht weiter überraschen, dass „*abgelehnte*" Theorien nur noch in Ausnahmefällen verwendet werden.

Die Boxen 5 und 6 zeigen die Häufigkeiten bzw. Anteile von erfolgreichen und nicht erfolgreichen Anwendungen einer Theorie. Je nach Ergebnis führt das bei wissenschaftlichen Realisten zu der Stärkung der Annahme (*Pfad G*), dass entsprechende Gegenstände, Eigenschaften und Strukturen in der Realität tatsächlich existieren (→ Wunderargument, s.o.) oder zur Verstärkung von Zweifeln hinsichtlich der Wahrheit der Theorie (*Pfad H*).

Nun zu den anderen im Modell enthaltenen „Pfaden":

- *Pfad A* symbolisiert, dass im Lauf der Zeit Theorien überprüft werden, sich mehr oder weniger bewähren und dem entsprechend letztlich Akzeptanz finden oder abgelehnt werden.
- *Pfad B* steht für die Nutzungen von Theorien zur Erklärung, Prognose und Intervention (insbes. akzeptierte Theorien) bzw. für Hypothesentests für Theorien „in Arbeit".
- *Pfad C* symbolisiert die „Rückmeldungen" aus der Realität auf Versuche zur Erklärung, Prognose oder Intervention und wirkt sich direkt auf Erfolg oder Misserfolg aus.
- *Pfad D* zeigt, dass sich Erklärungen und Prognosen über darauf aufbauende Interventionen (also Einflussnahmen mit Richtung auf Kunden, Märkte, Wettbewerber etc.) auf die Realität auswirken.
- *Pfade E und F* zeigen, dass die Anwendungen einer Theorie Erfolg (z.B. eine zutreffende Prognose) oder Misserfolg (z.B. eine Intervention, die nicht das erwartete Ergebnis hat) haben können.
- *Pfade G und H* symbolisieren die Auswirkungen positiv oder negativ verlaufener empirischer Tests auf die zu- oder abnehmende Akzeptanz einer Theorie.
- *Pfade I und J* stehen für die Auswirkungen „empirischer Erfolge und Misserfolge" auf die weitere Gestaltung einer Theorie durch Modifikationen, Verfeinerungen, Ergänzungen etc.

In dessen aktuellster Fassung hat Shelby Hunt (2012) seinem induktiv-realistischen Modell noch zwei Boxen und zwei Pfade hinzugefügt, die mit der empirischen Bewährung einer Theorie nichts zu tun haben, durch die aber wesentliche Ergebnisse der wissenschaftstheoretischen Diskussion der vergangenen Jahrzehnte in das Modell integriert wurden. Box 7 mit der vielleicht etwas fremd klingenden Bezeichnung „epistemologische Qualität" und Pfad K beziehen sich darauf, dass das Ausmaß der Akzeptanz einer Theorie nicht nur von deren empirischer Bewährung abhängt, sondern auch von anderen Qualitätsmerkmalen (z.B. logische Korrektheit, Präzision, Informationsgehalt), die im Abschnitt 3.4 erörtert worden sind. Ähnlich wirkt auf den ersten Blick die Bezeichnung „Kontext-Einflüsse" für Box 8 mit Pfad L. Damit knüpft Hunt an schon angesprochene Argumente zur Relevanz von Paradigmen (Abschnitt 5.2) oder von Theoriebeladenheit (Abschnitt 5.1) an. Durch die gestrichelten Linien deutet er an, dass er darin nicht einen Beitrag zur wissenschaftlichen Erkenntnisgewinnung sieht, sondern eher das Gegenteil. Weitere Einflussfaktoren in diesem Sinne sind unethisches Verhalten von Wissenschaftlern (z.B. Korruption, Nachlässigkeit) sowie politische oder gesellschaftliche Normen und Einflüsse von Geldgebern der Forschung.

Auf der Basis des induktiv-realistischen Modells von Hunt (2012) sei die Vorgehens- und Schlussweise am Beispiel des wohlbekannten Zusammenhanges von Einstellungen und Verhalten illustriert. Es sei zunächst davon ausgegangen, dass (die „Gegenstände") Einstellungen und Kaufabsichten mit den „Eigenschaften" negativ / positiv bzw. schwache oder starke Kaufabsicht sowie der entsprechende Zusammenhang (→ „Beziehungen") in der Realität (→ Box 4) existieren könnte, vom Forscher wahrgenommen wird und zur Theoriebildung (siehe Abschnitt 3.3) führt. Wenn nun eine solche Theorie existiert (→ Box 1), dann kann diese genutzt werden (→ Box 3), um Erklärungen zu finden, Prognosen zu entwickeln und Interventionen vorzubereiten. Hier einige Beispiele dazu:

- Unterschiedliches Kaufverhalten verschiedener Konsumenten wird durch unterschiedlich ausgeprägte Einstellungen erklärt.

- Auf der Basis einer positiven Veränderung von Einstellungen wird eine korrespondierende Entwicklung des Kaufverhaltens prognostiziert oder in einer empirischen Untersuchung wird eine entsprechende Hypothese getestet.

- Ein Manager benutzt den theoretisch unterstellten Zusammenhang von Einstellungen und Kaufverhalten als gedankliche Grundlage für eine Intervention (z.B. verstärkte Kommunikation) zur Veränderung von Einstellungen mit der indirekten Wirkung auf Kaufverhalten.

Es zeigt sich im Anschluss (Pfad C), ob die Anwendungen der Theorie erfolgreich waren:

- Erklärung: Hatten die Konsumenten, die gekauft haben, tatsächlich positivere Einstellungen?

- Prognose und Hypothese: Ist der Anteil der Käufer nach der positiven Entwicklung der Einstellungen tatsächlich gestiegen? Hat sich in der Untersuchung die Hypothese bestätigt?

- Intervention: Führte die Verstärkung der Kommunikation über positive Einstellungsänderungen tatsächlich zu erhöhten Verkaufszahlen?

In Abhängigkeit von den Anteilen der „Erfolge" und „Misserfolge" der Theorie steigt oder fällt die Akzeptanz dieser Theorie oder die Neigung, sie zu modifizieren oder ganz abzulehnen (Box 2).

Welche Rolle können dabei die Boxen 7 und 8 spielen? Box 7 bezieht sich auf Kriterien wie logische Konsistenz, Einfachheit oder Informationsgehalt der Einstellungstheorie. Ein Beispiel für die Wirkung von Box 8 könnte sein, dass die Einstellungstheorie nicht mehr in Frage gestellt wird, weil vielfach bewährte Messmethoden und entsprechende Vergleichsdaten aus der Vergangenheit existieren und weiter genutzt werden sollen.

Durch das vorstehend umrissene Modell wird deutlich, dass der Prozess zunehmender (oder abnehmender) empirischer Bestätigung (→ Induktion, „Wunderargument") in der Perspektive des wissenschaftlichen Realismus für die Akzeptanz einer Theorie sehr bedeutsam ist. Deswegen soll hier schon auf die im Abschnitt 6.3 erörterten Ansätze zur Kumulation empirischer Ergebnisse (empirische Generalisierungen, Replikationsstudien, Meta-Analysen) hingewiesen werden.

Für die Marketingwissenschaft hat der wissenschaftliche Realismus Konsequenzen, die einem teilweise fast schon selbstverständlich geworden sind. So hat z.B. das über Jahrzehnte – in wissenschaftlichen Untersuchungen und in der Praxis - erfolgreich angewendete Einstellungs-Konzept (siehe obiges Beispiel) breite Akzeptanz gefunden und wird kaum noch in Frage gestellt. Der langfristige Erfolg der entsprechenden Theorie spricht also für die Existenz der betreffenden Konzepte und Strukturen. Weiterhin entspricht die in der Marketingforschung hauptsächlich angewendete *empirische Methodik* (siehe dazu Kapitel 6) weitgehend den zentralen Ideen des wissenschaftlichen Realismus (Homburg 2007, S. 34), weil ja Überprüfungen von Theorien auf Basis großer Fallzahlen wesentlich für die Entscheidung über Akzeptanz oder Ablehnung von Theorien sind. Letztlich ist zu beobachten, dass die Orientierung am wissenschaftlichen Realismus zum Vertrauen in entsprechende Forschungsergebnisse beiträgt, weil in diesem Sinne relativ breit geteiltes Wissen entsteht und nicht nur mehr oder weniger subjektive Darstellungen über die Realität. Dadurch entsteht Akzeptanz von Aussagen der Marketingwissenschaft bei anderen Wissenschaftlern innerhalb und außerhalb des Gebiets, bei Studierenden und Praktikern. Welche Verbindlichkeit und Relevanz sollten beispielsweise die akademische Lehre oder Gutachten in Promotionsverfahren haben, wenn man von einem weitgehend subjektiven Wissenschaftsverständnis und der Parole „Anything goes" (Feyerabend 1983, S. 21) ausginge?

In den Diskussionen der vorangehenden Kapitel haben immer wieder Aspekte der Sicherheit und Wahrheit von Aussagen sowie der Beeinflussung der Wahrnehmung von Realität durch Vorwissen (→ „Theoriebeladenheit") und durch die Prägung der Forscherin / des Forschers (→ „Paradigma") eine Rolle gespielt. Hier soll noch abschließend kurz angesprochen werden, inwieweit einzelne dieser Probleme in der Sichtweise des wissenschaftlichen Realismus „gelöst" oder „entschärft" werden:

Zunächst zum *Induktionsproblem* (siehe Abschnitt 3.3). Hier ging es in erster Linie um die Frage, ob man von einer begrenzten Zahl von Beobachtungen sichere Schlüsse im Hinblick auf allgemeine Aussagen ziehen kann. Nun wird im wissenschaftlichen Realismus der „fundamentalistische" (Phillips / Burbules 2000, S. 5 f.) Anspruch, *sicheres Wissen zu generieren, nicht erhoben.* Insofern kann (und soll) man durchaus induktivistische Vorgehensweisen nutzen und nach einer größeren Zahl entsprechender Beobachtungen zu begründeten Vermutungen über die Realität kommen.

Hinsichtlich der *Theoriebeladenheit* von Daten wird man es nicht vermeiden können, dass die Wahrnehmung der Realität durch Menschen in erheblichem Maße von deren bisherigen Annahmen, Vorurteilen und Zielen beeinflusst wird. Das Problem wird beim wissenschaftlichen Realismus dadurch etwas „entschärft", dass die Bewährung von Aussagen über eine möglichst große Zahl von Untersuchungen, Daten und entsprechenden praktischen Erfahrungen (→ „Interventionen") erfolgt. Dadurch ist fast zwangsläufig eine größere Zahl von Forschern, Untersuchungszeitpunkten und -situationen gegeben. Das führt in gewissem Maße zur Unabhängigkeit der Aussagen von der Theoriebeladenheit eines einzelnen Forschers zu einer bestimmten Zeit und in einer bestimmten Situation.

Das Problem, dass empirische Daten typischerweise fehlerbehaftet sind (siehe Abschnitt 4.2), bleibt auch in der Perspektive des wissenschaftlichen Realismus bestehen. Das in Abbildung 5.5 dargestellte Modell der Erkenntnisgewinnung in dieser Perspektive zeigt deutlich, dass die „Anwendungen der Theorie" nur aussagekräftig sind, wenn die in der Theorie enthaltenen Gegenstände, Eigenschaften und Strukturen auch stark mit den entsprechenden Gegenständen, Eigenschaften und Strukturen in der Realität übereinstimmen. Dabei geht es im Wesentlichen um den Aspekt der *Validität*, der im 6. Kapitel eine zentrale Rolle spielt.

Das Problem der *Prägung von Forschung* durch das jeweils aktuelle und relevante fachliche Umfeld (→ „Paradigmen", siehe Abschnitt 5.2) stellt sich beim wissenschaftlichen Realismus ähnlich wie das der Theoriebeladenheit (s.o.). Der wissenschaftliche Realismus ist kein Schutz vor sich später als falsch erweisenden Theorien (→ „fehlbarer" Realismus, s.o.) oder fehlerhaften Wahrnehmungen. Immerhin ist die starke Betonung der empirischen und praktischen Bewährung von Theorien ein gewisser Schutz gegen einige Irrtümer. Dabei bleibt aber das Problem bestehen, dass bestimmte Beobachtungen manchmal mit unterschiedlichen Theorien erklärbar sind. Ein bekanntes Beispiel aus der Physik ist die Gravitation, bei der zahlreiche Beobachtungen sowohl im Sinne von Newton als auch im Sinne von Einstein erklärt werden können. Ein Beispiel aus dem Marketing wäre die Erklärung von Verhaltensweisen von Konsumenten durch ökonomische, kognitiv-psychologische und neurowissenschaftliche Theorien. Man spricht in diesem Zusammenhang auch davon, dass Theorien im Hinblick auf vorliegende Beobachtungen „*unterbestimmt*" sein können (siehe z.B. Phillips / Burbules 2000, S. 17 ff.; Okasha 2002, S. 71 ff.).

Eines der Probleme des *Falsifikationsansatzes* von Karl Popper (siehe Abschnitt 3.3) besteht darin, dass er zu wenig tatsächlich praktiziert wird: Falsifizierende Untersuchungsergebnisse werden (zu) wenig beachtet und Forscher sind typischerweise durch ihre persönliche Motivation und die Erfordernisse einer wissenschaftlichen Karriere nicht darauf ausgerichtet, Hypothesen und Theorien zu falsifizieren, sondern eher darauf, neue theoretische Lösungen zu finden und auch durch entsprechende Untersuchungen zu bestätigen. Dem kommt der wissenschaftliche Realismus entgegen, indem er die Bewährung / Bestätigung wissenschaftlicher Aussagen – im Gegensatz zum Falsifikationismus - zumindest zulässt.

Einige Autoren sind der Auffassung, dass dem wissenschaftlichen Realismus heute eine große bzw. dominierende Bedeutung in der Wissenschaftstheorie bzw. für die Marketingwissenschaft zukommt:

Carrier (2006, S. 148): „Im Verlauf des vergangenen Vierteljahrhunderts hat die Gegenposition des wissenschaftlichen Realismus stark an Boden gewonnen."

Homburg (2007, S. 34): „... lassen sich drei grundlegende, wissenschaftstheoretisch fundierte Prinzipien identifizieren, die (zumindest implizit) von den meisten empirisch tätigen betriebswirtschaftlichen Forschern vertreten werden:

- das Prinzip des wissenschaftlichen Realismus im Hinblick auf die Frage nach der Denkunabhängigkeit der Wirklichkeit, ..."

Hunt / Hansen (2010, S. 124): „... wissenschaftlicher Realismus scheint für Marketing am sinnvollsten zu sein, weil keine andere Philosophie so in sich geschlossen ist (ohne dogmatisch zu sein), so kritisch ist (ohne nihilistisch zu sein), so offen ist (ohne anarchistisch zu sein), so tolerant ist (ohne relativistisch zu sein), fehlbar ist (ohne subjektivistisch zu sein) und gleichzeitig den Erfolg der Wissenschaft erklären kann."

Im folgenden Kapitel 6, in dem es um Forschungsmethoden geht, wird im Hinblick auf die empirische Forschung im Wesentlichen von einer Position des wissenschaftlichen Realismus ausgegangen. Im Zusammenhang mit qualitativen Methoden (Abschnitt 6.4) werden auch Bezüge zu anderen wissenschaftstheoretischen Positionen hergestellt.

6 Forschungsmethoden in der Marketingwissenschaft

6.1 Überblick

In den vorangehenden Kapiteln ist immer wieder auf die Bedeutung der empirischen Überprüfung von Theorien hingewiesen worden. Das entspricht auch den Schwerpunkten aktueller betriebswirtschaftlicher Forschung: „Sucht man nach entscheidenden Entwicklungen in der betriebswirtschaftlichen Forschung der letzten Jahrzehnte, so kommt man kaum umhin, die gestiegene Bedeutung empirischer Forschung als einen wichtigen Trend zu nennen." (Homburg 2007, S. 27). Das gilt wohl in besonderem Maße für die Marketingwissenschaft. Hier wird inzwischen beklagt, dass zu wenig überwiegend theoretisch ausgerichtete (konzeptuelle) Artikel im Vergleich zu empirischen Studien publiziert werden (Yadav 2010).

Überlegungen zu den Grundlagen empirischer Methoden stehen im Mittelpunkt des folgenden Abschnitts 6.2. Dort werden auf der Basis eines Grundmodells der empirischen Marketingforschung (6.2.1) und vor dem Hintergrund, dass es bei Theorien ja um „Beziehungen zwischen zwei oder mehr Konzepten" (Jaccard / Jacoby 2010, S. 28) geht, die folgenden Gesichtspunkte diskutiert:

- Welche Schlussweisen und Anforderungen sind im Hinblick auf theoretische Aussagen über *Beziehungen zwischen Variablen* relevant (6.2.2)?
- Welche spezifischen Gesichtspunkte sind bei der Prüfung von Aussagen über *Kausal-Zusammenhänge* zu beachten (6.2.3)?
- Wie kann man ganze Theorien bzw. größere Teile von Theorien („*Netzwerke von Hypothesen*" im Unterschied zum Test einzelner Hypothesen) überprüfen (6.2.4)?

Bei dieser Diskussion wird von einer Position des wissenschaftlichen Realismus – wie sie im vorigen Kapitel dargestellt worden ist - ausgegangen, weil diese Position in der empirischen Marketingforschung ohnehin dominierend ist (entsprechend: Homburg 2007, S. 34 f.).

Der Abschnitt 6.3 ist der **Generalisierung** von Untersuchungsergebnissen gewidmet. Diese ist natürlich auch für praktische Anwendungen bedeutsam. Bei der Verwendung von Marktforschungsergebnissen will der Marketing-Praktiker hinreichend sicher einschätzen können, inwieweit er z.B. von Ergebnissen der Befragung einer relativ geringen Zahl von Konsumenten hinsichtlich einer Zielgruppe von vielleicht Millionen Konsumenten generalisieren kann. Auch in der wissenschaftlichen Forschung spielt die Generalisierbarkeit von Untersuchungsergebnissen eine wichtige Rolle, selbst dann, wenn es nicht gelingt, eine entsprechende Theorie zu formulieren und zu testen (z.B. Bass / Wind 1995). Ein Beispiel für ein solches Vorgehen ist die PIMS-Studie (Profit Impact of Market Strategies), bei der auf der Grundlage von Daten über eine Vielzahl strategischer Geschäftsfelder generalisierende Aussagen zur Auswahl und Wirkung von Strategien gemacht wurden (z.B. Buzzell / Gale 1989). Mit den Überlegungen zur Generalisierung wird an das in den Abschnitten 3.3 und 5.3 angesprochene Prinzip der *Induktion* angeknüpft. Dort war zwar betont worden, dass durch Induktion keine sicheren verallgemeinernden Aussagen möglich sind (was in der Sichtweise des wissenschaftlichen Realismus keine entscheidende Einschränkung ist), dass aber gleichwohl gesammeltes Erfahrungswissen genutzt wird. Letztlich sei an die ebenfalls in Abschnitt 3.3 dargestellte Funktion der Induktion für die Theoriebildung erinnert.

Im Abschnitt 6.4 geht es schließlich um die Anwendung empirischer Methoden bei der *Entwicklung von Theorien*. Dabei wird ebenfalls an die entsprechende Diskussion im Abschnitt 3.3 angeknüpft. Dort war ja als ein Schritt bei der Entstehung von Theorien die Durchführung „explorativer" Untersuchungen genannt worden. Dabei handelt es sich typischerweise um so genannte **qualitative Untersuchungen**, die eine ganz andere Methodik und andere Zielsetzungen haben als die in der Marketingforschung ansonsten dominierenden repräsentativen Befragungen, Experimente etc. (manchmal auch als „quantitative" Untersuchungen bezeichnet). Typische Beispiele für solche Art von qualitativen Methoden sind Fallstudien, die die gründliche Untersuchung nur eines Falls oder sehr weniger interessierender Fälle zum Gegenstand haben.

Qualitative Methoden haben also für den Forscher, der vor dem Hintergrund des wissenschaftlichen Realismus Theorien entwickelt und testet, in erster Linie eine explorative Funktion. Darüber hinaus können sie im (sehr seltenen) Ausnahmefall, in dem durch eine Theorie ein deterministischer Zusammenhang unterstellt wird, dazu dienen, dass durch einen im Widerspruch dazu stehenden Einzelfall diese Theorie in Frage gestellt wird. Große Bedeutung haben qualitative Methoden – wie am Beispiel der Konsumentenforschung im Kapitel 5 schon angesprochen – für Forscher, die von einer eher relativistischen Position ausgehen. Darauf wird im Abschnitt 6.4 noch einzugehen sein.

Nach den empirischen Methoden, die ja nicht nur in diesem Buch, sondern auch in der aktuellen Forschung eine wesentliche bis dominierende Rolle spielen (Baumgarth / Evanschitzky 2005; Homburg 2007; Yadav 2010), werden im Abschnitt 6.5 mit dem **Modeling** und **Klassifikationsansätzen** zwei weitere Arten von Forschungsmethoden kurz vorgestellt. Mit dieser Vorgehensweise wird dem Vorschlag von Homburg (2007, S. 29) zur Aufteilung der wichtigsten betriebswirtschaftlichen Forschungsmethoden weitgehend gefolgt. Der bei Homburg (2007, S. 29) weiterhin genannte Bereich der „reinen Theorie" ist hier in den Kapiteln 3 und 4 (einschließlich der Theoriebildung) schon implizit angesprochen worden. Homburg charakterisiert diesen Bereich als „Entwicklung eines konsistenten theoretischen Aussagengerüsts und deduktive Analyse einzelner betriebswirtschaftlicher Probleme".

Eine etwas ausführlichere Kennzeichnung „reiner Theorie" findet sich bei Homburg (2007, S. 29) an gleicher Stelle:

„Als reine Theorie betriebene betriebswirtschaftliche Forschung zieht empirische Phänomene zwar als Ausgangspunkt theoretischer Überlegungen heran, trifft dann aber Aussagen allein auf Grundlage logischer Überlegungen vor dem Hintergrund klar umrissener Prämissen. Anders als im Rahmen empirischer Forschung werden aber weder Prämissen noch Schlussfolgerungen auf ihre Bewährung in der Realität überprüft."

Vor dem Einstieg in die einzelnen Teilgebiete sei betont, dass es dabei – dem Titel des Kapitels entsprechend – nur um grundlegende Überlegungen unter Bezugnahme auf die vorstehenden Kapitel gehen kann, nicht um Einzelheiten von Methoden und deren Anwendungen. Letzteres würde nicht dem im Kapitel 1 umrissenen Gegenstand der „Marketing-Theorie" entsprechen und den Rahmen dieses Buches bei weitem sprengen. Insbesondere zur empirischen Methodik liegt umfangreiches Schrifttum vor, das sowohl Abhandlungen zu speziellen Fragen als auch generelle Darstellungen umfasst.

6.2 Empirische Forschung zur Überprüfung von Theorien

6.2.1 Ein Grundmodell der empirischen Marketingforschung

Allgemein kann man die empirische Forschung als eines von mehreren Hilfsmitteln zur Betrachtung und zum Verständnis der Marketing-Realität ansehen. Für die wissenschaftliche Betrachtungsweise von **Realität** ist es typisch, dass versucht wird, in sich widerspruchsfreie Systeme von Aussagen, die man unter bestimmten Voraussetzungen als **Theorie** bezeichnet (siehe Kapitel 3), aufzustellen, deren Entsprechung zur Realität systematisch überprüft werden sollte. Da diese Aussagensysteme normalerweise einen Komplexitäts- und / oder Abstraktionsgrad aufweisen, der eine unmittelbare Prüfung (z.B. durch einfache Beobachtung) nicht zulässt, bedient man sich dazu in der Regel geeigneter **Methoden**. Beispielsweise bedarf es für die Untersuchung eines Zusammenhangs zwischen Involvement und Markenbindung in der Regel eines recht aufwändigen Designs. Durch bloßen Augenschein kann man diese Überprüfung nicht vornehmen.

Die drei genannten *Grundelemente empirischer Forschung* (Realität, Theorie, Methoden) seien zunächst kurz vorgestellt, bevor die Beziehungen dieser Elemente untereinander erläutert werden.

Realität

Unabhängig vom jeweiligen Forschungsinteresse ist immer nur die Betrachtung von entsprechenden Ausschnitten der Realität möglich. Ihre vollständige Beschreibung oder gar Erklärung ist wegen einiger genereller Eigenschaften von Realität ausgeschlossen. Sie ist nach Jaccard / Jacoby (2010, S. 9 f.)

- komplex,
- dynamisch,
- (teilweise) verdeckt und
- einzigartig.

Entsprechende Einzelheiten sind im Abschnitt 3.2 bereits erörtert worden. Gerade die Verbindung dieser Eigenschaften führt eben dazu, dass sich empirische Forschung nur auf wenige, gezielt ausgewählte (→ Theorie) Aspekte einer überwältigend komplexen Realität beziehen kann.

Theorie

Wegen der schon erwähnten (Abschnitt 3.2) Aussichts- und Sinnlosigkeit des Versuchs, Realität vollständig zu erfassen, ist die Zielrichtung der empirischen Forschung also eine ganz andere. Man bedient sich dabei bestimmter Abstraktionen einzelner Erscheinungen, die für die jeweilige Betrachtungsweise zweckmäßig sind und die im Abschnitt 3.1 bereits als *Konzepte* bezeichnet und dort auch erörtert wurden. Dem entsprechend kann man sich auf im jeweiligen Untersuchungszusammenhang wichtige Konzepte, wie beim Messe-Beispiel im Abschnitt 3.2 Standgröße, Besucherzahl oder Zahl der Verkaufsgespräche als Erfolgsfaktoren eines Messestandes, konzentrieren und einen großen Teil der in diesem Zusammenhang nicht wichtigen Facetten der Realität (z.B. farbliche Gestaltung des Messestandes, soziodemographische Merkmale der Besucher, Ablauf der Verkaufsgespräche) ignorieren. Konzepte dienen also dazu, eine Vielzahl von Objekten, Ereignissen, Ideen etc. im Hinblick auf einzelne gemeinsame Charakteristika und unter Zurückstellung sonstiger Unterschiede zusammenzufassen. Sie ermöglichen eine Kategorisierung bzw. Klassifizierung und damit eine Vereinfachung des Bildes von der Realität.

Wenn man durch Konzepte gewissermaßen die Umwelt vereinfacht und geordnet hat, kann man bestimmte *Regelmäßigkeiten* und *Zusammenhänge* entdecken. Diese können sehr konkrete („Je größer ein Messestand ist, desto größer ist die Besucherzahl"), aber auch abstraktere Phänomene („Bei technisch ausgebildeten Messebesuchern spielen betriebswirtschaftliche Kriterien bei der Kaufentscheidung eine geringere Rolle als bei kaufmännisch ausgebildeten Besuchern") betreffen. Besonders leistungsfähig sind natürlich Systeme von Aussagen, die eine größere Zahl von Konzepten und / oder Beziehungen zwischen diesen umfassen, also **Theorien** im Sinne des 3. Kapitels.

Jede Theorie verwendet mehrere Konzepte (in einem der obigen Beispiele „technische Ausbildung" und „Bedeutung betriebswirtschaftlicher Kriterien"). Insofern bilden Konzepte die *Bausteine von Theorien*. Theorien sind wichtige Hilfsmittel zum Verständnis von Realität. Wie in den vorigen Kapiteln erörtert, dienen sie u.a. dazu,

- wichtige von unwichtigen Konzepten bei der Betrachtung von Ausschnitten der Realität zu trennen,
- Beziehungen zwischen einzelnen Konzepten zu beschreiben,
- Ausschnitte der Realität zu erklären und zu prognostizieren,
- Kommunikation zwischen Fachleuten zu erleichtern und Erkenntnisfortschritt durch Anwendungs- und Falsifizierungsversuche zu stimulieren.

Im Zusammenhang mit der *Überprüfung von Theorien* (oder Teilen von Theorien), aber auch bei praktischen Fragestellungen, spielen **Hypothesen** (siehe dazu auch Abschnitt 3.1) eine bedeutsame Rolle. Man versteht darunter (noch nicht überprüfte) Vermutungen über:

- Ausprägungen von Variablen (z.B. „Mindestens 10 % der Konsumentinnen werden das neue Produkt X probieren". „Höchstens 20 % aller Werbebotschaften werden länger als 2 Tage erinnert.") und
- Zusammenhänge von Variablen (z.B. „Junge Konsumentinnen sind interessierter an aktueller Mode als ältere Konsumentinnen." „Je positiver die Einstellung zu einem Produkt ist, desto größer ist die Kaufneigung").

Wie kommen nun derartige Hypothesen zu Stande? Ganz direkt ist die Beziehung von Hypothesen zu Theorien, aus deren Aussagesystemen ja solche Vermutungen abgeleitet (→ *deduziert*, siehe Abschnitt 3.3) werden können. In diesem Sinne könnte man aus der Theorie eine „Prognose" für einen Zusammenhang zwischen Variablen ableiten und dann anhand entsprechender Daten prüfen, ob sich diese (theoretische) Erwartung bestätigt (siehe dazu das „induktiv-realistische" Modell von Shelby Hunt, Abschnitt 5.3). Daneben können (vor allem in der Praxis) einschlägige Erfahrungen und bisherige Untersuchungen (einschließlich speziell für diesen Zweck durchgeführter *explorativer Untersuchungen*, siehe Abschnitt 6.4) als Ausgangspunkt für Hypothesen genannt werden.

Die Formulierung von Hypothesen ist wichtig im Hinblick auf die für die Entwicklung bzw. Auswahl von Methoden erforderliche Konkretisierung zu untersuchender Fragestellungen. Wenn man an eines der oben skizzierten Beispiele einer Hypothese denkt, so erkennt man, dass sich daraus direkt ableiten lässt, welche Variablen (hier: „Einstellung zu einem Produkt", „Kaufneigung") gemessen werden müssen. Dazu benötigt man geeignete Methoden, deren Festlegung Gegenstand des nächsten Schrittes im Forschungsprozess ist.

Methoden

Wenn Theorien oder Teile davon im Hinblick auf ihre Übereinstimmung mit der Realität getestet werden sollen, bedarf es dazu also in der Regel geeigneter Methoden. Gerade bei Theorien, die Konzepte hohen Abstraktionsgrades betreffen, ist mit besonders schwierigen methodischen Problemen zu rechnen.

Es geht also darum, eine *Verbindung* zwischen den (abstrakten) Elementen von *Theorien* und der *Realität* herzustellen. Man kann auch die Methoden der empirischen Marketingforschung als Hilfsmittel betrachten, um trotz aller Komplexität und Verdecktheit die interessierenden Aspekte der Realität beobachten zu können. Beispielsweise geben die Verfahren der Stichprobenziehung an, welche (zahlenmäßig beschränkte) Teilmenge von Untersuchungsobjekten betrachtet wird. Als weiteres Beispiel dienen Befragungsverfahren u.a. dazu, sehr unterschiedliche Personen, Meinungen, Verhaltensweisen zu Gruppen bzw. Kategorien (z.B. Personen mit hohem Bildungsgrad, negativer Haltung zur Fernsehwerbung, Markentreue) zusammenzufassen oder auf Skalen einzuordnen. Die Verfahren der Datenanalyse haben vor allem den Zweck, eine große Menge von Einzeldaten zu verdichten (z.B. zu Maßzahlen wie Median) und (statistische) Zusammenhänge zwischen Merkmalen zu ermitteln.

Die drei Elemente der empirischen Marketingforschung sind in Abbildung 6.1 dargestellt. Die verbindenden Pfeile kennzeichnen grundlegende Teilaufgaben im Prozess der empirischen Forschung, auf die anschließend einzugehen ist.

Abbildung 6.1: Grundmodell der empirischen Marketingforschung

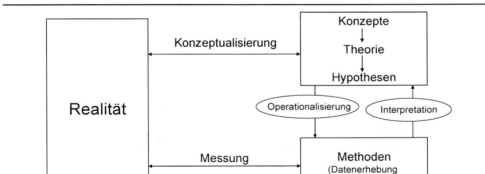

Als **Konzeptualisierung** wird der Vorgang, interessierende Teile der Realität abstrahierend zu kennzeichnen, bezeichnet (siehe Abschnitt 3.1). Häufig geht dieser Prozess mit der Entwicklung von Vermutungen über die Beziehungen dieser Elemente bis zur Theoriebildung einher im Sinne einer induktiven Vorgehensweise (siehe Abschnitt 3.2). Dabei kann es sich um einen kreativen Prozess der Theoriebildung (eher induktiv), um die Anwendung existierender Theorien auf ein gerade interessierendes Problem (eher deduktiv) oder um die Anwendung so genannter qualitativer Methoden (siehe Abschnitt 6.4) zur „Entdeckung" von allgemein relevanten Konzepten und Zusammenhängen handeln. Eine Konzeptualisierung mündet ein in eine *Definition*, mit der formuliert wird, was das jeweilige Phänomen ausmacht. MacKenzie (2003, S. 325) formuliert wesentliche Anforderungen an solche Definitionen: Genaue Bestimmung des Gegenstands der Definition, eindeutige Begriffe, Konsistenz mit bisheriger Forschung und klare Abgrenzung zu anderen Konzepten. Einerseits findet also eine Abstrahierung von der Realität statt, andererseits bestimmt diese Abstrahierung auch die Betrachtungsweise der Realität (siehe dazu auch Hildebrandt 2008). Wer beispielsweise von bestimmten Merkmalen des Konsumentenverhaltens zum Konzept „Involvement" abstrahiert, für den beeinflusst dieses Konzept eben auch entsprechend den Blick auf das reale Konsumentenverhalten. In diesem Sinne sind viele empirische Beobachtungen sicher *„theoriebeladen"* (siehe Abschnitt 5.3).

Das Wesen der Konzeptualisierung wird von MacInnis (2011, S. 140) folgendermaßen gekennzeichnet:

„Konzeptualisierung ist der Prozess abstrakten Denkens, durch den eine Idee geistig repräsentiert wird. .... Konzeptualisierung beinhaltet, dass man etwas Abstraktes geistig ‚sieht' oder ‚versteht'."

Zur Konfrontation von Theorien mit der Realität sind geeignete Methoden auszuwählen. Beispielsweise muss man entscheiden, mit welcher Skala man Einstellungen misst, die man vielleicht als Ursache für Markenwahlverhalten (wie zu messen?) ansieht. Ein statistisches Verfahren muss gewählt werden, mit dem man eine vermutete Beziehung zwischen Einstellungen und Markenwahl überprüfen kann. Diesen ganzen Vorgang nennt man **Operationalisierung**. Hier werden also abstrakten Konzepten konkrete Messverfahren, statistische Verfahren etc. zugeordnet. Damit verbunden ist in der Regel auch eine *Einengung* recht allgemeiner Konzepte auf konkrete Untersuchungsgegenstände. So kann man wohl kaum ganz allgemein den Zusammenhang zwischen Einstellungen und Verhalten empirisch untersuchen, sondern muss sich auf deutlich konkretere – und damit weniger allgemeine – entsprechende Zusammenhänge konzentrieren (z.B. den Zusammenhang „Einstellung zu einer bestimmten Marke" → „Kauf dieser Marke"). Hier sei schon auf die Beziehung von Operationalisierung und Generalisierung hingewiesen, auf die im Abschnitt 6.3 noch eingegangen wird.

Die Anwendung der ausgewählten Verfahren auf entsprechende Teile der Realität bezeichnet man als **Messung**. Auch dieser Vorgang ist ein zweiseitiger: Versuchspersonen, Objekte etc. werden mit Messinstrumenten konfrontiert; Messwerte (Daten) fließen zurück. Nunnally / Bernstein (1994, S. 3) definieren: „Messungen bestehen aus *Regeln* für die Zuordnung von Symbolen zu Objekten dergestalt, dass (1) quantifizierbare Eigenschaften numerisch repräsentiert werden (Skalierung) oder (2) definiert wird, ob Objekte in gleiche oder verschiedene Kategorien im Hinblick auf eine bestimmte Eigenschaft gehören (Klassifikation)." So gibt das Fishbein-Modell (vgl. Fishbein / Ajzen 1975) Regeln dafür vor, wie ein (quantitativer) Einstellungsmesswert zu ermitteln und einer Person zuzuordnen ist. Beim Beispiel einer Befragung hinsichtlich Markenpräferenzen bei Automobilen wird durch eine entsprechende Fragetechnik, also die Anwendung bestimmter Regeln ermittelt, ob die jeweilige Auskunftsperson einer der Kategorien „Präferenz für VW", „Präferenz für BMW" usw. zuzuordnen ist.

Diese Daten können mit *statistischen Methoden* verdichtet, dargestellt und im Hinblick auf Zufälligkeit ihres Zustandekommens geprüft werden. Den Vergleich von Ergebnissen der Datenanalyse mit den Aussagen der Theorie nennt man Interpretation. Dabei stellt man fest, ob die Theorie oder Teile davon bestätigt wurden oder nicht und ob Modifizierungen der Theorie vorgenommen werden sollten. Hier ist die Beziehung zu den im Abschnitt 3.3 angestellten Überlegungen zu Falsifikationen und zum „induktiv-realistischen" Modell der Theorieprüfung von Hunt (Abbildung 5.7 im Abschnitt 5.3) mit „empirischen Erfolgen und Misserfolgen" ganz offenkundig.

Für das hier vorgestellte Grundmodell der empirischen Marketingforschung gilt die Forderung (ebenso wie für Untersuchungen in der Marktforschungspraxis), dass *Untersuchungsergebnisse, die eine Fragestellung beantworten* bzw. eine Hypothese überprüfen sollen, natürlich nur aussagekräftig sein können, wenn die Datenerhebung und Datenanalyse (mit Stichprobenziehung, Messungen, Datenaufbereitung etc.) *tatsächlich den zu untersuchenden Phänomenen gerecht werden*. Auch hier ist darauf zu verweisen (wie im Abschnitt 4.2 erläutert), dass ja Messfehler die Aussagekraft von Theorietests entscheidend beeinträchtigen können, weil bei solchen Fehlern eben nicht klar ist, ob eine mangelnde Übereinstimmung zwischen einer theoretischen Vermutung und einem darauf bezogenen empirischen Ergebnis auf die Messfehler oder auf die Fehlerhaftigkeit der theoretischen Vermutung zurückzuführen ist.

Die im vorigen Absatz aufgestellte Forderung, dass die in einer empirischen Untersuchung betrachteten realen Phänomene den theoretisch interessierenden Konzepten möglichst gut entsprechen sollen, mag auf den ersten Blick banal wirken. Bei sozialwissenschaftlichen Messungen ist dieses Problem aber alles andere als trivial. Dazu Beispiele für entsprechende Probleme bei Messungen zum Konzept „Kaufverhalten": Wenn ein Konsument äußert, dass er eine Marke kaufen will, kann man dann daraus schließen, dass er sie auch (immer, meist, gelegentlich?) tatsächlich kaufen wird? Kann man von der Angabe von Konsumenten zu der beim letzten Einkauf gekauften Marke auf die tatsächlich gekaufte Marke schließen oder muss man damit rechnen, dass Erinnerungslücken, Anpassungen an die Erwartungen eines Interviewers oder bewusst geäußerte Falschangaben hier zu Messfehlern führen?

Die Frage, ob die Umsetzung einer Problemstellung in ein Untersuchungsdesign (mit Stichprobenziehung, Messmethoden etc.) und dessen Realisierung angemessen, also der Problemstellung entsprechend ist, hat also für die Aussagekraft empirischer Untersuchungen größte Bedeutung. Dabei geht es im Grunde um zwei Probleme:

- Führt die Untersuchung mit allen ihren methodischen Einzelheiten zu einer *systematischen Abweichung* vom „wahren Wert" des zu untersuchenden Gegenstandes? Beispiel: Führt die Messung des ökologischen Bewusstseins der Bevölkerung durch eine entsprechende Befragung zu einer systematisch zu hohen Einschätzung, weil viele Menschen (z.B. wegen der sozialen Erwünschtheit ökologischen Bewusstseins) tendenziell zu hohe Angaben zu dieser Frage machen?
- Wird das Untersuchungsergebnis durch *Zufälligkeiten* (und Nachlässigkeiten) bei der Untersuchungsdurchführung beeinflusst? Beispiel: Kann es sein, dass der Befragungszeitpunkt (morgens oder abends; Werktag oder Wochenende) zu unterschiedlichen Angaben von Auskunftspersonen hinsichtlich ihrer Präferenzen bei bestimmten Lebensmitteln oder Freizeitaktivitäten führt?

Damit kommt man zu den beiden grundlegenden Kriterien für die Qualität und Aussagekraft von Untersuchungen (nicht nur) der empirischen Marketingforschung: **Validität**, die sich auf (nach Möglichkeit nicht vorhandene oder sehr geringe) *systematische Abweichungen* des Untersuchungsergebnisses von der Realität bezieht, und **Reliabilität**, bei der es um die *Unabhängigkeit eines Untersuchungsergebnisses von* einem (von verschiedenen Zufälligkeiten beeinflussten) *einmaligen Messvorgang* geht. Bei hoher Reliabilität, also bei geringen situativen (mehr oder weniger zufälligen) Einflüssen, müssten gleichartige Messungen immer zu gleichen (zumindest sehr ähnlichen) Ergebnissen führen (sofern sich die Ausprägung des zu messenden Konzepts nicht verändert).

Die **Validität** (auch *Gültigkeit* genannt) eines Untersuchungsergebnisses lässt sich also folgendermaßen kennzeichnen: Ein Untersuchungsergebnis wird als valide (gültig) angesehen, wenn es den Sachverhalt, der ermittelt werden soll, tatsächlich wiedergibt.

Auch die **Reliabilität** (auch *Verlässlichkeit* genannt) sei charakterisiert: Als Reliabilität bezeichnet man die Unabhängigkeit eines Untersuchungsergebnisses von einem einmaligen Untersuchungsvorgang und den jeweiligen situativen (zufälligen) Einflüssen.

David de Vaus (2002) charakterisiert die Relevanz von Reliabilität und Validität:

„Wenn wir uns nicht auf die Antworten zu Fragen aus dem Fragebogen verlassen können, dann ist jede Analyse auf der Grundlage solcher Daten fragwürdig. Wenn die Ergebnisse, die wir auf Basis einer Stichprobe erhalten, genauso gut anders sein könnten, wenn wir die Befragung erneut durchführen, wie viel Vertrauen sollen wir zu diesen Ergebnissen haben?" (S. 17)

„Weil die meisten sozialwissenschaftlichen Untersuchungen relativ konkrete Messungen für abstraktere Konzepte verwenden, stehen wir vor der Frage, ob unsere Messinstrumente tatsächlich das messen, was wir glauben. Dieses ist das Problem der Validität. Wir müssen uns irgend-

wie darauf verlassen können, dass unsere relativ konkreten Fragen tatsächlich die Konzepte treffen, für die wir uns interessieren." (S. 25) → Reliabilität (Verlässlichkeit)

Bedeutung und Zusammenhang von Validität und Reliabilität lassen sich in Anlehnung an Churchill (1979) durch eine einfache Formel illustrieren

$X_B = X_W + F_S + F_Z$ mit

X_B =   gemessener, beobachteter Wert

X_W =   „wahrer" (normalerweise nicht bekannter) Wert des zu messenden Konstrukts

F_S =   systematischer Fehler bei einer Messung (z.B. durch Frageformulierungen, die eine bestimmte Antworttendenz begünstigen)

F_Z =   zufälliger Fehler bei einer Messung (z.B. durch situative, kurzfristig veränderliche Faktoren wie Interviewereinfluss, Zeitdruck etc., die längerfristig konstante Meinungen, Absichten, Präferenzen etc. überlagern)

Eine Messung wird als valide angesehen, wenn keine systematischen *und* keine zufälligen Fehler vorliegen. Es gilt dann:

$F_S = 0$ und $F_Z = 0$ und deswegen $X_B = X_W$

[Randnotiz: gemessener, beobachteter Wert = „wahrer" Wert des zu messenden Konstrukts]

Aus der Reliabilität einer Messung ($F_Z = 0$) folgt also nicht, dass die Messung auch valide ist, da ja $F_S \neq 0$ sein kann. In diesem Sinne ist Reliabilität eine notwendige, aber nicht hinreichende Voraussetzung der Validität.

Die grundlegende Bedeutung von Reliabilität und Validität für empirische Untersuchungen dürfte leicht einsehbar sein. Wenn diese Anforderungen nicht erfüllt sind, dann spiegeln die Untersuchungsergebnisse eben nicht die interessierenden Ausschnitte der Realität wider und haben deswegen keine Aussagekraft bzw. sind zur Vorbereitung und Unterstützung von Marketing-Entscheidungen unbrauchbar. Die vorstehend umrissene Aussage, dass die *Reliabilität eine notwendige, aber keineswegs hinreichende Voraussetzung der Validität ist*, lässt sich leicht nachvollziehen, wenn man bedenkt, dass Untersuchungsergebnisse mit geringer Reliabilität bei Wiederholungen starken Schwankungen unterworfen sind, dass es also gewissermaßen einen „Glücksfall" darstellt, unter diesen Umständen den „wahren Wert" hinreichend genau zu treffen.

Die Probleme, die durch mangelnde Validität und Reliabilität entstehen, seien hier durch zwei Beispiele auf der Basis des Modells empirischer Forschung illustriert.

Im ersten Beispiel ist erkennbar, dass durch eine (grob) fehlerhafte Operationalisierung Messungen durchgeführt wurden, die nicht der (theoretisch) interessierenden Frage entsprechen (X, Y statt A, B), also nicht valide sind. Das Ergebnis: Die Untersuchung sagt über die Fragestellung („A → B" ?) nichts aus. Das Problem wird noch dadurch verschärft, dass solche Messfehler oftmals unentdeckt bleiben und das Untersuchungsergebnis dann (trotz der mangelnden Aussagekraft) im Hinblick auf die Ausgangsfragestellung interpretiert und damit irreführend wird.

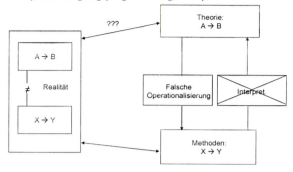

Im zweiten Beispiel ist erkennbar, dass beim Messvorgang selbst ein (nicht systematischer) Fehler, z.B. durch einen Aufzeichnungsfehler, entstanden ist, der einen zur theoretischen Vermutung „passenden" Messwert in einen Ausreißer „verwandelt". Es handelt sich also um ein Beispiel für mangelnde Reliabilität. Das Ergebnis: Der theoretisch vermutete linear positive Zusammenhang zwischen den beiden Variablen spiegelt sich in den Daten und im Untersuchungsergebnis nicht wider und die (eigentlich richtige) Hypothese wird verworfen. Ebenfalls ein irreführendes Ergebnis.

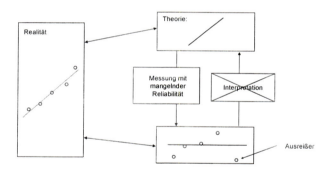

Die skizzierten Ideen lassen sich zusammenfassen, indem man versucht zu kennzeichnen, was man unter „Validierung" verstehen kann. In Anlehnung an Jacoby (1985, S. 7 ff. und S. 45 ff.) kann man unter **Validierung** den *Ausschluss alternativer Erklärungsmöglichkeiten* für ein Untersuchungsergebnis verstehen. Was ist mit dieser zunächst etwas abstrakt wirkenden Formulierung gemeint? Man stelle sich vor, eine Untersuchung habe zu einem bestimmten Ergebnis geführt, beispielsweise zu dem Ergebnis, dass ein hoher Bildanteil in der Werbung die Folge hat, dass die entsprechende Werbung besser erinnert wird. Wenn man diese Untersuchung methodisch gründlich und sorgfältig durchgeführt hat, wenn man also ausschließen kann, dass das Untersuchungsergebnis ein Artefakt von verzerrenden Fragetechniken, nicht repräsentativer Stichprobenauswahl etc. ist, wenn man also alle derartigen alternativen Erklärungsmöglichkeiten ausschließen kann, dann kann das Ergebnis offenkundig nur dadurch zu Stande gekommen sein, dass die Verhältnisse in der Realität tatsächlich so sind und sich unverfälscht in dem Ergebnis widerspiegeln. Ein solches Untersuchungsergebnis bezeichnet man also als *valide*.

Zum Abschluss dieser Überlegungen sei hier noch die Relevanz von Validität und Reliabilität in der Perspektive des wissenschaftlichen Realismus anhand des im Abschnitt 5.3 vorgestellten Modells von Hunt (2012) erläutert. Man erkennt in Abbildung 6.2 leicht die Verbindungen, die jeweils für die Entsprechungen von Gegenständen, Eigenschaften und Beziehungen in Theorie und Realität stehen. Wenn diese Entsprechungen weitgehend gegeben sind, dann spricht man von Validität. Die Reliabilität ist als Voraussetzung der Validität symbolisch eingeordnet.

Abbildung 6.2: Validität und Reliabilität im (vereinfachten) induktiv-realistischen Modell der Theorieprüfung
(Quelle: Hunt 2012, S. 9, mit Veränderungen und Ergänzungen)

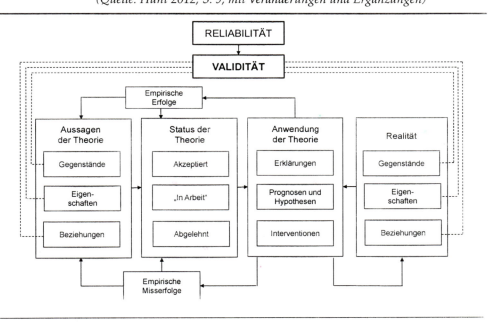

6.2.2 Überprüfung der Reliabilität und Validität von Messinstrumenten

Kriterien für die Einschätzung von Reliabilität und Validität von Messungen können hier nur kurz charakterisiert werden, weil ja die technischen und methodischen Einzelheiten solcher Verfahren nicht Gegenstand dieses Buches sind. Dazu liegt umfangreiche Spezial-Literatur vor. Als „Klassiker" sei vor allem Nunnally / Bernstein (1994) genannt. Hier geht es zunächst um die Reliabilität und dann – etwas ausführlicher – um die Validität.

Zunächst wird an die Überlegung angeknüpft, dass sich **Reliabilität** auf die Unabhängigkeit der Messwerte von den Besonderheiten und Zufälligkeiten eines einzelnen Messvorgangs bezieht. Die Grundidee der so genannten **Test-Retest-Reliabilität** schließt direkt daran an. Die Bezeichnung lässt schon erahnen, dass es um die Wiederholung einer Messung in einem angemessenen zeitlichen Abstand geht. Als Maßzahl für die Reliabilität in diesem Sinne würde man die Korrelation der beiden Messungen verwenden. Diese Art der Reliabilitätsüberprüfung setzt natürlich voraus, dass sich das zu messende Konstrukt in der Zwischenzeit nicht verändert hat. Anderenfalls wäre ja eine geringe Korrelation nicht durch mangelnde Reliabilität, sondern durch diese Veränderung begründet. Eine Reliabilitätsprüfung durch Wiederholung eines Messvorgangs und Vergleich der Ergebnisse ist recht aufwändig. Diesem Problem der Bestimmung der Test-Retest-Reliabilität versucht man beim Ansatz der **Parallel-Test-Reliabilität** dadurch zu entgehen, dass man zum gleichen Zeitpunkt (d.h. meist im gleichen Fragebogen) eine Vergleichsmessung mit einem entsprechenden Messinstrument durchführt. Beide Messungen sollen bei gegebener Reliabilität hoch korreliert sein. Beispielsweise könnte man zwei verschiedene (aber äquivalente) Likert-Skalen zur Messung desselben Konstrukts anwenden und dann die entsprechenden Ergebnisse korrelieren. Die Schwierigkeit besteht natürlich darin, zwei wirklich äquivalente Messinstrumente zu finden bzw. zu entwickeln.

Die wohl gängigste Art der Reliabilitätsüberprüfung ist die Bestimmung des Reliabilitätskoeffizienten **Cronbach's α** für eine Multi-Item-Skala. Es ist ein Maß für die *interne Konsistenz* einer Skala, d.h. für das Ausmaß der Übereinstimmung der Messwerte für die einzelnen Messwerte einer Skala. Zu Einzelheiten sei hier auf Cronbach (1951), Peter (1979), Moosbrugger / Kelava (2007), Nunnally / Bernstein (1994) und Netemeyer / Bearden / Sharma (2003) verwiesen. Die Maßzahl α ist aber nur auf die derzeit sehr gebräuchlichen Multi-Item-Skalen anwendbar. Einige Hinweise zur Reliabilitätsüberprüfung bei den in letzter Zeit wieder stärker beachteten Single-Item-Skalen findet man bei Fuchs / Diamantopoulos (2009).

Im Zentrum des Interesses bei der Entwicklung und Überprüfung von Messinstrumenten steht deren **Validität**. Mit der Validität steht und fällt die Qualität einer Messung und damit der ganzen Untersuchung, in der diese verwendet wird. Der zentrale Begriff ist hier die **Konstruktvalidität**. Die Begriffe „Konstrukt" und „Konzept" werden hier ja synonym gebraucht. (In der Literatur zu findende Versuche der Abgrenzung zwischen beiden Begriffen fallen auch wenig überzeugend aus.) Die Konstruktvalidität (dieser Begriff ist in der Literatur üblich) bezeichnet also die Übereinstimmung eines theoretischen (und in der Regel nicht direkt beobachtbaren) Konzepts / Konstrukts mit einer entsprechenden Messung (Cronbach / Meehl 1955; Nunnally / Bernstein 1994, S. 84 ff.; Viswanathan 2005, S. 93).

Nunnally / Bernstein (1994, S. 84) kennzeichnen die Relevanz von Konstruktvalidität:

„Alle Grundlagen-Wissenschaften einschließlich der Psychologie beschäftigen sich mit der Ermittlung *funktionaler Beziehungen zwischen wichtigen Variablen*. Natürlich müssen solche Variablen gemessen werden bevor ihre Beziehungen untereinander analysiert werden können. Damit solche Aussagen über Beziehungen überhaupt Sinn haben, muss jede Messmethode valide das messen, was sie zu messen verspricht."

Typischerweise kann man die Validität einer Messung nicht durch den Vergleich des Messwerts mit dem in der Regel ja unbekannten „wahren Wert" des interessierenden Konzepts ermitteln. Das mag in manchen Ausnahmefällen gelingen, z.B. wenn man verbale Angaben zum Einkaufsverhalten mit entsprechenden Panel-Daten in Beziehung setzen kann. Oft geht es in der Marketingforschung aber um Einstellungen, Ansichten, Präferenzen, Involvement etc., wo sich ein „wahrer Wert" eben nicht feststellen lässt. Dann bedient man sich (gewissermaßen hilfsweise) verschiedener Kriterien, um festzustellen, ob das verwendete Messverfahren unterschiedlichen Facetten der Validität entspricht. Im Folgenden werden dazu diese Aspekte bzw. Arten der Validität skizziert:

1. Inhaltsvalidität
2. Kriterienvalidität
3. Konvergenzvalidität
4. Diskriminanzvalidität

Wenn ein Messverfahren die entsprechenden Arten der Validitätsüberprüfung „übersteht", dann stärkt das das Vertrauen (im Sinne des wissenschaftlichen Realismus) darin, dass diese Methode tatsächlich misst, was sie messen soll, und man kann auf Basis der resultierenden Untersuchungsergebnisse wissenschaftliche Schlüsse ziehen. Bei diesen Überlegungen wird die Reliabilität der entsprechenden Messungen (s.o.) vorausgesetzt. Hier sei auch an die im Abschnitt 4.2 angesprochene Relevanz der Validität von Messungen für die Überprüfung / Falsifizierung von Theorien und Erklärungen erinnert.

Zunächst zur **Inhaltsvalidität**. Diese bezieht sich auf die (häufig von Experten beurteilte) Eignung und Vollständigkeit des Messinstruments im Hinblick auf das zu messende Konzept / Konstrukt. Hier geht es also darum, dass sich die wesentlichen Aspekte dieses Konzepts in der Frageformulierung bzw. den verschiedenen Items einer Multi-Item-Skala widerspiegeln. Aus der Definition des Konzepts müssen also die wesentlichen Inhalte abgeleitet werden und das Messinstrument muss diese umfassen.

David de Vaus (2002, S. 28) gibt ein Beispiel zur Inhaltsvalidität:

„Die Feststellung der Inhaltsvalidität beinhaltet die Überprüfung, in welchem Maße in das Messinstrument die verschiedenen Aspekte des Konzepts einfließen. Beispielsweise wäre ein Messverfahren, das dazu dient, den allgemeinen Gesundheitszustand zu messen, und das darauf begrenzt ist, den Blutdruck zu messen, dem Konzept „Gesundheit" nicht angemessen, zumindest nicht nach dem üblichen Verständnis. Gesundheit wird meist als ein breiteres und komplexeres Phänomen angesehen. Andere Aspekte der physischen Gesundheit und ebenso – beispielsweise – des psychischen Wohlbefindens wären normalerweise Bestandteil eines validen Messverfahrens für Gesundheit."

Deutlich konkreter sind die Möglichkeiten zur Überprüfung der **Kriterienvalidität**. Was ist damit gemeint? Kriterienvalidität bezieht sich darauf, dass die Ergebnisse einer Messung in einer bekannten („etablierten") Beziehung zu Messungen anderer Konzepte stehen. Beispielsweise ist in der Konsumentenforschung seit langem bekannt, dass Einstellungen und Verhalten in einer (nicht deterministischen) positiven Beziehung stehen. Wenn man eine Skala zur Messung von Einstellungen (hoher Wert = positiv) zu einer Marke entwickelt, dann müssten diese Werte mit Messungen der Kaufhäufigkeit bei dieser Marke positiv korreliert sein. Anderenfalls wäre an der Validität der Einstellungsskala zu zweifeln. Im Zusammenhang mit dem Test von Theorien muss die Prüfung sich natürlich auf Variable beziehen, die nichts mit der zu testenden Theorie zu tun haben. Abbildung 6.3 illustriert die Grundideen der Prüfung von Inhalts- und Kriterienvalidität.

Lutz Hildebrandt (1984, S. 43) erläutert Wesen und Spielarten der Kriterienvalidität:

„Kriteriumsvalidität eines Messinstruments ist dann gegeben, wenn die Messungen des betreffenden Konstrukts hoch mit den Messungen eines anderen Konstrukts (dem Kriterium) korrelieren, zu dem theoretisch eine enge Beziehung besteht. Als Unterscheidung dient häufig der Erhebungszeitpunkt. Liegt eine hohe Korrelation vor und das Kriterium ist zur gleichen Zeit gemessen worden, spricht man von Konkurrent-Validität; ist die Messung des Kriteriums zu einem späteren Zeitpunkt erfolgt, dann besitzt das Messinstrument Prognosevalidität."

Abbildung 6.3: Logik der Prüfung von Inhalts- und Kriterienvalidität

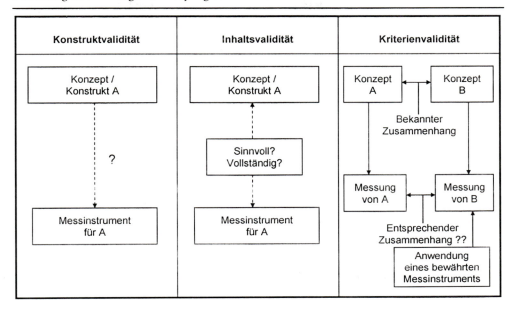

Zentrale Bedeutung für die Validitätsüberprüfung haben *Konvergenzvalidität* und *Diskriminanzvalidität*. Die entsprechenden Grundideen sollen hier kurz charakterisiert werden (vgl. Peter 1981). Beide werden häufig im Zusammenhang betrachtet, was sich auch im Ansatz der Multitrait-Multimethod-Matrix (Campbell / Fiske 1959) niederschlägt.

Zunächst zur **Konvergenzvalidität:** Wenn das gleiche Konzept mit zwei verschiedenen Messinstrumenten gemessen wird, dann müssen die Ergebnisse sehr ähnlich sein („konvergieren"), sofern diese Instrumente valide sind. Beide Instrumente sollen möglichst wenig methodische Gemeinsamkeiten haben, da sonst die Ähnlichkeit der Messwerte ein Artefakt sein könnte, das durch eben diese Gemeinsamkeiten verursacht wurde. Wenn also zwei sehr *unähnliche Messverfahren* angewandt auf das *gleiche Konzept* zu konvergierenden Ergebnissen führen, dann sind diese Ergebnisse anscheinend unabhängig vom Erhebungsverfahren und dürften somit das interessierende Konzept widerspiegeln. Was macht dagegen die **Diskriminanzvalidität** aus? Wenn man mit dem gleichen Typ von Messinstrumenten (z.B. Likert-Skalen) verschiedene (nicht zusammenhängende) Konzepte misst, dann sollen die Ergebnisse nicht korreliert sein. Ansonsten würden die Messwerte ja weniger die Unterschiedlichkeit der Konzepte wiedergeben, sondern eher auf systematische Einflüsse der Messmethoden zurückzuführen sein, was natürlich das Vertrauen in deren Validität schwinden ließe. Mit *gleichartigen Messverfahren* angewandt auf *verschiedene Konzepte* soll man die Messwerte für diese Konzepte unterscheiden („diskriminieren") können. Abbildung 6.4 illustriert die Grundideen beider Ansätze.

Abbildung 6.4:   Logik der Prüfung von Konvergenz- und Diskriminanzvalidität

Konstruktvalidität	Konvergenzvalidität	Diskriminanzvalidität
Konzept / Konstrukt A ⇣ ? ⇣ Messinstrument für A	Konzept / Konstrukt A → Messinstr. IA_1 ≠ Messinstr. IA_2 → Messergebn. MA_1 ≈ Messergebn. MA_2	Konzept A ≠ Konzept B → Äquivalente Messinstrumente für A und B → Messergebnis für A ≠ Messergebnis für B

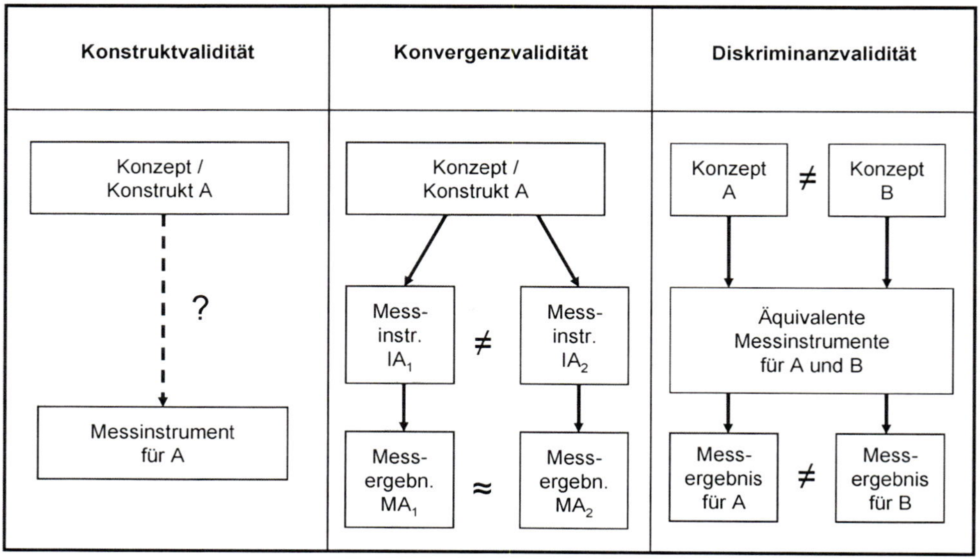

In der Literatur (z.B. Peter 1981, S. 140 ff.; Netemeyer / Bearden / Sharma 2003, S. 82 f.) ist häufig auch von **nomologischer Validität** die Rede. Diese bezieht sich auf die Bestätigung theoretisch vermuteter Beziehungen einer Variablen zu anderen Variablen. Cronbach / Meehl (1955, S. 290) sprechen hier von einem „nomologischen Netzwerk". Bei Hildebrandt (1984, S. 42) findet sich eine knappe Definition nomologischer Validität: „Grad, zu dem die Kausalbeziehung zweier theoretischer Konstrukte in einem nomologischen Netzwerk (einer komplexen Hypothesenstruktur) bestätigt wird." Hier entsteht natürlich ein logisches Problem, wenn eine Messung innerhalb einer Untersuchung zum Test einer Theorie verwendet werden soll und die Bestätigung des Zusammenhangs zu anderen Variablen dieser Theorie als Kriterium der Validität verwendet wird (siehe dazu Nunnally / Bernstein 1994, S. 91 f.). Die nomologische Validität könnte also am ehesten in Bezug auf ein nomologisches Netzwerk geprüft werden, das nicht mit einer zu testenden Theorie identisch ist. Bei Messungen, die nicht einem Theorietest dienen – z.B. Feststellung eines Bekanntheitsgrades im Marketing oder Messung der Intelligenz in der Psychologie – ist das Kriterium der nomologischen Validität direkt anwendbar. Anscheinend hatten Cronbach / Meehl (1955) auch solche eher praktischen Anwendungsbereiche im Auge, denn sie beziehen sich in der Einleitung zu ihrem Artikel auf die Entwicklung psychologischer Tests.

Es hat sich also gezeigt, dass es keinen direkten Weg zur Bestätigung (oder gar zum Nachweis) von Konstruktvalidität gibt. An Stelle dessen bedient man sich verschiedener Prüfungen (→ Inhaltsvalidität, Kriterienvalidität, Konvergenzvalidität, Diskriminanzvalidität), die natürlich auch keinen Nachweis von Validität ermöglichen, aber im Sinne des wissenschaftlichen Realismus eine kritische Überprüfung hinsichtlich der Validität ermöglichen und bei positiven Ergebnissen (provisorisch und in begrenztem Maße) Grund zu der Annahme geben, dass ein Messinstrument der Anforderung der Konstruktvalidität entspricht. Die folgende Abbildung 6.5 illustriert diese Idee.

*Abbildung 6.5:   Kriterien der Validitätsprüfung
(in Anlehnung an Viswanathan 2005, S. 65)*

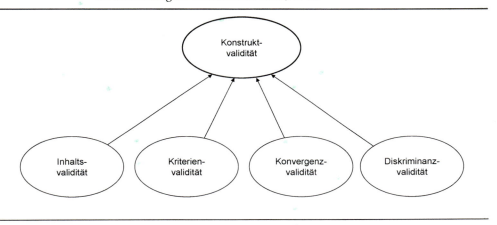

Die hier umrissene Sichtweise, dass Validität auf Korrelationen einer Variablen mit anderen Variablen beruht, wird neuerdings grundsätzlich in Frage gestellt. Borsboom / Mellenbergh / van Heerden (2004) stellen dagegen eher den Aspekt der Kausalität in den Vordergrund, weil bei einer validen Messung Unterschiede eines beobachteten Phänomens die Ursache für unterschiedliche Messwerte sein müssen.

6.2.3 Hypothesen über Zusammenhänge

Im Kapitel 3 war ja die enge Verbindung von *Theorie* und *Hypothesen* schon diskutiert worden. Franke (2000, S. 179) bezeichnet eine Theorie sogar als „ein System von Hypothesen". Einigkeit besteht darüber, dass eine sozialwissenschaftliche Theorie Aussagen enthält, die empirisch überprüft werden können bzw. sollen (Rudner 1966, S. 10; Hunt 2010, S. 188 ff.). Für solche Überprüfungen haben Hypothesen zentrale Bedeutung. Es handelt sich dabei – wie in den Abschnitten 3.1 und 6.2.1 erläutert – um Vermutungen über Tatsachen (z.B. Vorhandensein bestimmter Merkmale) oder über Zusammenhänge (z.B. zwischen Werbeintensität und Markenbindung). Nun lassen sich solche Vermutungen beim Allgemeinheitsgrad von Theorien oftmals nicht entsprechend allgemein überprüfen. So muss man im Beispiel des Zusammenhangs von Werbeintensität und Markenbindung eben bestimmte Branchen, Produkte, Untersuchungszeitpunkte etc. für eine empirische Untersuchung festlegen. Man leitet also aus den allgemeinen theoretischen Aussagen konkretere (auf bestimmte Situationen bezogene) Hypothesen ab (→ *Deduktion*, siehe Abschnitt 3.3). Damit ist dann – wie im Grundmodell der empirischen Marketingforschung (Abschnitt 6.2.1) erläutert – der erste Schritt zur Operationalisierung getan und Entwicklung von Messinstrumenten, Auswahl von Auskunfts- bzw. Versuchspersonen, Messungen sowie Datenanalyse können folgen.

Eine Hypothese wird unterstützt (bzw. nicht falsifiziert), wenn ihre Aussage mit den entsprechenden empirischen Beobachtungen übereinstimmt. Wann liegt aber Übereinstimmung bzw. Nicht-Übereinstimmung vor? Die Problematik entsprechender *Entscheidungen* sei an Hand der folgenden einfachen Beispiele illustriert:

- Man vermutet (Hypothese), dass Konsumenten nach mindestens 10 Kontakten mit Werbebotschaften für eine Marke diese Marke aktiv erinnern. Eine entsprechende Untersuchung mit 200 Versuchspersonen zeigt, dass dieses bei 160 Personen der Fall war, bei 40 Personen aber nicht. Stimmt dieses Ergebnis mit der Vermutung überein?
- Man vermutet (Hypothese), dass hohes Involvement die Informationsintensität vor einer Kaufentscheidung maßgeblich bestimmt. Bei einer darauf bezogenen Untersuchung ergibt sich eine Korrelation zwischen diesen beiden Variablen in Höhe von r = 0,42, also deutlich niedriger als r = 1,0. Ist die Hypothese damit bestätigt?
- Man vermutet (Hypothese), dass zwischen den Variablen „Alter" und „Interesse an ökologischen Fragen" kein Zusammenhang besteht, dass also die entsprechende Korrelation bei r = 0 liegt. Nun ergibt sich bei einer Untersuchung des Zusammenhangs eine andere Korrelation, nämlich r = 0,08. Besteht zwischen den beiden Variablen ein Zusammenhang oder nicht?

Die in den ersten beiden Beispielen aufgeworfenen Fragen lassen sich auf Basis der im Abschnitt 4.2 angestellten Überlegungen leicht klären. Im ersten Beispiel geht es offenkundig nicht um eine Gesetzmäßigkeit, die in jedem Einzelfall gilt (→ deduktiv nomologische Erklärung), sondern um eine statistische Erklärung, mit der nur eine Wahrscheinlichkeitsaussage (in diesem Fall bezüglich der Markenerinnerung) gemacht wird. Beim zweiten Beispiel kann man – wie fast immer in sozialwissenschaftlichen Untersuchungen – nicht davon ausgehen, dass nur eine Variable (hier: Involvement) eine andere Variable (hier: Informationsintensität) beeinflusst. Da man hier nur einen aus einer größeren Zahl von Einflussfaktoren betrachtet hat, ist die resultierende Korrelation eben deutlich geringer als 1,0. Es wird vielmehr im Sinne einer Erklärung auf *Ba-*

sis statistischer Relevanz (siehe Abschnitt 4.2) empirisch geprüft, ob ein deutlicher Zusammenhang (Korrelation deutlich von 0 verschieden) zwischen den Variablen existiert, was sich in dem Beispiel wohl bestätigen würde.

Nun zum dritten und etwas komplizierteren Beispiel. Hier stellt sich die Frage der „Signifikanz" besonders klar, also die Frage, ob zwischen der erwarteten Korrelation (r = 0) und der gemessenen Korrelation (r = 0,08) ein systematischer Unterschied besteht. Bei einer solchen Frage kommt einem natürlich sofort das an fast allen Universitäten gelehrte und seit Jahrzehnten in unzähligen Bereichen erfolgreich angewandte Instrumentarium der Inferenz- (schließenden) Statistik in den Sinn, das (u.a.) eine Vielzahl von Tests umfasst, die dazu dienen, bei solchen Fragen Entscheidungen zu treffen. Man könnte in einem solchen Fall unter Berücksichtigung des Unterschieds der beiden Werte, der gewünschten Sicherheitswahrscheinlichkeit und der Stichprobengröße mit angemessenen Verteilungsannahmen zu einer solchen Entscheidung kommen. Der für solche Entscheidungen üblicherweise verwendete p-Wert sagt in diesem Beispiel aus, wie groß die Wahrscheinlichkeit dafür ist, dass in der jeweiligen Stichprobe ein Wert r = 0,08 ermittelt wird, wenn in der Grundgesamtheit der (tatsächliche) Wert bei r = 0,0 liegt (Sawyer / Peter 1983, S. 123). Dabei wird schon deutlich, dass es sich hier um eine induktive Schlussweise handelt, von einer relativ kleinen Zahl von Fällen auf oftmals sehr große Grundgesamtheit (z.B. alle deutschen Konsumentinnen). Für eine umfassende wissenschaftstheoretische Diskussion von Signifikanztests sei auf Dickson / Baird (2011) verwiesen.

Nun wäre eine schematische Anwendung nur des Instrumentariums der Statistik bei einer solchen Fragestellung wohl etwas zu kurz gegriffen, weil ja auf diese Weise alle Fehlermöglichkeiten bei der Operationalisierung und Messung völlig ignoriert würden. So zeigen zahlreiche Untersuchungsergebnisse (z.B. Bradburn / Sudman / Wansink 2004, S. 4 ff.; Weisberg 2005, S. 19; Assael / Keon 1982), dass systematische Fehler deutlich größer als Stichprobenfehler sein können.

Jaccard / Becker (2002, S. 216) schildern ein Beispiel für den Unterschied zwischen inhaltlich / substanzwissenschaftlich und nur statistisch begründeter Signifikanz:

„*In den Vereinigten Staaten wurde die Armutsgrenze für eine vierköpfige Familie im Jahre 1991 bei $ 14.120 festgelegt. Es sei angenommen, dass ein Forscher an der Frage interessiert ist, ob sich das Durchschnittseinkommen einer bestimmten ethnischen Gruppe im Jahre 1991 von der offiziellen Armutsgrenze unterschied. Der Forscher untersucht diese Frage mit Hilfe von Daten aus einer großen nationalen Umfrage mit 500.000 Personen aus der hier interessierenden ethnischen Gruppe. Weiter sei angenommen, dass der dabei beobachtete Stichproben-Mittelwert für die ethnische Gruppe bei $ 14.300,23 lag. Wenn die Standardabweichung in der Grundgesamtheit ebenfalls bekannt ist, dann kann ein Ein-Stichproben z-Test angewandt werden. Wieder sei angenommen, dass dieser Test zur Ablehnung der Null-Hypothese („kein Unterschied") führt. Daraus schließt der Forscher, dass das Durchschnittseinkommen in der Grundgesamtheit dieser ethnischen Teilgruppe 'statistisch signifikant über der offiziellen Armutsgrenze liegt'. Solch eine Schlussweise sagt weder etwas darüber aus, um wie viel das Durchschnittseinkommen über der*

Armutsgrenze liegt, noch über die praktischen Implikationen dieses Unterschieds. Der z-Test sagt nur aus, dass der Mittelwert in der ethnischen Gruppe nicht derselbe ist wie die offizielle Armutsgrenze. Diese Aussage sollte man unbedingt im Sinn haben, wenn man die Ergebnisse eines Hypothesen-Tests interpretiert. (....)

Warum wird ein so geringer Unterschied zur offiziellen Armutsgrenze hier als statistisch signifikant angesehen? In diesem Fall ist der Stichprobenmittelwert ein wahrscheinlich sehr genauer Schätzwert für den Mittelwert in der Grundgesamtheit, weil die Stichprobe extrem groß ist. Deswegen können wir bei einem Stichprobenmittelwert, der sich auch nur geringfügig von der offiziellen Armutsgrenze unterscheidet, ziemlich sicher sein, dass sich der Mittelwert in der Grundgesamtheit ebenso von der Armutsgrenze unterscheidet."

In einem solchen Fall wäre es sicher aussagekräftiger, die tatsächlichen Unterschiede der Einkommensmittelwerte zu analysieren. Man spräche hier von den „Effektstärken" der Zugehörigkeit zu einer ethnischen Gruppe im Hinblick auf das Einkommen.

Aus der Sicht des wissenschaftlichen Realismus muss noch auf ein weiteres Problem bei Signifikanztests aufmerksam gemacht werden. Bei diesen Tests werden ja Gruppenunterschiede und Zusammenhänge zwischen Variablen in einer einzigen Maßzahl zusammengefasst. Es kann beispielsweise leicht sein, dass sich in einer Untersuchung ein positiver Zusammenhang zwischen den Variablen A und B bei 70 % oder 80 % der untersuchten Personen zeigt, dass aber bei den restlichen Personen dieser Zusammenhang eher nicht vorhanden oder gar gegenläufig ist. Gleichwohl würde man einen signifikant positiven Korrelationskoeffizienten so interpretieren, dass sich ein vermuteter positiver Zusammenhang durch die Untersuchung bestätigt hat. Die Beobachtungen, bei denen das nicht der Fall war, fallen gewissermaßen „unter den Tisch". Im Sinne des wissenschaftlichen Realismus (siehe Abschnitt 5.3) wäre es aber sinnvoll, die „Erfolge" den „Misserfolgen" (siehe Abbildung 5.7) gegenüberzustellen. Bei einer zusammenfassenden Literaturübersicht mehrerer solcher Ergebnisse würde sich dieser Effekt noch verstärken, weil man zu dem Eindruck käme, diese Ergebnisse seien ganz homogen und eindeutig. Dieser Kritikpunkt ist ein Argument für die Durchführung von Meta-Analysen (→ Abschnitt 6.3), bei denen eben Effektstärken berücksichtigt werden (Borenstein / Hedges / Higgins / Rothstein 2009, S. 251 ff.). So zeigte zum Beispiel die Meta-Analyse von Hyde (1981) zu Unterschieden zwischen den beiden Geschlechtern hinsichtlich kognitiver Fähigkeiten nur geringe Unterschiede, obwohl man zuvor bei Literaturübersichten auf Basis der überwiegend signifikanten Ergebnisse verschiedener Untersuchungen von einem „gut etablierten" Unterschied ausgegangen war.

W. Lawrence Neuman (2011, S. 371) gibt eine zusammenfassende Einschätzung der Bedeutung von Signifikanztests:

„Statistische Signifikanz macht nur Angaben über Wahrscheinlichkeiten. Sie kann nichts mit Sicherheit beweisen. Es wird festgestellt, dass bestimmte Ergebnisse mehr oder weniger wahrscheinlich sind. Statistische Signifikanz ist nicht das gleiche wie praktische, substantielle oder

theoretische Bedeutsamkeit. Ergebnisse können statistisch signifikant sein, aber theoretisch sinnlos oder trivial. Beispielsweise können zwei Variable durch Zufall in einem statistisch signifikanten Zusammenhang stehen, ohne dass eine logische Beziehung zwischen ihnen besteht (z.B. Länge der Fingernägel und Fähigkeit, französisch zu sprechen)."

6.2.4 Kausalhypothesen

Die Überprüfung von Kausalhypothesen stellt besonders hohe Anforderungen an die methodische Vorgehensweise. Sie führen aber in Wissenschaft und Praxis zu besonders gehaltvollen Aussagen. Wenn eine Wissenschaftlerin z.B. festgestellt hat, dass eine bestimmte Kombination psychischer Merkmale die *Ursache* für ein bestimmtes Konsumentenverhalten ist, dann ist sie eben ihrem Ziel (zumindest in der Sichtweise des wissenschaftlichen Realismus), Realität zu verstehen und erklären zu können, ein gutes Stück näher gekommen. Wenn ein Manager feststellt, dass bestimmte Qualitätsmängel die *Ursache* für sinkende Marktanteile eines Produkts sind, dann hat er eben einen entscheidenden Ansatzpunkt gefunden, um sein Problem der sinkenden Marktanteile zu lösen.

In Abbildung 6.6 findet sich ein Überblick über unterschiedliche Arten von Beziehungen zwischen Variablen, darunter mehrere Kausalbeziehungen. Im Teil a sieht man eine einfache, direkte Kausalbeziehung, beispielsweise die Wirkung des Kontakts zu einer Werbebotschaft (Ursache) auf die Einstellung zu einem Produkt. Teil b zeigt eine indirekte Kausalbeziehung mit einer Mediatorvariablen (s.u.). Im Teil c erkennt man eine „moderierte" Kausalbeziehung, bei der die Wirkung von X auf Y also durch eine dritte Variable V beeinflusst wird (s.u.). Letztlich zeigt Abbildungsteil d eine Beziehung, die eben keine Kausalbeziehung zwischen X und Y darstellt, weil eine gemeinsame Variation von X und Y durch eine dritte Variable W verursacht wird. Beispielsweise könnte die gemeinsame Variation von „Einkommen" und „Nutzung von Printmedien", wo ja in beiden Richtungen kaum ein Grund für einen Kausalzusammenhang erkennbar ist, durch eine dritte Variable „Bildung" beeinflusst sein.

Abbildung 6.6: Arten von Beziehungen zwischen Variablen (nach Jaccard / Jacoby 2010, S. 142)

a: Direkte Kausalbeziehung (X → Y)
b: Indirekte Kausalbeziehung (X → U (Mediator) → Y)
c: Moderierte Kausalbeziehung (V moderiert X → Y)
d: Scheinbare Beziehung (W → X, W → Y)

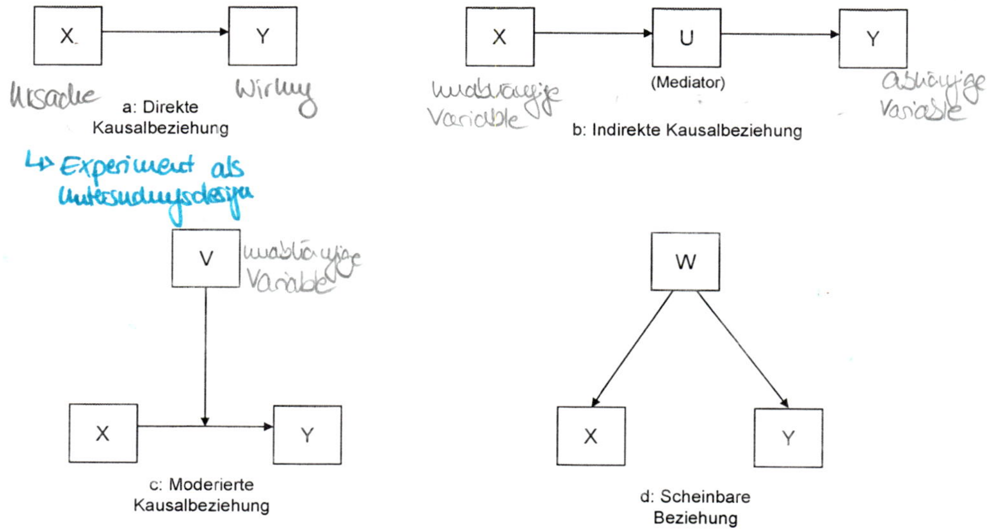

Bei vielen Fragestellungen muss man aber doch von Interaktionen zwischen mehreren unabhängigen Variablen ausgehen, wie im Beispiel der Abbildung 6.6 c dargestellt. Man spricht in diesem Zusammenhang auch von einem **Moderator**. D.h. der Effekt einer unabhängigen Variablen auf eine abhängige Variable wird durch eine zweite unabhängige Variable *moderiert*. Der Einfluss der unabhängigen auf die abhängige Variable fällt also stärker oder schwächer aus, je nach Wirkungsweise des Moderators. „Ein Moderator ist eine qualitative oder quantitative Variable, die die Richtung und / oder Stärke einer Beziehung zwischen einer unabhängigen und einer abhängigen Variablen beeinflusst" (Baron / Kenny 1986, S. 1174). Als Beispiel könnte man sich den Zusammenhang zwischen Einkommen und Ausgaben für Kosmetikartikel vorstellen, bei dem die Variable „Geschlecht" nach allgemeiner Lebenserfahrung eine moderierende Wirkung hat.

Von Moderatoren deutlich abzugrenzen sind so genannte **Mediatoren** (siehe Abbildung 6.6 b). Diese bezeichnen indirekte Beziehungen zwischen Variablen (Jaccard / Jacoby 2010, S. 142). In der folgenden Abbildung 6.7 ist ein entsprechendes Beispiel dargestellt, in dem man erkennt, dass die Wirkung von Kundenzufriedenheit auf den wirtschaftlichen Erfolg eines Unternehmens auch so betrachtet werden kann, dass ein indirekter Zusammenhang existiert, weil die Wirkung „über" die Variable Kundenbindung erfolgt. Eine direkte Beziehung in der einen Betrachtungsweise (bzw. Theorie) kann also durchaus eine indirekte Beziehung in einer anderen Betrachtungsweise (bzw. Theorie) sein.

Abbildung 6.7: Beispiel für einen Mediator bei einer indirekten Kausalbeziehung

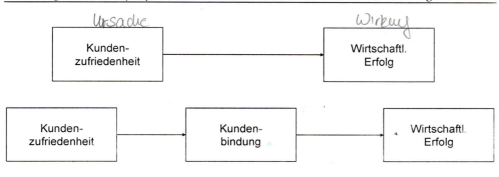

Was zeichnet nun eine **Kausalbeziehung** aus? Hier lässt sich direkt an die Überlegungen im Abschnitt 4.4 anknüpfen. Wann spricht man also davon, dass ein Merkmal die *Ursache* für das Auftreten eines anderen ist? *Zunächst* ist zu fordern, dass die beiden Variablen, zwischen denen ein kausaler Zusammenhang vermutet wird, auch *gemeinsam variieren*. Neben die Voraussetzung der gemeinsamen Variation von „Grund" und „Effekt" tritt die Forderung, dass die *Variation des Grundes der (entsprechenden) Variation des Effekts vorauszugehen* hat. Auch jetzt lässt sich noch nicht davon sprechen, dass ein Kausalzusammenhang existiert. Es könnte ja sein, dass eine andere Variable die Veränderung beim Effekt verursacht. Man muss also - das ist die *dritte* Anforderung bei der Überprüfung von Kausalbeziehungen - alternative Erklärungsmöglichkeiten für die gemeinsame Variation von Grund und Effekt in der vorgegebenen zeitlichen Abfolge ausschließen können. In diesem Sinne spricht man bei der Validierung auch vom „Ausschluss alternativer Erklärungsmöglichkeiten". Als viertes Kriterium für die Feststellung einer Kausalbeziehung gilt das *Vorliegen einer entsprechenden theoretischen Begründung*. Das bezieht sich darauf, dass es sich ja bei einer Kausalbeziehung um einen systematischen Zusammenhang zwischen Variablen handeln soll, also um einen begründeten und nachvollziehbaren Zusammenhang, der nicht nur ein empirisch beobachtbares – mehr oder minder als zufällig erscheinendes - Phänomen darstellt. Wegen dieser (recht strengen) Anforderungen an die Feststellung von Kausalzusammenhängen ist dafür ein bestimmtes Untersuchungsdesign typisch, das **Experiment**.

Experimentelle Designs

Im Wesentlichen versteht man (nicht nur) in der Marketingforschung (z.B. Koschate 2008) unter einem **Experiment** eine Vorgehensweise, bei der eine oder mehrere der so genannten unabhängigen Variablen derart *manipuliert* werden, dass die entsprechenden Auswirkungen auf abhängige Variable beobachtet werden können. Es geht also darum festzustellen, ob eine bestimmte (unabhängige) Variable tatsächlich der Grund (die Ursache) für eine Veränderung einer anderen (abhängigen) Variablen (Wirkung) ist. Vielfach wird die Möglichkeit zur „*Erzeugung*" einer Veränderung abhängiger Variabler durch (wohlverstandene) *Manipulation* unabhängiger Variabler als wesentliches Merkmal eines Kausalzusammenhanges angesehen (siehe z.B. Arabatzis 2008; Bagozzi / Yi 2012).

Typisch für Experimente ist die gewissermaßen *isolierte* Betrachtung der interessierenden Variablen. Man will hier nicht eine Vielzahl von z.B. auf eine Kaufentscheidung einwirkenden Faktoren und deren Interaktionen betrachten, sondern fokussiert die Untersuchung beispielsweise nur auf den Einfluss der Werbung auf eine Kaufentscheidung. Deswegen findet man bei experimentellen Untersuchungen häufig eine gewisse Künstlichkeit der Untersuchungssituation, die durch Konstanthaltung bzw. Ausschluss von anderen Einflussfaktoren (→ „Ausschluss alternativer Erklärungsmöglichkeiten") begründet ist. Vor diesem Hintergrund ist es auch leicht nachvollziehbar, dass man heute in wissenschaftlichen Publikationen, in denen Experimente zur Anwendung kommen, oftmals die Ergebnisse mehrerer einzelner Studien findet. Es werden dabei jeweils einzelne Aspekte isoliert betrachtet und die Ergebnisse zu einer umfassenderen Untersuchung eines Themas zusammengefasst.

Man erkennt an diesen Grundideen – Manipulation und Isolierung - schon, dass die Durchführung und Interpretation von experimentellen Untersuchungen mit einer relativistischen und erst recht mit einer konstruktivistischen wissenschaftstheoretischen Grundposition kaum zu vereinbaren sind. Wie sollte ein Konstruktivist, der die Möglichkeit verneint, Aussagen über eine unabhängig vom Betrachter existierende Realität machen zu können, eine Methode anwenden, deren Wesen darin besteht, Elemente der Realität zu manipulieren und die entsprechenden Wirkungen zu beobachten? (siehe z.B. Hacking 1984). Warum sollten Wissenschaftlerinnen, deren Ausrichtung beim Verstehen und Interpretieren von Phänomenen in ihrem sozialen Kontext liegt, sich der isolierten Betrachtung weniger Variabler in einem Experiment bedienen?

Alan Chalmers (1999, S. 28) illustriert das für Experimente typische Bestreben der isolierten Betrachtung der relevanten Variablen an einem einfachen Beispiel:

„Viele Arten von Prozessen wirken in unserer Umwelt gleichzeitig und sie überlagern und beeinflussen sich wechselseitig in komplizierter Weise. Ein herabfallendes Blatt ist gleichzeitig der Schwerkraft, dem Luftwiderstand, der Kraft des Windes und ein wenig einem Verrottungsprozess ausgesetzt. Es ist nicht möglich, diese verschiedenen Prozesse zu verstehen, wenn man die typischen Abläufe in natürlicher Umgebung sorgfältig beobachtet. Die Beobachtung fallender Blätter führt nicht zu Galileo´s Fallgesetzen. Die Lehre, die daraus zu ziehen ist, ist ziemlich klar. Um Daten zu erhalten, die für die Identifizierung und Beschreibung der verschiedenen in der Natur ablaufenden Prozesse relevant sind, ist es im Allgemeinen notwendig zu intervenieren, um den untersuchten Prozess zu isolieren und die Wirkungen anderer Prozesse zu eliminieren. Kurz gesagt: Es ist notwendig, Experimente durchzuführen."

Die grundlegende Idee von – hier zunächst sehr vereinfacht dargestellten - Experimenten sei an Hand des in der Abbildung 6.8 dargestellten Beispiels illustriert. Es geht dabei um die Fragestellung, ob durch Kontakt zur Werbung für eine Marke die Einstellung zu dieser Marke verändert wird. Das wird hier dadurch überprüft, dass man bei einer Teilmenge der Kunden die Zahl der Kontakte zu einer Werbebotschaft beeinflusst („manipuliert") und dann beobachtet, ob sich die Einstellung zur Marke bei diesen Kunden in der erwarteten Weise verändert. Eine solche Studie und ihre Ergebnisse müssten – prinzipiell beliebig – replizierbar sein, wenn die unterstellte Kausalbeziehung tatsächlich besteht (siehe Arabatzis 2008; siehe auch Abschnitt 6.3).

Abbildung 6.8: Beispiel für die *Vorform eines Experiments in der Marktforschung*

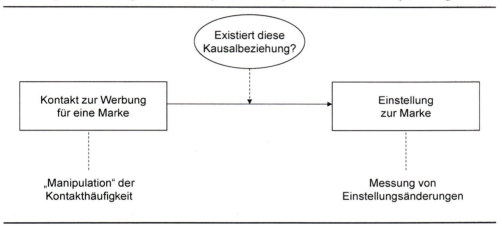

Die zentralen Schlussweisen bei experimentellen Untersuchungen lassen sich am Musterbeispiel für ein „klassisches" experimentelles Design von de Vaus (2001, S. 48 f.) erläutern. Dieses Design ist durch folgende Merkmale gekennzeichnet:

- Eine Vormessung (→ Reihenfolge von Grund und Effekt)
- Zwei Gruppen: Versuchsgruppe und Kontrollgruppe (→ Ausschluss alternativer Erklärungsmöglichkeiten)
- Zufällige Zuordnung der Versuchspersonen zu den beiden Gruppen (→ Ausschluss alternativer Erklärungsmöglichkeiten)
- Eine „Intervention" („Manipulation")
- Eine Nachmessung (→ Reihenfolge von Grund und Effekt)

Ein solches Design wird durch die folgende Abbildung 6.9 illustriert. Man erkennt darin die Messzeitpunkte, die Aufteilung auf Gruppen und die Intervention. Beispielsweise könnte man sich vorstellen, dass in beiden Gruppen eine Vormessung bezüglich der Einstellung zu einem Produkt erfolgt, dass nur die Personen in der Versuchsgruppe danach mit Werbung für das Produkt konfrontiert werden (Intervention) und dass abschließend wieder die Einstellung zu dem Produkt gemessen wird. Wenn (nur) in der Versuchsgruppe eine deutliche Einstellungsänderung gemessen wird, dann würde man diese als verursacht durch den Kontakt zur Werbung ansehen. Sind bei einer solchen Schlussweise die oben skizzierten Bedingungen für einen Kausalzusammenhang gegeben? Auf diese Frage beziehen sich die Überlegungen im Anschluss an die Abbildung.

Abbildung 6.9:   Beispiel zum „klassischen" experimentellen Design
(nach de Vaus 2001,   S. 49)

Zuordnung zu Gruppen: Per Zufall (Random)	Vor-Messung	Intervention (Manipulation d. unabhängigen Variablen)	Nach-Messung
Versuchsgruppe	Einstellung zur Marke	*Kontakt* zur Werbung	Einstellung zur Marke
Kontrollgruppe	Einstellung zur Marke	*Kein Kontakt* zur Werbung	Einstellung zur Marke

Nun also zur Prüfung der Voraussetzungen für einen Kausalzusammenhang:

- *Gemeinsame Variation von Grund* (im Beispiel Werbung) *und Effekt* (im Beispiel Einstellungen): Diese Voraussetzung ist eindeutig erfüllt, da ja die Intervention in Form des Kontakts zur Werbung nur in der Versuchsgruppe erfolgt. Der Kontakt zur Werbung variiert also zwischen den Gruppen und es kann gemessen werden, ob die abhängige Variable Einstellung zwischen den Gruppen entsprechend variiert.

- *Veränderung des Grundes* (im Beispiel: Kontakt zur Werbung) *vor Veränderung des Effekts* (im Beispiel: Einstellungsänderung): Auch die Einhaltung dieser Voraussetzung ist durch das experimentelle Design, mit dem ja die Reihenfolge von Intervention und Nachmessung festgelegt sind, gewährleistet.

- *Ausschluss alternativer Erklärungsmöglichkeiten*: In realen Untersuchungen lassen sich wohl kaum sämtliche denkbaren alternativen Erklärungsmöglichkeiten ausschließen. Hier liegt sicher eine Schwachstelle von Experimenten. Man konzentriert sich deshalb auf besonders wichtige oder besonders häufig auftretende Aspekte einer Untersuchung. Im verwendeten Beispiel ist durch die zufällige Zuordnung der Personen zu Versuchs- und Kontrollgruppe (weitgehend) ausgeschlossen worden, dass sich diese Gruppen systematisch voneinander unterscheiden, was ja eine alternative Erklärung für Unterschiede bei der Nachmessung sein könnte. In der Regel konzentriert man sich bei der Interpretation der Untersuchungsergebnisse auf statistisch signifikante Unterschiede zwischen den Gruppen und schließt damit (wieder nur weitgehend) aus, dass zufällige (kleine) Gruppenunterschiede im Sinne der Untersuchungshypothese interpretiert werden. Die häufig recht komplexe Gestaltung von experimentellen Designs ist typischerweise auf den Ausschluss von mehreren alternativen Erklärungsmöglichkeiten gerichtet. Dazu muss hier auf die umfangreiche Spezial-Literatur verwiesen werden (z.B. Shadish / Cook / Campbell 2002).

- *Theoretische Begründung des Zusammenhangs*: Die Frage, ob eine angemessene theoretische Begründung für einen untersuchten Zusammenhang vorliegt, kann natürlich durch die empirische Methodik nicht beantwortet werden, sondern nur durch eine substanzwissenschaftliche Betrachtung. Allerdings zwingt die Entwicklung eines experimentellen Designs dazu, gezielte Überlegungen hinsichtlich der Wirkungsweise von unabhängigen und abhängigen Variablen (also entsprechende theoretische Überlegungen) anzustellen. Im hier verwendeten Beispiel (Werbung → Einstellungsänderung) ist die theoretische Begründung leicht aus der Standard-Literatur zu Marketing und Konsumentenverhalten ableitbar.

An Hand dieser Überlegungen bzw. des verwendeten Beispiels sollte die enge Verbindung zwischen Kausalhypothesen auf der „theoretischen Seite" und experimentellen Designs auf der „empirischen Seite" deutlich geworden sein. Allerdings ist auch der Einwand zu beachten, dass bei Experimenten das Problem der Theoriebeladenheit (siehe Abschnitt 5.1) eine besonders große Rolle spielen kann. Experimente sind ja typischerweise auf *vorher* theoretisch begründete Hypothesen ausgerichtet und entsprechend gestaltet. Damit verbunden kann natürlich auch die Wahrnehmung und Interpretation von Ergebnissen durch die Forscherin sein, die ja in den meisten Fällen auch eine „Anhängerin" der jeweiligen Theorie ist und versucht, diese zu bestätigen. Peter (1991) verweist auch darauf, dass in der Forschungspraxis (gelegentlich?; häufig?) ein Untersuchungsdesign so lange „Pretests" und Veränderungen unterzogen wird, bis sich das angestrebte Ergebnis einstellt.

Interne und externe Validität von Experimenten

In den vorigen Teilen dieses Kapitels ist die Bedeutung von Reliabilität und Validität einer Untersuchung hinsichtlich der Aussagekraft ihrer Ergebnisse schon erläutert worden. Es stellt sich eben – wie schon erwähnt – das Problem, dass Ergebnisse, die eine Hypothese bestätigen oder nicht bestätigen, in der Aussagekraft hinsichtlich der überprüften Theorie eingeschränkt sind, wenn diese Ergebnisse durch Fehlerhaftigkeit der angewandten Methoden beeinflusst sind. In Bezug auf Experimente kommen zu den allgemeinen Überlegungen zur Validität von Untersuchungen zwei spezifische Aspekte hinzu: Die **interne** und die **externe Validität**. Der Gesichtspunkt der internen Validität ist implizit schon angesprochen worden. **Interne Validität** bezieht sich darauf, alternative - auf den Messvorgang zurückzuführende - Erklärungen für die beobachteten Zusammenhänge auszuschließen. Interne Validität ist also die „Validität von Schlüssen bezüglich der Kausalität einer Beziehung zwischen zwei Variablen" (Shadish / Cook / Campbell 2002, S. 508). Dabei steht die – für Kausalaussagen zentrale – Frage im Mittelpunkt, ob die Veränderung einer abhängigen Variablen tatsächlich auf die vermutete Ursache, also die Veränderung einer unabhängigen Variablen, zurückzuführen ist, oder ob Unzulänglichkeiten der Untersuchungsanlage und der Durchführung der Messungen dafür ausschlaggebend sein können. In der folgenden Abbildung 6.10 ist dieser Aspekt und die Beziehung der gemessenen Variablen zu den theoretisch interessierenden Konzepten / Konstrukten (→ Konstruktvalidität, siehe Abschnitt 6.2.1) dargestellt. Dabei stehen die kleinen Buchstaben (x, y) für die in der Untersuchung verwendeten Variablen, die eine Operationalisierung der entsprechenden Konzepte / Konstrukte (große Buchstaben X, Y) sein sollen.

Abbildung 6.10: Interne Validität und Konstruktvalidität bei Experimenten (nach Viswanathan 2005, S. 344)

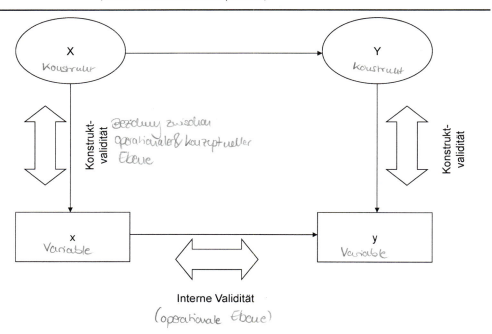

Madhu Viswanathan (2005, S. 343 f.) erläutert die unterschiedlichen Ausrichtungen von Konstruktvalidität und interner Validität:

„Während sich Konstruktvalidität auf die Beziehung zwischen operationaler und konzeptueller Ebene bezieht, ist die interne Validität auf die operationale Ebene bezogen."

Daneben stellt sich die Frage, inwieweit man die Ergebnisse einer Untersuchung *generalisieren* kann. Welche Aussagekraft hat z.B. eine Untersuchung, die bei deutschen Hausfrauen durchgeführt wurde, für Konsumenten schlechthin? Was sagen die Ergebnisse eines Experiments mit 100 amerikanischen Studierenden für Konsumenten oder die Menschheit generell aus? Derartige Fragestellungen gelten der externen Validität von Experimenten. Zur Definition: **Externe Validität** bezieht sich auf die **Generalisierbarkeit** (siehe dazu auch Abschnitt 6.3) von Ergebnissen über verschiedene Personen, Zeiten, Situationen etc. Externe Validität ist also die „Validität von Schlüssen hinsichtlich des Bestands der Kausalbeziehung bei verschiedenen Personen, Situationen, und verschiedenen Messungen der Variablen" (Shadish / Cook / Campbell 2002, S. 507).

Campbell / Stanley (1963, S. 5) formulieren die zentralen Gesichtspunkte zur internen und externen Validität:

„Grundlegend ... ist die Unterscheidung zwischen interner Validität und externer Validität. Interne Validität ist die minimale Grundlage, ohne die jedes Experiment nicht interpretierbar ist: Haben tatsächlich die unabhängigen Faktoren bei diesem Experiment zu einem unterschiedlichen Ergebnis geführt? Externe Validität gilt der Frage nach der Generalisierbarkeit: Auf welche Personengruppen, Situationen, unabhängige Variablen und Messungen kann der Effekt generalisiert werden? Beide Arten von Kriterien sind offenkundig wichtig, obwohl sie häufig im Widerspruch stehen, weil Merkmale, die dem einen dienen, das andere gefährden können."

Hier sollen **fünf Aspekte externer Validität unterschieden** werden:

- Lassen sich die Untersuchungsergebnisse von der typischerweise geringen Zahl untersuchter *Objekte* (z.B. Personen, Unternehmen) auf entsprechende *Grundgesamtheiten* übertragen? Derartige Fragen beantwortet man in der Regel mit Hilfe des Instrumentariums der Stichprobentheorie und Inferenzstatistik.
- Lassen sich die Untersuchungsergebnisse hinsichtlich entsprechender *Untersuchungsgegenstände* (z.B. Einstellung zu einem Produkt → Einstellung zu einem Handelsunternehmen) verallgemeinern?
- Lassen sich die Ergebnisse auf andere *Zeitpunkte* (z.B. 2013 → 2023) übertragen?
- Lassen sich die Ergebnisse auf andere *Kontexte* (z.B. anderes kulturelles Umfeld, andere Märkte) übertragen?
- Erhält man bei der Anwendung anderer *Untersuchungsmethoden* (z.B. andere Messverfahren) die gleichen Ergebnisse oder sind die Ergebnisse von der jeweiligen Methode abhängig?

In der folgenden Abbildung 6.11 sind diese verschiedenen Dimensionen der externen Validität zusammenfassend dargestellt.

Abbildung 6.11: *Veranschaulichung der Aspekte externer Validität*

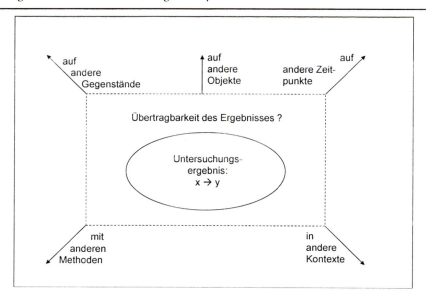

Im Hinblick auf *praktische* (Marketing-) *Fragestellungen* wird oftmals betont, dass die externe Validität unverzichtbar ist, weil es eben darum geht, von den Ergebnissen einer Untersuchung auf die Verhältnisse in den Märkten, für die die Entscheidungen getroffen werden, zu schließen (vgl. Calder / Phillips / Tybout 1981 u. 1982). Hier zeigt sich auch, dass die Nutzung von Experimenten keineswegs auf die Prüfung von Kausalzusammenhängen in Theorien beschränkt ist. Gerade in der Praxis geht es oftmals um Fragestellungen vom Typ „Was wäre, wenn....?". Besondere Bedeutung für die externe Validität hinsichtlich praktischer Fragestellungen haben offenkundig die repräsentative Auswahl von Versuchspersonen (analog zur typischen Vorgehensweise bei repräsentativen Befragungen) und eine realitätsnahe („natürliche") Untersuchungssituation.

Quasi-Experimente

Typisch für die vorstehend gekennzeichneten experimentellen Designs sind der *kontrollierte* (bzw. *manipulierte*) Einsatz der unabhängigen Variablen und die *zufällige Zuordnung* von Versuchspersonen zu Versuchs- und Kontrollgruppen mit dem Ziel, systematische Unterschiede zwischen diesen Gruppen, die die Wirkung der unabhängigen Variablen überlagern könnten, auszuschließen. Nun gibt es Untersuchungssituationen, in denen diese Bedingungen nicht realisiert werden können. Zwei Beispiele mögen dieses Problem illustrieren:

- Es soll untersucht werden, ob bei Menschen, deren Eltern Raucher sind (bzw. waren), die Neigung, selbst Raucher zu werden, stärker entwickelt ist als bei anderen Menschen. Hier ist offenkundig, dass eine zufällige Zuordnung zu den beiden zu vergleichenden Gruppen („Eltern Raucher" und „Eltern Nichtraucher") nicht nur praktisch unmöglich ist, sondern auch ethisch höchst bedenklich wäre.

- Es soll untersucht werden, ob der Erwerb eines Eigenheims die Budgetaufteilung und das Konsumverhalten langfristig (10 Jahre und mehr) beeinflusst. Hier wird man kaum 10 Jahre Zeit haben, um das Konsumwahlverhalten bei Eigenheimkäufern vs. Mietern langfristig zu beobachten. Man müsste wohl eher bei jetzigen Wohnungseigentümern vs. Mietern rückschauend feststellen, welche Verhaltensunterschiede sich ergeben. Das wäre sicher keine zufällige Zuordnung, würde aber das Problem der Untersuchungsdauer lösen.

Campbell / Stanley (1963, S. 34) sprechen in Situationen, in denen man wesentliche Prinzipien experimenteller Untersuchungen anwendet, ohne allen entsprechenden Anforderungen gerecht werden zu können, von **Quasi-Experimenten**. Da bei Quasi-Experimenten durch den notwendigen Verzicht auf die zufällige Zuordnung von Untersuchungsobjekten zu Versuchs- und Kontrollgruppen ein entsprechender Effekt nicht ausgeschlossen werden kann, sind andere Wege zum Ausschluss alternativer Erklärungsmöglichkeiten notwendig. Shadish / Cook / Campbell (2002, S. 105) heben dazu u.a. die „Identifizierung und Analyse möglicher Bedrohungen der internen Validität" durch kritische Überprüfung in Frage kommender alternativer Einflussfaktoren hervor. Andererseits haben Quasi-Experimente oftmals Vorteile im Hinblick auf die externe Validität, weil die verwendeten Daten in „natürlichen" Situationen gemessen wurden.

Campbell / Stanley (1963, S. 34) zu Quasi-Experimenten:

„Es gibt viele reale Situationen, in denen der Forscher so etwas wie ein experimentelles Design bei seiner Untersuchung anwenden kann (z.B. beim „wann" und „bei wem" der Messungen), obwohl er nicht die volle Kontrolle über den Einsatz der experimentellen Stimuli hat (das „wann" und „bei wem" des Einsatzes der Stimuli und dessen Randomisierung), was ein wirkliches Experiment ermöglicht."

Kerlinger / Lee (2000, S. 536) kennzeichnen die Gründe für die Durchführung von Quasi-Experimenten:

„Das wirkliche Experiment bedarf der Manipulation mindestens einer unabhängigen Variablen, der zufälligen Zuordnung der Ausprägungen der unabhängigen Variablen zu den Gruppen.

Wenn eine oder mehrere dieser Voraussetzungen aus dem einen oder anderen Grund nicht gegeben sind, haben wir es mit einem „Kompromiss-Design" zu tun. Kompromiss-Designs sind bekannt als quasi-experimentelle Designs."

6.2.5 Netzwerke von Hypothesen

In den letzten ca. 20 bis 30 Jahren haben Ansätze stark an Bedeutung gewonnen, die es ermöglichen, eine größere Zahl miteinander in Verbindung stehender Hypothesen, also Netzwerke von Hypothesen bzw. größere Teile von Theorien, *gleichzeitig* zu überprüfen (Steenkamp / Baumgartner 2000). Man bedient sich dazu so genannter *Strukturgleichungsmodelle*. In der deutschsprachigen Literatur finden sich für entsprechende Ansätze auch die Bezeichnungen „*Kausalmodelle*" (geprägt durch Bagozzi 1980) oder „*Kausalanalyse*" (Hildebrandt / Homburg 1998). Diese Begriffe sind insofern etwas problematisch als die Anwendungen häufig auf Querschnittsdaten beruhen, die keine Überprüfung von Kausalitäten im strengen Sinne der im Abschnitt 6.2.3 erläuterten Anforderungen erlauben (Scholderer / Balderjahn / Paulssen 2006; Homburg / Pflesser / Klarmann 2008). „Die Möglichkeit, Schlüsse über eine Kausalbeziehung zwischen zwei Variablen zu ziehen, hängt vom verwendeten Untersuchungsdesign ab, nicht von den statistischen Methoden, die zur Analyse der erhobenen Daten verwendet wurden" (Jaccard / Becker 2002, S. 248). Nicht zuletzt ist es schwierig, alternative Erklärungsmöglichkeiten für eine gemeinsame Variation von „Gründen" und „Effekten" (siehe Abschnitt 6.2.3) auszuschließen.

Bagozzi / Yi (2012, S. 22) problematisieren die Möglichkeit zur kausalen Interpretation der Ergebnisse von Strukturgleichungsmodellen:

„Forscher, die SGM benutzen, interpretieren Beziehungen zwischen exogenen und endogenen Variablen oftmals als Kausalbeziehungen und behaupten gleichzeitig, dass Beziehungen zwischen latenten Variablen und manifesten Variablen ebenfalls kausal sind (...). Jedoch sind solche Aussagen besonders zugespitzt und umstritten, so dass sie weiter diskutiert werden müssen."

Die Grundidee von **Strukturgleichungsmodellen** (SGM) besteht darin, dass auf der Grundlage der in einem Datensatz ermittelten Varianzen und Kovarianzen von Indikatoren (beobachtbaren Variablen) Schlüsse im Hinblick auf Abhängigkeitsbeziehungen zwischen komplexen Konstrukten (latenten Variablen) gezogen werden. Die charakteristischen Merkmale von Strukturgleichungsmodellen sind darin zu sehen, dass ein größere Zahl miteinander verbundener Abhängigkeitsbeziehungen analysiert wird und gleichzeitig nicht direkt beobachtete Konzepte in diese Beziehungen einbezogen werden können, wobei Messfehler explizit berücksichtigt werden können.

Es folgt zunächst eine Illustration des Aspekts der gleichzeitigen Analyse mehrerer Abhängigkeitsbeziehungen, wobei mögliche Messfehler hier nicht berücksichtigt sind. Weiber / Mühlhaus (2010, S. 75 ff.) illustrieren diesen Aspekt in ihrem ausgezeichneten Lehrbuch anhand eines Marketing-Beispiels, das in Abbildung 6.12 wiedergegeben ist. Es geht dabei um das Zusammenwirken verschiedener Einflussfaktoren der Kundenbindung bei einem Hotel. Hier wird zunächst unterstellt, dass die Höhe von Wechselbarrieren (Hypothese H4) und das Ausmaß der Kundenzufriedenheit (H5) die Kundenbindung positiv beeinflussen. Weiterhin hat „Variety Seeking", also die Suche nach Abwechslung trotz Zufriedenheit mit dem bisherigen Angebot, einen negativen Einfluss auf die Kundenbindung, sowohl direkt (H2) als auch indirekt (H1) über die Beeinflussung der Höhe der Wechselbarrieren. Die letzte in dem Modell enthaltene Vermutung (H3) bezieht sich auf den negativen Zusammenhang zwischen der Höhe des wahrgenommenen Preises und der Zufriedenheit, die sich dann auch indirekt auf die Kundenbindung auswirkt. Es wird schon deutlich erkennbar, dass – wie im Titel dieses Abschnitts angegeben – mehrere Hypothesen bzw. ein Teil einer Theorie gleichzeitig betrachtet und (später) überprüft werden bzw. wird.

Abbildung 6.12:   Beispiel eines Strukturmodells (Quelle: Weiber / Mühlhaus 2010, S. 77)

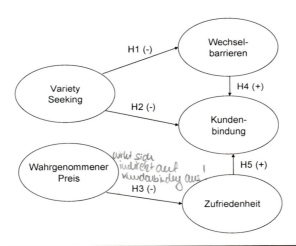

Ein solches Modell wird als **Strukturmodell** bezeichnet. Es beschreibt Beziehungen zwischen so genannten *latenten* Variablen, die in der Literatur auch als theoretische Konstrukte bzw. Konzepte oder als unbeobachtete Variable bezeichnet werden. Darunter versteht man Variable, die nicht direkt beobachtet werden können, die aber mit Hilfe geeigneter Messmodelle geschätzt werden sollen. Es geht also im nächsten Schritt um die Entwicklung und Anwendung dieser Messmodelle, damit die Parameter des Modells geschätzt werden können. Dazu sind im vorliegenden Beispiel für die unterschiedlichen latenten Variablen jeweils verschiedene Indikatoren verwendet worden. So sind zur Messung von Kundenbindung die folgenden Ratingskalen mit den Werten von 1 bis 6 für die Endpunkte (z.B. „sehr gering" bis „sehr stark") verwendet worden (Weiber / Mühlhaus 2010, S.100):

- <u>Beziehung</u>: „Wie stark ist Ihr Wunsch, eine langfristige Beziehung zu dem Hotel aufzubauen?"

- Planung: „Wie konkret haben Sie bereits geplant, einen nächsten Urlaub in diesem Hotel zu verbringen?"
- Längere Besuche: „Wie stark ist Ihre Neigung, zukünftig auch längere Aufenthalte in diesem Hotel vorzunehmen?"
- Wiederwahl: „Wie sicher werden Sie dieses Hotel bei einem nächsten Urlaub in der Region wieder aufsuchen?"

Entsprechend wird bei der Generierung und Auswahl von *Indikatoren* (auch als manifeste Variablen oder Beobachtungen bezeichnet) für die anderen latenten Variablen verfahren. Die (deutlich vereinfachte) Darstellung des Strukturmodells mit den entsprechenden Messmodellen findet sich in der Abbildung 6.13.

Abbildung 6.13: *Beispiel eines Struktur- und Messmodells (stark vereinfacht nach Weiber / Mühlhaus 2010, S. 153) (hier ohne Berücksichtigung von Messfehlern)*

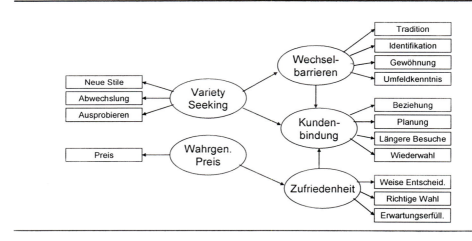

Messfehler werden in solchen Modellen auf zweierlei Weise berücksichtigt: Jeder manifesten (beobachtbaren) Variablen (z.B. „Neue Stile" oder „Tradition") ist ein Messfehler zugeordnet, der als nicht beobachtbar aufgefasst wird. Endogenen latenten Konstrukten (also Variablen, die im Modell durch andere Variable erklärt werden, z.B. „Wechselbarrieren") wird jeweils eine Residualgröße zugeordnet, in der die durch die exogenen Konstrukte (z.B. „Variety Seeking") nicht erklärte Varianz abgebildet wird.

Weil es sich bei den Indikatoren zur Schätzung der latenten Variablen um so genannte *reflektive Indikatoren* handelt, sind die Pfeile im Modell entsprechend gerichtet. Es wird also angenommen, dass die latente Variable (z.B. „Variety Seeking") die unterschiedlichen Ausprägungen der Indikatoren (z.B. „Neue Stile", „Abwechslung", „Ausprobieren") verursacht, dass also die Indikatoren gewissermaßen Unterschiede bei den zugehörigen latenten Variablen reflektieren.

Strukturgleichungsmodelle werden heute auch oft genutzt, um die Konvergenz- und Diskriminanzvalidität (siehe Abschnitt 6.2.1) von Messungen mehrerer Variabler zu prüfen (z.B. Bagozzi / Yi 2012; Marsh / Grayson 1995). Dazu werden einerseits die Übereinstimmung mehrerer Indikatoren für dasselbe Konstrukt (→ Konvergenzvalidität) und andererseits die Unterscheidungsfähigkeit von Indikatoren, die sich auf verschiedene theoretische Konstrukte beziehen, (→ Diskriminanzvalidität) ermittelt. Allerdings gibt es dabei zwei Einschränkungen: 1. Die beiden anderen „Komponenten" der Konstruktvalidität – Inhalts- und (oft) Kriterienvalidität – werden nicht berücksichtigt. 2. Da meist alle Indikatoren gleichzeitig mit demselben Erhebungsinstrument (z.B. Fragebogen) gemessen werden, wird in diesen Fällen nicht dem von Campbell / Fiske (1959) formulierten Anspruch möglichst geringer Gemeinsamkeiten der bei der Prüfung der Konvergenzvalidität verwendeten Messungen entsprochen.

Die Schätzung der Parameter solcher Modelle erfordert komplexe und anspruchsvolle Methoden, für die entsprechende Software verfügbar ist, was natürlich ein tiefgehendes Verständnis der Methoden für eine sinnvolle Anwendung keineswegs überflüssig macht. Dabei ist zwischen kovarianzbasierten Techniken (LISREL / AMOS) und varianzbasierten Verfahren (PLS) zu unterscheiden. Das Ergebnis einer solchen Schätzung zeigt dann, ob sich die theoretisch vermuteten Beziehungen zwischen den verschiedenen Variablen bestätigen und wie stark diese Beziehungen sind. Für solche Aussagen muss mit Hilfe so genannter Gütemaße beurteilt werden, inwieweit das Modell mit den erhobenen Daten übereinstimmt. Diese methodisch anspruchsvollen Fragen werden in der Literatur umfassend diskutiert. Für (relativ) leicht verständliche Darstellungen sei auf Hair / Black / Babin / Anderson (2010), Hoyle (1995) und vor allem Weiber / Mühlhaus (2010) verwiesen.

Wenn man beide Komponenten – Strukturmodell und Messmodell – gemeinsam betrachtet, dann werden drei Beziehungen zu den bisherigen Überlegungen in diesem Kapitel erkennbar:

- Im Abschnitt 6.2.2 ging es um die Überprüfung einzelner Hypothesen. Hier steht dagegen die gleichzeitige Prüfung einer größeren Zahl theoretisch verbundener Hypothesen (→ Strukturmodell) im Mittelpunkt mit der Perspektive, dass ganze Theorien oder Teile davon gleichzeitig getestet werden können.
- Im Abschnitt 6.2.1 sind die wichtigen Fragen der Validität (und Reliabilität) recht ausführlich diskutiert worden. Dabei bildete eine Vorgehensweise, bei der zunächst die Validität von Messungen überprüft wird und dann diese Messungen zum Test von Hypothesen verwendet werden, den gedanklichen Hintergrund. Bei Strukturgleichungsmodellen erfolgen wesentliche Teile der Prüfung der Messungen (→ Messmodell) gleichzeitig mit dem Test der Hypothesen.

- In dem ebenfalls im Abschnitt 6.2.1 vorgestellten Grundmodell der empirischen Forschung ist die bei den wissenschaftstheoretischen Überlegungen in den vorangehenden Kapiteln angesprochene gedankliche Trennung von Theorie auf der einen und Empirie auf der anderen Seite deutlich ausgewiesen. Operationalisierung und Interpretation stellen gewissermaßen die „Brücken" zwischen beiden Bereichen her. Dieser Aspekt ist in Strukturgleichungsmodellen explizit dargestellt: Latente Variablen repräsentieren den Bereich der Theorie, Indikatoren stehen für empirische Beobachtungen / Messungen.

In der wissenschaftlichen Praxis hat sich ein zweistufiges Vorgehen etabliert, welches die Prüfung und gegebenenfalls Anpassung der einzelnen Messmodelle (Operationalisierung) und die Beurteilung des Gesamtmodells (Fit) umfasst (Anderson / Gerbing 1988).

Wesentliche Vorzüge von Strukturgleichungsmodellen werden von Bagozzi / Yi (2012, S. 12) kurz aufgezählt:

„Als Zusammenfassung bieten wir hier eine Liste von Vorteilen, die die Nutzung von Strukturgleichungsmodellen bringen kann:

1. Hat eine integrierende Funktion (ein einheitliches „Dach" für verschiedenen Methoden bei führender Software)

2. Hilft Forschern präziser bei der Spezifizierung von Hypothesen und Operationalisierung von Konstrukten zu sein

3. Berücksichtigt die Reliabilität von Messungen bei Hypothesentests in einer Weise, die über die Durchschnittsbildung mehrerer Maßgrößen für ein Konstrukt hinausgeht

4. Leitet explorative und konfirmatorische Forschung durch Kombination von Erkenntnisgewinnung, Modellbildung und Theorie. Funktioniert im Entdeckungs- und Begründungszusammenhang.

5. Führt oft zu neuen Hypothesen, die anfangs nicht betrachtet wurden, und öffnet neue Wege der Forschung.

6. Ist hilfreich bei experimentellen Untersuchungen und repräsentativen Umfragen, bei Querschnitts- oder Längsschnitt-Untersuchungen, bei deskriptiven Untersuchungen oder Hypothesentests, innerhalb oder beim Vergleich von Gruppen oder institutionellen und kulturellen Kontexten.

7. Ist leicht durchzuführen.

8. Macht Spaß."

Die Gesichtspunkte 7 und 8 dürften stark durch die subjektive Einschätzung der Autoren geprägt sein.

Trotz aller theoretisch bestechenden Vorzüge der so genannten Kausalanalyse gegenüber herkömmlichen Methoden gibt es auch Kritik an deren Anwendungen in der Forschungspraxis. Hermann Diller (2004) fasst unter dem schönen Titel „Das süße Gift der Kausalanalyse" einige wichtige Aspekte zusammen, die aber nicht alle nur auf Strukturgleichungsmodelle zutreffen. Er kritisiert zunächst eine „Konstruktüberflutung" durch Anwender solcher Modelle, wodurch die weitere Entwicklung und Überprüfung existierender Theorien eher behindert wird. Weiterhin wird eine verbreitete Nachlässigkeit bei der Operationalisierung latenter Konstrukte beklagt. Als drittes Problem spricht Diller (2004) die verbreitete Messung von abhängigen und unabhängigen Variablen bei derselben Datenquelle (z.B. derselben Auskunftsperson) an. Dadurch erhält man manchmal Ergebnisse, die weniger auf den Zusammenhang der Variablen als auf die Bemühung der Auskunftspersonen um konsistentes Antwortverhalten zurückzuführen sind.

Eine wesentlich umfangreichere und detailliertere Diskussion von Problemen bei der Anwendung von Strukturgleichungsmodellen stammt von Albers und Hildebrandt (2006). Diese Autoren kritisieren u.a., dass häufig die zur Messung verwendeten Indikatoren eher nach formalen Kriterien (z.B. Konsistenz der Messwerte) als im Hinblick auf eine angemessene Wiedergabe des theoretisch interessierenden Konstrukts ausgewählt werden. Daneben wird auch die mangelnde Sorgfalt hinsichtlich der Unterscheidung so genannter „reflektiver" und „formativer" (Diamantopoulos / Winklhofer 2001) Indikatoren kritisiert, die wiederum gravierende Konsequenzen für die Aussagekraft von Ergebnissen haben kann. Letztlich sei hier an die eingangs dieses Abschnitts schon benannte Einschränkung im Hinblick auf Kausal-Aussagen erinnert, die dadurch begründet ist, dass meist die zeitliche Abfolge von Ursachen und Wirkungen nicht berücksichtigt wird.

Strukturgleichungsmodelle werden in der Wissenschaft vielfach und vielfältig angewendet. In der Praxis spielen sie offenbar eine geringere Rolle (Simon 2008).

6.3 Empirische Forschung und Generalisierbarkeit

Im Abschnitt 3.2 ist der gewissermaßen „klassische" Weg der Gewinnung wissenschaftlicher Erkenntnisse über die Bildung und Überprüfung von Theorien skizziert worden. Danach gibt es verschiedene Wege zur Entstehung von Theorien, u.a. den Versuch der Generalisierung von Beobachtungen (→ *Induktion*) oder plötzliche Ideen („Heureka"). Darauf soll die Überprüfung (gegebenenfalls Falsifikation oder Modifikation) der Theorie folgen.

Nun kann man aus einer noch so großen Zahl gleichartiger Beobachtungen keine sicheren Schlüsse hinsichtlich entsprechender Gesetzmäßigkeiten ziehen. Es könnte ja irgendwann ein abweichender Fall auftreten, der bisher noch nicht beobachtet wurde (siehe Abschnitt 3.3). Andererseits sei an einen der zentralen Aspekte des wissenschaftlichen Realismus aus Abschnitt 5.3 erinnert:

> Wenn eine Theorie und die darin enthaltenen Aussagen sich langfristig und oft bei entsprechenden Tests und in praktischen Anwendungen bewähren, dann *spricht offenbar vieles dafür*, dass diese Aussagen *weitgehend richtig* sind, obwohl man *keine Sicherheit* erreichen kann.

Es geht im vorliegenden Abschnitt also um Ansätze, bei denen verschiedene Ergebnisse zum gleichen Untersuchungsgegenstand zusammengefasst werden bzw. gezielt neue Untersuchungen zur Überprüfung bisheriger Ergebnisse (→ *Replikationen*) durchgeführt werden. Derartige Ansätze sind auf die **Generalisierbarkeit** von Untersuchungsergebnissen gerichtet.

Unter dem Stichwort *Operationalisierung* ist im Abschnitt 6.2.2 erläutert worden, dass es für die Überprüfung von Theorien in der Realität notwendig ist, den (abstrakten) theoretischen Konzepten durch den Einsatz entsprechender Methoden konkrete Messungen zuzuordnen und die Ergebnisse dieser Messungen im Hinblick auf die verwendeten Hypothesen zu analysieren. Der Prozess der Operationalisierung ist also gleichzeitig ein Prozess der Konkretisierung und damit der Einengung der Untersuchung. Beispielsweise wird auf diesem Weg aus einer *allgemeinen* Frage nach dem Zusammenhang von Involvement und Informationsnachfrage vor dem Kauf eine konkrete Untersuchungsfrage zum Zusammenhang zwischen Involvement gegenüber *bestimmten Produkten* und der Informationsnachfrage beim Kauf *dieser Produkte*. Darüber hinaus wird die betreffende Untersuchung zu einem bestimmten Zeitpunkt, in einem bestimmten Umfeld, mit bestimmten Methoden etc. durchgeführt. Es stellt sich die Frage, welche Aussagekraft eine solche *spezifische* Untersuchung für die *allgemeinere* Fragestellung hat, die am Anfang stand. Das ist die Frage der *Generalisierbarkeit* der Untersuchungsergebnisse. Abbildung 6.14 illustriert das Problem. Es sei hier auch an die Überlegungen zur Abstraktion vs. Selektion im Abschnitt 3.1 erinnert.

Abbildung 6.14:   Operationalisierung und Generalisierung

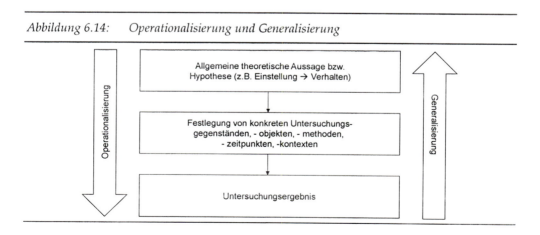

Die Generalisierbarkeit von Untersuchungsergebnissen bezieht sich auf die Frage, inwieweit von einem bestimmten Ergebnis auf andere *Objekte* (z.B. Stichprobe → Grundgesamtheit), *Gegenstände* (z.B. Einstellung zu einem Produkt → Einstellungen generell), *Zeitpunkte* (z.B. Gegenwart → Zukunft), *Kontexte* (z.B. USA → Europa) und mögliche Ergebnisse bei Anwendung anderer *Methoden* (z.B. Labor- → Feldexperiment) geschlossen werden kann. Eine entsprechende Fragestellung im Zusammenhang experimenteller Untersuchungen wurde im Abschnitt 6.2.3 unter dem Stichwort „externe Validität" bereits angesprochen.

Kerlinger / Lee (2000, S. 474) kennzeichnen die Bedeutung des Generalisierbarkeitsproblems:

„Können wir die Ergebnisse einer Untersuchung im Hinblick auf andere Teilnehmer, andere Gruppen oder andere Bedingungen generalisieren? Vielleicht ist die Frage so besser formuliert: In welchem Maße können wir die Ergebnisse der Untersuchung generalisieren? Dieses ist wahrscheinlich die komplexeste und schwierigste Frage, die bezüglich einer Untersuchung gestellt werden kann, weil sie nicht nur technische Aspekte betrifft (wie Stichprobenziehung oder Untersuchungsdesign), sondern wesentliche Probleme von Grundlagenforschung und angewandter Forschung."

Die Möglichkeit zur Generalisierung von Ergebnissen ist natürlich für zahlreiche anwendungsorientierte Untersuchungen von entscheidender Bedeutung. Die Ergebnisse einer Konsumentenbefragung sind ja meist nur praktisch relevant, wenn man davon auf das Verhalten einer Zielgruppe generell schließen kann. Typischerweise liegt der Fokus bei anwendungsorientierten Untersuchungen beim Schluss von einer Stichprobe auf eine interessierende Grundgesamtheit.

In der wissenschaftlichen Marketingforschung werden daneben vor allem die folgenden Ansätze verfolgt, um zu generalisierbaren Aussagen zu gelangen:
- Durchführung von Replikationsstudien
- Empirische Generalisierungen
- Meta-Analysen

Unter **Replikationsstudien** versteht man Wiederholungen von Untersuchungen, die sich nicht im Untersuchungsgegenstand, meist aber hinsichtlich einiger Aspekte der Vorgehensweise von der Originalstudie unterscheiden. Dadurch erreicht man eine gewisse Unabhängigkeit der Ergebnisse von Stichprobenfehlern, den Spezifika der Untersuchungsmethoden, den Einflüssen einzelner Personen und zumindest vom Untersuchungszeitpunkt. Hier sei an die im Abschnitt 3.3 angesprochene Bedingung für induktive Schlussweisen erinnert, die darin bestand, dass Beobachtungen unter verschiedenen Rahmenbedingungen zum gleichen Ergebnis führen sollen.

Generell gilt die Möglichkeit zur Replikation als wesentliches Kriterium für die Wissenschaftlichkeit von Untersuchungen. Darauf ist im Zusammenhang mit Experimenten (6.2.3) schon kurz hingewiesen worden. So ist es in den Naturwissenschaften üblich, dass Ergebnisse replizierbar sein müssen. Dadurch erreicht man die Unabhängigkeit der Ergebnisse von einer bestimmten Untersuchungssituation und –methode und erreicht auch einen gewissen Schutz gegen manipulierte Ergebnisse. Im Zusammenhang mit der Diskussion von Paradigmen (Abschnitt 5.2) und des Relativismus (Abschnitt 5.3) war ja angesprochen worden, dass auch empirische Ergebnisse durch die Sichtweise des Forschers (→ „theoriebeladen") und die angewandten Methoden systematisch verzerrt sein können. Insofern erreicht man durch Replikationen mit unterschiedlichen Methoden und durch verschiedene Forscher eine gewisse Unabhängigkeit von solchen Einflüssen.

Hunter (2001) unterscheidet folgende *Arten von Replikationen*:

Statistische Replikationen (exakte Wiederholungen früherer Studien; Zweck: Bestimmung der Genauigkeit von statistischen Ergebnissen, Reduktion des Stichprobenfehlers)

Wissenschaftliche Replikationen (Anwendung äquivalenter – aber nicht identischer – Methoden)

Konzeptuelle Replikationen (deutliche Veränderungen gegenüber der Original-Studie durch Einbeziehung zusätzlicher Variabler; Zweck: Prüfung hinsichtlich weiterer möglicher Einflussfaktoren, Erweiterung des Geltungsbereichs der Befunde)

Kerlinger / Lee (2000, S. 365) zu Wesen und Bedeutung von Replikationsstudien:

„Wann immer möglich, sollte man Replikationsstudien durchführen. ….. Das Wort Replikation wird an Stelle von Wiederholung benutzt, weil bei einer Replikation, obwohl die ursprüngliche Beziehung erneut untersucht wird, bei der Untersuchung andere Teilnehmer beteiligt sind, etwas andere Bedingungen herrschen und sogar weniger, mehr oder andere Variable einbezogen werden."

Trotz der Bedeutung von Replikationsstudien für den wissenschaftlichen Erkenntnisprozess werden nur relativ wenige entsprechende Untersuchungen durchgeführt (Easley / Madden / Dunn 2000). Für den Zeitraum von 1974 bis 1989 haben Hubbard / Armstrong (1994) die in den drei führenden Zeitschriften Journal of Marketing, Journal of Marketing Research und Journal of Consumer Research erschienenen insgesamt 1120 Artikel untersucht und konnten darunter nur 20 Replikationsstudien (im weiteren Sinn) identifizieren. Das liegt vor allem an den geringen Publikationschancen dafür. Damit entfällt für die meisten Wissenschaftler der entscheidende Anreiz für entsprechende Bemühungen (siehe dazu Abschnitt 2.5). Eine Ausnahme unter den führenden Marketing-Zeitschriften bildet das Journal of Consumer Research, das eine besondere Sparte für Replikationsstudien („Re-Inquiry") eingerichtet hat. Allerdings erscheinen in dieser Rubrik nach anfänglichen Bemühungen nur noch selten entsprechende Studien.

Hunter (2001) hebt als mögliche Ursache für das geringe Interesse an Replikationen zwei Gesichtspunkte hervor und nennt auch die entsprechenden Gegenargumente:

- Vorwurf zu „geringer Kreativität" bei Replikationsstudien; Gegenargumente: Für solide Forschung ist eine entsprechend solide Wissensbasis notwendig; Kreativität ist nicht das einzige Kriterium für die Qualität von Forschung.
- Vorwurf zu geringen Erkenntniszuwachses; Gegenargument: Eine einzelne Studie mit den systematischen Problemen und Zufälligkeiten ihrer Ergebnisse ist eine zu schwache Wissensbasis.

Empirische Generalisierungen sind Zusammenfassungen von Untersuchungsergebnissen, „die über eine Beobachtung unter einer einmaligen Bedingung hinausgehen" (Eisend 2006, S. 249). Hier sei wegen der sprachlich möglicherweise etwas verwirrenden Begrifflichkeit betont, dass empirische Generalisierungen eine *bestimmte Vorgehensweise* (s.u.) sind, die dem *allgemeineren Ziel* der Generalisierbarkeit dient. Bass (1995, S. 7) versteht darunter „ein Muster oder eine Regelmäßigkeit, die wiederholt unter verschiedenen Bedingungen auftritt und die mathematisch, graphisch oder symbolisch dargestellt werden kann." Bass / Wind (1995, S. 2) nennen folgende charakteristische Merkmale / Anforderungen an empirische Generalisierungen:

- Mehrere Untersuchungen (mindestens zwei) als Grundlage
- Hohe Qualität der Untersuchungen
- Objektivität der Untersuchungen (→ verschiedene Autoren)
- Konsistenz der Ergebnisse unter verschiedenen Bedingungen

Weniger einheitlich akzeptiert sind nach Bass / Wind (1995, S. 2) die folgenden drei Merkmale:

- Theoretische Fundierung
- Relevanz für Management-Probleme
- Repräsentativität der Untersuchungen (auch nicht publizierter Untersuchungen)

Merkmale empirischer Generalisierungen erläutert Martin Eisend (2006, S. 249):

„Empirische Generalisierungen erwarten dabei keine universelle Gültigkeit, genau genommen ist dies überhaupt nicht möglich, etwa wenn es um die Generalisierung über die Zeit hinweg geht. Empirische Generalisierungen beanspruchen eine Gültigkeit lediglich unter bestimmten Bedingungen, ein relevantes Kennzeichen gerade in den Sozialwissenschaften, da sich Bedingungen in der sozialen Umwelt meist schneller ändern als in der Natur (….).

Empirische Generalisierungen sind deskriptiver Art, liefern also zunächst nur Beschreibungen von Fakten und deren Zusammenhängen, zur Erklärung bedarf es entsprechender Theorien. Als einfache Zusammenfassung von Daten ist eine empirische Generalisierung dann aber auch nicht falsifizierbar, da sie ja nur über die ihr zugrunde liegenden Daten generalisiert (….). Es geht also nicht um einen naiven Induktivismus bzw. Empirismus, da nicht über die empirische Generalisierung hinaus verallgemeinert wird."

Empirische Generalisierungen haben in erster Linie deskriptiven Charakter indem sie eine zusammenfassende Beschreibung von Fakten liefern. Sie bieten in diesem Sinne keine wissenschaftlichen Erklärungen. Kerin / Sethuraman (1999, S. 103) formulieren zusätzliche Anforderungen an empirische Generalsierungen (neben der empirischen Regelmäßigkeit), damit man von einer Gesetzmäßigkeit (im Sinne von Abschnitt 4.1) sprechen kann:

- Es handelt sich um eine generelle Konditionalbeziehung („wenn – dann").
- Die Aussagen sind in einen wissenschaftlichen Erklärungsrahmen (Theorie) eingebunden.
- Die Aussagen haben relevantes Erklärungs- und Voraussagepotenzial („insight and importance").

Ein besonders umfassender und methodisch weit entwickelter Ansatz empirischer Generalisierungen sind **Meta-Analysen**. Man versteht darunter „quantitative Methoden der Zusammenfassung und Integration einer Vielzahl empirischer Befunde zu einem bestimmten Problem oder Phänomen" (Franke 2002, S. 233). Besonders prägnant ist die Kurz-Bezeichnung „Analyse von Analysen". Man geht dabei so vor, dass man möglichst viele (im Idealfall alle) einschlägigen empirischen Ergebnisse zusammenfasst und unter Berücksichtigung der unterschiedlichen Stichprobengrößen und Effektstärken (z.B. Größe der Korrelationskoeffizienten) gewissermaßen ein „gemeinsames" Ergebnis berechnet. Die Unterschiedlichkeit der verwendeten Studien gilt dabei auch als Vorteil, weil auf diese Weise das Gesamtergebnis unabhängig von den Spezifika einzelner Studien wird bzw. der Einfluss der Unterschiede der Studien geprüft und erklärt werden kann. Zu Einzelheiten der Methode existiert inzwischen umfangreiche Literatur. Eine knappe Einführung gibt Eisend (2006), eine ausführliche Darstellung bieten z.B. Borenstein / Hedges / Higgins / Rothstein (2009).

Lehmann / Gupta / Steckel (1998, S. 746) zur Relevanz von Meta-Analysen für die Marketingforschung:

„Einer der fruchtbarsten Untersuchungsansätze ist es herauszufinden, was aus früheren Studien zu lernen ist. Beispielsweise kann eine Werbeagentur, die in 237 Fällen die Wirkung einer Intensivierung der Werbung untersucht hat, mehr aus der Zusammenfassung der 237 Untersuchungen lernen als aus der Durchführung der 238. Untersuchung. Der Prozess der Zusammenfassung der Informationen aus früheren Studien wird bezeichnet als empirische Generalisierung

und / oder Meta-Analyse (d.h. Analyse früherer Analysen). Die zentrale Idee besteht darin, dass wir aus anderen (vergangenen) Situationen lernen können."

Meta-Analysen haben im Hinblick auf die Feststellung des Bewährungsgrades von Theorien große Bedeutung bzw. besondere Leistungsfähigkeit. Abbildung 6.15 (nach Franke 2002, S. 233 f.) illustriert die Rolle von Meta-Analysen in diesem Zusammenhang.

Abbildung 6.15: Rolle von Meta-Analysen bei der Bewährung von Theorien

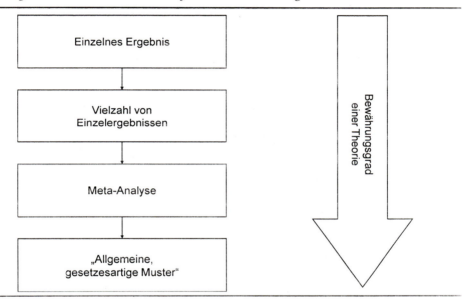

Hier geht es also in erster Linie darum, dass bei Aussagen auf der Basis einer Vielzahl von Untersuchungsergebnissen mit größerer Sicherheit auf die „Wahrheit" einer Theorie geschlossen werden kann. Miller / Pollock (1994) fügen noch zwei weitere Aspekte zur Beziehung von Meta-Analysen und Theorieprüfung / –entwicklung hinzu:

- Identifizierung und Schätzung von Einflussfaktoren unterschiedlicher Ergebnisse der einzelnen Studien, die in die Meta-Analyse einbezogen wurden, und dadurch mögliche Differenzierung der Aussagen.
- Test von Hypothesen, die noch nicht Gegenstand der einbezogenen Einzel-Untersuchungen waren.

Gleichwohl gibt es auch Kritik an der Anwendung von Meta-Analysen, wobei u.a. die folgenden Gesichtspunkte genannt werden:

- *„Äpfel-und-Birnen"-Problem*: Ergebnisse unterschiedlichster Studien werden miteinander vermengt. Im Sinne der Unabhängigkeit von Ergebnissen von den Spezifika einzelner Methoden und den Sichtweisen einzelner Forscher ist aber dieser Effekt gerade erwünscht.
- *Unterschiedliche Qualität der Studien*: Die Einbeziehung schlechter Untersuchungen kann die Ergebnisse der Meta-Analyse verfälschen („Garbage in, garbage out").
- *Publication Bias bzw. File-Drawer-Problem*: Verzerrung der Ergebnisse zu Gunsten veröffentlichter (meist signifikanter) Ergebnisse (siehe z.B. Hubbard / Armstrong 1992); deswegen wird auch die Suche nach unveröffentlichten Studien („file drawer research") gefordert.

Abschließend noch eine Anmerkung zur *Relevanz der Generalisierbarkeit* in der Sichtweise des *wissenschaftlichen Realismus*: Im Abschnitt 5.3 ist ja verdeutlicht worden, dass man im wissenschaftlichen Realismus durchaus induktive Schlussweisen zulässt (mit entsprechender Vorsicht bei den resultierenden Aussagen; → „fehlbarer Realismus"). Daneben ist dargestellt worden (siehe Abbildung 5.5), wie sich eine größere Zahl erfolgreicher oder nicht erfolgreicher Anwendungen einer Theorie auf deren Akzeptanz auswirkt. Insofern leisten die im vorliegenden Abschnitt angesprochenen Replikationsstudien, empirischen Generalisierungen und Meta-Analysen einen wesentlichen Beitrag zur Theorieprüfung im Sinne des wissenschaftlichen Realismus. Besonders attraktiv erscheinen in dieser Perspektive Meta-Analysen, weil ja dabei Stärken und Schwächen von Effekten und Richtungen von Zusammenhängen (Hypothesen bestätigend oder nicht bestätigend) explizit bei der Zusammenfassung von Untersuchungsergebnissen berücksichtigt werden.

6.4 Qualitative Forschung bei der Theoriebildung

Im 3. Kapitel (Abschnitt 3.2) sind unterschiedliche Wege der Entstehung von Theorien dargestellt worden. Einer dieser Wege ist durch so genannte **„explorative Untersuchungen"** bestimmt. Wie dieser Name schon erkennen lässt, geht es hier um Entdeckung von Zusammenhängen und anschließende Theoriebildung. In der Marketingwissenschaft sieht man einen sehr engen Zusammenhang zwischen dem explorativen Ziel von Untersuchungen und ihrem typischerweise *qualitativen* Charakter. Während es in den bisherigen Abschnitten des vorliegenden Kapitels hauptsächlich darum ging, Hypothesen oder Teile von Theorien mit Hilfe weitgehend standardisierter Datenerhebungen und statistischer Methoden zu testen, stehen hier Ansätze im Vordergrund, mit denen eher Hypothesen generiert werden. In diesem Sinne spricht man hier im Gegensatz zu den *struktur-prüfenden* (meist statistischen) Methoden auch von *struktur-entdeckenden* Methoden.

Das übliche Instrumentarium explorativer Untersuchungen lässt sich durch zwei Gesichtspunkte kennzeichnen:

- Es geht weniger um quantifizierende Angaben als darum, möglichst *vielfältige und tiefgehende Einsichten* in den Untersuchungsgegenstand zu gewinnen.
- Damit der Zweck explorativer Forschung erreicht werden kann, ist eine enge *Einbindung des Forschers in den Prozess der Informationssammlung* hilfreich. Wenn diese Tätigkeit vom Forscher (z.B. an externe Interviewer) delegiert wird, verliert er die Möglichkeit, seine wachsende Vertrautheit mit dem Untersuchungsgegenstand durch spezifische Fragestellungen in den Forschungsprozess einzubringen, und muss damit rechnen, dass Einzelheiten und Nuancen der von anderen Personen gesammelten Informationen nicht zu ihm gelangen.

Die **qualitative Methodik** ist dem entsprechend auf die Gewinnung von Ideen und Hypothesen ausgerichtet, nicht auf möglichst präzise Messungen und repräsentative Ergebnisse. Besonders deutlich wird der relativ geringe Grad methodischer Festlegungen und die Offenheit für ganz neuartige Vorgehensweisen und Ergebnisse bei qualitativer Forschung im Titel eines Aufsatzes von Meyer / Raffelt (2009) „Qualitative Forschung: Zwischen Wissenschaft und Kunst". In einer vom wissenschaftlichen Realismus geprägten Sichtweise können explorative Untersuchungen (mit qualitativer Methodik) vor allem am Beginn eines Forschungsprozesses stehen, der dann zur Theoriebildung führt. Diese Theorien sind danach Gegenstand der Überprüfung mit (überwiegend) so genannten „quantitativen" Methoden (Anmerkung: Der Begriff „quantitativ" wird hier in Anführungsstriche gesetzt weil man ansonsten in der Marketingwissenschaft darunter mathematisch anspruchsvolle Methoden der Modellierung und Datenanalyse versteht, siehe z.B. Albers 2000).

Einer der führenden Autoren im Bereich qualitativer Untersuchungsmethoden, Robert Yin (2011, S. 7 ff.), hebt fünf Merkmale qualitativer Forschung hervor:

- Untersuchung menschlichen Verhaltens unter **natürlichen Bedingungen** (und nicht in der künstlichen Situation z.B. eines Laborexperiments), beispielsweise durch Beobachtungen im Rahmen einer Fallstudie oder durch Interviews in einer natürlichen Gesprächssituation
- Wiedergabe der **Sichtweisen der Untersuchungsteilnehmer** (und nicht „Messungen an Untersuchungsobjekten", die durch den Forscher bestimmt sind)
- Erfassung der **Rahmenbedingungen**, unter denen das Verhalten stattfindet (und nicht isolierte Betrachtung nur einzelner Variabler)
- Ausrichtung auf **umfassendes Erklären und Verstehen** menschlichen Verhaltens (und nicht Test isolierter Hypothesen)

- Verwendung **mehrerer Informationsquellen** (z.B. Beobachtungen, Interviews, Auswertung von Dokumenten) (und nicht Konzentration nur auf eine Erhebungsmethode wie repräsentative Befragung oder Experiment)

Bei einigen dieser Punkte deutet sich schon eine Verbindung zu relativistischen wissenschaftstheoretischen Positionen an, auf die in einem Exkurs weiter unten noch eingegangen wird.

Der Autor dieses Buches hat an anderer Stelle (Kuß 2010, S. 118) die typischen Merkmale qualitativer Untersuchungen in der Marketingforschung zusammengefasst:

- *„Relativ kleine Fallzahl (n<<30), in der Regel nicht repräsentative Stichproben*
- *Hauptziele sind Verständnis und Theoriebildung*
- *Untersuchungsergebnisse entstehen durch (meist verbale) Beschreibung und Interpretation*
- *Offenheit für neuartige Ergebnisse*
- *Freie Formen von Befragungen und Beobachtungen*
- *Phasen der Datenerhebung und –interpretation wechseln sich ab und beeinflussen sich gegenseitig ('Zirkuläres Modell des Forschungsprozesses', Wrona 2009, S. 228)*

(siehe dazu auch Calder 1994)

In der Marketingforschung finden vor allem die folgenden vier Typen qualitativer Forschung Anwendung (siehe z.B. Kuß 2012, S. 137 ff.):

- **Gruppendiskussionen (Focus Group Interviews):** Darunter versteht man die gleichzeitige Befragung von mehreren (oft 6-10) Auskunftspersonen, denen Interaktionen untereinander zumindest gestattet sind. Dadurch nähert man sich an eine natürliche Gesprächssituation an und die TeilnehmerInnen stimulieren sich gegenseitig.
- **Tiefeninterviews:** Damit sind relativ lange, nicht oder nur gering standardisierte Interviews gemeint, mit denen größere Gedanken- oder Argumentationsketten erhoben werden und die Auskunftspersonen angeregt werden, entsprechende Überlegungen anzustellen und zu äußern. In der Literatur zu qualitativen Methoden werden hier vor allem Experteninterviews, problemzentrierte und narrative Interviews unterschieden.
- **Fallstudien:** Fallstudien können sich auf Abläufe (z.B. Innovationsprozesse), Personen (z.B. Gründe für eine Markenbindung), Organisationen (z.B. verfolgte Strategien) oder andere soziale Einheiten (z.B. Familien, Gruppen) bezie-

hen. Typisch für eine Fallstudie ist die Nutzung unterschiedlicher Datenquellen und Erhebungsmethoden zur umfassenden Analyse des jeweiligen Falles (Yin 2009, S. 18).

- **Verbale Protokolle:** Der gelegentlich dafür verwendete Begriff „Methode des lauten Denkens" kennzeichnet schon, was hier gemeint ist. Die Versuchspersonen sollen bei der Beschäftigung mit einem Problem (z.B. Auswahl einer Pauschalreise) alle Informationen und Überlegungen aussprechen, die ihnen in den Sinn kommen (siehe z.B. Ericsson / Simon 1993). Die Aufzeichnung und Auswertung dieser Äußerungen erlaubt dann Schlüsse auf verwendete Informationen und Entscheidungskriterien, z.B. bei Kaufentscheidungen.

Einen Eindruck von der Vielfalt der Methoden qualitativer Marketingforschung erhält man u.a, durch die Ergebnisse der Studie von Buber / Klein (2009, S. 53) zu deren Bedeutung für die Marktforschungspraxis. Als die zehn wichtigsten Methoden werden dort genannt:

Focus Groups

Gruppendiskussion

Experteninterview

Tiefeninterview

Explorationstechniken

Fokussiertes Interview

Qualitativer Konzepttest

Assoziative Verfahren

Projektive Verfahren

Gelenkte Kreativ-Gruppe, Kreativ-Workshop

Die Anwendung qualitativer Methoden hat in der Marketingforschung eine lange Tradition, die zumindest weit in die 1950er Jahre zurückreicht, in denen die so genannte „Motivforschung" (damals geprägt durch Ernest Dichter) starke Beachtung fand (Kassarjian 1994; Tadajewski 2006). Seit Jahrzehnten ist in Wissenschaft und Praxis die Anwendung qualitativer Methoden in frühen Phasen einer Untersuchung insbesondere für explorative Zwecke üblich.

Gerade der Aspekt der Verbindung von Empirie und Theorie*bildung* ist natürlich in methodologischer Sicht besonders interessant. Mruck / Mey (2009, S. 33) sprechen in diesem Zusammenhang vom „Forschen als iterative(r) Strategie". Dieser Prozess soll hier durch ein zirkuläres Modell des Forschungsprozesses (Flick 2002) illustriert werden (siehe Abbildung 6.16). Man erkennt darin mehrere Schritte, in denen jeweils die Datenerhebung und Auswertung für einen Fall stattfindet. Basierend auf dem jeweiligen

Ergebnis und nach Vergleich mit anderen Fällen werden gezielt weitere Fälle gesucht (Sampling) und analysiert. Am Ende steht die Formulierung von theoretischen Aussagen auf der Grundlage der gewonnenen empirischen Einsichten.

Abbildung 6.16: Zirkuläres Modell des Forschungsprozesses (Quelle: Flick 2002, S. 73)

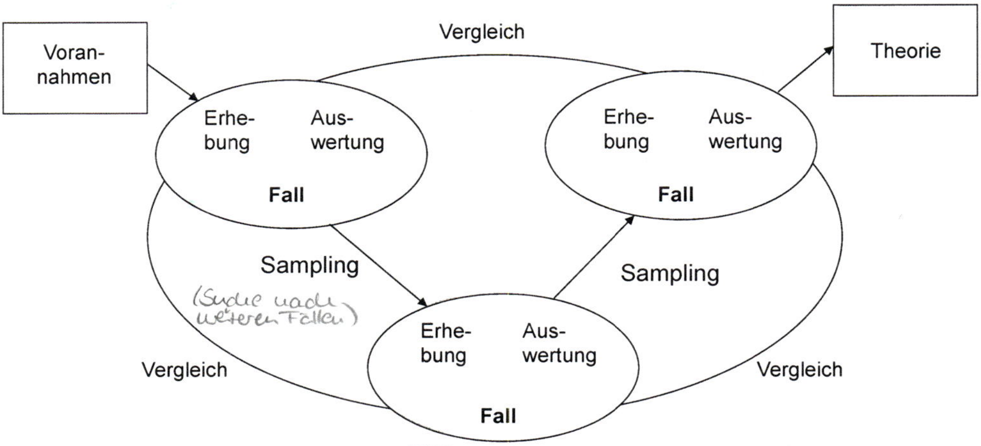

[Diagramm: Vorannahmen → Erhebung/Auswertung/Fall (mehrere) mit Vergleich und Sampling → Theorie; handschriftliche Notiz: „(Suche nach weiteren Fällen)"]

Mruck / Mey (2009, S. 33 f.) stellen die Vorgehensweisen bei qualitativer und „quantitativer" *Forschung* gegenüber:

„Wie verläuft qualitative Forschung? Anders als im Falle quantitativer Forschung, die idealtypisch einem sequentiellen Schema folgt – nach Deduktion einer Hypothese aus einer ´starken´ Theorie und Planung des Falsifikationsversuchs folgen die inferenzstatistische Auswertung und die Erhöhung oder Verringerung des Bestätigungsgrades – können in qualitativ-empirischen Studien Datenerhebung, -analyse und Theoriebildung (und –prüfung) in einem zeitlich, thematisch und forschungspraktisch integrierten Prozess zusammenfallen (…)."

Das Zusammenspiel von Empirie und Theoriebildung ist unter dem Namen „Grounded Theory" umfassend dargestellt und diskutiert worden. Der Begriffsteil „Grounded" bezieht sich darauf, dass bei dieser Vorgehensweise Theorie nicht nur durch mehr oder weniger abstrakte Überlegungen entsteht, sondern sich auf empirische Beobachtungen *gründet*. Dieser Ansatz geht auf Glaser / Strauss (1967) zurück und hat im Bereich sozialwissenschaftlicher Forschung eine gewisse Prominenz erlangt. Corbin / Strauss (1990, S. 5) kennzeichnen die zentrale Idee auf folgende Weise: „Die Vorgehensweisen bei ´grounded theory´ sind ausgerichtet auf die Entwicklung einer voll integrierten Menge von Konzepten, die eine tiefgehende theoretische Erklärung der untersuchten sozialen Phänomene ermöglichen. Eine ´grounded theory´ sollte gleichzeitig erklären und beschreiben." Eckert (2004, S. 694) spricht von der Entwicklung von Theorien „in ständiger Interaktion mit der Empirie". Im Kontrast zu den manchmal etwas weitschweifigen und nur begrenzt strukturierten Darstellungen in der Literatur ist die prägnante Kennzeichnung der Basisprinzipien von „Grounded Theory" durch Eckert (2004) besonders hilfreich, die nachfolgend zusammengestellt werden:

Prinzip des permanenten Vergleichs

- bei der Codierung von Sachverhalten (Vergleich mit bisher einer Kategorie zugeordneten Sachverhalten)
- bei der Auswahl von untersuchten Fällen (Gezielte Suche nach im Vergleich zu den bisherigen besonders ähnlichen oder unähnlichen Fällen)

Iterativität der Phasen des Untersuchungsablaufs

- Kein festgelegter Ablauf Datensammlung → Datenanalyse → Interpretation
- Sofortige Analyse der erhobenen Daten und Verwendung dieser Erkenntnisse bei weiterer Datenerhebung
- Auswahl weiterer Fälle nach bisherigen Erkenntnissen („theoretical sampling")
- Ende der Untersuchung bei „theoretischer Sättigung"

Exkurs: Qualitative Methoden und relativistisches Wissenschaftsverständnis

Qualitative Methoden haben für relativistisch (siehe Abschnitt 5.3) orientierte Forscher einen weit über Exploration und Theoriebildung hinausreichenden (höheren) Stellenwert (siehe z.B. Peter 1991; Dyllick / Tomczak 2009). In relativistischer Sichtweise kann man ja nicht von einer spezifisch wissenschaftlichen Methodik ausgehen, die die Gewinnung „wahrer" Erkenntnisse über die Realität ermöglicht (Anderson 1983). Insofern sind die für qualitative Forschung typische Vielfalt der Methodik und deren umfassende Entdeckungs- bzw. Erkenntnismöglichkeiten vor diesem Hintergrund besonders willkommen.

J. Paul Peter (1991, S. 542 ff.) hat wesentliche Argumente zusammengestellt, die die Neigung relativistisch orientierter Forscher zur Anwendung qualitativer Methoden verständlich machen:

- Während beim wissenschaftlichen Realismus der Fokus beim Test von Theorien liegt, sind Relativisten stärker an der Theoriebildung interessiert, wofür qualitative Methoden besonders gute Möglichkeiten bieten.
- Ein relativistischer Standpunkt – verbunden mit geringem Vertrauen in die Aussagekraft „quantitativer" Methoden - erleichtert es Forschern, sich Fragen zuzuwenden, die außerhalb der traditionellen Grenzen eines Fachgebiets lie-

gen. So wird die Konsumentenforschung häufig als „Hilfswissenschaft" des Marketing angesehen und die darin eingebundene Forschung konzentriert sich auf entsprechende Fragen (z.B. eher auf den Verkauf als auf den Konsum von Produkten). Dagegen ermöglichen es qualitative Methoden, neuartige Themen zu bearbeiten und damit das Forschungsgebiet auszuweiten (z.B. auf gesellschaftliche Implikationen des Marketing wie Kaufsucht).

- Da Relativisten nicht von einer einzig akzeptablen wissenschaftlichen Methodik ausgehen, ist ihre Offenheit für das breite Spektrum qualitativer Methoden groß (Sherry 1991). Hier ist auch der Bezug zu der im Abschnitt 5.3 kurz umrissenen Position Paul Feyerabends (1983) erkennbar („Anything goes").
- Auch bei „quantitativen" Methoden sind Abstriche hinsichtlich ihrer Genauigkeit und Sicherheit zu machen. So sind in diesem Kapitel bereits entsprechende Probleme im Zusammenhang mit der Validität von Messungen und der statistischen Datenanalyse angesprochen worden.
- Die Präzision eines Forschungsprozesses mit den Schritten Theorie → Hypothese → Empirischer Test → Annahme oder Ablehnung der Hypothese existiert oft nur scheinbar; reale Forschung verläuft oft anders und entspricht nicht den selbst gesetzten Anforderungen (siehe dazu die Beispiele im folgenden „Kasten"). Insofern sehen Relativisten die für qualitative Methoden typischen (sehr) umfassenden Beschreibungen von Vorgehensweise und Ergebnissen als ehrlicher an.

Hier einige Beispiele von J. Paul Peter (1991, S. 544) zur missbräuchlichen Benutzung „quantitativer" Methoden, mit denen der – hier falsche – Eindruck von objektiver und präziser Forschung erweckt wird:

„*Beispielsweise sollte ohne Vorbehalte darüber berichtet werden, wenn die Ergebnisse dadurch zustande gekommen sind, dass man in einer Korrelationsmatrix ‚geangelt' hat. Dem entsprechend ist es in manchen Bereichen der Sozialwissenschaften verbreitete Praxis, nicht darüber zu berichten, wie viele ‚Pretests' man gemacht hat bevor das gewünschte Ergebnis erzielt wurde, wie viele Versuchspersonen ausgesondert wurden (genannt ‚anormale Daten' oder ‚Ausreißer'), um die Ergebnisse günstiger zu gestalten, oder wie viele Manipulationen ausprobiert wurden bevor man eine funktionierende gefunden hat.*"

Die Beziehungen zwischen realistischem und relativistischem Wissensverständnis auf der einen Seite und „quantitativen" bzw. qualitativen Methoden auf der anderen Seite sind klar und entsprechen auch den Erfahrungen aus der Forschungspraxis. Manche Autoren (z.B. Deshpande 1983; Neuman 2011) gehen auch – etwas vereinfachend – von einer entsprechenden eindeutigen Zuordnung aus. Immerhin muss beachtet werden, dass auch Vertreter des wissenschaftlichen Realismus qualitative Methoden für explorative Zwecke als unverzichtbar ansehen.

Weiterhin zeigt die neuere Entwicklung so genannter „Mixed Method-Designs" (siehe z.B. Creswell 2009; Kuß 2010) eine wachsende Offenheit für unterschiedliche methodische Ausrichtungen. Eine ausführliche Diskussion der Beziehungen von Wissenschaftsverständnis und empirischer Methodik findet sich bei Hunt (2010, S. 265 ff.).

Einige wesentliche Merkmale beider Richtungen sind zur Verdeutlichung in der folgenden Abbildung 6.17 gegenübergestellt. Diese Gegenüberstellung beruht hauptsächlich auf entsprechenden Einschätzungen von Deshpande (1983, S. 103) und Neuman (2011, S. 87 u. 94).

Abbildung 6.17: Merkmale „quantitativer" und qualitativer Forschung im Vergleich

Realismus / „quantitativ"	Relativismus / qualitativ
Wertfrei und möglichst objektiv	Werteabhängig und subjektiv
Feststellung von Gesetzmäßigkeiten ohne subjektive Perspektive	Verständnis von Phänomenen in ihrem Kontext bzw. in der Perspektive der Betroffenen
„Outsider"-Perspektive	„Insider"-Perspektive
„Distanz" zu den Daten	Enge Beziehung zu den Daten
Ergebnis-Orientierung	Prozess-Orientierung
Partikularistisch	Ganzheitlich
„Aufdringliche", kontrollierte Messungen	Beobachtungen in eher natürlicher Situation

Stärken und Schwächen qualitativer Methoden

Wie ist nun die *Relevanz qualitativer Methoden in der Marketingforschung* einzuschätzen? Zunächst fällt auf, dass in den meisten führenden wissenschaftlichen Marketing-Zeitschriften (z.B. Journal of Marketing Research, Journal of Marketing, Marketing Science) nur selten qualitative Untersuchungen publiziert werden (Meyer / Raffelt 2009). Wenn die Publikationschancen gering sind, dann gibt es auch wenig Anreiz zur Durchführung qualitativer Untersuchungen (siehe Abschnitt 2.5). Eine Ausnahme bildet hier die Konsumentenforschung, wo qualitative Ansätze spätestens seit der „Consumer Behavior Odyssey" im Jahre 1986 (Belk 1991 a) – nach der Überwindung von Widerständen (siehe Sherry 1991, S. 552 f.) – relativ breit akzeptiert sind. Das zeigt sich bis heute durch einen nennenswerten (aber gesunkenen) Anteil qualitativer Studien im Journal of Consumer Research.

Eine weitere Beobachtung dazu knüpft an den eingangs dieses Abschnitts hervorgehobenen Gesichtspunkt an, dass explorative bzw. qualitative Studien schwerpunktmäßig der Theorie*bildung* dienen. Die Konsequenz daraus ist, dass von den Autoren solcher Studien für eine Publikation empirische Überprüfungen der entwickelten theoretischen Ansätze mit anderen (eher „quantitativen") Methoden erwartet werden. Studien, die sich auf die Theoriebildung ohne weiter gehende empirische Überprüfung beschränken, haben bei führenden Zeitschriften relativ geringe Chancen, akzeptiert zu werden (siehe dazu auch Yadav 2010). Damit verbunden ist wohl auch die Vorstellung, dass neue theoretische Ansätze einen gewissen Bewährungsgrad erreicht haben sollten, bevor sie knappe Publikationsmöglichkeiten in Anspruch nehmen und der „scientific community" präsentiert werden.

Wenn man von methodischer Seite an die Frage nach der Relevanz qualitativer Forschung in der Marketingwissenschaft herangeht, dann dürfte der geringe Anteil der Behandlung qualitativer Methoden in den gängigen Lehrbüchern zur Methodik der Marketingforschung (in der Regel deutlich unter 10%) ein aussagekräftiger Indikator sein. Immerhin ist erkennbar, dass in jüngerer Zeit durch entsprechende Handbücher (Belk 2006; Buber / Holzmüller 2009) mehr Aufmerksamkeit auf diesen Ansatz gelenkt wird.

Welches sind die Gründe für die bisher relativ geringe Bedeutung qualitativer Ansätze im Marketing? Shelby Hunt (2002, S. 73 ff.) führt dazu u.a. die folgenden Gründe an:

- Die *Thematik* qualitativer Untersuchungen im Marketing liegt oft am Rande des traditionellen Kerngebiets der Marketingwissenschaft. So beschäftigten sich die im Zusammenhang mit der „Consumer Behavior Odyssey" (Belk 1991a) entstandenen Studien u.a. mit Sammler-Verhalten oder „heiligem" und „profanem" Konsum. Dagegen ist das Interesse der wichtigsten Verwender von Marketingwissen (siehe Abschnitt 2.4) in der Marketing-Praxis oder an Business Schools eher auf kommerziell verwertbares Wissen ausgerichtet.

- Als zweiten Aspekt führt Hunt (2002, S. 75) den zunächst etwas kryptisch klingenden Begriff der *„contribution-to-page-length ratio"* bei qualitativen Studien an. Damit ist gemeint, dass qualitative Untersuchungen eher ausführliche Darstellungen von Interviews oder Fallbeispielen als statistische Verdichtungen von Daten enthalten und damit oft sehr umfangreich sind. So umfasst der einflussreiche Artikel von Belk / Wallendorf / Sherry (1989) zu heiligem und profanem Konsum 38 Seiten im Vergleich zu den sonst beim Journal of Consumer Research üblichen 10-15 Seiten. D.h. der Herausgeber einer Zeitschrift muss sich entscheiden, ob er den knappen Raum für eine qualitative Untersuchung zur Verfügung stellt und dafür zwei bis drei andere Artikel ablehnt.

Unabhängig von dieser Zurückhaltung gegenüber qualitativen Methoden in der Marketingwissenschaft sollen deren spezifische *Vorteile* nicht unbeachtet bleiben:

- Die spezifischen Potenziale qualitativer Methoden zur Theoriebildung bzw. zur Erreichung explorativer Untersuchungsziele sind schon hinreichend gewürdigt worden und brauchen hier nicht erneut dargestellt zu werden.

- Der Untersuchungsaufwand ist im Vergleich zu großzahligen standardisierten („quantitativen") Untersuchungen in der Regel deutlich geringer. Fallzahl <30
- Angesichts der deutlich geringeren Komplexität der Untersuchungen (wieder im Vergleich zu „quantitativen") ist der notwendige Umfang und Tiefgang von Methodenkenntnissen beim Forscher geringer.

Natürlich stehen diesen Aspekten auch deutliche *Schwächen qualitativer Methoden* gegenüber:

- Typisch ist ja – wie schon erwähnt - eine *geringe Fallzahl*. Im Sinne des wissenschaftlichen Realismus (siehe Abschnitt 5.3) ist mit einer entsprechend geringen Zahl eine Theorie bestätigender bzw. nicht bestätigender Beobachtungen auch eine relativ schwache Basis im Hinblick auf Aussagen zur „Wahrheit" theoretischer Aussagen verbunden.
- In vielen Bereichen angewandter Forschung (z.B. Marktforschung, Messung des Konsumklimas, PISA-Studien) legt man Wert auf *Generalisierbarkeit* und Annäherung an Objektivität von Ergebnissen, weil ansonsten diese kaum für wirtschaftliche oder politische Entscheidungen verwendbar sind. In solchen Fällen scheidet die Anwendung qualitativer Methoden (außer für Vorstudien) meist aus.
- Normalerweise liegen bei qualitativen Untersuchungen große Teile von Datenerhebung und –analyse „in einer Hand". Einzelheiten des Prozesses von Datensammlung und –interpretation sind für Außenstehende oft nur sehr begrenzt nachvollziehbar. Im Gegensatz dazu ist bei der „quantitativen" Methodik weitaus deutlicher erkennbar, wie die Daten zustande gekommen und analysiert worden sind (z.B. durch Fragebögen, Skalen, Reliabilitätskoeffizienten, Einzelheiten der Stichprobenziehung, statistische Maßzahlen). Qualitative Untersuchungen können, nicht zuletzt wegen ihrer ja gewollten subjektiven Ausrichtung, wesentlich stärker durch Interessen des Forschers oder selektive Wahrnehmung beeinflusst sein. Nun mag die schon mehrfach angesprochene *Theoriebeladenheit* am Anfang einer Untersuchung mit dem Ziel *neuer* theoretischer Ansätze eine geringere Rolle spielen. Andererseits gibt es angesichts des heute für viele Forscher existierenden Publikationsdrucks („publish or perish", siehe auch Abschnitt 2.5) eine starke Motivation zu besonders innovativen und originellen Ergebnissen zu kommen, weil ansonsten die Publikationschancen qualitativer Studien gering sind. Insofern kann es sein, dass am Beginn einer qualitativen Untersuchung nicht unbedingt völlige Offenheit für unterschiedlichste Ergebnisse steht, sondern das Ziel, eine bereits existierende Vermutung zu untermauern. Z.B. kann hier „selektive Wahrnehmung" (Kroeber-Riel / Weinberg / Gröppel-Klein 2009, S. 320 ff.) in entsprechender Richtung wirken. Derartige Einflüsse im Forschungsprozess sind für Außenstehende kaum erkennbar.

6.5 Weitere Forschungsmethoden in der Marketingwissenschaft

6.5.1 Klassifikationsansätze

Als Vorform der Theoriebildung gilt die Entwicklung von Klassifikationsschemata, mit deren Hilfe relevante Phänomene zu in sich (relativ) homogenen Gruppen zusammengefasst und systematischer Forschung zugänglich gemacht werden (Hunt 2010, S. 199 f.). Damit legt man gewissermaßen abgegrenzte Bereiche fest, für die dann theoretische Aussagen entwickelt werden können. Ein Beispiel ist die Einteilung von Kaufentscheidungen von Konsumenten in extensive, limitierte, habitualisierte und impulsive Entscheidungen (Kuß / Tomczak 2007, S. 107 ff.) mit der daraus resultierenden Möglichkeit, auf eine definierte und abgegrenzte Art von Kaufentscheidungen (z.B. extensive) bezogene Untersuchungen anzustellen und Theorien zu entwickeln.

In der Marketingwissenschaft gibt es eine Vielzahl mehr oder weniger nützlicher Klassifizierungen, von denen einige hier beispielhaft genannt und gekennzeichnet seien:

- **Produktlebenszyklus** mit der Einteilung der Produkte gemäß verschiedener Lebenszyklusphasen und entsprechenden Empfehlungen (siehe z.B. Homburg 2012, S. 442 ff.)
- **Geschäftsfeld-Portfolios** mit der Einordnung von Geschäftsbereichen vor allem nach Kriterien von Marktattraktivität und Wettbewerbsposition und Empfehlungen für angemessene Strategien (siehe z.B. Day 1984, S. 120 ff.)
- **Informationsökonomische Einteilung** von Käufen in Such-, Erfahrungs- und Vertrauenskäufe und Ansatzpunkte für entsprechende Marketingstrategien (siehe z.B. Adler 1998)
- **Rossiter-Percy-Grid** mit einer Einteilung von Kommunikationssituationen nach Kaufmotiven und Stärke des Involvements sowie darauf bezogenen Kommunikationsstrategien (Rossiter / Percy 1997, S. 212 ff.)
- **Typologien von Kaufentscheidungen** nach verschiedenen Kriterien des Informations- und Entscheidungsverhaltens (siehe z.B. Kuß 1987, S. 17 ff.)
- **Familienlebenszyklus** mit typischen Lebensphasen von Familien, die entsprechende Unterschiedlichkeiten beim Konsum zur Folge haben (siehe z.B. Kuß / Tomczak 2007, S. 221 ff.)

Zwei für Theorie und Praxis besonders wichtige Klassifikationsansätze, auf deren Basis auch entsprechende theoretische Überlegungen angestellt wurden, nämlich *Güter- und Geschäftstypenklassifikationen*, sollen hier zur Illustration kurz vorgestellt werden. Historisch weit zurück in die Frühzeit der Marketingwissenschaft reichen die Versuche zur Entwicklung von **Gütertypologien** (Sheth / Gardner / Garrett 1988, S. 35 f.; Knoblich

1995) mit der darauf aufbauenden Entwicklung entsprechender Strategien. In neuerer Zeit spielen für das dynamisch wachsende Gebiet des Business-to-Business-Marketing Geschäftstypenklassifikationen eine nützliche Rolle. Ein Beispiel dazu wird im Anschluss daran vorgestellt.

Weit zurück liegen also die ersten Ansätze der *Güterklassifikation*. Beginnend mit Charles Parlin im Jahre 1912 (!) über Melvin Copeland (1923) und Louis Bucklin (1962) bis zu Enis / Roering (1980) ist immer wieder versucht worden, Arten von Gütern zu identifizieren, die so viele wesentliche Gemeinsamkeiten haben, dass aus der (der) Zugehörigkeit zu einer dieser Gruppen Empfehlungen für eine geeignete Marketingstrategie („*Normstrategie*") abgeleitet werden können, die dann hinsichtlich der Besonderheiten des jeweiligen Einzelfalles angepasst werden müssen. Die für die Klassifizierung der Güter maßgeblichen Merkmale sind keineswegs in erster Linie auf physische oder funktionale Eigenschaften der Produkte ausgerichtet, sondern vielmehr auf das Verhalten von Kunden bei entsprechenden Käufen. Abbildung 6.18 illustriert die Grundidee der Anwendung von Güterklassifikationen

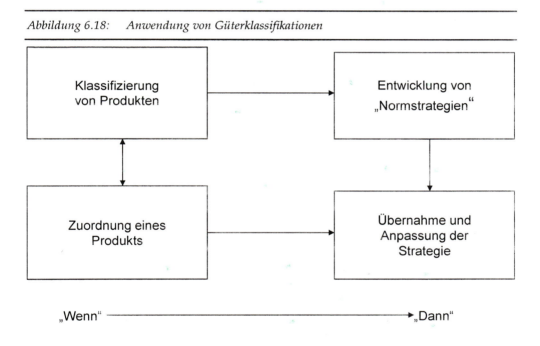

Abbildung 6.18: Anwendung von Güterklassifikationen

Melvin Copeland (1923, S. 243) charakterisiert kurz den Zweck von Güterklassifikationen:

„Die Klassifizierung eines Produkts in eine dieser Gruppen erleichtert die Bestimmung der Art von Geschäften, durch die der Absatz eines bestimmten Produkts erreicht werden sollte, der benötigten Dichte der Distribution, der zu bevorzugenden Art des Vertriebs über den Großhandel, *der zu den Händlern aufgebauten Beziehungen und der besonderen Aufgabe, die die Werbung erfüllen muss."*

Der wohl bekannteste Ansatz dieser Art stammt von Copeland (1923) und sei hier nachfolgend kurz gekennzeichnet. Copeland unterscheidet „convenience goods", „shopping goods" und „specialty goods". Zu jeder dieser Kategorien werden im Folgenden eine stichwortartige Charakterisierung, einige Hinweise für eine entsprechende Normstrategie sowie typische Beispiele angegeben:

Convenience Goods

Kennzeichnung: Bequemer Einkauf in nahe liegenden Geschäften, Vertrautheit der Konsumenten mit den angebotenen Produkten und schneller, auf den kurzfristigen Bedarf gerichteter Einkauf sind typisch

Normstrategie: Angebot der entsprechenden Produkte in möglichst zahlreichen Geschäften, die leicht erreichbar sind

Beispiele: Brot, Erfrischungsgetränke

Shopping Goods

Kennzeichnung: Konsumenten wünschen Vergleiche von Qualität, Preis etc. und suchen oft mehrere Geschäfte vor einem Kauf auf; häufig existieren keine genaueren Vorstellungen über das auszuwählende Produkt vor dem Einkauf; Vergleichsmöglichkeiten sind wichtiger als Nähe; kein schnell zu deckender Bedarf

Normstrategie: Angebot der Produkte in zentral liegenden Geschäften; Agglomeration (räumliche Konzentration) von Geschäften erleichtert Vergleiche

Beispiele: Bekleidung, Möbel

Specialty Goods

Kennzeichnung: Besondere Qualitätsmerkmale sind wichtiger als kleine Preisunterschiede; bei einem Kauf ist ein gezielter Besuch entsprechender Geschäfte typisch

Normstrategie: Reputation und Service sind besonders wichtig; geringe regionale Angebotsdichte

Beispiele: Antiquitäten, erlesene Spitzenweine

Man erkennt bei den Charakterisierungen und Normstrategien nach Copeland (1925) noch den für den damaligen Stand von Marketingwissenschaft und -praxis typischen Schwerpunkt bei der Distribution. Unabhängig davon und trotz einiger Aktualisierungsversuche in etwas neuerer Zeit (z.B. durch Enis / Roering 1980) spielt der Ansatz der Güterklassifizierung heute keine wesentliche Rolle mehr.

Einige Arten von Klassifizierungen haben im *Business-to-Business-Marketing* besondere Beachtung gefunden. Analog zu den vorstehend erläuterten Güterklassifikationen hat sich auch hier das Interesse daran bereits in der Frühzeit der Entwicklung dieses Fachgebiets herausgebildet. So enthält der Aufsatz von Engelhardt / Backhaus / Günter (1977), den man als „Initialzündung" für weitere Forschung zum Investitionsgüter- (heute: Business-to-Business-) Marketing – zumindest im deutschsprachigen Raum - ansehen kann, schon eine erste (noch unvollständige) Klassifizierung in komplexe Anlagen, Teile und Betriebsstoffe. Als weiteres (aktuelleres) Beispiel – jetzt mit dem Fokus auf Geschäftstypen, nicht auf Güterarten - seien hier der Ansatz von Kleinaltenkamp (2000) mit Commodity-, Spot-, Customer Integration- und Anlagengeschäft genannt. Backhaus / Voeth (2010, S. 185 ff.) geben einen Überblick über die unterschiedlichen Ansätze. Dort findet sich auch die Darstellung der recht prominent gewordenen **Geschäftstypenklassifikation** dieser beiden Autoren (Backhaus / Voeth 2010, S. 199 ff.). Diese sei hier in etwas vereinfachter Form vorgestellt. Für die Typenbildung werden dabei vier Kriterien herangezogen:

- Ist die *Ausrichtung des Anbieters* auf den Kunden (z.B. durch spezifische Investitionen) stark oder schwach?
- Hat man es eher mit einem *Kaufverbund* (mehrere Käufe im Zeitablauf) oder einer *Einzeltransaktion* zu tun?
- Ist die *Ausrichtung des Nachfragers* (z.B. bei seinen Entwicklungs- oder Produktionsprozessen) auf den jeweiligen Anbieter stark oder schwach?
- Produziert der Anbieter seine Leistungen für einen eher *anonymen Markt* oder richtet er sich auf den jeweiligen *Einzelkunden* aus?

Daraus ergeben sich die im Anschluss kurz zu charakterisierenden Geschäftstypen: Zuliefergeschäft, Systemgeschäft, Anlagengeschäft und Produktgeschäft. Für das **Zuliefergeschäft** sind die Ausrichtung auf bestimmte Einzelkunden und ein oftmals langfristig angelegter Kaufverbund typisch. Produktions- und Beschaffungsprozesse beim Anbieter bzw. Kunden sind eng aufeinander abgestimmt, z.B. in der Automobilindustrie mit Just-in-Time-Belieferung. Für den Anbieter ist bei seinem Marketing-Mix die Anpassung an den Kunden und das Management der Geschäftsbeziehungen entscheidend.

Beim **Systemgeschäft** entsteht durch die Entscheidung des Kunden für einen bestimmten Anbieter eine starke Bindung. Ein gängiges Beispiel dafür ist die Entscheidung für ein bestimmtes Computersystem („Architektur-Entscheidung"), die längerfristig weitere Entscheidungen (z.B. bei Erweiterung der Hardware, Aktualisierung der Software) determiniert. Es gibt also einen ausgeprägten zeitlichen Kaufverbund bei starker Ausrichtung des Kunden auf das betreffende System. Dagegen ist der Anbieter keineswegs auf die Spezifika des jeweiligen Einzelkunden ausgerichtet (Beispiel: SAP). Besonders wichtig für den Anbieter im Systemgeschäft ist es, Vertrauen aufzubauen, da sich der

Kunde ja langfristig an ihn bindet, ohne dass alle Einzelheiten der zukünftigen Entwicklung schon absehbar sind.

Für das **Anlagengeschäft** gibt es eine Fülle leicht nachvollziehbarer Beispiele. Hier sei nur an den (Verkauf und) Bau von Kraftwerken oder Chemie-Anlagen gedacht. Typisch ist die Erbringung von individuellen Leistungen für den jeweiligen Einzelkunden. Ein zeitlicher Kaufverbund (in Form der Erstellung mehrerer Anlagen in einem längeren Zeitraum) besteht normalerweise nicht. Beim Anlagengeschäft ist für das Anbieter-Marketing Know-how und Beratung in Abstimmung auf die jeweiligen Phasen eines Beschaffungsprozesses besonders wichtig.

Das **Produktgeschäft** ähnelt weitgehend den Verhältnissen in zahlreichen Konsumgüter-Märkten: Vorproduzierte, weitgehend standardisierte Produkte (hier z.B. Fotokopierer, Gabelstapler) werden auf einem anonymen Markt angeboten. Es existiert kein Kaufverbund und deswegen spielt die Informationspolitik vor dem jeweiligen Einzelkauf beim Marketing-Mix des Anbieters eine wesentliche Rolle.

Nach diesen beiden Beispielen zurück zu den allgemeineren Überlegungen zu Klassifikationsansätzen. Shelby Hunt (2010, S. 200 ff.) kennzeichnet zwei Wege, um zu Klassifizierungen zu gelangen, *logische Aufteilung* und *Gruppierung*. Der erste Ansatz – auch als deduktive Klassifikation bezeichnet – ist durch die Festlegung und Definition von Merkmalen vor der Erhebung entsprechender Daten gekennzeichnet. Am Beginn steht die Festlegung des Phänomens, auf das die Klassifizierung angewandt werden soll (z.B. Arten der Kaufentscheidungen von Konsumenten). Es folgt die Ableitung der für die Klassifizierung wichtigen Merkmale (z.B. Wichtigkeit oder Häufigkeit der Wiederholung von Kaufentscheidungen) und dann die Benennung der so entstehenden Kategorien (z.B. habitualisierte Käufe). Gruppierungen (auch induktive Klassifikation genannt) gehen von erhobenen Daten aus und es wird auf dieser Basis versucht, Zusammenfassungen von Objekten zu finden, in sich relativ homogen und deutlich voneinander abgegrenzt sind, z.B. mit Hilfe der Cluster-Analyse (siehe Backhaus u.a. 2008, S. 389 ff.).

Auch wieder von Hunt (2010, S. 206) werden Kriterien zur Beurteilung der Eignung von Klassifizierungsschemata genannt und erläutert. Es sind dies die folgenden Fragen:

- „Wird bei dem Schema das Phänomen, das klassifiziert werden soll, angemessen gekennzeichnet?
- Werden bei dem Schema die Eigenschaften bzw. Charakteristika, die für die Klassifizierung verwendet werden, angemessen definiert?
- Hat das Schema Kategorien, die sich gegenseitig ausschließen?
- Hat das Schema Kategorien, die gemeinsam umfassend sind?
- Ist das Schema nützlich?"

6.5.2 Modeling

Lange etabliert in unterschiedlichen Teilbereichen der Betriebswirtschaftslehre, einschließlich der Marketingwissenschaft, ist die Darstellung und Lösung von Problemen mit Hilfe von *Modellen*, in der Regel mathematischen Modellen. Modelle sind im Abschnitt 3.1 schon als vereinfachte Darstellungen wesentlicher Teile realer Phänomene und Prozesse gekennzeichnet worden. Homburg (2007, S. 29 f.) verwendet „für die mathematisch formalisierte Modellbildung (häufig verknüpft mit der formalen Herleitung einer optimalen Ressourcenverteilung auf unterschiedliche Handlungsoptionen)" den Begriff „Modeling". Dem wird hier gefolgt. Dabei liegt der Fokus eher auf OR-Anwendungen, weniger bei Modellen in der empirischen Forschung (z.B. Strukturgleichungsmodellen).

Shugan (2002) unterscheidet zwei verschiedene Definitionen mathematischer Modelle im Marketing, zum einen die mathematische Optimierung von Marketing-Variablen und zum anderen – breiter – mathematische Abbildungen mit dem Zweck der Lösung von Forschungsfragen aus dem Marketing. Bei der erstgenannten Sichtweise ist es oft ausreichend nachzuweisen, dass eine bestimmte Lösung optimal ist. Häufig ist mit dem zweiten Ansatz zwar keine systematische empirische Überprüfung der Annahmen des jeweiligen Modells verbunden, aber eine Darstellung der Angemessenheit und der erfolgreichen Anwendung solcher Modelle auf Basis ausgewählter Fälle ist sehr gängig.

In der Marketingwissenschaft sind etwa seit Beginn der 1970er Jahre derartige Arbeiten in größerem Ausmaß erfolgt (Albers 2000; Hildebrandt 2000), in den USA vereinzelt auch schon früher (Wierenga / van Bruggen 2000, S. 82). Leeflang / Wittink (2000) sehen Vorläufer von mathematischen Marketing-Modellen bereits seit etwa 1950. Ein Schwerpunkt liegt in neuerer Zeit bei Ansätzen zur „Ermittlung der monetären Wirkung von Marketing-Maßnahmen" (Albers 2000, S. 210) und zur Optimierung des entsprechenden Mittel-Einsatzes. Neben derartigen - eher auf die Lösung von Praxis-Problemen ausgerichteten - Anwendungen von Marketing-Modellen dienen diese auch der Entwicklung theoretischen Verständnisses von Marketing-Problemen, indem Annahmen variiert und die daraus resultierenden Veränderungen abhängiger Variabler ermittelt werden (Moorthy 1993).

Einige gängige Arten von Marketing-Modellen sollen hier in Anlehnung an Hildebrandt / Wagner (2000) und Lilien / Kotler / Moorthy (1992, S. 6 ff.) kurz charakterisiert werden.

Mess-Modelle: *Modelle für die Messung relevanter Variabler (z.B. Einstellungen, Präferenzen) auf Basis entsprechender Indikatoren (z.B. Fishbein-Modell)*

Prognose-Modelle: *Modelle zur Vorhersage von Verhalten und Entwicklungen auf der Basis von Zeitreihen und / oder entsprechenden Einflussfaktoren*

Modelle zur Entscheidungsunterstützung: *Modelle zur Analyse und Bewertung verschiedener Handlungsalternativen*

Optimierungsmodelle: Modelle zur Bestimmung einer besten Handlungsalternative unter bestimmten Bedingungen

Simulationsmodelle: Modelle zur Untersuchung des Verhaltens interessierender Output-Variabler in Abhängigkeit von Veränderungen von Input-Variablen und / oder Rahmenbedingungen

Die Modellierung von Marketing-Problemen gilt als besonders komplex aus Gründen, die jeder, der etwas mit Marketing-Instrumenten und Marketingplanung vertraut ist, leicht nachvollziehen kann (Lilien / Kotler / Moorthy 1992, S. 4 f.):

- *Interaktionswirkungen* von Instrumenten im Marketing-Mix
- Wirkungen von *Konkurrenzaktivitäten* beeinflussen den Erfolg der eingesetzten Maßnahmen
- *Verzögerte Wirkungen* von Maßnahmen beeinträchtigen deren Messung und Zurechnung zu Erfolgsgrößen
- *Unterschiedliche Bedingungen* und Wirkungen in verschiedenen Teilmärkten
- *Abhängigkeiten* von Bereichen wie Produktion und Service
- *Nicht eindeutige oder multiple Ziele* (z.B. Wachstum oder Profitabilität)
- *Unterschiedlichkeit und Komplexität der Verhaltensweisen* von Konsumenten und Managern

Typischerweise werden bei der Arbeit mit Marketing-Modellen drei Schritte unterschieden, die Spezifizierung, die Parametrisierung und die Validierung des Modells (Wierenga / van Bruggen 2000, S. 83 ff.; Leeflang u.a. 2000, S. 49 ff.). Diese Schritte sind in Abbildung 6.19 dargestellt.

Abbildung 6.19: Schritte bei der Entwicklung und Überprüfung eines Marketing-Modells

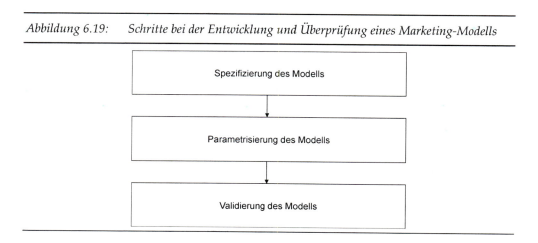

Bei der **Spezifizierung** geht es einerseits um die Auswahl der unabhängigen und abhängigen Variablen, die in das Modell einbezogen werden. Andererseits müssen die funktionalen Beziehungen zwischen den Variablen – z.B. linear oder S-förmig – begründet festgelegt werden. Die **Parametrisierung** gilt der Schätzung der Werte der einzelnen Parameter des Modells auf der Basis erhobener Daten oder subjektiver Schätzungen. Das könnte beispielsweise durch eine Regressionsanalyse bzw. durch Einschätzungen erfahrener Manager erfolgen (Little 1970). Dritter Schritt bei der Entwicklung eines Modells ist die **Validierung**. Hier geht es nicht unbedingt um den umfassenden Beleg für die Korrektheit von Spezifizierung und Parametrisierung, sondern eher um die Demonstration der Eignung des Modells zur Verbesserung von Entscheidungen auf der Basis ausgewählter Fälle. Das unterscheidet sich also deutlich von der hier ansonsten verwendeten Charakterisierung der Validierung als Ausschluss alternativer Erklärungsmöglichkeiten.

Leeflang / Wittink / Wedel / Naert (2000, S. 51) stellen einige Kriterien für die Validierung eines Marketing-Modells zusammen. Im Mittelpunkt steht dabei Frage, ob die Aussagen des Modells die realen Entwicklungen gut beschreiben und prognostizieren bzw. zu guten (bis optimalen) Lösungen für ein Entscheidungsproblem führen. Als Einzel-Kriterien sind dort genannt:

1. „Das Ausmaß, in dem die Ergebnisse mit den theoretischen Erwartungen oder wohlbekannten empirischen Fakten übereinstimmen
2. Das Ausmaß, in dem die Ergebnisse statistischen Kriterien oder Tests entsprechen
3. Das Ausmaß, in dem die Ergebnisse für den ursprünglichen Verwendungszweck relevant sind:

    Ist das Modell nützlich für die Verdeutlichung und Beschreibung von Markt-Phänomenen?

    Ergibt das Modell ein akzeptables Maß an Vorhersage-Genauigkeit?

    Sind die Ergebnisse des Modells geeignet für die Festlegung optimaler Marketing-Entscheidungen?"

Im Marketing war die Forschung zum Modeling immer stark auf Anwendungen zur Entscheidungsunterstützung ausgerichtet. Gleichwohl wird seit Jahrzehnten die mangelnde Akzeptanz und Anwendung solcher Modelle in der Praxis beklagt (Lilien 2011).

Die *Vorgehensweise beim Modeling* sei hier an Hand des in der Literatur stark beachteten und häufig angewandten (Mahajan / Muller / Bass 1990) *„Bass-Modells"* (Bass 1969) zur *Ausbreitung von neuartigen Produkten* illustriert.

1. Schritt: Spezifizierung des Modells:

Ausgangspunkt für die Überlegungen von Bass war der diffusionstheoretische Ansatz von Rogers (1962). Daran anknüpfend werden zwei Typen von Käufern unterschieden, aus denen sich die Zahl der Käufer, die sich für eine Innovation entscheiden, zusammensetzt. Das sind <u>Innovatoren</u>, die durch Medien etc. über das neue Produkt erfahren und einen entsprechenden Kauf tätigen, und <u>Imitatoren</u>, die durch andere Konsumenten entsprechend beeinflusst werden. Beide gemeinsam machen die Zahl der Käufer in einer Periode aus.

Im Zeitablauf wächst die Zahl der Käufer, die das Produkt schon gekauft haben, und damit die Zahl derer, die Einfluss auf andere Käufer Einfluss nehmen. Andererseits sinkt die Zahl der Käufer, die das Produkt noch nicht probiert haben, und somit die Zahl der potenziellen Innovatoren.

Beide Komponenten sind in folgender Darstellung berücksichtigt:

$M_t = p (MP - V_t) + q (V_t / MP) (MP - V_t)$

mit:

M_t: Menge (Anzahl) der Käufer in Periode t

MP: Marktpotenzial

V_t: Kumulierte verkaufte Menge bis zum Zeitpunkt t

p: Individuelle Übergangsrate zur Innovation ohne den Einfluss bisheriger Produktnutzer

q: Einfluss bisheriger Nutzer auf neue Nutzer

2. Schritt: Parametrisierung des Modells:

Die Schätzung der Parameter p und q erfolgte auf der Basis der Verkaufsdaten einiger Produkte in den ersten Perioden nach deren Markteinführung.

3. Schritt: Validierung des Modells:

Bass (1969, S. 219 ff.) belegt die Angemessenheit seines Modells, indem er für einige Produkte die auf der Basis seines Modells geschätzten Verkaufszahlen den tatsächlichen Verkaufszahlen gegenüberstellt, was eine gute Übereinstimmung zeigt und somit als Beleg für die Eignung des Modells interpretiert wird.

7 Theoretische Ansätze der Marketingwissenschaft

7.1 Überblick

Im Kapitel 1 ist die Diskussion um die Entwicklung von Marketing-Theorie(n) und die Kritik hinsichtlich einer zu schwachen Theorie-Orientierung der Marketingwissenschaft schon angesprochen worden. Unabhängig davon existiert eine größere Zahl von Theorien, die für kleinere oder größere Teilgebiete der Marketingwissenschaft unterschiedlich große Bedeutung hatten oder haben. Franke (2002, S. 219) nennt unter 36 „wichtigen" Theorien auch die folgenden Beispiele: Einstellungstheorie, Diffusionstheorie, Transaktionskostentheorie und Nutzentheorie.

Sicher würde es den Rahmen dieses Lehrbuchs sprengen, wenn man einen umfassenden Überblick über die verschiedenen im Marketing verwendeten Theorien geben wollte, wobei auch die Sinnhaftigkeit eines solchen Vorhabens eher zweifelhaft wäre. Ein großer Teil dieser Theorien lässt sich aber Kategorien – hier „**theoretische Ansätze**" genannt – zuordnen, die eine bestimmte Denk- und Vorgehensweise gemeinsam haben. Kaas (2000) spricht in diesem Zusammenhang sogar von Paradigmen (siehe auch Abschnitt 5.2) und meint damit eine Gruppe von Theorien, die (erhebliche) Gemeinsamkeiten haben. „Ein Paradigma i.e.S. kann ... als ein Verbund von Theorien aufgefasst werden." (Kaas 2000, S. 58). Eine ähnliche Sichtweise findet man auch bei Sheth / Gardner / Garrett (1988, S. 19) und bei Jones / Shaw (2002, S. 53), die von „**Schools of Thought**" („**Denkschulen**") sprechen. Als ein wesentliches Merkmal solcher „Schulen" wird angesehen, dass eine Mehrzahl von Forschern die entsprechenden Sichtweisen teilt und wissenschaftliche Beiträge auf dieser Basis leistet (siehe auch Franke 2003).

Wenn in diesem und in den folgenden Kapiteln von „theoretischen Ansätzen" gesprochen wird, dann geht es also um solche übergreifenden Gruppen von Theorien, die in ihrer *Grundausrichtung* und *Vorgehensweise* erhebliche *Gemeinsamkeiten* haben. Davon sollen im vorliegenden Kapitel die Folgenden vorgestellt und kurz diskutiert werden:

- Mikroökonomische Ansätze auf der Basis der Neoklassik
- Verhaltenswissenschaftliche Ansätze
- Neo-institutionenökonomische Ansätze

Man kann bei der Anwendung dieser Ansätze in der Marketingwissenschaft einen bestimmten Zusammenhang und eine entsprechende Abfolge identifizieren. Am Beginn der theoretischen Durchdringung von Marketing-Phänomenen stand die Übernahme von mikroökonomischen Theorien aus der neoklassischen Volkswirtschaftslehre (z.B.

Preistheorie). Nachdem deren Anwendung auf reale Probleme des Marketing gescheitert und eine empirische Bewährung noch nicht einmal ansatzweise zu erkennen war, stellte man vor allem die sehr realitätsfernen Annahmen dieser Theorien in Frage (siehe Abschnitt 7.2). In der Folgezeit lag ein Schwerpunkt bei verhaltenswissenschaftlich geprägter Marketingforschung (siehe Abschnitt 7.3), um damit zu theoretischen Aussagen zu kommen, die realen Verhaltensweisen von Marktteilnehmern eher entsprechen. Nun hat die Vielfalt und Vielzahl verhaltenswissenschaftlicher Untersuchungen noch nicht zu einer geschlossenen Marketing-Theorie geführt. Immerhin sind wichtige Verhaltensmerkmale (z.B. begrenzte Fähigkeit zur Informationsverarbeitung) in neueren Ansätzen der Wirtschaftstheorie berücksichtigt, die hier unter dem Stichwort „neoinstitutionenökonomische Ansätze" im Abschnitt 7.4 kurz skizziert werden. Damit ist man dann einen Schritt weiter gekommen auf dem durch „Sehnsucht nach Theorie im Marketing" (Franke 2002, S. 186) geprägten Weg. Inzwischen sind auch Entwürfe erkennbar, die dem Anspruch an eine generelle Marketing-Theorie schon nahe kommen (siehe Abschnitte 7.5 und 7.6).

Ein großer Teil der im Marketing verwendeten „**Theorien mittlerer Reichweite**" (Franke 2002, S. 196) ist jeweils einem der genannten *theoretischen Ansätze* zuzuordnen. Als Theorien mittlerer Reichweite bezeichnet man Theorien, die relativ eng auf einen bestimmten Aussagenbereich fokussiert sind und einen relativ hohen Operationalisierungsgrad haben. Als Beispiele dafür nennt Franke (2002, S. 219 ff.) unter vielen anderen die Diffusionstheorie, die Theorie des Produktlebenszyklus und die Involvementtheorie.

Nikolaus Franke (2002, S. 196) kennzeichnet Theorien mittlerer Reichweite auf folgende Weise:

„Theorien mittlerer Reichweite sind schmal im Geltungsbereich und weisen eine hohe Operationalität auf. Ihr Wert liegt weniger in der Ordnung und Strukturierung als in der möglichst genauen Nachmodellierung tatsächlicher Zusammenhänge und Kausalbeziehungen im realen Objektbereich des Marketing."

In zwei Ausblicken (Abschnitte 7.5 und 7.6) werden später zwei Marketing-Theorien mit relativ generellem Anspruch und der relativ neue Ansatz der Service Dominant Logic, der noch nicht den Status einer Theorie hat, aber die Grundlage für eine neue Entwicklung von Theorie sein könnte, vorgestellt.

Die Beziehungen zwischen *Theorien mittlerer Reichweite* und *generellen Theorien* seien hier auf der Grundlage eines Ansatzes von Brodie / Little / Brookes (2009) kurz dargestellt (siehe dazu Abbildung 7.1). Man erkennt, dass in dieser Sichtweise Theorien mittlerer Reichweite gewissermaßen ein Bindeglied zwischen realen Beobachtungen und generellen Theorien bilden. Nach den Überlegungen aus den vorangehenden Kapiteln sollte klar sein, dass Beobachtungen dazu dienen, Theorien zu überprüfen und gegebenenfalls zu modifizieren (Weiterentwicklung). Daneben helfen Theorien dabei, reale

Beobachtungen zu interpretieren und die Betrachtung der Realität auf bestimmte Aspekte zu fokussieren. Theorien mittlerer Reichweite bilden in gewisser Weise den „Unterbau" für generelle Theorien: Sie begründen Annahmen und Aussagen der generelleren Theorien, die wiederum mit Hilfe von Theorien mittlerer Reichweite konkreter und detaillierter formuliert werden können. Beispielsweise könnte man zur Interpretation von Daten einer Werbewirkungsuntersuchung (Beobachtungen) die Einstellungstheorie (Theorie mittlerer Reichweite) heranziehen, die wiederum in eine (generelle) Theorie des Konsumentenverhaltens eingeordnet ist.

Abbildung 7.1: Zusammenhang zwischen generellen Theorien und Theorien mittlerer Reichweite (nach Brodie / Little / Brookes 2009, S. 371)

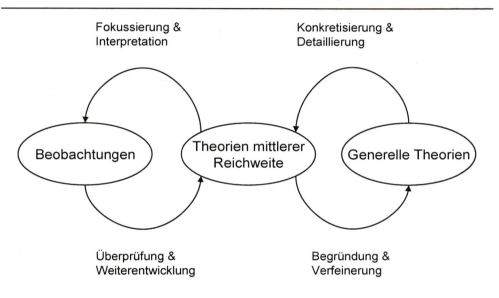

Die in diesem Kapitel gekennzeichneten theoretischen Ansätze sind nicht zu verwechseln mit inhaltlichen Schwerpunkten oder Teilgebieten der Marketingwissenschaft (z.B. Dienstleistungsmarketing oder Internationales Marketing), die Gegenstand eines Anhangs zu diesem Kapitel sind. Im vorliegenden Kapitel geht es hauptsächlich um die „Art" der Theorien; gängige *Gegenstände* von Theorien werden im Anhang zu diesem Kapitel „Inhaltliche Teilgebiete der Marketingwissenschaft" überblicksartig zusammengestellt. So findet man bei bestimmten Gegenständen (z.B. Preispolitik oder Konsumentenverhalten) unterschiedliche Herangehensweisen bzw. unterschiedliche theoretische Ansätze (z.B. verhaltenswissenschaftliche oder mikroökonomische).

Theoretischer Ansatz 1

7.2 Mikroökonomische Ansätze auf Basis der Neoklassik

Die Mikroökonomik – ein Kerngebiet der Volkswirtschaftslehre – konzentriert sich auf das Verhalten einzelner Wirtschaftsobjekte, also von Konsumenten, Arbeitnehmern und Unternehmern (Pindyck / Rubinfeld 2005, S. 25 f.). Vor diesem Hintergrund verwundert es nicht, dass Theorien aus diesem Bereich in der Frühzeit der Marketingwissenschaft aufgegriffen wurden und einige Zeit eine wesentliche Rolle gespielt haben. In der Regel geschah das im Zusammenhang mit den Ideen der Neoklassik, die auf Basis von Annahmen über das Verhalten von Wirtschaftssubjekten, auf die hier noch einzugehen ist, zu Aussagen über ein wirtschaftliches Gleichgewicht und die Allokation knapper Ressourcen führten.

Insbesondere durch Erich Gutenbergs „Grundlagen der Betriebswirtschaftslehre" (hier Band 2: Der Absatz; 1968) sind im deutschsprachigen Raum diese mikroökonomischen Theorien in die Absatztheorie eingeflossen. Ein Schwerpunkt der Anwendung (es war wohl weitgehend eine Übernahme) lag in der Preispolitik. Deswegen ist es sicher kein Zufall, dass in dem erwähnten Buch von Gutenberg bei den von ihm so genannten „absatzpolitischen Instrumenten" (heute: Marketing-Instrumenten) die Preispolitik auf 196 Seiten (52,7 %) behandelt wird, die anderen Instrumente aber in wesentlich geringerem Umfang (Distribution 55 S. bzw. 14,8 %; Produktpolitik 33 S. bzw. 8,8 %; Werbung 88 S. bzw. 23,7 %). Die Bedeutung des Werks Gutenbergs in seiner Entstehungszeit wird sicher nicht dadurch geschmälert, dass ein großer Teil seiner mikroökonomisch geprägten Analysen heute kaum noch eine Rolle spielt.

Gutenberg (1968, S. 182) macht seine Sicht- und Vorgehensweise sehr deutlich:

„Wenn eine preistheoretische Analyse aus dem unverbindlichen Ungefähr ihrer Beweisführung hinauskommen will, ist sie gezwungen, die Bedingungen anzugeben, unter denen die Untersuchung vorgenommen wird. Alle Theorieaussagen haben immer nur Gültigkeit in Hinsicht auf die Annahmen, auf denen sie beruhen. Nur so sind derartige Aussagen nachprüfbar. Dieser höhere Grad an Exaktheit muss unter Umständen mit einem größeren Abstand von der Wirklichkeit erkauft werden. Ist ein Autor hierzu bereit und gelangt er auf diese Weise zu gewissen Modellkonstruktionen, dann ist es unwesentlich, ob es sich hierbei um ideal- oder realtypische Gebilde handelt. Wichtig ist allein, dass methodisch einwandfrei gearbeitet wird und die Prämissen angegeben werden, auf denen die Ergebnisse der Untersuchung beruhen."

Durch diese Ausführungen von Gutenberg wird schon deutlich, dass in dieser Perspektive die Frage der Übereinstimmung von Theorie und Realität, also die Frage der „Wahrheit der Theorie" im Sinne von Hunt (2003, S. 221 ff.), nicht an erster Stelle steht.

In den verschiedenen Publikationen, in denen die neoklassischen mikroökonomischen Ansätze dargestellt (z.B. Gutenberg 1968, S. 178 ff.; Pindyck / Rubinfeld 2005, S. 101 ff.;

Samuelson / Nordhaus 2005) oder kritisch reflektiert (z.B. Kade 1962, S. 128 ff.; Frey / Benz 2007; Osterloh 2007; Hunt 2000; Varey 2010) werden, findet man regelmäßig Zusammenstellungen der für diese Ansätze grundlegenden Annahmen über das Verhalten von Nachfragern (Konsumenten), das natürlich grundlegende Bedeutung für die auf Märkten vermeintlich stattfindenden Prozesse (einschl. z.B. der Preisbildung) hat. Diese Übersichten überschneiden sich naturgemäß stark, sind aber nicht identisch. Nachfolgend sollen die gängigen Annahmen kurz charakterisiert werden:

- Konsumenten handeln nach dem Prinzip der *Nutzenmaximierung*, Anbieter nach dem Prinzip der *Gewinnmaximierung* (Rationalität). „Ich sage, dass Egoismus die einzige wesentliche Annahme für eine deskriptive und vorhersagende Theorie menschlichen Verhaltens ist." (Mueller 1986, S. 18)

- Die *Reaktionsgeschwindigkeit ist unendlich groß*, d.h. es gibt keinerlei zeitliche Verzögerungen bei Reaktionen auf Veränderungen der Marktverhältnisse, Preise etc.

- Es herrscht *vollkommene Markttransparenz*, d.h. jeder Marktteilnehmer ist über alle Angebote mit allen Qualitätsmerkmalen und Preisen bzw. alle Nachfrager jederzeit vollständig informiert.

- *Homogenität von Angebot und Nachfrage*, d.h. es existieren keine persönlichen, zeitlichen oder sonstigen Präferenzen.

- „Die *Präferenzen* werden als *vollständig* angenommen. Mit anderen Worten ausgedrückt heißt dies, die Konsumenten können alle Warenkörbe vergleichen und rangmäßig bewerten." (Pindyck / Rubinfeld 2005, S. 106)

- „*Güter* werden als *wünschenswert* – d.h. als gut – vorausgesetzt. Folglich ziehen die Konsumenten eine größere Menge eines Gutes immer einer kleineren Menge vor. Außerdem sind Konsumenten niemals zufrieden gestellt oder gesättigt: mehr ist immer besser, selbst wenn es nur geringfügig besser ist." (Pindyck / Rubinfeld 2005, S. 106)

Bruno Frey und Matthias Benz (2007, S. 1) fassen einige Aspekte des Menschenbildes dieser Form der Ökonomie kurz zusammen:

„*Die moderne Ökonomie hat, ausgehend vom Studium menschlichen Verhaltens auf Märkten, ein Verhaltensmodell entwickelt, welches psychologische Faktoren fast vollständig ausblendet. Im Zentrum steht der 'homo oeconomicus'. Er trifft Entscheidungen, indem er rational und emotionslos zwischen den erwarteten Kosten und Nutzen von verschiedenen Alternativen abwägt und sich dann für jene entscheidet, welche ihm selbst den höchsten Nutzen stiftet. Seine Entscheidungen sind geprägt von einem hohen Maß an Rationalität (kognitive Beschränkungen und daraus folgend systematisch suboptimale Entscheide sind ausgeblendet); seinen Entscheidungen liegt eine unbeschränkte Willenskraft zu Grunde (Selbstkontrollprobleme und Emotionen haben keinen Einfluss); und er handelt nach striktem Eigennutz (der homo oeconomicus kennt keine sozialen Präferenzen, d.h. der Nutzen von anderen Individuen fließt nicht in seine*

Entscheidungen ein, und er bewertet seinen eigenen Nutzen auch nicht relativ zu jenem anderer Menschen)."

Frey / Benz (2007) referieren dieses Menschenbild nur. Wie man ein solches Menschenbild in ethischer Hinsicht beurteilen soll, mag hier der Leserin bzw. dem Leser überlassen sein.

Nun sind diese und entsprechende Annahmen seit Jahrzehnten immer wieder diskutiert worden und es ist klar geworden, dass sie allenfalls in sehr seltenen Ausnahmefällen realen Verhältnissen annähernd entsprechen. Es mag daher hier genügen, einige knappe Hinweise zur Problematik dieser Annahmen zu geben.

Nutzen- bzw. Gewinnmaximierung

Typisch ist eher das Bemühen um *Satisfizierung*, also die Erreichung bestimmter Ziele unabhängig von der Möglichkeit, noch mehr zu erhalten. Das gilt sowohl für Käufe von Konsumenten (siehe z.B. Hoyer / MacInnis 2004, S. 253) als auch für organisationale Beschaffungsprozesse. Das verbreitet akzeptierte und vielfach bewährte Konzept der Kundenzufriedenheit geht ja auch von gegebenen Erwartungen (→ Nutzen) an ein Produkt aus, nicht von einer Maximierung. Auch bei Zielen von Unternehmen findet man typischerweise die Erreichung einer bestimmten Rendite oder eines bestimmten Wachstums, nicht die (völlig unbestimmte) entsprechende Maximierung. Bei letzterer käme ja das Problem hinzu, dass der als Erfolgsmaßstab gebräuchliche Zielerreichungsgrad kaum bestimmbar wäre.

Beim *Konsumentenverhalten* ist u.a. an die häufig auftretenden Impulskäufe zu denken. Nach Kroeber-Riel / Weinberg / Gröppel-Klein (2009, S. 452) machen sie etwa 10-20 % aller Einkäufe aus. Sie sind durch schnelles Handeln und keine nennenswerten Abwägungen vor dem Kauf gekennzeichnet, ein offenkundiger Widerspruch zu der Annahme, dass irgendeine Maximierung, also die Auswahl einer günstigsten / optimalen Alternative, stattfindet.

Zumindest bei Konsumenten wird mit guten Gründen die alleinige Ausrichtung auf Maximierung des eigenen Nutzens in Frage gestellt (Frey / Benz 2007, S. 14 ff.; Osterloh 2007, 95 ff.). Verhaltensweisen, die (auch) durch Aspekte wie *Gerechtigkeit* oder *Solidarität* bestimmt sind, wären ja damit ausgeschlossen. Auch dafür hat die traditionelle ökonomische Theorie einen „Ausweg" gefunden, indem sie davon ausgeht, dass Altruismus (z.B. durch Reputationsgewinn oder Erwartung von „Gegen-Geschenken") letztlich doch dem eigenen Nutzen diene (Hunt 2000, S. 116 f.). Damit zeichnet sich auch eine Facette eines Menschenbildes ab, wie es Frey / Benz (2007, s.o.) beschrieben haben. Eine große Zahl von Studien und Beispielen, die deutlich gegen eine Realitätsnähe eines Menschenbildes, das durch Maximierung des eigenen Nutzens bzw. Egoismus geprägt ist, stellt Etzioni (1988, 58 ff.) in einem Überblick dar.

Margit Osterloh (2007, S. 95 f.) erläutert einige Erfahrungen, die sehr deutlich gegen die Hypothese vom ausschließlichen Eigennutz der Konsumenten sprechen:

„Im Gegensatz zu den Annahmen der Standardökonomik zeigen zahlreiche empirische Befunde, dass Menschen in vielen Situationen uneigennützig handeln. Menschen spenden nach Naturkatastrophen in beträchtlichem Ausmaß. (....) In Feldstudien wie im Labor zeigte sich, dass Individuen freiwillig zu Kollektivgütern beitragen und damit das soziale Dilemma reduzieren, das in der Kooperation zwischen rationalen Egoisten auftritt. Individuen kooperieren, wenn auch andere kooperieren, und sie bestrafen unfaire Angebote, auch wenn ihnen dadurch hohe Kosten entstehen."

Unendliche Reaktionsgeschwindigkeit

Diese Annahme kann keinesfalls eingehalten werden, weil jedes physische Handeln oder jeder menschliche Entscheidungsprozess Zeit erfordert. Dieser Zeitraum kann reichen von wenigen Sekunden für einen kurzen Denkprozess und einen Griff ins Regal in einem Supermarkt bis zu Wochen und Monaten beim Kauf eines Eigenheims oder bei komplexen industriellen Beschaffungsprozessen. Hier wird sehr deutlich, dass die Annahme über die Reaktionsgeschwindigkeit keine Vereinfachung darstellt, sondern im klaren Widerspruch zur Realität steht.

Vollkommene Markttransparenz

Auch diese Annahme ist von jeglichem Realitätsbezug weit entfernt. Ganz offenkundig ist der Widerspruch zu der in der Psychologie umfassend untersuchten und bestätigten *Begrenzung der menschlichen Informationsverarbeitungskapazität* (siehe z.B. Gerrig / Zimbardo 2008, S. 232 ff.). Offenkundig ist es auch unmöglich, alle Qualitätsmerkmale von Produkten einschätzen zu können, beispielsweise den Geschmack bestimmter Lebensmittel oder die Lebensdauer von Elektrogeräten. Das haben nicht zuletzt Arbeiten von Ökonomen wie Nelson (1970) und Darby / Karni (1973) deutlich gemacht, die in der Informationsökonomik (siehe Abschnitt 7.4) stark beachtet werden.

In jüngerer Zeit beobachtet man – vor allem durch die Ausbreitung des Internets und seiner Nutzung – ein deutlich umfangreicheres und leichter zugängliches Informationsangebot für Konsumenten, das gleichwohl von der Vollständigkeit noch weit entfernt ist. Aber auch bei einem vollständigen Informationsangebot könnte man keine annähernd vollkommene Markttransparenz erreichen, weil die Begrenzungen der menschlichen Informationsverabeitungskapazität eben deren umfassende Nutzung verhindern bzw. wegen Informationsüberlastung zu schlechteren (alles andere als optimalen) Entscheidungen führen würden (Jacoby 1984).

Homogenität von Angebot und Nachfrage

Eine Annäherung an diese Annahme hat man allenfalls in den Zentralverwaltungswirtschaften einiger Länder in Osteuropa bis ca. 1990 (oder evtl. heute in Nord-Korea) mit der Beschränkung auf eine äußerst geringe Auswahl bei zahlreichen Produkten erreicht. In hoch entwickelten Volkswirtschaften ist eher eine große *Vielfalt* von mehr oder weniger unterschiedlichen Produkten typisch. Wo würde wohl ein „homogenes Angebot" (ohne Produktunterschiede) z.B. von Schuhen, Speisen, Büchern oder Software Akzeptanz finden. Nicht zuletzt durch das Marketing ist ja das – durchaus erfolgreiche – Streben nach Differenzierung von Produkten und entsprechenden Innovationen verbreitet. So kann man in vielen Märkten beobachten, dass durch Marken untereinander ähnliche Produkte (z.B. Zigaretten) voneinander abgegrenzt werden und dass bisher praktisch völlig homogene Produkte (z.B. elektrischer Strom) in der Wahrnehmung der Konsumenten differenziert werden (Beispiel Yello-Strom: „Yello ist ein Kunstname und steht für gelben Strom und eine frische, sympathische Marke, die in Deutschland fast jedes Kind kennt." Quelle: www.yellostrom.de). Letztlich ist noch auf den großen und weiter wachsenden Bereich der Dienstleistungen zu verweisen, wo ja die Individualisierung der Leistungen (z.B. in der Medizin) ganz typisch und oft notwendig ist.

Vollständige Präferenzen

Auch bei dieser Annahme ist es seit Jahrzehnten offenkundig, dass sie mit der Realität des Konsumentenverhaltens wenig zu tun hat. Eine Vielzahl von entsprechenden Studien hat immer wieder gezeigt, dass Kaufentscheidungen nur in seltenen Ausnahmefällen durch einen umfassenden Vergleich von Alternativen und einer darauf beruhenden Auswahl gekennzeichnet sind. Für eine Übersicht über derartige Studien sei z.B. auf Olshavsky / Granbois (1979 !) verwiesen. Die überwältigende Vielzahl und Vielfalt entsprechender Untersuchungsergebnisse wird auch in dieser Hinsicht von den Vertretern der Neoklassik nicht zur Kenntnis genommen.

Größere Menge wird gegenüber kleinerer Menge präferiert

Diese Annahme trifft wohl in den meisten Fällen zu. Wie ist es aber beispielsweise bei medizinischen Behandlungen oder bei Transportdienstleistungen?

Es dürfte durch die vorstehenden Gesichtspunkte deutlich geworden sein, dass wesentliche Annahmen der mikroökonomischen Theorie von der Realität (zu) weit entfernt sind. Das wäre noch kein entscheidendes Problem, wenn es sich nur um gewisse Vereinfachungen realer Gegebenheiten und Abläufe handelt, da ja theoretische Aussagen immer etwas vereinfacht sind bzw. sein sollen. Die vorstehend gekennzeichneten Annahmen stehen aber in wesentlichen Teilen im offensichtlichen Widerspruch zur Realität. Es kommt hinzu, dass die Bemühungen, mikroökonomische Modelle zur Erklärung oder Prognose (siehe Kapitel 4) realer entsprechender Vorgänge anzuwenden, nur in wenigen Fällen bescheidenen Erfolg hatten. Hans Albert spricht in seinem einflussreichen Buch „Marktsoziologie und Entscheidungslogik" (1998, S. 73) vom „institutionellen, motivationalen und kognitiven Defizit" dieser Modelle.

Nun handelt es sich bei der Entwicklung von Modellen auf Basis von Annahmen wie den vorstehend umrissenen um eine *deduktive* Vorgehensweise (Varey 2010, S. 111). Wenn man von so realitätsfernen Annahmen ausgeht, dann wäre es wohl allenfalls ein Zufall, dass sich vereinzelt realitätsnahe Aussagen ergeben. Hans Albert (1998, S. 114 ff.) kritisiert in diesem Zusammenhang, dass in der neoklassischen Theorie Aussagen durch derartige Annahmen „gegen die Erfahrung immunisiert" (S. 114) werden und spricht hier vom „Modell-Platonismus". Wenn man derartige Voraussetzungen für die getroffenen Aussagen unterstellt, dann kann es nie gelingen, diese Aussagen zu widerlegen, weil es eben keine Situation gibt, in der die Voraussetzungen gelten und die entsprechenden Aussagen nicht zutreffen. In diesem Sinne entspricht die neoklassische Theorie in wesentlichen Teilen nicht den Anforderungen der Falsifizierbarkeit im Sinne Poppers (siehe Mäki 2008, auch Abschnitt 3.3).

Die sehr kritische Position von Hans Albert wird deutlich durch einen Vergleich zur neoklassischen Theorie in „Marktsoziologie und Entscheidungslogik" (1998, S. 110):

„Wenn man im alltäglichen Leben auf die Frage nach den Wetteraussichten die Auskunft erhält, dass sich das Wetter, falls keine Änderung eintrete, durchaus in der bisherigen Weise verhalten werde, dann wird man normalerweise nicht mit dem Eindruck davongehen, in besonderem Maße informiert worden zu sein, obwohl nicht geleugnet werden kann, dass die erhaltene Auskunft sich auf den in diesem Falle interessierenden Aspekt der Wirklichkeit bezieht und überdies unzweifelhaft wahr ist."

Obwohl es immer noch vereinzelt – bisher wenig geglückte – Versuche gibt, reale ökonomische Vorgänge zu finden, die mit den neoklassischen Ansatz erklärt werden können, kann man diese ganze Forschungsrichtung – zumindest im Rahmen der Marketingwissenschaft - als *gescheitert* betrachten. Im Abschnitt 5.3 ist das so genannte „Wunderargument" vorgestellt worden. Dieses wurde zur Unterstützung der Position des wissenschaftlichen Realismus herangezogen. Es besagt, dass dauerhafter Erfolg einer Theorie bei der Erklärung und Prognose realer Vorgänge für die Richtigkeit der Theorie spricht. Wenn man dieses Argument gewissermaßen „umdreht", dann würde es hier bedeuten, dass dauerhafter Misserfolg der neoklassischen mikroökonomischen Theorie bei der Erklärung und Prognose realer ökonomischer Vorgänge gegen deren Richtigkeit spricht.

Während der Vorbereitung der 2. Auflage dieses Buches las der Autor in der „Wirtschaftswoche" vom 8.11.2010 (S. 48) ein Interview mit dem experimentell forschenden VWL-Professor Matthias Sutter (Universität Innsbruck), aus dem hier kurz zitiert sei:

Frage: „Professor Sutter, Sie und Ihre Kollegen suchen wirtschaftswissenschaftliche Erkenntnisse nicht in mathematischen Formeln, sondern setzen auf Verhaltensforschung und psychologische Experimente. Warum?"

Antwort Sutter: „So können wir schnell feststellen, ob eine ökonomische Theorie stimmt – oder sie widerlegen. Wir machen nicht nur Feld-, sondern auch Laborversuche. Experimentalökono-

men haben gezeigt, dass Menschen häufig emotionaler handeln als früher angenommen. Der stets auf Eigennutz bedachte Homo oeconomicus der klassischen Wirtschaftstheorie ist als Zerrbild entlarvt."(Hervorhebung von A.K.)

Der Direktor des Hamburgischen WeltWirtschaftsInstituts, Thomas Straubhaar, im Interview mit der Financial Times Deutschland am 6.3.2012: „Es gibt seit Jahren neuere Forschungszweige wie die Verhaltensökonomie, die nicht von einem abstrakten Homo oeconomicus ausgeht, sondern vom realen Menschen. Das Problem ist, dass diese Erkenntnisse bisher zu wenig in wirtschaftspolitisch relevante makroökonomische Modelle eingebaut worden sind."

Hier wird eine Abwendung von der Neoklassik wegen ihrer realitätsfernen Annahmen auch in der Volkswirtschaftslehre erkennbar. Allerdings hatte man einen entsprechenden Erkenntnisstand in der Marketingwissenschaft, insbesondere in der Konsumentenforschung, schon mindestens 30 Jahre früher erreicht (siehe z.B. Olshavsky / Granbois 1979).

Entsprechend hat sich die Akzeptanz dieses theoretischen Ansatzes entwickelt. Für praktische Fragestellungen hat er ohnehin nie eine Rolle gespielt. Auch in der marketingwissenschaftlichen Literatur wird er kaum noch beachtet. Das gilt sowohl für die forschungsorientierten internationalen Zeitschriften als auch für die Lehrbücher, die ja nach Schneider (1983, S. 197) eine gewisse Aussagekraft für den Stand einer wissenschaftlichen Disziplin haben. Während in frühen Auflagen der führenden Marketing-Lehrbücher von Meffert (2000, 1. Aufl. 1977 oder Nieschlag / Dichtl / Hörschgen (2002, 1. Aufl. 1968) die mikroökonomische Preistheorie noch mehr oder minder ausführlich behandelt wurde, sind diese Teile in den neueren Auflagen weitgehend entfallen. Entsprechendes gilt für das aktuelle Lehrbuch von Meffert / Burmann / Kirchgeorg (2012) sowie die Lehrbücher von Esch / Herrmann / Sattler (2011) und Homburg (2012). In der internationalen Literatur der Marketingwissenschaft (z.B. Kotler / Keller 2012) wird der mikroökonomische Ansatz ebenso wenig beachtet.

Natürlich ist die Kritik an den Annahmen der mikroökonomischen Theorie nicht neu. Bereits 1953 hat Milton Friedman (Nobel-Preisträger 1976 und fast gleichzeitig in die wirtschaftspolitische Beratung des Pinochet-Regimes in Chile involviert) in einem Essay versucht, diese Kritik zu entkräften. Einen Schwerpunkt dieser Arbeit von Friedman bildet die Frage „Kann eine Hypothese im Hinblick auf den Realismus ihrer Annahmen getestet werden?" (S. 154). Friedman illustriert zunächst durch Beispiele aus den Naturwissenschaften, dass Theorien immer auf vereinfachenden Annahmen beruhen (was ja unstrittig ist), die dennoch hinreichend genaue Aussagen (z.B. Prognosen) erlauben können. Er leitet dann über zu einem eher sozialwissenschaftlichen Beispiel eines Billardspielers, der die Laufbahn einer Kugel voraussieht, aber eben *nicht berechnet* (ein ähnliches Beispiel eines Football-Spielers erläutert Gigerenzer 2007, S. 17 ff.), in dem er zeigt, dass jemand bestimmte Verhaltensweisen an den Tag legt, ohne dass sie / er immer bestimmte theoretische Grundlagen eines solchen Verhaltens in allen Einzelheiten nachvollziehen muss. Das würde allerdings bedeuten, dass die Theorie vielleicht geeignet ist, ein bestimmtes Verhalten zu prognostizieren, aber nicht mehr eine Abbildung realen Verhaltens und somit im Sinne von Hunt (2010, S. 287) „wahr" ist.

Friedman (1953, S. 159 ff.) hebt weiterhin hervor, dass Annahmen einer Theorie dazu dienen, diese hinreichend einfach und übersichtlich zu halten. Da die Realität immer komplexer als die entsprechende Theorie ist, müsse von Fachleuten beurteilt werden, ob reale Beobachtungen der Theorie hinreichend gut entsprechen. Der Fokus liegt in dieser Sichtweise auf der Bewährung der Theorie bei entsprechenden Prognosen, nicht bei der möglichst realistischen Formulierung ihrer Annahmen. Nun mag es in der Geschichte durchaus in diesem Sinne erfolgreiche Anwendungen der mikroökonomischen Theorie gegeben haben. Seit Jahrzehnten ist aber keine (annähernd erfolgreiche) Anwendung auf reale Phänomene (z.B. Prognose von Konsumentenverhalten oder Entwicklung einer Unternehmensstrategie) außerhalb des Finanzbereichs bekannt geworden. Heutzutage würde wohl kaum jemand auf die Idee kommen, so etwas zu versuchen. „Das Heilmittel für das Problem ist einfach, obwohl es mehr empirische Arbeit auf der Ebene der individuellen Akteure beinhalten könnte als viele konventionell ausgebildete Ökonomen angenehm finden." (Simon 1963, S. 230). Eine Einführung in die so genannte *experimentelle Wirtschaftsforschung*, mit der in neuerer Zeit der Versuch einer stärkeren empirischen Prüfung von Hypothesen aus der Wirtschaftstheorie unternommen wird, geben z.B. Croson / Gächter (2010).

Der Versuch Friedmans zur Rechtfertigung unrealistischer Annahmen der Theorie wird von Kincaid (2008, S. 595) folgendermaßen kommentiert:

„Eine Reaktion auf unrealistische Betrachtungsweisen sozialwissenschaftlicher Modelle besteht darin zu bestreiten, dass diese Bedeutung haben, sofern die Modelle, in denen sie verwendet werden, zutreffende Vorhersagen liefern, eine Sichtweise, die von dem Ökonomen und Nobel-Preisträger Milton Friedman (1953) vertreten wurde. Diese Reaktion entspricht der allgemeinen Haltung zur Bedeutung von Theorien, die in der Wissenschaftstheorie als Instrumentalismus bekannt ist.

Es gibt einige ziemlich überzeugende Einwände gegen den Instrumentalismus und diese sind auch relevant für alle seine Anwendungen in den Sozialwissenschaften. Wir wünschen uns Theorien, die uns erklären, warum bestimmte Dinge passieren, und nicht nur aussagen, was geschehen wird. Wir wollen wissen, ob erfolgreiche Vorhersagen aus der Vergangenheit auch in der Zukunft gelten, und wir wollen Belege dafür, dass ein bestimmtes Modell sich wirklich auf die tatsächlichen Ursachen eines beobachteten Phänomens bezieht."

Auch die makroökonomischen Anwendungen des Ansatzes bei gesamtwirtschaftlichen Prognosen sind ja seit Jahren durch – vorsichtig gesagt - eher mäßige Erfolge gekennzeichnet. So ist es selbst bei Ein-Jahres-Prognosen üblich geworden, diese mehrfach in einem Jahr zu korrigieren, um die Abweichungen von der realen Entwicklung in Grenzen zu halten. Auch wenn man die Diskussion nicht – wie in diesem Buch – auf die Annahmen konzentriert, ist die neoklassische ökonomische Theorie alles andere als bewährt.

Auf der einen Seite – in der Marketingwissenschaft – spielt die mikroökonomische Theorie also keine nennenswerte Rolle mehr. Auf der anderen Seite – in der mikroökonomischen Theorie – werden die Ergebnisse umfassender Forschung zum Verhalten von Konsumenten (und auch von Managern) größtenteils ignoriert. So findet man beispielsweise in dem etablierten mikroökonomischen Lehrbuch von Pindyck / Rubinfeld (2005) ein umfassendes Kapitel mit dem (anspruchsvollen) Titel „Das Verbraucherverhalten", der eine einigermaßen umfassende Behandlung dieses Themas erwarten lässt. Eine genauere Betrachtung zeigt, dass die zentralen Publikationen der Konsumentenforschung (z.B. Journal of Consumer Research, Advances in Consumer Research) völlig unbeachtet bleiben, obwohl beispielsweise die American Economic Association über viele Jahre zu den Herausgebern des Journal of Consumer Research gehört hat. So findet man bei Pindyck / Rubinfeld (2005, S. 127 ff.) einen größeren Abschnitt mit dem Titel „Verbraucherentscheidung", ein Thema, das in der Konsumentenforschung mit hunderten von Studien untersucht worden ist. Auch zeigen Pindyck / Rubinfeld (2005) völlige Ignoranz gegenüber dieser Forschung. Das ist schon etwas ungewöhnlich für ein wissenschaftliches Lehrbuch.

Immerhin nimmt man im international führenden Lehrbuch von Samuelson / Nordhaus (2005, S. 89) mit etwa 30-jähriger Verzögerung zur Kenntnis, dass es eine verhaltenswissenschaftlich orientierte und empirische Forschung zu ökonomischem Verhalten (dieser Begriff ist weiter gefasst als der Begriff Konsumentenverhalten) gibt:

„Ein neues Forschungsgebiet ist 'behavioral economics', wo man davon ausgeht, dass die Menschen begrenzte Zeit und ein begrenztes Gedächtnis haben und dass Formen irrationalen Such-Verhaltens weit verbreitet sind."

Einige Autoren (z.B. Kaas 2000) verweisen immerhin darauf, dass einige Konzepte aus der mikroökonomischen Theorie (z.B. Preis-Absatz-Funktionen, Preiselastizitäten) ihren dauerhaften Platz in der Marketingwissenschaft gefunden haben. So findet man z.B. in dem umfassenden Lehrbuch von Besanko u.a. (2007) eine Vielzahl praktisch relevanter mikroökonomischer Konzepte, die eben *nicht* auf den Annahmen der Neoklassik beruhen. Jedenfalls ist das neoklassische mikroökonomische Theoriegebäude *insgesamt* zumindest für die Marketingwissenschaft obsolet geworden. Wenn schon die Aussagekraft des Ansatzes für ökonomische Fragestellungen gering ist, dann verwundert es, dass solche Ansätze dennoch auf außerökonomische Anwendungen übertragen werden. Man findet z.B. in einem Sammelband von Gary Becker (1993) entsprechend ausgerichtete Beiträge zur „ökonomischen Analyse der Fruchtbarkeit", zur „Beziehung zwischen Quantität und *Qualität* von Kindern" (Hervorhebung von A.K.) und zu einer (ökonomischen) „Theorie der Heirat". Es bedarf keiner langen Suche, um weitere Beispiele dieser Forschungsrichtung zu finden. So analysiert Waldfogel (1993) weihnachtliches Schenkverhalten und kommt zu dem Ergebnis, dass durch persönlich ausgewählte Geschenke im Vergleich zu Geld-Geschenken ein „Nettowohlfahrtsverlust" entstehe. Azzi / Ehrenberg (1975) sind mit ihrer ökonomischen Analyse sogar in den metaphysischen Bereich vorgedrungen. Sie sehen das Streben von Menschen nach einer Nutzenmaximierung hinsichtlich des Konsums nach dem Tode („afterlife consumption"(!), S. 28) bzw. des Erlösungsmotivs („salvation motive", S. 31) als Grund für „Investitionen der Mitglieder eines Haushalts in Zeit für religiöse Aktivitäten während ihrer Lebenszeit" (S. 28) an. (Hinweis von A.K.: Dieser Ansatz war von Azzi / Ehrenberg anscheinend ernst gemeint.)

Hier zwei (entlarvende) Zitate aus dem Buch von Gary Becker (1993, S. 190):

„Betrachtet man Kinder als dauerhafte Konsumgüter, so unterstellt man, dass sie ´Nutzen´ erbringen. Der Nutzen von Kindern wird über eine Nutzenfunktion oder ein Indifferenzkurvensystem mit dem anderer Güter verglichen."

„Ich werde teurere Kinder als Kinder ´höherer Qualität´ bezeichnen, in der gleichen Weise wie Cadillacs Wagen höherer Qualität sind als Chevrolets."

Nach dem Misserfolg der neoklassischen Mikroökonomik beim Verständnis ökonomischen Verhaltens kann man sich über die Relevanz derartiger Analysen Gedanken machen und sich auch fragen, welches Menschenbild bzw. welche ethischen Standpunkte diesen zugrunde liegen. Mit der Ausweitung des mikroökonomischen Ansatzes auf ganz andere Anwendungsgebiete (siehe z.B. Becker 1996) kam es zum so genannten „ökonomischen Imperialismus". Erst mit der weltweiten Finanzkrise ab 2007/08, bei deren Vorhersage und Bewältigung sich die traditionelle ökonomische Theorie eher weniger bewährt hat, sind entsprechende Zweifel deutlicher erkennbar geworden. So äußert sich Thomas Straubhaar (2012), Direktor des Hamburgischen WeltWirtschaftsInstituts (HWWI), folgendermaßen: „Die Krise bedeutet auch das Ende des ökonomischen Imperialismus, dieses Glaubens, dass wir über den anderen Wissenschaften stehen."

7.3 Verhaltenswissenschaftliche Ansätze

Etwa parallel zum Bedeutungsverlust der im vorigen Abschnitt kurz diskutierten neoklassisch-mikroökonomischen Ansätze in der Marketingwissenschaft nahm die *verhaltenswissenschaftlich* orientierte Forschung einen beträchtlichen Aufschwung. Das ist recht plausibel, weil sich ja die Kritik an der mikroökonomischen Orientierung nicht nur auf deren unbefriedigende Ergebnisse bezog, sondern auch in starkem Maße auf die damit verbundenen unrealistischen Verhaltensannahmen. Was lag also näher als die Untersuchung tatsächlichen ökonomischen Verhaltens? Man erwartete davon einen stärkeren Realitätsbezug, mehr Anwendungsorientierung und die Möglichkeit zur empirischen Überprüfung theoretischer Aussagen (Wiedmann 2004).

Innerhalb der **Marketingwissenschaft** sind **hauptsächlich drei Bereiche** – allerdings mit sehr unterschiedlichem Gewicht – Gegenstand verhaltenswissenschaftlicher Forschung geworden:
- **Konsumentenverhalten**
- **Organisationales Beschaffungsverhalten**
- **Entscheidungsverhalten von Managern**

Die **Konsumentenforschung** hat dabei das deutlich größte Gewicht. Die **verhaltenswissenschaftlich orientierte Forschung** hat sich weitgehend darauf **konzentriert** und zu einer **unübersehbaren Menge und Vielfalt von Ergebnissen** geführt. Dem entsprechend sind dazu zahlreiche spezielle Lehrbücher (z.B. Hoyer / MacInnis 2004; Kroeber-Riel / Weinberg / Gröppel-Klein 2009) und angesehene Zeitschriften (z.B. Journal of Consumer Research; Journal of Consumer Psychology) entstanden.

Die Konsumentenforschung ist aber **nicht nur als Teil der Marketingwissenschaft** anzusehen. So haben führende Konsumentenforscher wie Russell Belk, Elizabeth Hirschman oder Morris Holbrook immer deutlich die Unterordnung ihres Fachgebiets unter die Interessen von Anbietern mit der Fokussierung auf das Verständnis von Kaufentscheidungen und der Möglichkeiten zu deren Beeinflussung deutlich zurückgewiesen (siehe z.B. Belk 1991a). Aus dieser Richtung ist **vielmehr betont** worden, dass „**Konsum ein natürlicher und unverzichtbarer Teil des täglichen** Lebens" (Belk 1991b, S. 2) ist und deshalb *unabhängig* **von irgendwelchen Marketing-Interessen wissenschaftlich untersucht** werden sollte. Gleichwohl zeigt die **wissenschaftssoziologische Analyse** von **MacInnis / Folkes (2010),** dass die **Einordnung der Konsumentenforschung** in den Bereich der **Marketingwissenschaft immer noch dominierend** ist.

Werner Kroeber-Riel, Peter Weinberg und Andrea Gröppel-Klein als Autoren des im deutschsprachigen Raum führenden Lehrbuchs „Konsumentenverhalten" (2009, S. 5) vertreten ebenfalls die breitere Sichtweise auf dieses Forschungsgebiet:

„Durch die Ausweitung der Fragestellungen zum Konsumentenverhalten über den engeren Marketingbereich hinaus wird die Konsumentenforschung zu einem Forschungszweig, an dem sich immer mehr Disziplinen beteiligen. Als Folge dieser Entwicklung lockern sich auch die Bindungen der Konsumentenforschung an die Marketingforschung, aus der sie im Wesentlichen hervorgegangen ist. Viele Wissenschaftler, die ihre Forschungsarbeit auf das Konsumentenverhalten konzentrieren, fühlen sich heutzutage in erster Linie einer interdisziplinären und verselbständigten Konsumentenforschung verpflichtet und erst in zweiter Linie einem bestimmten Anwendungsbereich wie Marketing oder Öffentlichkeitsarbeit. Dies gilt auch für die Verfasser dieses Buches."

Das **organisationale Beschaffungsverhalten** findet im Wesentlichen im Rahmen des *Business-to-Business-Marketing* Interesse. Durch die hier **stark ausgeprägten Interaktionen zwischen Anbietern und Nachfrager**n sowie die **typische Beteiligung einer Mehrzahl von Personen** (→ **„Buying Center"**) an einer **Kaufentscheidung** sind hier die Prozesse meist deutlich komplexer als beim Konsumentenverhalten und entsprechend schwieriger zu untersuchen. Für einen Überblick über dieses Forschungsgebiet sei auf Backhaus / Büschken (1995), Backhaus / Voeth (2010, S. 37 ff. und 2004, S. 269 ff.) und Fließ (2000) verwiesen.

Verhalten von Managern (außerhalb des Bereichs organisationalen Beschaffungsverhaltens, das ja eigentlich dazu gehört) wird in der Marketingwissenschaft nur punktuell untersucht und ist eher eine Domäne der (empirischen) Managementforschung. Frank Kardes (2002) und J. Edward Russo / Kurt Carlson (2012) gehören zu den wenigen Autoren, die das Entscheidungsverhalten von Managern im Marketing relativ umfassend behandeln. Beispielsweise widmet Kardes jeweils ein Kapitel seines Lehrbuchs Verzerrungen beim Entscheidungsverhalten von Managern sowie Möglichkeiten zur Verbesserung von deren Entscheidungsverhalten.

Verhaltenswissenschaftlich orientierte Marketingforschung ist naturgemäß **interdisziplinär** angelegt, weil – zumindest im deutschsprachigen Raum – die Marketingforschung fast ausschließlich in der Hand von Betriebswirten liegt, die Theorien und Methoden aus den entsprechenden anderen Fachrichtungen heranziehen. Die wichtigsten Disziplinen, die bei der verhaltenswissenschaftlichen Forschung im Marketing eine Rolle spielen, sind:

- Psychologie und Sozialpsychologie,
- Soziologie und
- physiologische Forschung

Die **Psychologie** mit der Sozialpsychologie hat wohl seit relativ langer Zeit den stärksten Einfluss. Frühe Beispiele sind die Einstellungsforschung (siehe z.B. Fishbein / Ajzen 1975) und der Informationsverarbeitungsansatzes (siehe z.B. Bettman 1979). Daneben werden als für die Marketingwissenschaft einflussreiche Teilgebiete der Psychologie angesehen (Kimmel 2010; Köhler / Bruhn 2010):

- Motivationstheorie
- Wahrnehmungstheorie
- Entscheidungsverhalten
- Aktivierungstheorie

Von Seiten der **Soziologie** geht weniger Einfluss aus. Sowohl die personellen Verflechtungen mit der Marketingwissenschaft (Soziologen, die in Marketing-Departments von Universitäten tätig sind) als auch die Verflechtungen in der Literatur (Bezugnahme in Marketing-Publikationen auf Publikationen aus der Soziologie) sind deutlich geringer als bei der Psychologie.

Physiologische Erkenntnisse und Untersuchungsmethoden sind erstmalig in Deutschland durch die Arbeiten von Kroeber-Riel (1979) in die Konsumentenforschung eingeführt worden. Im Mittelpunkt stand dabei das Aktivierungskonzept. Neuerdings gibt es immer deutlicher werdende Bezüge der verhaltenswissenschaftlichen Marketingforschung zur Hirnforschung (siehe z.B. Kenning 2010). Man spricht in diesem Zusammenhang auch von „Neuroökonomie", von „Neuromarketing" oder von „Consumer Neuroscience" (Köhler / Bruhn 2010).

Gerade bei letzteren Bereichen sind natürlich die Hürden hinsichtlich des Erwerbs einschlägiger Spezial-Kompetenz für betriebswirtschaftlich ausgebildete Marketingforscher besonders hoch. Vor diesem Hintergrund ist von eher traditionell ausgerichteten Betriebswirten schon vor Jahrzehnten die möglicherweise zu geringe Kompetenz von Betriebswirten für verhaltenswissenschaftliche Forschung („Dilettantismusproblem") kritisiert worden. Daneben ist kritisiert worden, dass mit der verhaltenswissenschaftlichen Orientierung der Boden der Wirtschaftswissenschaften verlassen werde (Hax 1991, S. 64). In der internationalen Forschung hat diese Kritik keine Rolle gespielt.

Dieter Schneider (1983, S. 208) artikuliert seine Vorbehalte gegenüber einer Einbeziehung von Verhaltenswissenschaften in die Betriebswirtschaftslehre auf folgende Weise:

„Aus der Forschungspraxis anderer, die naturwissenschaftlich-psychologische Forschung betreiben (wie Kroeber-Riel), schließe ich, dass sie eine Verhaltenswissenschaft und keine Wirtschaftswissenschaft pflegen wollen. Gegen ein solches Wissenschaftsverständnis habe ich nichts einzuwenden, weil es mein Fach Betriebswirtschaftslehre nicht mehr berührt. Ich bäte nur darum, Firmenwahrheit einzuhalten und eine solche Marketingwissenschaft hochschulorganisatorisch nicht als spezielle Betriebswirtschaftslehre einzustufen."

Die Kritik vor allem von Dieter Schneider (1983, später auch 1997) an der Marketingwissenschaft hat seinerzeit einige Aufregung und auch heftige Diskussionen (siehe z.B. Dichtl 1983; Müller-Hagedorn 1983; Wiedmann 2004) ausgelöst. International hat weder diese Kritik noch die Diskussion darum Beachtung gefunden. Dabei hat es wohl eine Rolle gespielt, dass sich das oben angesprochene „Dilettantismusproblem" in anderen Ländern – insbesondere in den USA – nicht so deutlich stellt, weil dort die Marketing-Departments ohnehin stärker interdisziplinär zusammengesetzt sind als im deutschsprachigen Raum. Auch die Frage, welche Art von Forschung innerhalb der Betriebswirtschaftslehre (bzw. im Rahmen einer Business School) zulässig sei, erregt international wenig Interesse, weil dort vielfach diesbezüglich eine größere Offenheit herrscht und andere Traditionen bestehen.

Dominierend in der verhaltenswissenschaftlichen Marketingforschung ist heute der so genannte S-O-R-Ansatz (*Stimulus-Organismus-Response-Ansatz*). Man legt hier die Sichtweise zu Grunde, dass bestimmte *Stimuli* (z.B. eine Information über ein Produkt oder eine Packungsänderung) im *Organismus* (also im Menschen) verarbeitet werden (z.B. durch Lernprozesse mit dem Ergebnis einer Einstellungsänderung) und schließlich zu *Reaktionen* führen (z.B. verändertes Markenwahlverhalten). Damit verbunden ist eine sehr starke empirische Orientierung der entsprechenden Forschung, was sich in entsprechend angelegten Untersuchungen und Publikationen niederschlägt. Beim S-O-R-Ansatz ist es natürlich erforderlich, auch Aussagen über die nicht (direkt) beobachtbare „Organismus-Komponente" zu machen, was wiederum zu spezifischen methodischen Problemen hinsichtlich der Operationalisierung der entsprechenden Konzepte (siehe dazu Abschnitt 6.2) führt. Eine schematische Darstellung in Anlehnung an Foscht / Swoboda (2011, S. 30) illustriert das Grundschema des S-O-R-Ansatzes (siehe Abbildung 7.2).

Abbildung 7.2:   Grundschema des S-O-R-Ansatzes (nach Foscht / Swoboda 2011, S. 30)

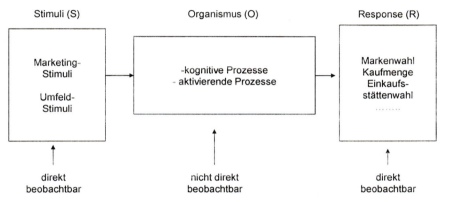

In der älteren verhaltenswissenschaftlichen Literatur findet man noch die Bezugnahme auf den so genannten **S-R-Ansatz** (*Stimulus-Response-Ansatz*), bei dem nur beobachtbare Phänomene Gegenstand der Betrachtung sind und die innere Vorgänge beim Menschen als nicht weiter analysierte „Black Box" betrachtet werden. Dieser Ansatz hat sich aber im Hinblick auf das Verständnis von Verhalten und entsprechende Theoriebildung als deutlich weniger fruchtbar als der S-O-R-Ansatz erwiesen und spielt heute in der verhaltenswissenschaftlich orientierten Marketingforschung keine Rolle mehr.

Thomas Foscht und Bernhard Swoboda (2011) kennzeichnen kurz Gründe für den Übergang von S-R- zum S-O-R-Ansatz:

„Die SR-Modelle reichen nicht aus, um so komplexe Vorgänge wie das Käuferverhalten zu erklären. Sie können bspw. nicht erklären, warum eine Person ein Produkt kauft und eine andere nicht, obwohl sie mit den gleichen Stimuli konfrontiert waren." (S. 29)

„Nach heutigem Erkenntnisstand bilden die intervenierenden (mediierenden) Variablen die Grundlage zur Erforschung des Käuferverhaltens." (S. 30)

Inzwischen ist die (teilweise) verhaltenswissenschaftliche Orientierung der Marketingwissenschaft auch im deutschsprachigen Raum fest etabliert und wird nicht mehr in Frage gestellt. Dabei hat es sicher auch eine Rolle gespielt, dass die deutschsprachige Marketingwissenschaft engeren Anschluss an die internationale Forschung gefunden hat (siehe Abschnitt 2.6.2.2), wo die Einbeziehung der Verhaltenswissenschaften seit Jahrzehnten eine Selbstverständlichkeit ist.

Theoretischer Ansatz 3

7.4 Neo-institutionenökonomische Ansätze

Auch nach dem Scheitern der Anwendungen neoklassischer Wirtschaftstheorie in der Marketingwissenschaft (siehe Abschnitt 7.2) war die „Sehnsucht nach Theorie im Marketing" (Franke 2002, S. 186) natürlich unvermindert. Hinzu kamen Forderungen aus anderen Teilgebieten der Betriebswirtschaftslehre nach einer stärkeren Verankerung des Marketing in ökonomischen Theorien (Schneider 1983; Hax 1991). Vor diesem Hintergrund verwundert es nicht, dass die größtenteils in der 2. Hälfte des 20. Jahrhunderts entwickelten *neo-institutionenökonomischen* wirtschaftstheoretischen Ansätze aufgegriffen und auf unterschiedliche Fragestellungen des Marketing angewandt wurden.

Nach der Kritik an den Annahmen der neoklassischen mikroökonomischen Theorie, die deren Anwendung auf reale Problemstellungen weitgehend verhindern, ist es naheliegend, dass der neo-institutionellen Mikroökonomik deutlich realitätsnähere Annahmen zu Grunde liegen. Hax (1991, S. 56 f.) hebt die folgenden Gesichtspunkte hervor:

- *Begrenzte Fähigkeiten* zur Informationsverarbeitung bei den Wirtschaftssubjekten und Informationsasymmetrien, d.h. unterschiedliche Informationsstände bei den Marktteilnehmern.
- *Eigennütziges individuelles Verhalten* in dem Sinne, dass individuelle Ziele verfolgt werden vor dem Hintergrund der beschränkten Informationsverarbeitungskapazität und dadurch begrenzter Möglichkeiten zur Auswahl von Entscheidungsalternativen.
- Längerfristig angelegte vertragliche *Bindungen* mit den entsprechenden Risiken.

Elisabeth Göbel (2002, S VII) kennzeichnet einen zentralen Aspekt der neuen Institutionenökonomik:

„Kernpunkt ist die Anerkennung von Koordinations- und Motivationsproblemen bei der Interaktion von Menschen in einer arbeitsteiligen Wirtschaft, zu deren Bewältigung Institutionen nötig werden."

Was sind nun **Institutionen**, die hier offenbar im Mittelpunkt des Interesses stehen? Man versteht darunter Einrichtungen (z.B. Verträge, die Ehe, die Justiz), die durch ein

System von Regeln, menschliches Verhalten in einer bestimmten Weise lenken. „Der Sinn von Institutionen besteht …. darin, soziale Handlungen der Einzelnen in eine bestimmte Richtung zu steuern." (Richter 1999, S. 17). In diesem Sinne definiert Elisabeth Göbel (2002, S. 3):

„Institutionen sind
- Systeme von verhaltenssteuernden Regeln bzw. durch diese gesteuerte Handlungssysteme,
- die Problembereiche menschlicher Interaktion gemäß einer Leitidee ordnen,
- die für längere Zeit und einen größeren Kreis von Menschen gelten
- und deren Beachtung auf unterschiedliche Art und Weise durchgesetzt wird."

Man erkennt an diesen Charakterisierungen von Institutionen bereits, dass hier nicht mehr ein bestimmter Verhaltensautomatismus unterstellt wird (wie in der Neoklassik), sondern dass es bestimmter Instrumente zur Verhaltenssteuerung bedarf.

Zentrale Ansätze der neuen Insitutionenökonomik sind
- der **Property-Rights-Ansatz** bzw. **Theorie der Verfügungsrechte** (mit einem Schwerpunkt bei der Gestaltung expliziter und impliziter Verträge),
- der **Principal-Agent-Ansatz** (mit der Ausrichtung auf die Gestaltung von Verträgen zwischen Auftraggebern und Auftragnehmern),
- die **Informationsökonomik** (mit der Betrachtung der zwischen Vertragspartnern bestehenden Informationsdefizite und -asymmetrien) und
- die **Transaktionkostentheorie** (mit dem Fokus auf den Kosten, die bei einer Übertragung von Verfügungsrechten entstehen).

Einer (persönlich gegebenen) Anregung von Michael Kleinaltenkamp folgend, kann man sich - zumindest im Marketing-Kontext – den Zusammenhang zwischen den vier Ansätzen folgendermaßen vorstellen:

Am Beginn steht der Wunsch, ein Sachgut oder eine Dienstleistung zu erwerben. Dabei steht nicht der bloße Besitz im Vordergrund, sondern die Möglichkeit, z.B. ein gekauftes Auto oder eine gemietete Wohnung nutzen zu können (→ Theorie der Verfügungsrechte)

Im zweiten Schritt kommt es zur Interaktion von Anbieter und Nachfrager. So kann man sich bei Dienstleistungen leicht vorstellen, dass der Kunde / Auftraggeber hier in der Rolle des „Principals" und der Auftragnehmer, der ja die gewünschte Leistung erbringt, in der Rolle des „Agents" ist.

Wenn Anbieter und Nachfrager einen Geschäftsabschluss vorbereiten, dann spielt dabei der Austausch von Informationen eine zentrale Rolle (→ Informationsökonomik). Der Kunde will vor allem die Qualität der zu kaufenden Leistung einschätzen können.

Mit einem Geschäftsabschluss (Transaktion) sind Kosten bei der Übertragung von Verfügungsrechten, insbesondere für Abschluss und Durchsetzung von Verträgen, verbunden (→ Transaktionskostentheorie).

Dieser Reihenfolge soll bei der Vorstellung der Ansätze gefolgt werden.

Zum Property-Rights-Ansatz (Theorie der Verfügungsrechte)

Der Property-Rights-Ansatz ermöglicht eine Perspektive auf Transaktionen, die über Kaufprozesse und -entscheidungen hinausreicht. Grundlage dafür ist die gegenüber dem Kauf (mit dem Übergang des Eigentumsrechts) deutlich differenziertere Betrachtung von *Handlungs- und Verfügungsrechten*, die sich bezüglich eines Gutes auf

- dessen Gebrauch,
- Möglichkeiten zur Veränderung von Substanz und Form des Gutes,
- Aneignung des mit dem Gut verbundenen Ertrags sowie
- Weitergabe entsprechender Rechte

beziehen. Das ist leicht nachvollziehbar, weil ja der Erwerb eines Gutes, einer Dienstleistung oder eines Rechts typischerweise nicht auf den bloßen Besitz (etwa im Sinne des Ausspruchs von Fafner „Ich lieg' und besitz' – lasst mich schlafen." im 2. Aufzug, 1. Szene, von Wagners „Siegfried") gerichtet ist. Vielmehr steht die Nutzung, z.B. zur Befriedigung eigener Bedürfnisse oder zur Erbringung anderer Leistungen, die dann auf anderen Märkten angeboten werden, im Vordergrund. Beispielsweise hängt der Wert einer Immobilie wesentlich davon ab, dass ein Eigentümer diese selbst nutzen oder die Erträge aus der Nutzung durch andere (Vermietung) sich aneignen kann.

Die Relevanz der oben aufgeführten Rechte ist im Beispiel von Immobilien offenkundig und anschaulich nachvollziehbar. Aus zahlreichen Beispielen (Autokauf und -vermietung, Software, TV-Rechte, Kauf oder Leasing von Maschinen und Anlagen etc.) wird leicht erkennbar, dass die Bedeutung der Gestaltung von Verfügungsrechten alle Wirtschaftsbereiche betrifft (Kleinaltenkamp / Jacob 2002). Da die Nutzung (bzw. der Nutzen) von Gütern und Dienstleistungen im Mittelpunkt des Interesses steht, überrascht es nicht, dass dieser Ansatz im Zusammenhang mit dem Marketing Interesse findet, weil ja schließlich diese Nutzungsmöglichkeiten den Wert eines Angebots, und damit einerseits seine Attraktivität und andererseits seinen Preis bestimmt.

Michael Kleinaltenkamp und Frank Jacob (2002) geben ein Beispiel für die Relevanz des Property-Rights-Ansatzes:

„Auf Business-to-Business-Märkten gehört die Ausgestaltung von Verfügungsrechten oftmals zu den Kernaufgaben des Marketing-Managements. Beispielsweise bewegen sich Investoren bei großen industriellen Investitionen – wie Produktionsanlagen oder Kraftwerke – mehr und mehr in Richtung auf „BOT"- und „BOOT"-Arrangements, bei denen der Anbieter nicht nur für den Bau (B) zuständig ist, sondern auch Eigentümer (Owner O) und Betreiber (Operator O) ist bevor der abschließende Transfer (T) stattfindet. In solchen Situationen haben die inhaltliche und zeitliche Ausgestaltung von Verfügungsrechten für die Beteiligten erhebliche Bedeutung."

Zum Principal-Agent-Ansatz (Interaktion Anbieter-Nachfrager)

Beim Principal-Agent-Ansatz liegen die Anwendungsmöglichkeiten im Marketing auf der Hand. Es geht dabei ja um Beziehungen zwischen einem Auftraggeber (Principal) und einem Auftragnehmer (Agent). Da denkt man (neben den Beziehungen von Unternehmenseigentümern und Managern oder zwischen Arbeitgebern und Arbeitnehmern) nicht zuletzt an Beziehungen von Kunden und beauftragten Unternehmen oder an die Beziehungen von Herstellerunternehmen und Handel, wobei es bei den aktuellen Machtverhältnissen im deutschen Einzelhandel durchaus nicht eindeutig ist, wer hier Principal und wer Agent ist. Letztlich sei noch auf Anwendungen im Bereich des Verkaufsmanagements (Reisende oder Handelsvertreter, Außendienstentlohnung) verwiesen (siehe z.B. Albers 2002; Krafft 1999).

Frank Jacob (2009, S. 45) erläutert ein Beispiel für Informationsasymmetrien zwischen Verkäufer und Käufer:

„Jeder Austauschprozess ist durch Informationsasymmetrien gekennzeichnet. Bei der traditionellen Variante ‚Ware gegen Geld' dürfen wir beispielsweise unterstellen, dass der Anbieter sein Produkt besser kennt als der Nachfrager. Der Nachfrage wäre also der Prinzipal, der Anbieter Agent. Umfasst der Austausch beispielsweise auch eine Finanzierungsdienstleistung, wie beim PKW-Kauf heutzutage üblich, so drehen sich die Verhältnisse um, denn der Nachfrager (jetzt Agent) kennt seine Bonität besser als der Anbieter (jetzt Prinzipal)."

Typisch für Principal-Agent-Beziehungen sind asymmetrische Verteilungen von Informationen. Es ergeben sich also Informationsvorsprünge einer Seite, die zum eigenen Vorteil und zum Nachteil der Gegenseite genutzt werden können. Hier werden drei Typen unterschieden (Jacob 2009, S. 45 f.):

- *Hidden intention*: Agent verhält sich anders als in der Vereinbarung mit dem Principal festgelegt / vereinbart.
- *Hidden characteristics*: Eigenschaften einer Leistung, die vor der Vereinbarung vom Principal nicht überprüft werden können (z.B. versteckte Mängel einer Immobilie).
- *Hidden action*: Verhalten des Agenten nach der Vereinbarung, das zum Nachteil des Principals ist, aber für diesen nicht erkennbar wird.

Gegenstand der Betrachtung sind auch die Möglichkeiten der Unsicherheitsreduktion durch Informationsübertragung. Kaas (1990, S. 541) sieht sogar „die Fähigkeit des Unternehmens, mehr Wissen als die Konkurrenz über die Nachfrager zu erlangen, ihnen bessere Angebote als die Konkurrenz zu machen, sie von dieser Tatsache zu überzeugen und die dadurch gegebenen Wettbewerbsvorteile gewinnbringend auszunutzen" als Umschreibung des Marketing in informationsökonomischer Sicht an. Zwei Arten der Informationsübermittlung werden dabei unterschieden:

- *Signaling* bezeichnet ein Informationsangebot, das von der (besser) informierten Seite ausgeht.
- *Screening* kennzeichnet eine Informationsgewinnung, die von der weniger informierten Seite ausgeht.

Zur Informationsökonomik (Vorbereitung Geschäftsabschluss)

Die größte Prominenz im Marketingbereich hat von den institutionenökonomischen Ansätzen wohl die *Informationsökonomik* erreicht. Hier geht es wesentlich um die Möglichkeiten zur Qualitätseinschätzung vor dem Kauf. Ausgangspunkt der Überlegungen ist eine Unterscheidung von *Arten der Produktqualität*, die von Nelson (1970) stammt und von Darby / Karni (1973) später erweitert wurde. Einen entsprechenden Überblick geben Weiber / Adler (1995a).

Nelson (1970) hat hinsichtlich der Möglichkeiten, sich Informationen über die Qualität von Produkten zu verschaffen, „suchen" und „erfahren" (Erfahrungen sammeln) unterschieden. Daran anschließend folgte die Einschätzung, welche Informationen bei verschiedenen Produkten vor dem Kauf (suchen) oder erst nach dem Kauf (erfahren) bei der Verwendung des Produkts bei akzeptablem Aufwand für die Informationsbeschaffung erhältlich sind und die Zuordnung von Produkten – je nach Schwerpunkt – zu den Kategorien Suchgüter und Erfahrungsgüter. Kennzeichnend für die **Suchgüter** ist die Möglichkeit, deren Qualität vor dem Kauf zu überprüfen. Als Beispiel nennt Nelson den Kauf von Kleidungsstücken, wobei es in aller Regel mit vertretbarem Aufwand möglich ist, deren Materialqualität, Passform etc. einzuschätzen. **Erfahrungsgüter** sind dadurch charakterisiert, dass ihre Qualität vor dem Kauf nur schwer beurteilt werden kann, sondern eher durch die Erfahrung, die man bei der Verwendung des Produkts macht, oder dass es sich nicht lohnt (z.B. bei geringwertigen Produkten), vor dem Kauf hinreichende Informationen über die Produktqualität einzuholen. Nelson (1970) nennt als Beispiel dafür den Kauf von Thunfischdosen, wobei ja die Qualitätsbeurteilung vor dem Kauf wahrlich nicht einfach ist. Hier sei es üblich und ökonomisch zweckmäßig, mehrere Sorten auszuprobieren und sich danach für eine bei späteren Käufen zu präferierende Alternative zu entscheiden.

Darby / Karni (1973) haben der vorstehend skizzierten Unterteilung den Aspekt des Vertrauens hinzugefügt, woraus dann die Kennzeichnung von **Vertrauensgütern** entstand. Deren Hauptmerkmal ist es, dass wesentliche Elemente ihrer Qualität weder vor noch nach dem Kauf mit vertretbaren Informationskosten beurteilt werden können. Der Käufer muss also in solchen Fällen den Angaben des Verkäufers vertrauen, ohne diese vor oder nach dem Kauf überprüfen zu können. Ein Beispiel dafür ist die Angabe, dass bestimmte Eier von frei laufenden Hühnern stammen.

Typisch für real existierende Produkte dürften Überschneidungen der drei genannten Qualitätsarten sein. So steht beim Beispiel „biodynamisches Gemüse" wohl die *Vertrauensqualität* im Vordergrund, die Frische des Gemüses lässt sich aber häufig anhand seines Aussehens vor dem Kauf (*Inspektionsqualität*) und seines Geschmacks spätestens beim Verzehr (*Erfahrungsqualität*) beurteilen. Auch beim Inspektionsgut Kleidung können bestimmte Erfahrungen (Haltbarkeit, Waschbarkeit etc.) erst nach dem Kauf gemacht werden. Deswegen ist es zweckmäßig, nicht *Produkte*, sondern deren verschiedene *Eigenschaften* nach den vorstehend umrissenen Kriterien zu klassifizieren (siehe dazu auch Kaas / Busch 1996). Die verschiedenen Produkte haben also mit unterschiedlichen Schwerpunkten Such-, Erfahrungs- und Vertrauens*eigenschaften*.

Die Betrachtung und Kategorisierung der verschiedenen Eigenschaften von Produkten hinsichtlich der drei gekennzeichneten Dimensionen erlaubt es dann, Kaufentscheidungen je nach Anteil der drei Eigenschaftsarten differenzierter einzuordnen als es in den ursprünglichen Arbeiten von Nelson (1970) und Darby / Karni (1973) möglich war (Weiber / Adler 1995b). In einer umfassenden empirischen Untersuchung haben Weiber / Adler (1995b) typische Beispiele von Produkten identifiziert, deren Kauf als Such-, Erfahrungs- oder Vertrauenskauf wahrgenommen wird. Als Beispiele seien hier genannt:

- für **Suchkäufe**: Schuhe, Lebensmittel, Fernseher
- für **Erfahrungskäufe:** Friseurbesuch, Abenteuerurlaub, Restaurantbesuch
- für **Vertrauenskäufe:** Arztbesuch, Rechtsberatung, Medikamente

Diese Einschätzungen sind natürlich subjektiv geprägt und können sich bei gleichartigen Produkten von Person zu Person unterscheiden. Aus den Spezifika der drei Arten von Produkteigenschaften lassen sich direkt Ansatzpunkte für entsprechende Marketingstrategien ableiten (siehe Adler 1998). Bei Sucheigenschaften steht die *leistungsbezogene Informationssuche* im Vordergrund. Der Kunde braucht also Möglichkeiten zum Anprobieren, zu Probefahrten, zu Kostproben etc. Bei Erfahrungseigenschaften sollte man die entstehenden Unsicherheiten durch *leistungsbezogene Informationssubstitute* (z.B. Garantien, Möglichkeiten zur Rückgabe des Produktes) reduzieren. Hinsichtlich der Vertrauenseigenschaften, wenn man also die Leistung des Produkts weder vor noch nach dem Kauf beurteilen kann, spielen *leistungsübergreifende Informationssubstitute* (z.B. Reputation des Anbieters, Referenzen, Marke) die wesentliche Rolle. Es wird erkennbar, dass auf der Basis einer informationsökonomischen Klassifizierung (siehe Abschnitt 6.5.1) Empfehlungen für Strategien entwickelt werden können.

Klaus Peter Kaas (2000, S. 63) kommt zu einer Gesamteinschätzung des neo-institutionenökonomischen Ansatzes und gibt eine Zusammenstellung wichtiger Beiträge zur Marketingwissenschaft aus dieser Richtung:

„*Die Stärke des neoinstitutionellen Paradigmas liegt darin, dass es die Analyse von Informationsasymmetrien, ihrer Voraussetzungen und Folgen für die Erklärung von Marktstrukturen und -prozessen in den Mittelpunkt stellt, von Phänomenen, die für das Marketing von großer Bedeutung sind.*"

„*Beiträge der neoinstitutionellen Marketingtheorie sind die informationsökonomische Analyse der Informationslagen auf Märkten (,,Inspektions-, Erfahrungs- und Vertrauenseigenschaften'), die Bedeutung von Mechanismen wie Screening, Signaling und Self Selection zur Überwin-*

dung von Informationsasymmetrien durch Marketing, die Wirkung von Institutionen auf Anreize und Risiken, z.B. von Warentestergebnissen, Markennamen, Reputation, die Theorie 'hybrider' Koordinationsformen zwischen Markt und Hierarchie, das Marketing für Kontraktgüter, die Prinzipal-Agent-Theorie zur Entlohnung von Verkäufern, zur Preisbildung im Kontraktgütermarketing."

(Im Original sind zahlreiche Literaturhinweise enthalten, die aus Gründen der Lesbarkeit hier weggelassen wurden.)

Zum Transaktionskostenansatz (Geschäftsabschluss)

Was versteht man im Zusammenhang *Transaktionskostentheorie* unter einer Transaktion? „Eine Transaktion ist eine Übereinkunft zwischen zwei Parteien über das jeweils zu Gebende und zu Erhaltende." (Plinke 2000, S. 44). Transaktionen finden unternehmensintern, z.B. in Form der Aufgabenerfüllung durch einen Beschäftigten gegen Zahlung eines Gehalts, oder unternehmensextern, z.B. Erbringung einer Dienstleistung oder Verkauf eines Produkts gegen einen bestimmten Preis, auf Märkten statt. Damit ist auch schon eine zentrale Fragestellung der Transaktionskostentheorie, die für deren Entwicklung der Auslöser war, angesprochen: Ist es im Hinblick auf die damit verbundenen Kosten sinnvoller, bestimmte Transaktionen unternehmensintern oder –extern durchzuführen? Beispielsweise kann man an die Frage denken, ob bestimmte Bauteile innerhalb des Unternehmens selbst gefertigt oder auf Märkten gekauft werden sollen (Make-or-buy-Entscheidung). „Die Transaktionskostentheorie unterscheidet sich von der neoklassischen Sichtweise, die hauptsächlich auf Preise und Mengen bzw. Angebot und Nachfrage fokussiert ist, dadurch, dass die Organisation der Wirtschaft mit Blick auf Verträge und Steuerung und Betrachtung von Transaktionen als grundlegender Analyse-Einheit untersucht wird." (Williamson / Ghani 2012, S. 76).

Zur Konkretisierung des Begriffs der Transaktionskosten sei hier die Aufstellung von deren Arten von Höll (2009, S. 152 f.) wiedergegeben. Höll unterscheidet dabei Kosten für:

- Anbahnung von Transaktionen (z.B. Reise- oder Beratungskosten)
- Vereinbarung von Transaktionen (z.B. Verhandlungs- und Rechtsberatungskosten)
- Abwicklung der Transaktion (z.B. Kosten für Führung, Koordination und Verwaltung)
- Kontrolle der Transaktion (z.B. Qualitäts- und Terminüberwachung)
- Anpassung (z.B. zusätzliche Kosten für – nachträgliche – qualitative, mengenmäßige oder terminliche Änderungen)

Transaktionskosten werden von Besanko / Dranove / Shanley / Schaefer (2007, S. 123) in folgender Weise gekennzeichnet:

„Transaktionskosten umfassen offenkundige Dinge wie den Zeitaufwand und Ausgaben für die Aushandlung, Ausfertigung und Durchsetzung von Verträgen. Sie umfassen auch versteckte und möglicherweise viel größere Kosten, die entstehen, wenn eine oder mehrere Firmen unvollständige Verträge ausnutzen oder sich opportunistisch verhalten (z.B. indem sie persönliche Vorteile zu Lasten der Anderen anstreben). Transaktionskosten umfassen die negativen Konsequenzen opportunistischen Verhaltens ebenso wie die Kosten für die Maßnahmen, um dieses zu verhindern."

Eine „klassische" Anwendung des Transaktionskostenansatzes – zurückgehend auf Coase (1937 !) – ist schon implizit angesprochen worden, die Erklärung der Existenz von Unternehmen in Abhängigkeit von Transaktionskosten (ausführlich dazu: Freiling / Reckenfelderbäumer 2010, S. 48 ff.). Wenn externe Transaktionskosten (z.B. durch Anbahnung, Überwachung und Durchsetzung von Verträgen) höher sind als interne (z.B. für Koordination und Kontrolle innerhalb des Unternehmens), dann fördert das die Entstehung von Unternehmen, im umgekehrten Fall eher die Inanspruchnahme von Märkten. In enger Verbindung damit stehen die für das strategische Marketing bedeutsamen Fragen der vertikalen Integration (siehe z.B. Williamson 1985, S. 85 ff.; Besanko u.a. 2007, S. 136 ff.). Ähnlich argumentieren auch Rindfleisch / Heide (1997) und John / Reve (2010) in ihren umfassenden Literaturübersichten zur Anwendung der Transaktionskostentheorie im Marketing, die Schwerpunkte bei Fragen vertikaler Integration und vertikaler Beziehungen (nicht zuletzt in Distributionskanälen), aber auch bei interorganisationalen horizontalen Beziehungen sehen.

Abschließend sei hier in Anlehnung an Elisabeth Göbel (2002, S. 322 ff.) ein kurzer Ausblick auf einige typische Anwendungen der neuen Institutionenökonomik auf Marketing-Fragestellungen gegeben. Göbel (2002, S. 322) verwendet dazu eine Übersicht, die hier leicht verändert wiedergegeben sei (s.u.).

	Beziehung Unternehmen - Kunde	Beziehung Unternehmen – Distributionsakteur (z.B. Handel, Vertriebsmitarb.)
Principal-Agent-Ansatz	Unternehmen als Agent, Kunde als Principal Problem: Unsicherheit des Kunden senken (→ z.B. hidden intention, hidden characteristics)	Unternehmen als Principal, Distributionsakteur als Agent Problem: Agent zu gewünschtem Verhalten motivieren

Transaktionskostenansatz	Verschiedenen Arten von Transaktionen sollen passende Arrangements (z.B. Kaufvertrag, Customer Integration) zugeordnet werden	Verschiedenen Arten von Transaktionen sollen passende Arrangements (z.B. Verkauf an den Zwischenhandel; Franchising, eigene Reisende) zugeordnet werden

7.5 Ausblick 1: Generelle Marketing-Theorien

Vor dem Hintergrund der schon angesprochenen „Sehnsucht nach Theorie" in der Marketingwissenschaft (siehe Kapitel 1) wird auch das Bestreben verständlich, eine generelle, viele Teilgebiete umfassende, Marketing-Theorie zu entwickeln. Die in den vorstehenden Abschnitten umrissenen Ansätze beziehen sich ebenso wie die im folgenden Kapitel eher auf bestimmte Teilprobleme und Einzelfragen des Marketing, etwa im Sinne von *„Theorien mittlerer Reichweite"* (Franke 2000, S. 196 f.; siehe auch Abschnitt 7.1), während bei einem generellen Theorie-Ansatz die allgemein gültigen und zentralen Elemente und ihre Zusammenhänge des Marketing umfassend dargestellt und erklärt werden sollen. Mit dem Allgemeinheitsgrad der Theorie ist oft auch eine Verringerung der Präzision und Konkretheit der Aussagen verbunden, beispielsweise im Vergleich zur – enger fokussierten – Diffusionstheorie, mit der recht exakte Aussagen zum Verlauf der Ausbreitung neuer Produkte gemacht werden (Mahajan / Muller / Bass 1990). Hunt (1983) sieht aber als Problem der größeren Abstraktheit von Theorien größere Schwierigkeiten bei der empirischen Überprüfung solcher Theorien.

Franke (2000, S. 186) erläutert kurz die Bestrebungen zur Entwicklung einer generellen Marketing-Theorie: „Ab etwa den 50er Jahren und bis etwa in die 80er Jahre zeigte sich diese Sehnsucht nach Theorie vor allem in Bestrebungen, eine General Theory des Marketing zu schaffen. Hauptsächlich in der US-amerikanischen Marketingwissenschaft übte die Vision einer vollständigen und in sich geschlossenen Theorie des Marketing, die sich aus kleineren Einzeltheorien zusammensetzt und diese systemhaft integriert, eine beträchtliche Faszination auf die Forscher aus."

Auch der Untertitel des Buches von Shelby Hunt aus dem Jahre 2002 weist auf die Suche nach einer generellen Marketing-Theorie hin. Er lautet: „Toward a General Theory of Marketing"

Wie lässt sich nun eine *generelle Theorie kennzeichnen*? Was bedeutet hier „Allgemeinheit"? Shelby Hunt (2002, S. 244 ff.) kennzeichnet diesen Aspekt durch vier Gesichtspunkte:

- Generelle Theorien erklären eine große Vielzahl und Vielfalt von Marketing-Phänomenen.
- Generelle Theorien fassen eine größere Zahl von Konzepten und Gesetzmäßigkeiten aus anderen (spezielleren) Theorien zusammen.
- Generelle Theorien umfassen die Aussagemöglichkeiten von anderen (spezielleren) Theorien.
- Generelle Theorien verwenden Konzepte mit besonders hohem Abstraktionsgrad. Dazu sei hier auf die Diskussion von Abstraktion und Generalisierbarkeit im Zusammenhang der empirischen Forschung im Abschnitt 6.3 verwiesen.

Dieser letzte Gesichtspunkt verweist wieder auf das schon angesprochene Problem genereller Marketing-Theorien, dass ihre Aussagen eher weniger konkret sind. „Die erarbeiteten Ansätze (für generelle Theorien; Anm. v. A.K.) erinnern entsprechend mehr an konzeptionelle Rahmen als an Theorien, die etwas über die Realität behaupten." (Franke 2002, S. 187).

Einige der Versuche zur Entwicklung einer generellen Marketing-Theorie sind wieder in Vergessenheit geraten. Für eine knappe Diskussion dazu sei hier auf Bruhn (2000, S. 363 f.), Franke (2002, S. 186 f.) und vor allem auf Hunt / Muncy / Ray (1981, S. 267) verwiesen. Bestand hatte dagegen der schon in den 1950er und 1960er Jahren konzipierte Entwurf von Wroe Alderson, auf den immer wieder Bezug genommen wird. Aktuell stark beachtet wird auch die Resource-Advantage-Theory, die vor allem von Hunt / Morgan (1995 u. 1997) sowie von Hunt (2000 u. 2002) vertreten wird. Diese beiden Theorie-Entwürfe sollen im Folgenden kurz vorgestellt werden.

Zum Entwurf von Wroe Alderson

Wroe Alderson war sicher eine der zentralen Figuren bei der Entwicklung von Marketing-Theorie, durch seine umfassenden und vielfältigen Beiträge zur Theorie-Entwicklung und auch durch seine Lehrtätigkeit, in deren Rahmen er in jährlich stattfindenden Theorie-Seminaren zahlreiche Marketingwissenschaftler an das Gebiet herangeführt hat.

Ben Wooliscroft (2006) gibt eine kurze Darstellung von Alderson's Leben und Werk, u.a. mit den folgenden Daten:

Wroe Alderson

Geb. 1898; gest. 1968

Studium von VWL und Statistik an der George Washington University

Kein Abschluss einer Promotion

Seit 1944 selbstständiger Unternehmensberater

Lehrtätigkeit am MIT und an der Wharton School

Veranstalter von Marketing-Theorie-Seminaren seit 1940

Wichtige Bücher: „Marketing Behavior and Executive Action" (1957); „Dynamic Marketing Behavior: A Functionalist Theory of Marketing" (1965)

Alderson's Theorie ist vor allem in seinen 1957 und 1965 erschienenen Büchern formuliert worden. Allerdings sind diese Darstellungen so umfangreich und unübersichtlich sowie im Hinblick auf die verwendete Terminologie so ungewöhnlich, dass ihr Verständnis und die Verbreitung der Theorie dadurch wesentlich erschwert wurden. Einen kurzen Überblick über zentrale Ideen bieten Alderson (1958) und Priem (1991). Ein wesentlicher Schritt für das Verständnis von Alderson's Theorie war deshalb die stark konzentrierte und formalisierte Darstellung von deren zentralen Elementen durch Hunt / Muncy / Ray (1981). Wegen seiner besonderen Bedeutung ist dieser Artikel mehrfach nachgedruckt worden, z.B. in Sheth / Garrett (1986) und in Wooliscroft / Tamila / Shapiro (2006). In dem zuletzt genannten Sammelband findet man wesentliche Arbeiten von Alderson und zahlreiche Beiträge, die sich mit seinem Ansatz auseinandersetzen.

Hunt / Muncy / Ray (1981, S. 267) kennzeichnen das Problem der schlechten Lesbarkeit von Alderson´s Texten: „Es ist traurig, aber wahr, dass Alderson ein notorisch unsystematischer Autor war. Wie Hostiuck und Kurtz (1973) hervorheben ´stöhnen´ selbst anerkannte Marketingwissenschaftler, wenn sie nur an Alderson denken, und geben vertraulich zu, dass sie ihn nie wirklich verstanden haben."

Alderson's Theorie umfasst die folgenden Teilgebiete:
- Ziele und Entstehung von Austauschprozessen
- Verhalten von Haushalten (einschl. Kauf- und Suchverhalten)
- Verhalten von Anbietern / Unternehmen (Ziele von Unternehmen, Sicherung von Kundenbeziehungen, Gewinnung von Wettbewerbsvorteilen etc.)
- Austauschbeziehungen auf Märkten bei Heterogenität von Angebot und Nachfrage
- Wesen und Funktion von Distributionssystemen (Entscheidungen im Handel, Auswahl von Distributionskanälen etc.)

Diese Zusammenstellung macht schon deutlich, dass es hier nicht mehr um „mittlere Reichweite", sondern um einen umfassenden Anspruch geht. Alderson (1965, S. 25 ff.) erläutert und begründet in seiner Theorie, wie bei Heterogenität von Angebot und Nachfrage und dem Vorhandensein von Institutionen, die geeignete Veränderungen und Zusammenstellungen von Produkten in einem mehrstufigen Wirtschaftsprozess vornehmen, der Marketing-Prozess dazu führt, dass aus den vorhandenen natürlichen Ressourcen für die Konsumenten nützliche Produkte entstehen (siehe auch Hunt / Muncy / Ray 1981, S. 271).

Die Einzelheiten der Theorie von Alderson lassen sich hier nicht einmal näherungsweise wiedergeben. Ihre (potenzielle) Bedeutung sei aber durch ein Zitat aus dem Jahre 1957 (!) angedeutet, mit dem Alderson (1957, S. 106) zentrale Ideen der erst Jahrzehnte später voll entwickelten Diskussion um die Gewinnung von Wettbewerbsvorteilen vorwegnimmt: „Der Ansatz der Differenzierungsvorteile, …., geht davon aus, dass niemand in einen Markt eintritt, wenn er nicht die Erwartung hat, einen gewissen Vorteil für seine Kunden bieten zu können und dass Wettbewerb in dem dauernden Bemühen um die Entwicklung, Erhaltung und Vergrößerung solcher Vorteile besteht."

Wooliscroft / Tamilia / Shapiro (2006, S. XVI) formulieren in dem Vorwort zu ihrem Sammelband besonders hohe Wertschätzung für Alderson und sein Werk:

„Wir haben dieses Buch aus einem sehr einfachen Grund zusammengestellt, um eine neue Generation von Marketingwissenschaftlern mit dem Leben, den Schriften und dem intellektuellen Nachlass von Wroe Alderson, fraglos dem herausragenden Marketing-Theoretiker der Mitte des 20. Jahrhunderts, vertraut zu machen. Hätte man zu dieser Zeit eine Ruhmeshalle für Marketingwissenschaftler gegründet, Alderson wäre wohl im ersten Jahr schon einstimmig gewählt worden. Die Herausgeber sehen ihn als so bedeutend für die Marketing-Disziplin an wie Keynes für die Volkswirtschaftslehre oder Taylor für die Managementlehre."

Zum Entwurf von Shelby Hunt

Seit Mitte der 1990er Jahre hat vor allem Shelby Hunt einen umfassenden Theorie-Entwurf entwickelt und propagiert, bei dem neben Ansätzen aus der ökonomischen Theorie und aus der Marketingwissenschaft auch Konzepte aus dem Bereich des strategischen Managements eingeflossen sind (siehe dazu insbesondere Hunt / Morgan 1995 u. 1997; Hunt 2000, 2002, 2010 und 2011). Hunt bezieht sich dabei ausdrücklich (Hunt 2000, S. 248) auf Alderson, kommt aber zu einem Entwurf, den er als (bessere) Alternative zur neoklassischen Theorie ansieht. In ihrer ausgereiften Fassung nennt Hunt seine Theorie „Resource-Advantage-Theorie" (*R-A-Theorie*). Er geht dabei – in deutlicher Abgrenzung zur Neoklassik (siehe Abschnitt 7.2.) – von folgenden Annahmen aus (Hunt / Morgan 1997, S. 76):

R-A-Theorie	Neoklassische Theorie
Nachfrage ist heterogen über verschiedene Branchen, heterogen innerhalb von Branchen und dynamisch.	Nachfrage ist heterogen über verschiedene Branchen, homogen innerhalb von Branchen und statisch.
Konsumenteninformation ist unvollständig und mit Kosten verbunden.	Konsumenteninformation ist vollständig und nicht mit Kosten verbunden.

R-A-Theorie	Neoklassische Theorie
Motivation von Menschen liegt in dem begrenzten Streben nach Realisierung eigener Interessen.	Motivation von Menschen liegt in der Maximierung der Realisierung eigener Interessen.
Ziel von Unternehmen ist überlegener finanzieller Erfolg.	Ziel von Unternehmen ist die Gewinnmaximierung.
Informationen von Unternehmen sind unvollständig und mit Kosten verbunden.	Informationen von Unternehmen sind vollständig und kostenlos.
Die Ressourcen von Unternehmen sind finanzieller, physischer, rechtlicher, menschlicher, organisationaler, informatorischer und relationaler Art.	Die Ressourcen von Unternehmen bestehen in Kapital, Arbeit und Boden.
Ressourcen sind heterogen und nicht vollständig mobil.	Ressourcen sind heterogen und vollständig mobil.
Die Aufgabe des Managements besteht in Erkennung, Verständnis, Entwicklung, Implementierung und Modifikation von Strategien.	Die Aufgabe des Managements besteht in der Festlegung von Mengen und Implementierung einer Produktionsfunktion.
Wettbewerb führt zu Ungleichgewichten, einschließlich Innovation.	Wettbewerb führt zum Gleichgewicht ohne Berücksichtigung von Innovation.

Die R-A-Theorie hat einige charakteristische Merkmale, die sie von anderen Wettbewerb erklärenden Theorien unterscheidet und für praktische Anwendungen nützlich macht:

a) Es handelt sich um eine dynamische Theorie, weil der Wettbewerbsprozess im Mittelpunkt steht.

b) Es werden Erkenntnisse aus verschiedenen Teilgebieten der Wirtschaftswissenschaften (einschließlich verhaltenswissenschaftlicher Erkenntnisse) integriert.

c) Aus der R-A-Theorie lassen sich Ansatzpunkte für die Entwicklung von Strategien ableiten.

d) Die der R-A-Theorie zu Grunde liegenden Annahmen sind realitätsnäher als manche stärker volkswirtschaftlich geprägten theoretischen Ansätze zum Wettbewerb und seinen Ergebnissen.

Abbildung 7.3: Schema der R-A-Theorie zum Wettbewerb (Quelle: Hunt / Morgan 1997, S. 78)

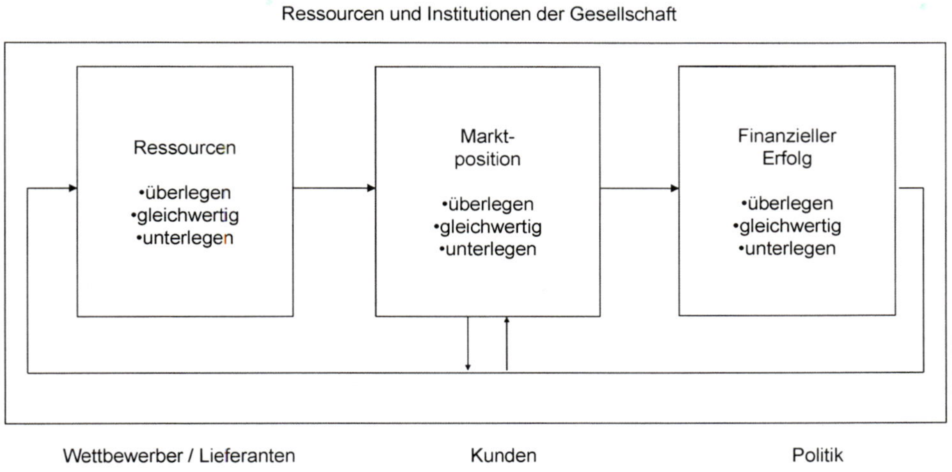

```
                    Ressourcen und Institutionen der Gesellschaft

    ┌─────────────────┐   ┌─────────────────┐   ┌─────────────────┐
    │    Ressourcen   │──▶│  Marktposition  │──▶│  Finanzieller   │
    │                 │   │                 │   │     Erfolg      │
    │  • überlegen    │   │  • überlegen    │   │  • überlegen    │
    │  • gleichwertig │   │  • gleichwertig │   │  • gleichwertig │
    │  • unterlegen   │   │  • unterlegen   │   │  • unterlegen   │
    └─────────────────┘   └─────────────────┘   └─────────────────┘

  Wettbewerber / Lieferanten       Kunden                Politik
```

Ein zentrales Element der R-A-Theorie lässt sich recht einfach durch die Abbildung 7.3 veranschaulichen. Darin sind die drei zentralen Elemente Ressourcen, Marktposition und finanzieller Erfolg sowie ihr Zusammenhang dargestellt. Ausgangspunkt der Betrachtung seien zunächst die Ressourcen.

Unter *Ressourcen* versteht Hunt (2000, S. 138) „gegenständliche und nichtgegenständliche Hilfsmittel, die einem Unternehmen zur Verfügung stehen und es ihm erlauben, effizient und / oder effektiv eine Leistung auf einem Markt anzubieten, die für (ein) Marktsegment von Wert ist." Hunt unterscheidet dabei folgende Arten von Ressourcen:

- finanzielle Ressourcen (z.B. vorhandene finanzielle Mittel, Zugang zu Finanzmärkten),
- physische Ressourcen (z.B. Fertigungsanlagen, Bauteile),
- rechtliche Ressourcen (z.B. Markenrechte, Patente),
- menschliche Ressourcen (z.B. Fähigkeiten, Erfahrungen und Wissen der Mitarbeiter),
- organisatorische Ressourcen (z.B. Routinen, Unternehmenskultur),
- Informationsressourcen (z.B. Wissen über Kunden, Marktsegmente, Wettbewerber und Technologien),
- Beziehungsressourcen (z.B. Beziehungen zu Lieferanten und Kunden).

Bei der Betrachtung von Unternehmen konzentriert sich die R-A-Theorie auf den Aspekt, dass diese eine Ansammlung beziehungsweise Kombination von Ressourcen darstellen. Die jeweilige Ressourcenausstattung kann es Unternehmen ermöglichen, bestimmte Leistungen kostengünstiger zu erzeugen (*Effizienzvorteil*) oder in der Wahrnehmung der Kunden überlegene Leistungen (*Effektivitätsvorteil*) zu erzeugen. So kann es großen Anbietern mit besonders modernen Fertigungsanlagen gelingen, Produkte mit deutlich unterdurchschnittlichen Kosten zu fertigen, und andere Unternehmen, die über Entwicklungs-Know-how und starke Marken verfügen, bieten herausragende Produkte an.

Die verschiedenen Kombinationen von Kosten und Wert der angebotenen Leistungen (im Vergleich zu Konkurrenten) sind in Abbildung 7.4 zusammengestellt. Darin ist leicht erkennbar, dass ein Vorteil in einer der Dimensionen, der nicht durch einen Nachteil in der anderen Dimension aufgehoben wird, zu einem Wettbewerbsvorteil führt (Felder 2, 3 und 6) und umgekehrt (Felder 4, 7 und 8).

In Feld 5 gibt es weder Vor- noch Nachteil. Bei den Feldern 1 und 9 ist die Relation unbestimmt, weil offen bleibt, wie groß die Unterschiede in den beiden Dimensionen sind, ob zum Beispiel in Feld 1 ein etwas geringerer Wert der Leistung durch einen sehr großen Kostenvorteil mehr als kompensiert wird. Die Aussagekraft einer solchen Darstellung ist natürlich auf ein einzelnes Marktsegment begrenzt, weil es ansonsten kaum möglich wäre, den Wert verschiedener Leistungen für die Kunden einzuschätzen. Für eine Betrachtung eines umfassenden Geschäftsbereichs oder eines ganzen Unternehmens müssten also entsprechende Darstellungen zusammengeführt werden.

Abbildung 7.4:   *Matrix von Wettbewerbspositionen (nach Hunt / Morgan 1997, S. 78)*

		Relativer Wertzuwachs durch Ressourcen (Effektivität)		
		<	=	>
Relative Kosten für Ressourcen (Effizienz)	<	1 ? *Relation unbestimmt*	2 +	3 +
	=	4 -	5 *weder Vor- noch Nachteil* =	6 +
	>	7 -	8 -	9 ? *Relation unbestimmt*

Über den Mechanismus, dass Wettbewerbsvorteile (-nachteile) zu größeren (geringeren) verkauften Mengen und / oder zu höherer (niedrigerer) Umsatzrendite führen, ergibt sich für die einzelnen Teilmärkte ein überlegener, gleichwertiger oder unterlegener finanzieller Erfolg (rechter Teil der Abbildung 7.4). Daraus entsteht der Antrieb beim Management über die Veränderung der Ressourcenausstattung die Wettbewerbsposition zu verbessern bzw. zu festigen. Wichtige Mittel dazu sind unter anderem Innovationen, Erfolg versprechende neue Strategien und die Nutzung vorhandener oder durch den finanziellen Erfolg entstehender finanzieller Ressourcen. Daneben spielen Lernprozesse auf Basis des in Abbildung 7.4 berücksichtigten Feedbacks (siehe Hunt 2000, S. 145 ff.) eine Rolle. Man erkennt, dass für so verstandenen Wettbewerb Instabilität typisch ist, weil immer wieder versucht wird, durch die Entwicklung von Ressourcen Wettbewerbsvorteile zu erzielen bzw. auf die Vorteile von Wettbewerbern zu reagieren.

Hunt (2002, S. 284 f.) gibt im letzten Kapitel seines Theorie-Buchs eine kurze (durchaus selbstbewusste) Einschätzung zur R-A-Theorie:

„*Im letzten Kapitel wurde dargelegt, dass die Resource-Advantage-Theorie ein Schritt zur Entwicklung einer generellen Marketing-Theorie ist, weil die R-A-Theorie*

(1) eine generelle Theorie des Wettbewerbs ist,

(2) zentrale Konzepte und Aussagen aus Alderson´s funktionalistischer Theorie einbezieht und integriert und

(3) eine Grundlage für die Entwicklung von Marketing-Strategien bereitstellt."

In einem neueren Artikel gibt Hunt (2011) einen Überblick über wesentliche Elemente der R-A-Theorie, beschreibt deren weitere Entwicklung sowie deren erfolgreiche Ausbreitung.

7.6 Ausblick 2: Service Dominant Logic

Aktuell hat sich die Diskussion um theoretische Grundlagen der Marketingwissenschaft durch einen einflussreichen und Aufsehen erregenden Artikel von **Vargo / Lusch** (2004) sehr intensiviert. Schon der Titel des Aufsatzes „*Evolving to a New Dominant Logic for Marketing*" lässt erkennen, dass es hier nicht mehr um spezifische Aspekte des Dienstleistungsmarketing geht, sondern um einen weit umfassenderen Anspruch. Dieser Anspruch wird von Vargo / Lusch (2004, S. 1) in folgender Weise formuliert: „Die Autoren glauben, dass die neuen Perspektiven auf die Entwicklung einer neuen dominierenden Sichtweise für das Marketing zulaufen, eine in der eher die Bereitstellung von Diensten als von Gütern für den ökonomischen Austausch grundlegend ist."

Vargo / Lusch (2004) geben die gedankliche Trennung von Sachgütern und Dienstleistungen auf. Sie stellen vielmehr die Idee in den Mittelpunkt, dass bei allen Produkten und den darauf bezogenen Austauschprozessen ein „Service" im Mittelpunkt steht. So entsteht z.B. der Wert eines Laptops im Wesentlichen nicht durch die Metall- und Kunststoffteile (→ Sachgüter), aus denen er zusammengesetzt ist, sondern durch die in dem Laptop gewissermaßen enthaltenen Dienste in Form der früher erfolgten Entwicklung, Herstellung und Bearbeitung von Bauteilen, der Software-Entwicklung etc. In dieser Perspektive sind dann bei Austauschprozessen in hoch entwickelten Gesellschaften Dienste bzw. die in Sachgütern „enthaltenen" Dienste dominierend. In diesem Sinne ist der von Vargo / Lusch (2004) geprägte Begriff der **„Service-Dominant Logic of Marketing"** (SDL) zu verstehen. Was bedeutet hier der Begriff „Logic"? Damit ist sicher nicht eine formale oder mathematische Logik gemeint. Es geht vielmehr um eine bestimmte und grundlegende Sichtweise beim Verstehen der betrachteten Phänomene. Hauptquellen für die folgende kurze Darstellung sind der Original-Aufsatz von Vargo / Lusch (2004), ein von Lusch / Vargo (2006) herausgegebener Sammelband und umfangreiches Material zur SDL, das auf einer eigens eingerichteten Internet-Seite (www.sdlogic.net) über aktuelle Entwicklungen informiert. Die Autoren betonen aber, dass es sich bei der SDL (noch) nicht um eine neue Theorie des Marketing handelt, sondern vielmehr um eine bestimmte Sichtweise, aus der sich allerdings eine neue generelle Marketing-Theorie entwickeln könnte (Vargo 2007).

Ausgangspunkt einer kurzen Skizzierung zentraler Ideen der SDL soll eine kurze Gegenüberstellung von (traditioneller) Goods-Dominant Logic (GDL) und SDL sein. Vargo / Lusch (2004, S. 5) kennzeichnen beide Sichtweisen durch einige Kernaussagen. Zunächst zur *GDL*:

1. Der Zweck wirtschaftlicher Tätigkeit ist die Herstellung und der Vertrieb von Dingen, die verkauft werden können.
2. Um verkauft zu werden, müssen diese Dinge während des Produktions- und Vertriebsprozesses Nutzen und Wert erhalten und den Kunden überlegenen Wert im Vergleich zu Angeboten von Konkurrenten bieten.
3. Das Unternehmen sollte alle Entscheidungen so treffen, dass der Gewinn aus dem Verkauf der Erzeugnisse maximiert wird.
4. Im Hinblick auf die Steuerung und Effizienz der Produktion sollte das Erzeugnis standardisiert und vorproduziert sein.
5. Das Erzeugnis kann gelagert werden bis es nachgefragt wird und dann an den Kunden mit Gewinn verkauft werden.

Die Kennzeichnung der SDL ist natürlich grundlegend verschieden:

1. Identifizierung und Entwicklung von Kernkompetenzen, des grundlegenden Wissens und der Fähigkeiten einer Wirtschaftseinheit, die potenzielle Wettbewerbsvorteile darstellen.
2. Identifizierung anderer Wirtschaftseinheiten (potenzielle Kunden), die aus diesen Kompetenzen Nutzen ziehen können.
3. Pflege von Geschäftsbeziehungen, die den Kunden in die Entwicklung gezielter und überzeugender Angebote zur Befriedigung spezifischer Bedürfnisse einbeziehen.

4. Messung der Reaktionen des Marktes durch Analyse des finanziellen Erfolgs der Austauschprozesse, um zu lernen, wie das Angebot des Unternehmens verbessert und der Erfolg des Unternehmens gesteigert werden kann.

Vargo / Lusch (2004, S. 6 ff.) fassen dann die zentralen Aussagen ihres Ansatzes in acht Punkten zusammen. Diese Gesichtspunkte sind inzwischen diskutiert und etwas modifiziert (siehe Vargo / Lusch 2008) worden, sollen hier aber nach der Originalfassung skizziert werden:

- Im Wesentlichen werden Anwendungen speziellen Wissens und spezieller Fähigkeiten auf Märkten getauscht. Dienste (Anwendungen von Fähigkeiten und Wissen) werden also gegen Dienste getauscht.
- Durch indirekten Austausch wird die grundlegende Art des Austauschs (Dienst gegen Dienst) verdeckt, weil Zwischenhändler und die Einschaltung von Geld den wesentlichen Tauschvorgang überdecken.
- Sachgüter sind „Träger" von Diensten und erleichtern somit deren Distribution, weil in der Regel der Wert von Sachgütern durch Bearbeitung und Hinzufügung von Software auf mehreren Wirtschaftsstufen entsteht. Hier sei an das eingangs dieses Abschnitts erwähnte Laptop-Beispiel erinnert.
- Wissen ist die wichtigste Grundlage für Wettbewerbsvorteile. Insbesondere „Know-how" in Forschung und Entwicklung, Produktion, Marketing, Logistik etc. führen zu Möglichkeiten der Differenzierung von Wettbewerbern.
- In allen größeren wirtschaftlichen Einheiten (z.B. Staaten) hat der Austausch von Diensten eine dominierende Rolle. Der Hintergrund für diese Aussage besteht darin, dass Sachgüter weitgehend „Träger" von Diensten sind (s.o.) und bei Dienstleistungen ja ohnehin die zentrale Rolle von Diensten klar erkennbar ist.
- Der Kunde ist immer ein Ko-Produzent, weil Wert erst entsteht, wenn ein Produkt oder eine Dienstleistung bzw. deren Ergebnis auch genutzt wird.
- Der Anbieter kann nur „Wert-Versprechen" geben, da der Wert durch die Nutzung eines Produkts durch den Kunden entsteht und nicht gewissermaßen „eingebaut" ist.
- Die Sichtweise der SDL ist kundenorientiert und auf Geschäftsbeziehungen ausgerichtet, weil die Ausrichtung von Diensten auf den Kunden diesen in den Mittelpunkt stellt und zu Geschäftsbedingungen führt.

Wegen seiner neuartigen Perspektiven hat der Ansatz von Vargo und Lusch großes Interesse und vielfältige Diskussionen hervorgerufen. Schon im Zusammenhang mit der Publikation des Ausgangs-Artikels sind im Journal of Marketing (Januar 2004) einige entsprechende Diskussionsbeiträge publiziert worden. Es folgten diverse weitere Beiträge in Zeitschriften und auf Tagungen. Inzwischen haben Robert Lusch und Stephen Vargo einen recht umfangreichen Sammelband (Lusch / Vargo 2006, s.o.) mit diversen Beiträgen zur „Service-Dominant Logic of Marketing" publiziert. In einem der SDL gewidmeten Sonderheft des Journal oft he Academy of Marketing Science (Heft 1, 2008) ist eine größere Zahl einschlägiger Aufsätze gesammelt.

Abbildung 7.5:   SDL in der theoretischen Entwicklung des Marketing (nach Vargo 2007)

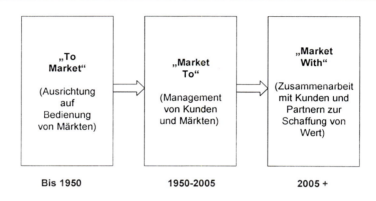

Steven Vargo (2007) stellt die Entwicklung der SDL in einen längerfristigen Zusammenhang der Entwicklung des Marketing, der in Abbildung 7.5 dargestellt wird. Darin erkennt man die Schritte von der „Bedienung von Märkten" über das systematische Management von Kunden und Märkten zur Kooperation mit Kunden, die für die SDL typisch ist.

7.7 Anhang: Inhaltliche Teilgebiete der Marketingwissenschaft

Im 2. Kapitel dieses Buches ist der Objektbereich der Marketingwissenschaft, also der Bereich von Fragestellungen, für deren Beantwortung sie gewissermaßen „zuständig" ist, umrissen worden. Im vorigen Kapitel ging es um theoretische Ansätze, die bei verschiedenen Problemen der Marketingforschung Anwendung finden. Im vorliegenden Kapitel soll ein knapper Überblick über wichtige Teilgebiete der Marketingwissenschaft gegeben werden, die jeweils einen Schwerpunkt der Forschung darstellen oder über längere Zeit dargestellt haben. Diese Teilgebiete wurden an Hand der folgenden Kriterien ausgewählt:

- Das Gebiet ist hinreichend **klar definiert und abgegrenzt**.
- Es handelt sich um einen **relativ umfassenden Teil** der Marketingwissenschaft (z.B. umfassend: Strategisches Marketing vs. eng: Absatzprognose).
- Das Gebiet hat über einen **längeren Zeitraum (mindestens ca. 10 Jahre)** eine **wesentliche** Rolle in der Marketingforschung gespielt (→ Abgrenzung zu kurzfristigen „Mode-Themen", siehe dazu Kruthoff 2005).
- **Institutionelle Verankerung des Gebiets**, z.B. entsprechend ausgerichtete Lehrstühle; verbreitet angebotene Lehrveranstaltungen dazu; Zeitschriften, Lehrbücher und Tagungen zum jeweiligen Themenbereich.

Nach Anwendung dieser Kriterien, die sicher nicht ganz frei von subjektiven Einschätzungen des Autors sind, die aber doch weitgehend im Einklang stehen mit anderen entsprechenden Übersichten in der Literatur (Baker / Saren 2010; Möller 2010; Weitz / Wensley 2002), wurden für den Überblick im vorliegenden Kapitel die folgenden Teilgebiete des Marketing ausgewählt, die hier etwa entsprechend der Zeit ihrer Entstehung und Entwicklung angeordnet sind:

- Marketing-Institutionen
- Marketing-Management
- Konsumentenverhalten
- Business-to-Business-Marketing
- Dienstleistungsmarketing
- Internationales Marketing
- Strategisches Marketing
- Markenführung
- Customer Relationship Management

Zwei wesentliche Teilgebiete des Marketings sind hier nicht aufgeführt, weil sie an anderen Stellen in diesem Buch gesondert behandelt werden. Die Methodik der empirischen Marketingforschung ist seit Jahrzehnten eines der Kerngebiete der Marketingwissenschaft. Ihre Grundlagen wurden bereits im 6. Kapitel diskutiert. Die Bezüge zwischen Marketing und Gesellschaft / Gesamtwirtschaft (einschließlich ökologischer und ethischer Aspekte des Marketings) bilden ebenfalls seit mehreren Jahrzehnten einen wichtigen Teilbereich innerhalb der Marketingwissenschaft. Das abschließende 8. Kapitel dieses Buches ist diesem besonderen Thema gewidmet.

Marketing-Institutionen

Die Betrachtung von Marketing-Institutionen im vorliegenden Abschnitt ist natürlich nicht mit den im vorigen Kapitel skizzierten institutionenökonomischen Ansätzen zu verwechseln. Hier geht es vielmehr um Institutionen im engeren Sinn, nämlich um Betriebe, die absatzwirtschaftliche Aufgaben durchführen, also hauptsächlich Handelsbetriebe (Engelhardt 2000, S. 109). In enger Verbindung damit steht die Handelsbetriebslehre, die auf die spezifischen betriebswirtschaftlichen Probleme und Prozesse des Handels ausgerichtet ist.

Hinsichtlich der Erklärung der früher zentralen Bedeutung des institutionellen Ansatzes (mit dem Schwerpunkt Handel) kann man an die historische Entwicklung des Marketing anknüpfen (siehe Kapitel 2). Eine der – zeitlich nicht exakt zu fixierenden – Entwicklungsphasen vor der Herausbildung des heute dominierenden Marketing-Konzepts war dabei durch das Stichwort „Verkäufermarkt" gekennzeichnet. Dadurch wird schon deutlich, dass in dieser Marktsituation wegen der sehr begrenzten Notwendigkeit von Marketingaktivitäten im heute üblichen Sinn der Schwerpunkt der Absatzwirtschaft bei der *Verteilung* von Gütern über ein Distributionssystem lag, bei dem der Handel eine zentrale Rolle spielte.

Mit der historischen Situation der Entstehungszeit des *institutionellen Ansatzes* (etwa zu Beginn des 20. Jahrhunderts) ist auch ein weiterer wesentlicher Grund für das entsprechende fachliche Interesse zu erklären. Um diese Zeit hatte sich die industrielle Produktionsweise stark ausgebreitet und in Verbindung damit kam es zu einer Konzentration der Bevölkerung in Ballungsräumen sowie der Versorgung dieser Bevölkerung nicht mehr durch direkten Bezug vom Erzeuger – wie zuvor im ländlichen Raum üblich –, sondern über den *Handel* und das dahinter stehende *Distributionssystem*. Daraus ergab sich wegen der natürlich im Vergleich zu den Erzeugerpreisen deutlich höheren Preise im Handel die Frage nach der Rechtfertigung dieser Preisunterschiede. Waren diese durch scheinbar unproduktive Handelsstufen verursachten Unterschiede gesamtwirtschaftlich und gesellschaftlich zu rechtfertigen? (Sheth / Gardner / Garrett 1988, S. 74).

Sheth / Gardner / Garrett (1988, S. 74) erläutern ökonomische und gesellschaftliche Gründe, die zur Entwicklung der institutionell orientierten Forschung in der Marketingwissenschaft zu Beginn des 20. Jahrhunderts geführt haben:

„Die institutionelle Schule entwickelte sich in den 1910er Jahren hauptsächlich, weil unter den Konsumenten der Eindruck entstand, dass die im Handel für landwirtschaftliche Produkte zu zahlenden Preise ungerechtfertigt hoch waren. Insbesondere konnten die Konsumenten nicht die Notwendigkeit für die Größenordnung des Unterschiedes zwischen Einzelhandelspreisen und den Preisen, die an die Farmer gezahlt wurden, verstehen. Dieses Gefühl des Misstrauens und der Verwirrung ist nachvollziehbar, wenn man die schnellen und extremen sozialen Veränderungen bedenkt, die während der ersten Jahrzehnte des 20. Jahrhunderts auftraten. Viele Konsumenten zogen weg von den ländlichen Gegenden der Vereinigten Staaten und bekamen Arbeitsplätze und Wohnsitze in den boomenden städtischen Regionen. Diese neuen Großstädter waren kurze und direkte Absatzkanäle gewohnt, bei denen sie entweder ihre eigenen Lebensmittel erzeugten oder diese direkt von den Erzeugern kauften. Sie waren nicht vorbereitet auf die

höheren Preise bei den stärker entwickelten Absatzkanälen, die benötigt wurden, um dieselben Lebensmittel zu ihren neuen Wohnsitzen in den Städten Amerikas zu bringen.

Als Reaktion auf die wachsende Unzufriedenheit mit der Verschwendung durch die verschiedenen Handelsstufen begannen verschiedene Marketingwissenschaftler, die Funktionen und die Effizienz der Organisationen zu untersuchen, die am Transport und der Verarbeitung von Gütern auf dem Wege von den Erzeugern zu den Konsumenten beteiligt waren."

Man kann die über Jahrzehnte aktuelle Frage nach den **Funktionen des Handels** auch als Reaktion auf das Erfordernis, den ökonomischen Sinn von Preisaufschlägen, Handelsspannen etc. zu begründen, ansehen. Als Beispiel für die zahlreichen – in Einzelheiten verschiedenen, aber in den zentralen Ideen meist ähnlichen – Kataloge der Funktionen des Handels sei hier der von Karl-Christian Behrens (1966, S. 11 ff.) wiedergegeben. Behrens – tätig an der Freien Universität Berlin – hat in den 1950er und 1960er Jahren die absatzwirtschaftliche Forschung und Lehre im deutschsprachigen Raum maßgeblich geprägt.

- **Funktion des zeitlichen Ausgleichs:** Meist verlaufen Produktion von und Nachfrage nach Gütern nicht synchron. Die entsprechenden Zeitspannen werden durch die Lagerhaltung des Handels ausgeglichen.

- **Funktion des räumlichen Ausgleichs:** Zur Funktion des räumlichen Ausgleichs gehören die vom Handel wahrgenommenen Transportaufgaben und die Heranführung von Angeboten an die regional weit verstreuten potenziellen Kunden.

- **Funktion des preislichen Ausgleichs:** Diese Funktion bezieht sich auf die beim Handel typischerweise vorhandene Marktkenntnis und die daraus resultierende Fähigkeit, günstige Angebote zu identifizieren und die entsprechenden Preisvorteile (teilweise) weiterzugeben.

- **Funktion des quantitativen und qualitativen Ausgleichs:** Mit dem quantitativen und qualitativen Ausgleich ist vor allem die Bildung von Sortimenten des Handels gemeint, wobei sich die „quantitative" Dimension auf die Anzahl der Warengruppen (Sortimentsbreite) bei einem Händler und die „qualitative" Dimension auf die Vielfalt innerhalb einer Produktgruppe (Sortimentstiefe) bezieht.

- **Funktion des informatorischen Ausgleichs:** Einerseits informiert der Handel die potenziellen Kunden über die verfügbaren Angebote, andererseits informiert der Handel die Hersteller über Reaktionen von Kunden.

Die Schwerpunkte der institutionell orientierten Forschung lagen lange Zeit einerseits bei der Gestaltung von Distributionssystemen (z.B. kurze oder lange Absatzwege, vertragliche Vertriebssysteme) und andererseits bei der Handelsbetriebslehre (z.B. Standortwahl, Sortimentspolitik).

Die institutionell orientierte Forschung war bis ca. 1970 ein wesentlicher Schwerpunkt der Absatz- und Marketingforschung. Heute steht dieses Gebiet nicht mehr so stark im Vordergrund. Zu diesem relativen Bedeutungsverlust haben verschiedene Faktoren, u.a. die folgenden (Sheth / Gardner / Garrett 1988, S. 81 ff.; Engelhardt 2000) beigetragen:

- *Technologische Entwicklungen relativieren die Bedeutung verschiedener Funktionen des Handels*

    Als Beispiele seien hier die Verbreitung von Produktinformationen und der Vertrieb über das Internet sowie die geringere Bedeutung der Lagerhaltung durch „Just-in-time"-Produktion genannt. In Verbindung damit beobachtet man eine zunehmende Ausdifferenzierung der Distributionssysteme. Die verschiedenen Aufgaben (z.B. Zahlungsabwicklung, Logistik, Kundenkontakt über Call-Center) werden nicht mehr nur von einem Handelsunternehmen, sondern einer Vielzahl spezialisierter Dienstleister wahrgenommen.

- *Bedeutungszuwachs vertikaler Marketing-Systeme*

    So werden beim Direktvertrieb oder bei Franchise-Systemen manche Probleme der Kooperation mit Handelsbetrieben obsolet.

- *Begrenzte internationale Übertragbarkeit von Forschungsergebnissen wegen struktureller Unterschiede in verschiedenen Ländern*

    Handelsstruktur und Distributionssysteme sind in vielfältiger Weise von nationalen oder regionalen Besonderheiten abhängig, beispielsweise von Traditionen und Konsumgewohnheiten oder von Bevölkerungsdichte und geographischen Gegebenheiten.

- *Inhomogenität des Betrachtungsgegenstandes „Handelsbetriebe"*
    Als Handelsbetriebe werden sowohl Tankstellen als auch große Warenhäuser (z.B. „KaDeWe" in Berlin) bezeichnet. Deren Heterogenität und die sich daraus ergebenden Probleme, zu generellen Aussagen zu kommen, sind offenkundig.

Sheth / Gardner / Garrett (1988) äußern sich etwas skeptisch hinsichtlich der Fruchtbarkeit der institutionellen Orientierung für die Marketingforschung:

„Die institutionelle Schule erreichte ihren Höhepunkt im Hinblick auf intellektuellen Fortschritt und Akzeptanz unter Marketingforschern während der zwanzigjährigen Periode von etwa 1954 bis 1973." (S. 77)

„Seit den frühen 1970er Jahren gab es nur wenige herausragende Arbeiten in der institutionellen Denkschule." (S. 81)

Marketing-Management

Mit der Bedeutungszunahme des Marketing seit den 1950er Jahren wuchs die Notwendigkeit entsprechender Analyse-, Planungs- und Kontrollmethoden und das Instrumentarium des Marketing weitete sich aus und gewann eine systematische Gestalt. Sheth / Gardner / Garrett (1988, S. 96 ff.) sprechen in diesem Zusammenhang von der „Managerial School of Thought", was sich auch in der Bezeichnung des vorliegenden Abschnitts niederschlägt. Bei der kurzen Darstellung und Diskussion dieses Gebiets soll zunächst auf die Aspekte eingegangen werden, die direkt mit der Marktbearbeitung zu tun haben, also vor allem die *Marketing-Instrumente* und die *Definition von Märkten*. Es folgen einige Gesichtspunkte, die sich vor allem auf die für das *Management* (siehe z.B. Steinmann / Schreyögg 2005, S. 7 f.) charakteristischen Steuerungsaufgaben (z.B. Planung, Organisation, Kontrolle) beziehen.

Ein erster großer Schritt bei der Entwicklung des Marketing im heutigen Sinne war die Einführung des **Marketing-Mix**-Konzepts mit der zentralen Idee des aufeinander abgestimmten Einsatzes der Instrumente aus den vier Bereichen Produktpolitik, Preispolitik, Kommunikationspolitik und Distributionspolitik in die internationale Literatur vor allem durch McCarthy (1960) und Borden (1964). In der amerikanischen Literatur findet man für die vier Instrumentalbereiche auch die besonders einprägsame Bezeichnung „4P" (Product, Price, Promotion, Place). Köhler (2002, S. 366 f.) weist auch auf Vorläufer dieses Ansatzes im deutschsprachigen Raum hin, insbesondere auf das „absatzpolitische Instrumentarium", das bei Gutenberg erstmals 1955 umfassend dargestellt wurde. Diller (2000) und Köhler (2002) sprechen bei einer Fokussierung der Forschung auf Elemente des Marketing-Mix von der „instrumentalen Orientierung" bzw. der „instrumentalen Sichtweise".

Dem Teilgebiet „Marketing-Management" kann auch ein großer Teil des so genannten „**quantitativen Marketing**" zugerechnet werden. Nach Albers (2000, S. 211) „wird zum quantitativen Marketing alles gezählt, was der Erforschung der Wirkung des Marketing-Instrumentariums in Bezug auf den damit erzielten oder erzielbaren Deckungsbeitrag dient." Es sei hier auch auf die Beziehung (und weitgehende Überschneidung) des quantitativen Marketing mit dem *„Modeling"* (siehe Abschnitt 6.5.2) hingewiesen.

Seit den 1990er Jahren sind zum Kerngebiet der instrumentalen Betrachtung einige weitere Schwerpunkte hinzugekommen. *Marken* bzw. *Markenführung* und *Customer Relationship Management* werden später gesondert angesprochen. Ganz aktuell und sehr dynamisch ist das Gebiet der Nutzung des Internet für Zwecke des Marketing, z. B. im Rahmen der Marketingkommunikation oder für die Distribution über Online-Verkauf. In Verbindung mit der Entwicklung der Internet-Nutzung durch Konsumenten haben sich auch neue Kommunikationsmöglichkeiten, z.B. in Online-Foren und Social Networks entwickelt.

Bereits 1956 war von Smith das bis heute zentrale Konzept der **Marktsegmentierung** eingeführt worden und Levitt richtete schon 1960 mit seinem berühmt gewordenen Aufsatz „Marketing Myopia" die Aufmerksamkeit auf die kundenorientierte Definition von Märkten. Etwas später (1965) geriet, ebenfalls durch Levitt, der nach wie vor stark beachtete **Produktlebenszyklus** stärker ins Blickfeld.

Die mit dem Stichwort *„Management"* (s.o.) enger verbundenen Aufgabengebiete des Marketing teilt Richard Köhler (1995) in fünf Gruppen ein:

Marketingplanung: Damit „wird versucht, die Unternehmenstätigkeit auf erfolgversprechende Märkte und Leistungsangebote zu lenken, absatzwirtschaftliche Ziele vorzugeben, grundsätzliche Handlungskonzeptionen zu erarbeiten und konkrete Maßnahmenprogramme für deren Umsetzung zu entwerfen" (Köhler 1995, Sp. 1600). Hier besteht eine enge Verbindung zum strategischen Marketing (siehe Abschnitt „Strategisches Marketing"), wodurch seit den 1980er Jahren dieser Planungsprozess wesentlich umfassender und systematischer betrachtet wird.

Marketing-Organisation: Hier geht es um die Festlegung der Zuständigkeiten und Abläufe für die Aufgaben im Marketing mit dem Ziel einer marktorientierten Koordinierung aller unternehmensinternen und –externen Aktivitäten. Derartige Fragestellungen spielen in der Marketingwissenschaft seit Jahrzehnten eine Rolle; als Beispiele dafür seien nur Stichworte wie Produkt- oder Key-Account-Management genannt.

Mitarbeiterführung: Dabei ist u.a. an zielgesteuerte Führung, Führungsstile und Mitarbeitermotivation zu denken. Hier dürften die entsprechenden Konzepte nur begrenzt marketingspezifisch sein.

Marketingkontrolle: Im Kern geht es hier darum, die Ausrichtung aller Aktivitäten an den festgelegten Zielen durch laufende Überprüfung der Zielerreichungsgrade sicherzustellen und aus den Erfahrungen systematisch zu lernen.

Informationskoordination durch Marketingcontrolling: Das Controlling ist hier von der reinen Kontrolle (s.o.) zu unterscheiden. Das Marketingcontrolling stellt vielmehr „eine Steuerungshilfe dar, die Planungs- und Überwachungsprozesse ebenso wie organisations- und Führungsentscheidungen durch geeignete Informationsbereitstellung und –koordination unterstützt" (Köhler 1995, Sp. 1608). Kotler war einer der ersten, die Vorschläge für ein Marketingcontrolling entwickelten (Kotler / Gregor / Rodgers 1977).

Zusammenfassend kann man die vorstehend genannten Aufgabenbereiche der **Marketing-Implementierung** zuordnen, weil es dabei wesentlich darum geht, die Realisierung von Maßnahmen sicherzustellen. Das Implementierungsproblem ist im Marketing erst seit den 1990er Jahren stärker beachtet worden. Wesentlichen Einfluss darauf hatte die Arbeit von Hilker (1993), der das Implementierungsproblem folgendermaßen kennzeichnet: „Implementierung meint die Verwirklichung von Lösungen, die in konzeptioneller Form vorhanden sind und durch Umsetzen zu konkretem Handeln führen" (S. 4).

In der Literatur geht man in der Regel davon aus, dass eine Ausrichtung des gesamten Unternehmens am Markt und eine insgesamt *marktorientierte Führung* von Unternehmen den Hintergrund für die vorstehend genannten Funktionen des Marketing-Managements bilden. Gleichwohl ist über lange Zeit unklar geblieben, was man eigentlich unter **Marktorientierung** versteht. Vor allem durch die wichtigen und deswegen häufig zitierten Arbeiten von Kohli / Jaworski (1990), Narver / Slater (1990) und Jaworski / Kohli (1993) ist es dann zu einer begrifflichen Klärung und einer empirischen Bestätigung der Relevanz von Marktorientierung für den Markterfolg gekommen.

Der hier gegebene kurze Abriss der Forschungsrichtungen im Teilgebiet „Marketing-Management" zeigte schon, dass es sich um ein *sich laufend erweiterndes Gebiet* handelt. So haben neue Fragestellungen (z.B. Ermittlung des Kundenwerts), neue Instrumente (z.B. Sponsoring oder Internet-Marketing), neue Datenquellen (z.B. Scanner-Daten) oder neue Analysemethoden (z.B. multivariate Verfahren) jeweils entsprechende Forschungsarbeiten ausgelöst. Das Gebiet „Marketing-Management" steht – wie gesagt - in enger Verbindung zum strategischen Marketing (siehe Abschnitt „Strategisches Marketing") und es gibt mancherlei Überschneidungen zwischen beiden Gebieten. Man findet also in diesem Gebiet eine umfassende, thematisch und methodisch äußerst vielfältige Forschung. Wegen der Ausrichtung auf alte und neue Probleme der Marketing-Praxis handelt es sich um ein wohl dauerhaft zentrales Teilgebiet der Marketingwissenschaft.

Konsumentenverhalten

In den letzten ca. 40 Jahren konnte man eine starke Entwicklung der Erforschung des Konsumentenverhaltens und in Verbindung damit die Etablierung dieses Gebiets in der akademischen Forschung und Lehre beobachten. Inzwischen hat sich eine breit akzeptierte Kennzeichnung dieses Fachgebiets ergeben, die von MacInnis / Folkes (2010, S. 905) folgendermaßen formuliert wird:

„**Konsumentenforschung** unterscheidet sich von anderen Forschungsgebieten durch die Analyse des Erwerbs, des Konsums und der Entsorgung von Produkten, Dienstleistungen und Erlebnissen, die auf Märkten angeboten werden, durch Menschen, die eine Konsumentenrolle wahrnehmen."

Überlegungen zum Konsumentenverhalten mussten in Theorien, die Marktverhältnisse erklären sollen, von Anfang an eine wichtige Rolle spielen. Über lange Zeit dominierend war dabei das Bild vom *rationalen Käufer*, der auf der Basis vollständiger Information Entscheidungen so trifft, dass sein Nutzen maximiert wird („Homo oeconomicus"). Die Orientierung an einem solchen Bild vom Konsumenten ist längst obsolet geworden (siehe dazu Abschnitt 7.2) und der verhaltenswissenschaftlichen Ausrichtung gewichen. Bereits Ende der 1940er Jahre wurde im Zusammenhang eher volkswirtschaftlicher Fragestellungen in den USA von George **Katona** ein Ansatz entwickelt, bei dem Erkenntnisse aus der Psychologie verwendet wurden, um ökonomisches Verhalten von Konsumenten und Unternehmern zu erklären.

Vor allem in den 1950er und 1960er Jahren hat für die Erklärung des Konsumentenverhaltens die so genannte **Motivforschung**, deren Anwendung im Marketingbereich maßgeblich von Ernest Dichter (ein Schüler von Paul Lazarsfeld) beeinflusst wurde, starke Beachtung gefunden. Vom Bild des rational geprägten Konsumenten hatte man sich hier vollkommen abgewandt und versucht, stattdessen u.a. die Theorien Sigmund Freuds heranzuziehen. Vielleicht waren auf diese Weise gewonnene Aussagen manchmal recht anregend, doch mangelte es der ganzen Forschungsrichtung hauptsächlich an intersubjektiver Nachprüfbarkeit und Generalisierbarkeit der Ergebnisse. Deswegen spielt diese Sichtweise heute keine nennenswerte Rolle mehr. Kurze Rückblicke auf diese Forschungsrichtung bieten Kassarjian / Goodstein (2009) und Levy (2006).

Die moderne Forschung zum Konsumentenverhalten, deren Beginn in den 1960er Jahren liegt, ist gekennzeichnet durch eine *Vielfalt theoretischer Konzepte* und empirischer Forschungsmethoden. Nicht mehr eine bestimmte Sichtweise dominiert, es werden vielmehr je nach Fragestellung geeignet erscheinende ökonomische, psychologische oder soziologische Forschungsrichtungen verfolgt. Einen Rahmen für diese unterschiedlichen Ansätze bildet das neobehavioristische **S-O-R-Paradigma** (S: Stimulus; O: Organismus; R: Reaktion), das im Abschnitt 7.3 bereits vorgestellt wurde.

Mit dieser Denkweise verbunden ist eine *empirische Orientierung* der Forschung. Diese wird auch daran erkennbar, dass in den führenden Publikationen zur Konsumentenforschung (z.B. Journal of Consumer Research) weit überwiegend empirische Arbeiten erscheinen. Stimuli und Reaktionen sind in der Regel recht gut beobachtbare Variable. Für die theoretischen Konstrukte, die zur Erklärung der Vorgänge im Organismus herangezogen werden, versucht man, jeweils eine angemessene Operationalisierung zu finden (siehe dazu Kapitel 6).

Das S-O-R-Paradigma fügt sich ein in eine "**positivistische**" Forschungsrichtung, bei der die empirische Überprüfung generalisierbarer Hypothesen und Theorien im Mittelpunkt des Interesses steht. So lassen sich beispielsweise Hypothesen über Verhaltenswirkungen von Einstellungen in Experimenten überprüfen, bei denen durch Informationen, Werbebotschaften etc. (Stimulus) die Einstellungen von Versuchspersonen (Organismus) beeinflusst und dann die entsprechenden Verhaltensänderungen (Reaktion) gemessen werden. Hier kommt es wesentlich auf die isolierte Betrachtung der interessierenden Variablen und die Minimierung des Einflusses anderer ("störender") Variablen an.

Ganz anders ist der Ansatz bei der "**interpretierenden**" Forschungsrichtung, die insbesondere in den 1990er Jahren in der Konsumentenforschung größeren Einfluss hatte. Hier steht nicht die Suche nach "Verhaltens-Gesetzmäßigkeiten", deren Anwendung eine Beeinflussung von Konsumenten (im Sinne des Marketing) ermöglicht, im Vordergrund, sondern das umfassende – von beengenden Hypothesen und Anwendungsorientierung freie - Verständnis realen Konsumentenverhaltens mit seinen vielfältigen Beziehungen und Zusammenhängen.

Nicht zuletzt VertreterInnen der interpretierenden Forschungsrichtung haben oft argumentiert, dass die Konsumentenforschung ein selbstständiges Fachgebiet sei, das nicht der Marketingforschung unterzuordnen ist. Gleichwohl zeigt die inhaltliche Ausrichtung der Konsumentenforschung und auch die dominierende Einordnung von Konsumentenforschern in Marketing-Departments, dass es sich überwiegend doch um eine „Subdisziplin des Marketing" (MacInnis / Folkes 2010, S. 902) handelt. Vor diesem Hintergrund ist auch verständlich, dass wohl vor allem durch die Wissensnachfrage des Marketing das auffällige *Wachstum der Konsumentenverhaltensforschung* in den letzten 40 Jahren zu erklären ist. In diesem – im Vergleich zu anderen Disziplinen - eher jungen Gebiet sind erst Ende der 1960er Jahre die ersten Lehrbücher erschienen. Inzwischen sind einige Handbücher hinzugekommen, in denen das immer weiter ausufernde einschlägige Wissen zusammengefasst wird (Robertson / Kassarjian 1991; Haugtvedt / Herr / Kardes 2008). Im *deutschen Sprachraum* ist die Entwicklung des Gebietes wesentlich durch die richtungweisenden Arbeiten von Werner Kroeber-Riel (1934-1995) beeinflusst worden, deren Ergebnisse sich nicht zuletzt in seinem umfassenden Lehrbuch (1. Aufl. 1975; 9. Aufl. Kroeber-Riel / Weinberg / Gröppel-Klein 2009) niedergeschlagen haben. Um 1970 wurde mit der *Association for Consumer Research* (ACR) eine zunächst kleine, interdisziplinär angelegte wissenschaftliche Organisation gegründet, die inzwischen weit über 1000 Mitglieder in zahlreichen Ländern (vor allem in Nordamerika, Europa und Asien) hat. Auf die ACR ist auch eine der bis heute wichtigsten Publikationsreihen der Konsumentenforschung zurückzuführen, nämlich die seit den 1970er Jahren unter dem Titel "Advances in Consumer Research" erscheinenden Tagungsbände, die jährlich auf mehreren hundert Seiten über 100 wissenschaftliche Beiträge enthalten. Seit 1974 erscheint das *Journal of Consumer Research*, das zweifellos die international führende Zeitschrift auf dem Gebiet des Käuferverhaltens darstellt.

In den 1970er und 1980er Jahren war die Konsumentenforschung das wohl aktivste und dominierende Gebiet innerhalb der (internationalen) Marketingwissenschaft. Seit den 1990er Jahren sind dann Fragestellungen des strategischen Marketing, der Markenführung und des Customer Relationship Management in den Vordergrund getreten. Der Bereich Konsumentenverhalten gehört aber in Forschung und Lehre nach wie vor zu den fest etablierten Kerngebieten des Marketing.

In der Zeit seit dem Jahre 2000 hat die Konsumentenforschung erneut eine stark beachtete Ausweitung durch die so genannte „Neuroökonomie" erfahren. „Im Kern geht es darum, durch die Integration neurowissenschaftlicher Methoden und Theorien in die Marketingforschung zu einer besseren Beschreibung und Erklärung des ökonomisch relevanten Verhaltens zu gelangen." (Kenning 2010, S. 32) Wenn man einschlägige Arbeiten betrachtet – z.B. in dem von Manfred Bruhn und Richard Köhler (2010) herausgegebenen Sammelband, der sowohl Beiträge zu den Grundlagen der Neuroökonomie als auch zu deren Anwendungen enthält – dann erkennt man sofort, dass die Theorie mit starker Bezugnahme auf die Physiologie des menschlichen Gehirns und die Messmethoden (z.B. mit Hilfe der „funktionellen Magnetresonanztomographie") die fachliche Kompetenz empirischer Markt- und Sozialforscher oft übersteigen. Daneben sind die (sehr teuren) verwendeten Messgeräte eher im Ausnahmefall für die Konsumentenforschung zugänglich. Typisch für entsprechende Forschung sind deswegen Kooperationen mit Medizinern etc. Bisher beruhen Untersuchungsergebnisse in der Regel auf kleinen Fallzahlen und die Messungen finden – naturgemäß – unter sehr künstlichen Laborbedingungen statt. Gleichwohl sind von dieser Forschungsrichtung ganz neuartige und bereichernde Ergebnisse zu erwarten.

Business-to-Business-Marketing

Seit den 1970er Jahren hat sich das Business-to-Business-Marketing (B-to-B-Marketing) zu einem bedeutsamen Teilgebiet der Marketingwissenschaft entwickelt. Dieser wichtige Bereich war trotz seiner sehr großen wirtschaftlichen Bedeutung und seiner für das Marketing relevanten Spezifika zuvor wenig beachtet worden und das Interesse der Marketingforschung war fast ausschließlich auf Konsumgütermärkte gerichtet. Das hat sicher auch damit zu tun, dass sich aus verschiedenen Gründen (Marktsituation, Technik-Orientierung etc.) in B-to-B-Unternehmen die Marktorientierung erst später entwickelt hat.

Dem entsprechend wird in **Definitionen** des B-to-B-Marketing meist herausgestellt, dass sich dieses auf den Absatz von Produkten bezieht, die von Organisationen (Unternehmen, staatl. Institutionen etc.) beschafft werden, um andere Leistungen zu erbringen, die über den Weiterverkauf an Konsumenten (→ Handel) hinausgehen. Der Begriff *Business-to-Business-Marketing* hat sich erst seit den 1990er Jahren international etabliert. Zuvor waren (und sind teilweise noch) für dieses Fachgebiet auch die Begriffe *Investitionsgüter-Marketing, Industriegüter-Marketing* oder (im englischen Sprachraum) *Industrial Marketing* gebräuchlich. Zu den typischen Merkmalen von B-to-B-Märkten gehören:

- *Abgeleiteter Bedarf* (so ist z.B. die Nachfrage nach Stahl u.a. von der Automobilnachfrage abhängig)
- Tendenziell *kleinere Zahl von Nachfragern* als bei Konsumgütern (z.B. bei Spezial-Werkzeugmaschinen oder Lokomotiven)
- *Direkte Marktkontakte* und feste Geschäftsbeziehungen (z.B. bei Automobilzulieferern)
- Fachlich *fundierte und formalisierte Kaufentscheidungen* (Beteiligung von Fachleuten an Kaufentscheidungen, festgelegte Regeln bei Beschaffungsprozessen, Ausschreibungen etc.)
- Eher *Mehr-Personen-Entscheidungen* (z.B. Beteiligung von Technikern, Einkäufern und Geschäftsleitung an einem Beschaffungsprozess)

An zahlreichen Beispielen kann man die Konsequenzen dieser Merkmale für die Spezifika des B-to-B-Marketing erkennen. So führt die oftmals kleine Zahl von Nachfragern zu einer großen Bedeutung des Direktvertriebs und des persönlichen Verkaufs. Mit den direkten Marktkontakten ist häufig ein Verkaufsprozess verbunden, der bereits vor der – auch kundenspezifisch erfolgenden – Erstellung einer Leistung stattfindet.

Die typischen Forschungsschwerpunkte im B-to-B-Marketing korrespondieren (natürlich) weitgehend mit den oben skizzierten Besonderheiten des Gebiets. Als Beispiele seien genannt (Backhaus / Voeth 2004, S. 15):

- *Buying-Center-Analyse* (Untersuchung der Beteiligten und der Abläufe bei industriellen Beschaffungsprozessen)

- *Kundenintegration* (Einbeziehung des Kunden in die Planung und Realisierung der Leistungserstellung)

- *Geschäftsbeziehungsmanagement* (Entwicklung und Gestaltung dauerhafter Verbindungen zwischen Anbieter und Kunden)

- *Preisverhandlungen* (Oft keine Festpreise wie im Business-to-Consumer-Bereich; komplexe Preisgestaltung bei großen Projekten mit langer Abwicklungsdauer, oft in Verbindung mit Finanzierungslösungen)

- *Vertriebsmanagement, persönlicher Verkauf* (Besondere Bedeutung dieser Instrumente durch stark ausgeprägte direkte Kontakte zwischen Anbieter und Kunden)

Zusammenfassend kann man sagen, dass die große Bedeutung des B-to-B-Marketing – zumindest für die Praxis – heute völlig unbestritten ist. Gleichwohl macht die entsprechend ausgerichtete Forschung nur einen relativ geringen Anteil der in den international führenden Marketing-Zeitschriften publizierten Arbeiten aus (Kleinaltenkamp 2010).

Internationales Marketing

Nicht zuletzt durch Levitt (1983) wurde – analog zur entsprechenden realen Entwicklung – das Interesse auf Fragestellungen erweitert, die mit der Internationalisierung von Märkten zu tun haben. Das so genannte „**internationale Marketing**" beschäftigt sich zum großen Teil – aber nicht nur – mit Besonderheiten des Einsatzes von Instrumenten des Marketing in verschiedenen Ländern und Kulturen und mit Aspekten des Eintritts in internationale Märkte sowie der Koordination der Markttätigkeit in verschiedenen Ländern. Zum internationalen Marketing ist eine ganze Reihe von Lehrbüchern entstanden (z.B. Backhaus / Voeth 2010; Meffert / Burmann / Becker 2010); an zahlreichen Hochschulen werden entsprechend ausgerichtete Lehrveranstaltungen angeboten. Insofern könnte man dieses Gebiet auch als separates inhaltliches Teilgebiet der Marketingwissenschaft ansehen.

Hintergrund für diese Entwicklung der Internationalisierung von Märkten und damit des Marketing war einerseits die technologische Entwicklung im Bereich von Kommunikation (z.B. Internet, Email) und Verkehr (z.B. Ausweitung von Luftverkehr und Luftfracht, Großraumflugzeuge) sowie in vielen Bereichen die weltweite Annäherung bzw. Angleichung von Kundenwünschen im B-to-C- und im B-to-B-Sektor. So unterscheiden sich die Bedürfnisse von Konsumenten aus unterschiedlichsten Ländern bei der Ernährung (z.B. Pizza), Bekleidung (z.B. Jeans) oder Unterhaltung (z.B. Popmusik) deutlich weniger als noch vor wenigen Jahrzehnten. Im B-to-B-Bereich mit seiner Ausrichtung auf die jeweiligen technischen Erfordernisse waren die Unterschiede zwischen verschiedenen Ländermärkten immer schon gering. Andererseits ist auch auf der Seite anbietender Unternehmen das Interesse an einer internationalen Marktausweitung gewachsen. Neben dem allgemeinen Wunsch nach Wachstum spielen dabei Kostenvorteile (insbesondere Economies of Scale, Erfahrungskurveneffekt) internationaler (und damit großer) Anbieter eine Rolle.

Im Rahmen der Forschung zum internationalen Marketing spielen unterschiedlichste Fragen der spezifischen Anpassung von Marketing-Instrumenten, interkultureller Unterschiede etc. eine Rolle. Zum Kerngebiet des internationalen Marketing gehören die folgenden Probleme:

- Auswahl internationaler Märkte (z.B. Größe, Wachstum, Risiko)

- Markteintrittsstrategien (Export, vertragliche Kooperation, Joint Venture, Tochtergesellschaft)

- Standardisierung versus Differenzierung (einheitliche oder länderspezifische Marktbearbeitung)

- Reihenfolge des Markteintritts (nach und nach in verschiedenen Märkten („Wasserfallstrategie") oder gleichzeitige Erschließung verschiedener Märkte („Sprinklerstrategie"))

- Koordination der (unterschiedlichen) Marketingaktivitäten in den verschiedenen Märkten

Die weitestgehende Form internationalen Marketings ist das so genannte **Global Marketing**, das durch weitgehend einheitliche Bearbeitung des gesamten Weltmarkts gekennzeichnet ist. Dieser Begriff wurde durch Levitt (1983) geprägt; eine umfassende Darstellung dazu hat Yip (2003) vorgelegt. Beispiele für Global Marketing bieten u.a. Unternehmen wie Coca Cola, Microsoft oder Toyota.

Dienstleistungsmarketing

Der Prozess der Entwicklung des Dienstleistungsmarketing weist gewisse Parallelen zum B-to-B-Marketing auf: Einerseits sind gewichtige Besonderheiten dieses Bereichs erkennbar, andererseits ist dieser Wirtschaftsbereich so bedeutsam, dass entsprechende Untersuchungen lohnend sind und hinreichendes Interesse finden.

Dienstleistungen sind nicht tangible („nicht greifbare") Ergebnisse der Leistungserstellung (z.B. eine ärztliche Diagnose oder die Reinigung eines Gebäudes). Als typische, fast immer gegebene, Merkmale von Dienstleistungen gelten:

- Dienstleistungen sind in der Regel *nicht lagerfähig*.
- Bei der Leistungserstellung ist eine *Integration des Kunden* erforderlich (Kleinaltenkamp 2005). Produktion und Abnahme der Leistung fallen häufig zusammen.
- *Handelsstufen* haben *geringe Bedeutung*, weil die Leistungserstellung im direkten Kontakt von Anbietern und Kunden erfolgt. Sehr wohl gibt es aber ein Handelssystem zum Vertrieb von Anrechten auf Dienstleistungserbringung (z.B. Verkauf von Eintrittskarten, Buchung von Reisen).
- Starke *Individualisierung* der Leistungen.
- Der Anbieter signalisiert seine „Bereitschaft und Fähigkeit zur Erbringung einer Leistung" (Kleinaltenkamp 1998, S. 37) und bietet *keine fertigen Produkte* zum Verkauf an. Die Leistungserbringung erfolgt dann erst nach dem Verkaufsabschluss.

Solomon / Marshall / Stuart (2006, S. 297 f.) erläutern einige Beispiele für Implikationen dieser Besonderheiten. So spielen wegen der nicht tangiblen Art der Leistung und der Erbringung der Leistung erst nach dem Verkaufsabschluss das Erscheinungsbild des Anbieters, die Marke und die Kommunikation eine besondere Rolle, um ein Leistungsversprechen glaubwürdig zu verdeutlichen. Die mangelnde Lagerfähigkeit von Dienstleistungen (→ Nachfrageschwankungen können nicht durch Lagerhaltung ausgeglichen werden) führt dazu, dass in besonderem Maße die Preispolitik zur Beeinflussung der (schwankenden) Nachfrage eingesetzt wird (z.B. Saisonzuschläge, Happy Hours). Häufig dezentrale Leistungserstellung zu verschiedenen Zeitpunkten bringt – im Vergleich zu industrieller Produktion – spezifische Probleme der Qualitätssicherung, die entsprechende Maßnahmen erfordern.

Meffert / Bruhn (2006, S. 23 f.) identifizieren einige *Entwicklungsphasen* der Forschung zum Dienstleistungsmarketing:

- 1960er Jahre: Beginn der Dienstleistungsforschung in den USA
- 1970er Jahre: Entwicklung eines eigenständigen Dienstleistungsmarketing
- 1980er Jahre: Theorie und Messung von Dienstleistungsqualität

- 1990er Jahre: Integriertes Dienstleistungsmarketing

Zum Hintergrund dieser (verstärkten) Forschungsbemühungen gehört die stark gewachsene und weiter wachsende Bedeutung des Dienstleistungssektors in hoch entwickelten Volkswirtschaften. So kann man erkennen, dass innerhalb der EU seit Beginn der 1990er Jahre der Anteil der Bruttowertschöpfung im dienstleistenden Sektor höher liegt als im produzierenden Bereich und dass dieser Anteil weiter wächst (Meffert / Bruhn 2006, S. 13). In Verbindung damit zeigt sich, dass der Dienstleistungssektor einen hohen Anteil am gesamtwirtschaftlichen Wachstum hat. Letztlich ist darauf zu verweisen, dass der Anteil der im Dienstleistungsbereich Beschäftigten in den hoch entwickelten Ländern (Japan, Schweiz, Frankreich, USA, Deutschland etc.) durchgehend über 50% liegt (Meffert / Bruhn 2006, S. 15).

Strategisches Marketing

Bis in die 1970er Jahre hinein hatte man sich im Marketing auf den Einsatz des Marketing-Mix und damit verbundene Aufgaben des Marketing-Managements konzentriert (siehe oben). Ebenso wie die Entwicklung des Marketing in früheren Jahrzehnten kann die Erweiterung der Perspektive im Sinne des „strategischen Marketing" als Reaktion auf grundlegende Veränderungen der Marktverhältnisse angesehen werden. Tomczak / Kuß / Reinecke (2009, S. 9) heben in diesem Zusammenhang die folgenden wesentlichen Veränderungen von Märkten seit den 1980er Jahren hervor:

- Zunehmend schnellerer technischer Fortschritt und damit verbundene Verkürzung von Produktlebenszyklen
- Internationalisierung von Märkten und daraus resultierende Verschärfung des Wettbewerbs
- Sättigungserscheinungen in zahlreichen Märkten der hoch entwickelten Länder
- Ressourcenverknappung (z.B. bei Energie) und Rücksichtnahme auf Umweltprobleme
- Aufhebung früherer Grenzen zwischen verschiedenen Märkten (z.B. bei Computern, Telekommunikation und Unterhaltungselektronik einschl. entsprechender Software)

Vor diesem Hintergrund stellen sich im Marketing wesentlich deutlicher Fragen der bewussten und gezielten Auswahl bearbeiteter Märkte, der Möglichkeiten zur Erlangung dauerhafter Wettbewerbsvorteile und der langfristigen Ausrichtung der Marktbearbeitung. Entsprechend formulieren Tomczak / Kuß / Reinecke (2009, S. 10) die drei Grundfragen des strategischen Marketing:

- „Auf welchen Märkten bleibt / wird man tätig? (Wo? bzw. Wohin?)"
- „Wie erlangt man Wettbewerbsvorteile?"

- „Wann wird man in einem Markt tätig?"

Die Beantwortung dieser Fragen führt zu einem strategischen Rahmen für die Positionierung von Produkten im Wettbewerbsumfeld und die (kurz- und mittelfristig angelegte) Gestaltung entsprechender Marketing-Mixes.

Im Zusammenhang mit dem strategischen Marketing wird in der Literatur auch der unscharfe Gebrauch des Strategie-Begriffs kritisiert (Hammann 2000). Vor dem Hintergrund derartiger Unklarheiten entwickeln Backhaus / Schneider (2009, S. 16) eine Kennzeichnung von **Strategien**: „Eine Strategie bietet einen mittel- / bis langfristigen Orientierungsrahmen für zukünftiges Handeln. Insofern sind Strategien das Bindeglied zwischen Zielen und operativen Entscheidungen (Maßnahmen). …. Strategien liefern kein starres Gerüst, sondern einen Rahmen, der bei sich ändernden Bedingungen der Umwelt u.U. angepasst werden muss."

Dauerhafte Wettbewerbsvorteile werden im Wesentlichen durch das Angebot von Leistungen, die in der Wahrnehmung der Kunden besser sind als die konkurrierender Anbieter, oder durch qualitativ vergleichbare Leistungsangebote zu deutlich niedrigeren Kosten / Preisen erreicht. In diesem Sinne geht es beim strategischen Marketing um die *Effektivität* (→ Vorteile für die Kunden) und *Effizienz* der Markttätigkeit in den verschiedenen Geschäftsfeldern eines Unternehmens und deren marktorientierte Koordination.

Beim strategischen Marketing handelt es sich um eine wesentliche und dauerhafte Weiterentwicklung des zuvor etablierten Marketing-Konzepts. Dadurch ist in Theorie und Praxis eine klarere Verbindung zwischen Unternehmenszielen / –planung und Marketing erreicht worden. Das Gebiet ist wesentlich geprägt durch die Übernahme von Ansätzen aus der Managementforschung und aus der Unternehmensberatung. Beispiele für derartige Ansätze, die auch im Marketing stark beachtet werden, sind die Erfolgsfaktorenforschung (siehe z.B. Fritz 1995) und der ressourcenbasierte Ansatz (siehe z.B. Day / Wensley 2002). Einen „theoretischen Rahmen" für zahlreiche Einzel-Aspekte des strategischen Marketing bietet die im Abschnitt 7.6 kurz vorgestellte „Resource-Advantage-Theorie", die maßgeblich von Shelby Hunt geprägt wurde.

Markenführung

Marken bzw. (früher) *Markenartikel* haben bei der Entwicklung des Marketing seit langer Zeit eine wesentliche Rolle gespielt. So verweist Fullerton (1988, S. 114) auf frühe Beispiele für den Gebrauch von Marken schon in den Jahren 1860 bis 1890. Über viele Jahre stand dabei der Aspekt der Kennzeichnung von Produkten mit der Konsequenz ihrer Identifizierung und Unterscheidbarkeit im Vordergrund. Eine entsprechende Sichtweise findet sich beispielsweise noch in der entsprechenden Definition des Ausschusses für Begriffsdefinitionen aus der Handels- und Absatzwirtschaft (1995, S. 73):

„Markenartikel sind Waren oder Dienstleistungen, die unter einem besonderen, die Ware oder Dienstleistung kennzeichnenden Merkmal (z.B. Name, Bildzeichen) und als Ausdruck eines bestimmten Marketingkonzepts (....) allgemeine Verbreitung gefunden haben und die folgenden Kennzeichen aufweisen: Einheitliche Aufmachung, gleich bleibende oder verbesserte Qualität, Markierung, intensive Verwenderwerbung (....) auch am Point of Sale, hoher Bekanntheitsgrad und weite Verbreitung im Absatzmarkt. Die Markierung gibt Aufschluss über die Herkunft einer Ware und trägt so zur Differenzierung und Profilierung bei."

Inzwischen – etwa seit Beginn der 1990er Jahre – ist der Stellenwert von Marken für das Marketing entscheidend gewachsen. Marken werden heute nicht mehr (wie in der obigen Definition angenommen) als ein Instrument unter vielen anderen Marketing-Instrumenten (wie z.B. Werbung, Verkaufsförderung oder Rabattpolitik) angesehen, sondern stehen in vielen Unternehmen – insbesondere des Konsumgüter-Bereichs – im Mittelpunkt strategischer Planungen zur langfristigen Entwicklung der Unternehmen. So ist die Entwicklung, Positionierung und Führung von Marken zum entscheidenden Faktor für die entsprechenden Geschäftsbereiche geworden. Man erkennt, dass Unternehmen ein Marken-Portfolio systematisch aufbauen und – z.B. durch den Zukauf bzw. Verkauf von Marken - entwickeln.

Der Bedeutungszuwachs von Marken wird auch durch die Ausweitung entsprechender Forschung sichtbar. So berichtet Richard Köhler (2010), dass noch 1980 wenig Forschungsarbeiten zum Markenwesen publiziert worden waren, während heute in diesem Bereich eine große Vielfalt und Vielzahl von Publikationen (z.B. zur neuroökonomischen Markenforschung, zum Markenwert oder zum „Behavioral Branding") typisch ist. Wie ist es zu erklären, dass Marken einen solchen Bedeutungszuwachs erhalten haben, der sich auch in einem sehr hohen Markenwert niederschlagen kann? Z.B. gibt das spezialisierte Beratungsunternehmen „Interbrand" (www.interbrand.com) für das Jahr 2011 den Wert der Marke Coca Cola mit $ 71,9 Mrd., der Marke IBM mit $ 69,9 Mrd. und der Marke Microsoft mit $ 59,1 Mrd. an. Diese Werte beziehen sich – das sei hervorgehoben – nicht auf irgendwelche Anlagen oder Grundstücke, sondern nur auf die jeweiligen Marken. Zentrale Bedeutung dafür hat der Aspekt, dass Marken offenbar die Präferenzen und Entscheidungen von Kunden dauerhaft und stark prägen können. Dadurch können - im positiven Fall - für die Marken-Anbieter langfristig höhere Erlöse entstehen, weil bei „starken" Marken mehr Kunden die entsprechenden Produkte kaufen bzw. weil viele Kunden bereit sind, für diese Produkte höhere Preise zu zahlen.

Vor diesem Hintergrund hat sich in jüngerer Zeit das Verständnis von Marken wesentlich verändert. Der Fokus liegt jetzt eher einerseits auf der Reaktion von Kunden auf Marken und andererseits auf Strategien der Markenführung. Entsprechend unterscheiden sich – im Vergleich zur oben genannten – die aktuelleren Definitionen von Marken. Besonders deutlich auf die Wirkung von Marken bei deren Adressaten fokussiert ist die Definition von Franz-Rudolf Esch (2012, S.22), der die Forschung zu Marken im deutschsprachigen Raum wesentlich beeinflusst hat: „Marken sind Vorstellungsbilder in den Köpfen der Anspruchsgruppen, die eine Identifikations- und Differenzierungsfunktion übernehmen und das Wahlverhalten prägen."

In Verbindung damit kommen Meffert / Burmann / Koers (2005, S. 9) zu einer Charakterisierung der *Markenführung*:

„Die Marke ist (.....) das Ergebnis einer Vielzahl über einen längeren Zeitraum durchgeführter Maßnahmen und der hierauf basierenden Erfahrungen der Nachfrager. Der Managementprozess der Planung, Koordination und Kontrolle dieser Maßnahmen kann als **Markenführung** (Hervorhebung von A.K.) bezeichnet werden."

Im Zuge dieser Bedeutungszunahme von Marken ist ein umfassendes Forschungsgebiet entstanden, das u.a. die folgenden Themen umfasst:

- *Branding*: Markierung (Markenname, Markenzeichen, Verpackung, Produktdesign) und Markenkommunikation (siehe dazu Esch / Langner 2005)
- *Markenstrategien*: Z.B. Einzelmarken-, Parallelmarken- oder Dachmarkenstrategien
- *Ziele und Maßgrößen der Markenführung*: Markenbekanntheit, -identität, -image und –wert
- *Markendehnung, Co-Branding und Ingredient Branding*: Z.B. Verwendung einer etablierten Marke für neue Produkte

Geschäftsbeziehungsmanagement

Relativ jung ist das Gebiet des Geschäftsbeziehungsmanagements (Customer Relationship Management, CRM); in der Marketing-Literatur wird dafür auch synonym der Begriff „Relationship Marketing" verwendet. Seit den 1980er Jahren hatte man in Praxis und Theorie den Blick verstärkt auf Prozesse nach dem Kauf, insbesondere auf die Kundenzufriedenheit, und auf die daraus entstehenden Möglichkeiten für Folgekäufe und längerfristige Geschäftsbeziehungen gerichtet. Insbesondere vor dem Hintergrund hoher Kosten für die Gewinnung neuer Kunden im Umfeld scharfen Wettbewerbs war die Attraktivität der längerfristigen Bindung bisheriger Kunden besonders deutlich geworden.

Frederick Webster (1992, S. 14) zu Geschäftsbeziehungen:

„Es gab eine Verschiebung von der Ausrichtung auf Einzeltransaktionen zu Geschäftsbeziehungen. Kunden werden Partner und das Unternehmen muss sich langfristig engagieren, um diese Beziehungen mit Qualität, Service und Innovationen zu erhalten."

Bereits 1988 haben Diller / Kusterer (S. 211) Wesen und Zweck von **Geschäftsbeziehungen** gekennzeichnet: „Als Geschäftsbeziehung verstehen wir jeden von ökonomischen Zielen zweier Organisationen geleiteten Interaktionsprozess zwischen zwei oder mehr Personen ab dem ersten Geschäftsabschluss." Typische Merkmale einer Geschäftsbeziehung sind:

- Interaktionen von Anbietern und Kunden
- Längerfristige Existenz und Entwicklung der Beziehung im Zeitablauf
- Bindungen zwischen Anbieter und Nachfrager, die sich auf eine größere Zahl von Käufen im Zeitablauf auswirken
- Maßnahmen zur Begründung, Festigung und Entwicklung einer Geschäftsbeziehung habe den Charakter von Investitionen (Auszahlungen jetzt, Einzahlungen später)

Jim Blythe (2009, S. 17) stellt das Relationship Marketing dem auf einzelne Verkäufe ausgerichteten (von ihm so genannten) „Transakionsmarketing" gegenüber und nennt dabei die in der folgenden Übersicht dargestellten Unterschiede:

Transaktionsmarketing	Relationship Marketing
Ausrichtung auf Einzelverkauf	Ausrichtung auf Kundenerhaltung
Ausrichtung auf Produkteigenschaften	Ausrichtung auf Produktnutzen
Kurzfristige Orientierung	Langfristige Orientierung
Wenig Anstrengung beim Service	Hohe Anstrengung beim Service
Begrenztes Engagement für Kunden	Hohes Engagement für Kunden
Mäßiger Kundenkontakt	Enger Kundenkontakt
Für Qualität ist die Produktion zuständig	Für Qualität sind alle zuständig

Bei den ersten Schritten im Bereich *Geschäftsbeziehungsmanagement* spielte die Erklärung und Messung von **Kundenzufriedenheit** als entscheidender Voraussetzung für Wiederholungskäufe eine zentrale Rolle (siehe z.B. Homburg 2008). Es folgte die Ausrichtung auf Einflussfaktoren und Möglichkeiten der **Kundenbindung.** Heute steht im Mittelpunkt des Geschäftsbeziehungsmanagements das umfassende und spezifische Management von Kundenbeziehungen.

Das Gebiet des Geschäftsbeziehungsmanagements hat sich von den Anfängen in den 1980er Jahren in Theorie und Praxis kontinuierlich entwickelt und etabliert. Das schlägt sich auch darin nieder, dass in der Marketing-Definition der American Marketing Association von 2004 (siehe Abschnitt 2.1) dieser Aspekt eine wesentliche Rolle spielt: „Marketing bezeichnet die Funktion von Organisationen und die Prozesse, die dazu da sind, Werte für Kunden zu schaffen, zu kommunizieren und zu liefern sowie *Kundenbeziehungen in einer Weise zu gestalten* (Hervorhebung von A.K.), die der Organisation und ihren Beteiligten nutzt."

Es handelt sich beim CRM um ein relativ junges Forschungsgebiet mit enger Verbindung von Theorie und Praxis sowie hoher Relevanz für die Marketingpraxis. Neben den schon angesprochenen Aspekten der Gestaltung von Geschäftsbeziehungen spielt hier als spezifisches Forschungsthema die Bestimmung des *Kundenwerts* eine wichtige Rolle, weil es auf dieser Basis möglich wird, Entscheidungen über die den verschiedenen Kunden geltenden Anstrengungen (→ Investitionen) zu treffen.

Übersichten über die historische und theoretische Entwicklung des Geschäftsbeziehungsmanagements bieten u.a. Grönroos (2010), Möller (2010) und Palmatier (2008).

8 Marketing und Gesellschaft

8.1 Einführung und Überblick

Aus zwei Grundrichtungen kann man sich an die Beziehungen von Marketing und Gesellschaft annähern. Einerseits ist bei der Kennzeichnung des Marketing und seiner Entwicklung im 2. Kapitel schon deutlich geworden, dass Methoden und Strategien des Marketing auch im nicht-kommerziellen – u.a. im sozialen – Bereich (erfolgreich) Anwendung finden. Man spricht in diesen Fällen vom **Non-Business-Marketing** (Kuß / Kleinaltenkamp 2011, S. 24). Dabei wird wiederum in die Vermarktung von Leistungen (z.B. von Theatern, Museen, Universitäten), dem so genannten **Non-Profit-Marketing**, und in die Verbreitung von Ideen (z.B. politischer Art oder zur Beeinflussung hinsichtlich einer gesunden Lebensweise), dem so genannten **Sozio-Marketing** (manchmal auch Social Marketing genannt), unterschieden.

Hinsichtlich der Ausweitung des Marketing-Ansatzes auf nicht-kommerzielle Bereiche sei auch an die Kennzeichnung von Kotler / Keller / Bliemel (2007, S. 15) von Austauschprozessen als Gegenstand des Marketing erinnert (siehe Abschnitt 2.1):

„Im Grunde will ein „Vermarkter" (......) aktiv auf den Austauschprozess einwirken; er will einer anderen Person eine bestimmte Verhaltensreaktion entlocken. Das Wirtschaftsunternehmen wünscht sich eine Reaktion namens 'Kauf', ein Politiker, der für ein Amt kandidiert, will eine Reaktion, die sich' Wählerstimme' nennt, eine Kirche will 'Schäfchen um sich sammeln' und eine bestimmte Interessengruppe oder Bürgerinitiative will die 'Akzeptanz einer Idee' ".

Andererseits blickt man auch aus der *Perspektive gesellschaftlicher Nützlichkeit* bzw. *gesellschaftlichen Schadens* auf vielerlei Marketing-Aktivitäten. Beispiele für dabei aufkommende Fragen mögen diesen Problembereich veranschaulichen:

- Wird durch Marketing-Aktivitäten dem Ziel einer qualitativ hochwertigen und preiswerten Güterversorgung der Bevölkerung entsprochen?
- Führt an Kinder und Jugendliche gerichtete Werbung bei diesen Gruppen zu gesundheitsschädlichem Ernährungsverhalten?
- Ist der teilweise hohe Aufwand für Kommunikation und Distribution gerechtfertigt?
- Wird durch die Handelskonzentration die Versorgung von wenig mobilen Bevölkerungsgruppen beeinträchtigt?

- Fördert das Marketing technische Innovationen und Anpassung an Kundenwünsche?

Derartige Gesichtspunkte des Nutzens und Schadens des Marketing für die Gesellschaft werden im folgenden Abschnitt 8.2 angesprochen. Zuvor wird noch im vorliegenden Abschnitt ein Überblick über die vielfältigen *Beziehungen von Marketing und Gesellschaft* gegeben. Im darauf folgenden Abschnitt 8.3 geht es um *Gender-Aspekte* im Marketing. Dabei werden zwei unterschiedliche Perspektiven eine Rolle spielen:

- Einerseits geht es um (geschlechtsspezifische) Unterschiede beim Konsumentenverhalten und – daran anknüpfend – beim Einsatz von Marketing-Instrumenten.
- Andererseits werden auch Fragen der geschlechtsspezifischen Prägung der Marketingwissenschaft und der Rolle von Frauen in diesem Bereich angesprochen.

Der vierte Abschnitt dieses Kapitels ist dann der kurzen Kennzeichnung *ethischer Fragestellungen* im Zusammenhang mit dem Marketing gewidmet. Nicht zuletzt Praxis und Theorie des Marketing sind in ethischer Hinsicht immer wieder in Frage gestellt worden: Ist es vertretbar, Konsumenten durch Einsatz von Marketing-Instrumenten zu „manipulieren"? Ist der hohe Aufwand für Markenbildung, Werbung etc. vor dem Hintergrund verbreiteter Armut zu rechtfertigen? Werden Konsumenten durch Marketing-Aktivitäten von ihren „wahren" Bedürfnissen abgelenkt? Dies sind nur Beispiele für häufig gestellte Fragen. Vor dem Hintergrund allgemein gestiegener Beachtung von Fragen der Unternehmensethik (Schreyögg 2008) sind solche Überlegungen heute sicher auch im Marketing noch wichtiger geworden.

Nun also zu dem angekündigten kurzen Überblick zu „Marketing und Gesellschaft". Bloom und Gundlach (2001) haben wesentliche Bezüge zwischen Marketing und **Konsumentenwohlfahrt** zusammengestellt. Bei letzterer geht es um die Erfüllung von Bedürfnissen bzw. um den Nutzen von Konsumenten. In diesem Sinne ist deren möglichst weitgehende Realisierung der Maßstab für die Beurteilung von wirtschaftlichen Aktivitäten, hier von Marketingaktivitäten. Am Beginn der Überlegungen steht das vorhandene *Marketingwissen* (siehe dazu Abschnitt 2.3). Dieses beeinflusst Entscheidungen im kommerziellen und im Non-Profit- und Sozio-Marketing sowie politische oder gesetzgeberischen Entscheidungen. Davon gehen direkte und indirekte (über Wettbewerb oder ökonomisches Wachstum) Wirkungen auf die Konsumentenwohlfahrt aus. In Abbildung 8.1 sind die von Bloom / Gundlach (2001) aufgezeigten Wirkungspfade zusammengefasst dargestellt und werden anschließend jeweils kurz durch entsprechende Beispiele illustriert (siehe dazu auch Wilkie / Moore 2002).

Abbildung 8.1: Beziehungen zwischen Marketing und Gesellschaft im Überblick
(Quelle: Bloom / Gundlach 2001, S. XV)

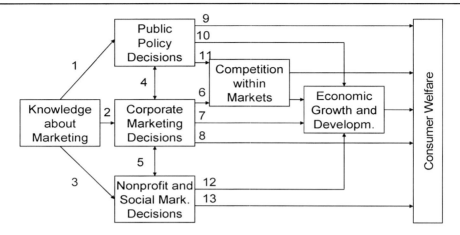

Nun zu den verschiedenen Wirkungsverläufen in diesem Modell:

(1) Marketingwissen → politische Entscheidungen (z.B. Regelungen zum Schutz von Marken)

(2) Marketingwissen → Marketing-Entscheidungen (hierfür gibt es unzählige Beispiele u.a. zur Nutzung des Wissens über die Wirkungen von Marketing-Instrumenten)

(3) Marketingwissen → Nonprofit- und Sozial-Marketing (z.B. Nutzung der üblichen Marketing-Techniken für Umweltkampagnen oder Stadt-Marketing)

(4) Politische Entscheidungen ←→ Marketing-Entscheidungen von Unternehmen (einerseits bestimmen politische Rahmenbedingungen z.B. im Bereich von Steuern oder Umweltvorschriften zahlreiche Marketing-Entscheidungen, andererseits führen z.B. unerwünschte Wirkungen von Werbung – möglicherweise auf das Ernährungsverhalten von Kindern – zu entsprechenden Regulierungen)

(5) Marketing-Entscheidungen von Unternehmen ←→ Nonprofit- und Social-Marketing (z.B. freiwillige Selbstkontrolle in der Werbung; Sponsoring von kulturellen Aktivitäten durch Unternehmen)

(6) Marketing-Entscheidungen von Unternehmen → Wettbewerb (einerseits wird durch vielfältige Marketing-Aktivitäten – z.B. Preis-Aktionen, Ausweitung der Distribution – der Wettbewerb verschärft, andererseits führen z.B. Maßnahmen hinsichtlich der Stärkung der Kundenbindung zur Einschränkung des Wettbewerbs)

(7) Marketing-Entscheidungen von Unternehmen → Wachstum (Musterbeispiel ist hier die Produktinnovation)

(8) Marketing-Entscheidungen von Unternehmen → Konsumentenwohlfahrt (z.B. Versorgung mit hochwertigen Gütern, Verbilligung von Produkten durch Erschließung von Massenmärkten und damit verbundene Kostensenkung, aber teilweise überhöhte Preise und Schaffung „künstlicher" Bedürfnisse)

(9) Politische Entscheidungen → Konsumentenwohlfahrt (z.B. durch Verbraucherschutz)

(10) Politische Entscheidungen → Wachstum (z.B. durch steuerliche Förderung von Innovationen oder Eigenheimbau)

(11) Politische Entscheidungen → Wettbewerb (z.B. durch Kartellaufsicht, Gesetz gegen unlauteren Wettbewerb)

(12) Nonprofit- und Social Marketing → Wachstum (z.B. Standort-Marketing)

(13) Nonprofit- und Social Marketing → Konsumentenwohlfahrt (z.B. Kampagnen für gesunde Ernährung oder Nichtraucher-Kampagnen)

Wilkie / Moore (2002, 2012) heben vier Teilgebiete aus dem Überblick von Bloom / Gundlach (2001) hervor, die in der Literatur und – zumindest teilweise – auch in der Praxis relativ starke Beachtung gefunden haben:

- Pfeil 1: Nutzung von Marketingwissen zur Verbesserung politischer Entscheidungen (z.B. im Hinblick auf Verbraucherschutz oder irreführende Werbung)
- Pfeil 6: Wirkungen von Marketing-Management auf den Wettbewerb in Märkten (z.B. Einfluss von Werbung und Markenbindung auf Preiswettbewerb oder Wirkungen unterschiedlicher Preisstrategien)
- Pfeile 9 und 11: Wirkungen politischer Entscheidungen auf Wettbewerb und Konsumentenwohlfahrt (z.B. Wirksamkeit von Produktinformationen oder -warnungen, Verbot von Preisabsprachen und unlauterem Wettbewerb)
- Pfeile 3, 5, 12, 13: Gestaltung und Wirksamkeit von Aktivitäten im Bereich Social Marketing (z.B. AIDS-Kampagne oder Werbung für Blut- und Organspenden)

Die im vorstehenden Überblick angesprochenen Themen werden unter dem Begriff des **„Makromarketing"** zusammengefasst. Raabe (1995) identifiziert als Inhalte dieses Begriffs die Wirkungen von Marketing-Aktivitäten auf die Gesellschaft, die Wirkungen der Gesellschaft (einschl. Politik und Recht) auf das Marketing und das Verständnis des Marketing in seinem gesellschaftlichen Zusammenhang. Das Gebiet Makromarketing hat so viel Interesse gefunden, dass es seit über 30 Jahren eine entsprechend spezialisierte Zeitschrift gibt, das „Journal of Macromarketing", das wohl die wichtigste Quelle für entsprechend ausgerichtete Publikationen ist. Zwei dort erschienene Bibliographien (Shapiro 2006 und Shapiro / Tadajewski / Shultz 2009) erleichtern den Zugang zu diesem Schrifttum.

8.2 Gesellschaftlicher Nutzen und Schaden durch Marketing

Eine umfassende Darstellung von *Beiträgen des Marketing zum Nutzen der Gesellschaft* bieten Wilkie / Moore (1999; 2002). Sie gehen dabei von einem *„Marketing-System"* aus. Dieses umfasst u.a. die für die verschiedenen Märkte relevanten Bereiche der Produktion, Distribution und Kommunikation und spielt eine Schlüsselrolle für Allokationsprozesse in Marktwirtschaften, einschließlich der angemessenen Versorgung von KonsumentInnen. Als Beiträge des Marketing zur Gesamtwirtschaft nennen Wilkie / Moore (1999, S. 206 f.) u.a.

- Schaffung und Sicherung von Arbeitsplätzen und Einkommen im Bereich des persönlichen Verkaufs, in Werbeagenturen, Marktforschungsinstituten etc.
- Auswahlmöglichkeiten beim Konsum durch Wettbewerb von Anbietern, Innovation und Ausrichtung auf Kundenwünsche
- Beitrag zum Lebensstandard durch verbesserte Produkte und Dienstleistungen in Verbindung mit langfristig sinkenden Preisen durch Effizienzsteigerungen und Massenmärkte (z.B. Telekommunikation, Tourismus)
- Beitrag zur Entwicklung der Infrastruktur z.B. in Form von Logistik-Systemen und Telekommunikationsnetzen
- Zahlung von Steuern durch Unternehmen im Marketing-Bereich und ihre Beschäftigten
- Effizienz von Massenmärkten mit geringeren Kosten (→ Erfahrungskurveneffekt, Economies of Scale), dadurch sinkenden Preisen und die resultierende Möglichkeit breiterer Bevölkerungsschichten zu entsprechendem Konsum
- Entwicklung und Durchsetzung von Innovationen durch kontinuierliche Ausrichtung auf Kundenbedürfnisse und das Streben nach Wettbewerbsvorteilen durch innovative und überlegene Produkte

Andererseits gibt es seit Jahrzehnten *Kritik* an (möglichen) Wirkungen des Marketing, auch artikuliert von führenden Autoren wie Philip Kotler (Kotler / Armstrong / Saunders / Wong 2007, S. 219 ff.). Zu den häufig geäußerten Kritikpunkten gehören die Förderung des Materialismus und – in der breiteren Öffentlichkeit wohl am meisten beachtet – der (angeblich?) manipulative Charakter des Marketing, der Konsumenten zu Käufen verleitet, die nicht ihren (wahren?) Bedürfnissen entsprechen. Anscheinend werden in der Öffentlichkeit die Wirkungsmöglichkeiten des Marketing wohl unterschätzt und viele Menschen vermuten, dass man durch Werbung etc. KonsumentInnen fast beliebig manipulieren könne. Vielfach hat die Kritik am Marketing aber auch handfeste Grundlagen, z.B. wenn es um übertreibende oder irreführende Werbung, aggressive Verkaufsmethoden oder den Verkauf schädlicher Produkte geht.

Kotler / Armstrong / Saunders / Wong (2007, S. 225 ff.) stellen folgende Kritikpunkte am Marketing zusammen:

Einfluss des Marketing auf einzelne Konsumenten

Höhere Preise durch Marketing

Hohe Kosten durch verschiedene Handelsstufen

Hohe Kosten für Werbung und Verkaufsförderung

Durchsetzung zu hoher Preise

Irreführung der Konsumenten

Aggressive Verkaufspraktiken

Minderwertige oder unsichere Produkte

Gezielte vorzeitige Alterung von Produkten

Unzureichende Versorgung benachteiligter Kundengruppen

Einfluss des Marketing auf die Gesellschaft

Schaffung von Bedürfnissen und materialistischen Motiven

Verschiebung von öffentlichen zu privaten Gütern

„Kulturelle Umweltverschmutzung" (z.B. durch ein Übermaß an Werbung)

Beeinflussung von Politik und Medien

Einfluss durch Marketing auf andere Unternehmen

Förderung der Konzentration in Märkten

Errichtung von Markteintrittsbarrieren

Unlautere Werbung

Inzwischen gibt es zu **Marken**, deren Bedeutung für das Marketing aber auch in der Gesellschaft in den letzten 20 Jahren stark zugenommen hat (siehe Abschnitt 7.7), und ihrer Wirkung auch in der breiteren Öffentlichkeit eine *kritische Diskussion*. Einerseits beobachtet man eine Ausweitung des Markenbegriffs und der Techniken der Markenführung auf andere Bereiche des gesellschaftlichen Lebens (z.B. Politik, Standorte, „Events"). Andererseits werden auch die problematischen Seiten einer zu starken Ausrichtung von Konsumenten auf Marken erkannt. So ist nicht zuletzt bei Jugendlichen der Konflikt zwischen dem Streben nach sozial erwünschten („angesagten") Marken auf der einen Seite und finanziellen Begrenzungen der Elternhäuser auf der anderen Seite zu einem wesentlichen Problem geworden. Besonders einflussreich hinsichtlich der Kritik an Marken war das Buch von Naomi Klein (2001). Zwei der zentralen Kritikpunkte von Klein seien hier kurz umrissen:

- Marken stehen oft nicht mehr für bestimmte Produzenten bzw. hochwertige Produkte, sondern haben sich verselbständigt. Die unter der jeweiligen Marke angebotenen Produkte werden in der ganzen Welt im Auftrag produziert bzw. gekauft. Insofern relativiert sich die Identifizierungsfunktion von Marken.
- Zahlreiche Markenprodukte (z.B. Sportschuhe) werden unter extremem Kostendruck und schlechten Arbeitsbedingungen in aller Welt hergestellt.

Vor dem Hintergrund der Kritik an Ausrichtung und Praktiken des Marketing sind schon recht frühzeitig Ansätze formuliert worden, die die soziale Verantwortung des Marketing betonen. So hat Leslie Dawson bereits im Jahre 1969 – wohl nicht zufällig kurz nach dem Jahre 1968 mit seinen gesellschaftlichen und kulturellen Umbrüchen – ein **"Human Concept"** des Marketing formuliert, in dessen Mittelpunkt die Einbettung des Zielsystems der Unternehmen in die entsprechenden engeren (z.B. Arbeitnehmer, Kunden, Lieferanten) und weiteren (z.B. Umwelt, Gesellschaft) Umsysteme steht.

Hans Raffee (1974, S. 112) fasst die zentralen Ideen des „Human Concept" kurz zusammen:

„Das Human Concept als Unternehmungskonzeption (….) setzt bei den Schwachstellen des Business Marketing an. Das Human Concept geht davon aus, dass sowohl die Ziele bzw. Bedürfnisse der Marktpartner der Unternehmung wie die der Unternehmensangehörigen durch das Business Marketing keine zufrieden stellende Berücksichtigung finden. Das Human Concept will eine Änderung des Zielsystems der Unternehmungen und damit eine Mutation des Business Marketing erreichen, indem die Unternehmungen in stärkerem Maße humanitäre Ziele in ihr Zielsystem aufnehmen sollen."

Seit vielen Jahren bildet die **Verbraucherpolitik** ein Gegengewicht zu negativen Wirkungen des Marketing. Dabei liegen die Schwerpunkte bei Verbraucherschutz, Verbraucherinformation, Verbraucherberatung und politischer Einflussnahme mit dem Ziel, Konsumenten vor Schäden (z.B. finanzieller oder gesundheitlicher Art) zu schützen und ihnen eine informierte Auswahl aus den verschiedenen Angeboten zu erleichtern. Damit korrespondierend gab und gibt es entsprechende Forschung, die aber einen deutlich geringeren Umfang hatte als die auf kommerzielle Fragestellungen ausgerichtete Marketingforschung. Einen Überblick dazu bieten u.a. Kuhlmann (1990; 1995) und Reisch / Farsang (2005). Ausgelöst durch verschiedene Lebensmittel-Skandale hat die Verbraucherpolitik in der allgemeinen Politik und in der breiteren Öffentlichkeit (wohl weniger in der Wissenschaft) in den 2000er Jahren wieder stärkeres Interesse gefunden (Reisch 2005). Lucia Reisch (2005) stellt die folgenden Ziele der Verbraucherpolitik heraus:

- *Sozialpolitisch*: Ausgleich von besonderen Härten für benachteiligte Konsumentengruppen
- *Wirtschaftspolitisch*: Bereicherung der Wettbewerbspolitik durch aktive Interessenwahrnehmung von Verbrauchern
- *Gesellschaftspolitisch*: Gesellschaftliche und ökonomische Produktivität außerhalb von Marktbeziehungen (z.B. bei ehrenamtlicher Tätigkeit)

In den USA hat die Verbraucherpolitik im Jahre 1962 durch den damaligen Präsidenten John F. Kennedy einen starken Impuls erhalten, der die „Grundrechte von Verbrauchern" („Consumer Bill of Rights") mit den Rechten auf Sicherheit der Produkte, auf angemessene Information, auf Wahlfreiheit und auf die Möglichkeit, eigene Interessen wahrzunehmen, formuliert hat.

In Verbindung mit dem zunehmenden Interesse der Gesellschaft an ökologischen Problemen bzw. Fragestellungen haben auch Aspekte der Beziehungen von Marketing-Aktivitäten auf der einen Seite und Schonung von Umweltressourcen auf der anderen Seite Aufmerksamkeit gefunden. Im deutschsprachigen Raum haben insbesondere Ursula Hansen, Ingo Balderjahn und Manfred Kirchgeorg die entsprechende Forschung maßgeblich beeinflusst und vorangetrieben. Kirchgeorg (1995, Sp. 1943) kennzeichnet **„Öko-Marketing"** in folgender Weise: „Das Öko-Marketing kann als Vertiefung (Deepening) des kommerziellen Marketing angesehen werden, bei der neben der Abnehmer- und Wettbewerbsorientierung ökologische und ethische Entscheidungskriterien ergänzend Berücksichtigung finden." Deutlich breiter angelegt ist der Begriff des **Nachhaltigkeits-Marketing**, der nach Balderjahn (2004, S. 40) „die gesellschaftspolitische bzw. soziale, die moralische bzw. ethische und die unternehmerische bzw. marktliche Perspektive in einem Managementkonzept" integriert.

Ursula Hansen und Matthias Bode (1999) erläutern die Entwicklung des Bewusstseins für ökologische Fragestellungen und die Integration dieser Aspekte in die Marketingwissenschaft:

„Spätestens seit Beginn der 70er Jahre wurde offensichtlich, dass die Beanspruchung der natürlichen Umwelt durch die moderne Wirtschaftsweise an ihre Grenzen stieß. Lokale Rohstoff- und Entsorgungsprobleme, globale Phänomene wie der Treibhauseffekt, das Ozonloch und das Artensterben sowie zahlreiche Umweltkatastrophen und –skandale (z.B. Seveso, Bophal, Tschernobyl) hatten eine Bewusstsein für die Bedrohung der Erde geschaffen." (S. 187)

„In den 80er und 90er Jahren hat sich in der Bundesrepublik Deutschland das ökologieorientierte Marketing als eigenständiger Ansatz auf breiter Basis durchgesetzt und gegenüber den USA auch in einigen Bereichen eine Vorreiterstellung erreicht. Allerdings gab es dort bedeutende Vorläufer in den 70er Jahren, als gesellschaftskritische Diskussionen u.a. auch ökologische Problemstellungen aufwarfen." (S. 416)

Philip Kotler (2011), der herausragende Marketing-Autor der letzten Jahrzehnte, spricht inzwischen sogar von einer notwendigen Neu-Ausrichtung des Marketing vor dem Hintergrund des bedrohlichen Wachstums von Umweltproblemen und sieht Schwerpunkte eines neuen Marketing-Konzepts beim *„De-Marketing"* mit dem Einsatz von Marketing-Instrumenten zur Verminderung von Ressourceneinsatz und Umweltbelastung und beim *Sozio-Marketing* (s.o.) zur Verhaltensänderung bei Konsumenten.

8.3 Gender-Aspekte im Marketing

Im Zusammenhang mit der gewachsenen Bedeutung der Frauenbewegung in der Gesellschaft kam es in den letzten Jahrzehnten zu ersten Schritten der Berücksichtigung von so genannten „Gender"-Aspekten in der Marketing- und insbesondere der Konsumentenforschung. Der englischsprachige Begriff **„gender"** bezieht sich auf soziologische und kulturelle Dimensionen von Geschlechterunterschieden, während der Begriff „sex" auf biologische Unterschiede zwischen Männern und Frauen gerichtet ist. Nun können sich „Gender-Aspekte" natürlich auf weibliche oder männliche Spezifika beziehen; in Wissenschaft und Gesellschaft stehen aber bisher vor allem Fragen zur Rolle von Frauen im Blickpunkt.

Für die Publikation von Forschungsergebnissen zu Gender-Aspekten im Marketing haben die „Conferences on Gender, Marketing, and Consumer Behavior" und die entsprechenden Tagungsbände („Proceedings") eine wichtige Rolle gespielt. Bettany / Dobscha / O'Malley / Prothero (2010) geben einen Überblick über die Entwicklung der Forschung und die entsprechende Literatur; ein Sonderheft von „Marketing Theory" (Heft 1, 2010) enthält mehrere Beiträge und entsprechende Literaturhinweise.

Innerhalb der Marketing-Literatur findet man vor allem einerseits Untersuchungen zu geschlechtsspezifischen Unterschieden bei Einsatz und Wirkung von Marketing-Instrumenten sowie beim KonsumentInnenverhalten und andererseits zur geschlechtsspezifischen Prägung der Marketingwissenschaft selbst. Diese beiden Bereiche sollen hier kurz angesprochen werden.

Im Hinblick auf Marketing-Anwendungen in Beziehung auf Geschlechterunterschiede kommt einem wohl zuerst die „Gender-Segmentierung" (Kotler / Keller 2012, S. 239) in den Sinn. Zahlreiche Branchen (z.B. Bekleidung, Körperpflege, Freizeit) und Unternehmen (z.B. Avon, Gillette) bieten entsprechende Beispiele, die keiner weiteren Erläuterung bedürfen. Am deutlichsten treten Gender-Aspekte bei den Instrumenten des Marketing-Mix wohl im Zusammenhang mit der Kommunikation, insbesondere der Werbung in Erscheinung. Hierzu hat es im Lauf der Jahre eine Vielzahl von Untersuchungen gegeben, die die Darstellung von Frauen in Werbung im Zeitablauf und in Abhängigkeit von gesellschaftlichen Veränderungen zum Gegenstand hatten. Dabei ging es immer wieder um die Frage, inwiefern sich festgelegte Vorurteile und Bilder von Geschlechterrollen (so genannte Stereotype) – oft der weiblichen – in der Werbung widerspiegeln und inwieweit man Veränderungen im Zeitablauf beobachten kann. Gender-Stereotype sind meist bezogen auf vier verschiedene Gesichtspunkte: Charaktereigenschaften (z.B. Durchsetzungsvermögen), physische Eigenschaften (z.B. Körpergröße, Frisur), Rollenverhalten (z.B. Ausübung von Führungsrollen, Bezug zur Familie) und berufliche Position (z.B. KindergärtnerIn, ManagerIn).

Martin Eisend (2010, S. 419) erläutert mögliche Konsequenzen von Gender-Stereotypen:

"Alle Arten von Gender-Stereotypen können negative Konsequenzen haben, die die Lebenschancen einschränken, insbesondere für Frauen. Stereotype bezüglich physischer Charakteristika (z.B. Schönheitsideale für Frauen) können zu eingeschränktem Selbstbewusstsein und Unzufriedenheit mit dem eigenen Körper führen, Stereotype hinsichtlich des Rollenverhaltens (z.B. Frauen kümmern sich um die Kinder) können Beschränkungen der eigenen Entwicklung zur Folge haben und Stereotype im Hinblick auf berufliche Rollen können Nachteile für Karriere-Möglichkeiten von Frauen haben."

Eine aktuelle Meta-Analyse von insgesamt 64 Studien zu „Gender-Stereotypen" in der Fernseh- und Radiowerbung durch Martin Eisend (2010) führte zu folgenden Ergebnissen zur Darstellung von Frauen (im Vergleich zu Männern):

- Frauen erscheinen (deutlich) überwiegend nur visuell (ohne Wortbeitrag).
- Frauen erscheinen meist als Benutzer von Produkten (weniger als „Autorität").
- Frauen werden häufiger in abhängigen Rollen dargestellt.
- Frauen werden eher in häuslichen Situationen dargestellt (weniger in der Arbeitswelt).
- Frauen, die in der Werbung auftreten, sind meist jünger als die männlichen Figuren.
- Frauen sprechen seltener die zusammenfassende und abschließende Aussage einer Werbebotschaft.

Im Hinblick auf das Ausmaß der Unterschiede zwischen „weiblichem" und „männlichem" Konsumentenverhalten ist das Bild in der Literatur nicht ganz einheitlich. Hoyer / MacInnis (2004, S. 372 ff.) verweisen auf eine Vielzahl von Untersuchungen zu entsprechenden Unterschieden. Dagegen sprechen zahlreiche psychologische Untersuchungen eher dafür, dass sich Unterschiede zwischen den Geschlechtern auf relativ wenige Aspekte menschlichen Verhaltens beschränken. So hat Janet Hyde (2005) in einer Auswertung von 46 einschlägigen Meta-Analysen (gewissermaßen einer „Meta-Meta-Analyse") weitgehend die so genannte „Gender Similarities Hypothesis" bestätigt.

Anders ausgerichtet und wohl auch grundsätzlicher als geschlechtsspezifische Unterschiede bei Marketing-Instrumenten oder beim Konsum ist die (kritische) Betrachtung von Gender-Aspekten in der Marketing*wissenschaft*. Bode / Hansen (1995) beziehen sich bei einer entsprechenden Analyse zunächst auf die immer noch verbreitete – aber im Lauf der Zeit etwas reduzierte – Dominanz von Männern in der Marketingwissenschaft. In der Marketing-Praxis waren allerdings die beruflichen Entwicklungsmöglichkeiten für Frauen schon lange deutlich besser als in anderen Anwendungsfeldern der Betriebswirtschaftslehre. Stärker geht es Bode / Hansen (2005) aber um die inhaltliche und methodische Ausgestaltung der Marketingforschung, wo sie – anknüpfend an Bristor / Fischer (1993) und Hirschman (1993) – Gender-Aspekte als Einflussfaktoren der *Problemauswahl* (Forschungsthemen), der *Methodenwahl* (Untersuchungsmethoden und Problemreflexion) und der *Ergebnispräsentation* (sprachliche / symbolische Darstellung) identifizieren.

Einen Eindruck von diesen Unterschieden in einer Gender-Perspektive gibt Hirschman (1993, S. 542) mit ihrer auf das Jahr 1990 bezogenen Übersicht von Forschungsthemen und -methoden, die (in der Sicht von Elizabeth Hirschman) eher der „maskulinen" bzw. der „femininen Ideologie" zuzuordnen sind.

Zunächst also die von Hirschman genannten Themen, die in ihrer Sicht zur *„maskulinen Ideologie"* gehören:

- Quantitative Modelle
- Informationsverarbeitung, „Maschinen-Vergleiche" bei Menschen (z.B. Vergleich des menschlichen Gehirns mit Computern und ihren verschiedenen Speichern)
- Rationalität, Nutzenmaximierung
- Vom Problem losgelöste, objektive Methoden
- Kapitalistischer Standpunkt
- Konkurrenz, Konflikt

Nachfolgend die nach Hirschman der *„femininen Ideologie"* zuzurechnenden Themen:

- Stärkung der Konsumenten, Politik
- Auf den Kontext bezogene, partizipative Methoden
- Auf die Gemeinschaft bezogen, human, spirituell
- Antikapitalistisch

Die vorstehende Übersicht macht deutlich, dass es bei der Kritik an der Marketingwissenschaft aus feministischer Sicht nicht nur um die Auswahl von Forschungsthemen und -methoden geht, sondern um *grundlegend andere wissenschaftstheoretische und ideologische Standpunkte*. Die verschiedenen feministischen Positionen und ihre Relevanz insbesondere für die Konsumentenforschung werden von Bristor / Fischer (1993) ausführlich diskutiert.

8.4 Marketing und Ethik

Im Zuge der Diskussion um die Beziehungen von Marketing und Gesellschaft haben auch Fragen des verantwortlichen Handelns von Unternehmen und Managern stärkere Beachtung gefunden, nicht zuletzt weil vor allem in Nordamerika Gesichtspunkte der **Ethik** schon relativ früh Bestandteil der Curricula an den Business Schools geworden waren. Dem entsprechend ist jetzt auch im deutschsprachigen Raum die Notwendigkeit der Unternehmensethik breit akzeptiert (Schreyögg 2008). Ursula Hansen, eine der profiliertesten deutschsprachigen Marketingwissenschaftlerinnen (und über (zu) lange Jahre die einzige Frau mit einem Marketing-Lehrstuhl in Deutschland), kennzeichnet diesen Bereich des Marketing: „Die Marketingethik betrifft Fragen moralischer Werte und Normen des Marketing und seiner gesellschaftlichen Verantwortlichkeit." (Hansen 2001, S. 970) Dies entspricht – natürlich fokussiert auf Entscheidungen im Marketing – dem üblichen Verständnis von Ethik als eines Bereichs der Wissenschaft, der sich mit der Bewertung menschlicher Handlungen und ihrer Wirkungen an Hand von Werten und Normen beschäftigt. Ebenfalls von Ursula Hansen (1995, Sp. 619) wird ein „Forschungsprogramm einer Marketing-Ethik" durch die folgenden Fragen umrissen:

- „Wie werden die Ergebnisse des Marketing-Handelns kritisch eingeschätzt?
- Welche Determinanten bestimmen reales ethisches Marketing-Handeln?
- Was ist ‚moralisch gutes Marketing-Handeln'?
- Mit welchem Verfahren kann das Marketing-Handeln moralisch verbessert werden?"

Bei diesen Fragen werden zwei Perspektiven der Forschung zur Marketing-Ethik erkennbar, einerseits der Aspekt des tatsächlichen Verhaltens von Unternehmen und Managern (*deskriptive* Forschung) und andererseits die Entwicklung von Standards für ethisch erwünschtes Verhalten (*präskriptive* Forschung). Ethische *Fragen* stellen sich in erster Linie im Hinblick auf Verhaltensweisen, die rechtlich zulässig und dennoch moralisch zweifelhaft sind. Bei Übertretungen von gesetzlichen Grenzen wäre die ethische Bewertung ja klar. Problematisch und oftmals schwierig sind dagegen Entscheidungen in Situationen, in denen es um legales Verhalten geht, das einerseits einen wirtschaftlichen Vorteil brächte, aber dennoch – z.B. weil für bestimmte Gruppen ein Schaden entstünde – ethisch zweifelhaft ist. Auf solche Abwägungen ist das im Folgenden skizzierte Modell von Hunt / Vitell ausgerichtet.

Im Bereich der Ethik findet man die grundlegende Unterscheidung von teleologischer und deontologischer Ethik. Eine **teleologische Ethik** orientiert sich an den zu erwartenden Konsequenzen einer Handlung. Im Fokus steht also die Frage, welcher Nutzen entsteht aus einer Handlung für wie viele Betroffene. Dagegen ist eine **deontologische Ethik** unabhängig von Abwägungen zu den Konsequenzen von Handlungen, sondern ausgerichtet auf die Frage, ob bestimmte Handlungen richtig oder falsch sind. Die moralische Akzeptanz eines Verhaltens hängt danach von der Einhaltung entsprechender Grundsätze und Regeln ab und nicht von der Zweckmäßigkeit im Hinblick auf den Nutzen für bestimmte Gruppen.

Hier zwei Beispiele für beide Ansätze aus dem Bereich der Marktforschung:
Teleologische Ethik

Jede Umfrage und jeder Produkttest ist für die (begrenzte Zahl von) Auskunfts- bzw. Versuchspersonen mit Zeitaufwand, Mühe und vielleicht auch etwas Stress verbunden. Das ist im teleologischen Sinne zu rechtfertigen, wenn dem ein deutlich größerer Nutzen für eine große Zahl von Konsumenten gegenübersteht, z.B. weil ein Produkt besser auf die Kundenwünsche ausgerichtet werden konnte.

Deontologische Ethik

Kein noch so großer wirtschaftlicher Gewinn kann es rechtfertigen, dass man Auskunfts- oder Versuchspersonen einen schweren gesundheitlichen oder psychischen Schaden zufügt.

Bei der Beantwortung ethischer Fragen in der Marketing-Praxis wird man beide Aspekte – die teleologischen und die deontologischen – gleichzeitig beachten. Mit eben dieser Ausrichtung haben Hunt / Vitell (1986) ein *Modell* konzipiert, das Entscheidungen bei Fragestellungen, die in ethischer Hinsicht problematisch sind, erklären soll. Es geht hier also nicht um die Entwicklung ethischer Normen, sondern um den Prozess der Entscheidungen über ethische Fragen (Hunt / Vitell 2006), der hier von Interesse ist, weil damit ein entsprechender Überblick gegeben werden kann. Die Grundstruktur des Modells wird in Abbildung 8.2 verdeutlicht. Danach beginnt der Entscheidungsprozess mit der Wahrnehmung eines ethischen Problems. Es folgt die Bewertung der (wahrgenommenen) Handlungsalternativen direkt im Sinne einer deontologischen Ethik bzw. nach Analyse der mit den Handlungsalternativen verbundenen Konsequenzen im Sinne einer teleologischen Ethik. Beide Sichtweisen – möglicherweise mit unterschiedlichen Gewichtungen – führen zu einem ethischen Urteil, das wiederum entsprechendes Verhalten prägt bzw. prägen sollte.

Abbildung 8.2: Zentrale Elemente des Modells von Hunt / Vitell (1986) zur Marketing-Ethik

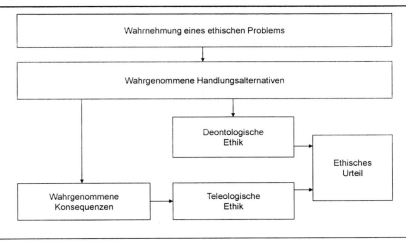

In dem vollständigen Modell von Hunt / Vitell (1986) sind die Einflussfaktoren bei der Urteilsbildung und die dabei (theoretisch) ablaufenden Prozesse ebenso wie die Umsetzung eines ethischen Urteils detaillierter dargestellt (siehe Abbildung 8.3).

Abbildung 8.3: Vollständiges Modell von Hunt / Vitell (1986) zur Marketing-Ethik

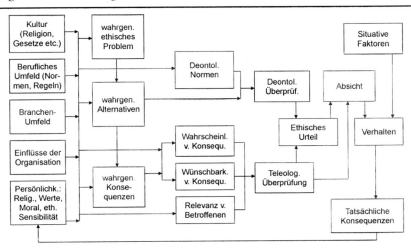

Man erkennt in Abbildung 8.3 die der Erfahrung entsprechenden Wirkungen von Kultur, sozialem Umfeld und Persönlichkeitsmerkmalen auf den Prozess der Urteilsbildung. Im Hinblick auf die teleologische Überprüfung von Alternativen sind die Wahrscheinlichkeiten für das Eintreten von Konsequenzen und die Bewertungen dieser Konsequenzen (Wünschbarkeit) separat erfasst. Eine solche Beurteilung erfolgt für verschiedene Gruppen von Betroffenen und wird mit der Einschätzung der Relevanz dieser verschiedenen Gruppen in Verbindung gebracht.

Die American Marketing Association (www.marketingpower.com) hat ethische Normen und Werte für das Marketing formuliert, die hier in einer Kurzfassung wiedergegeben seien:

Ethische Normen

Als Marketing-Leute

- dürfen wir niemanden schädigen

- müssen wir Vertrauen im Marketing-System pflegen und stärken

- müssen wir ethischen Werten entsprechen

Ethische Werte

- **Aufrichtigkeit** *(Offenheit gegenüber Kunden und Anspruchsgruppen)*

- **Verantwortlichkeit** *(Einstehen für die Konsequenzen von Marketing-Entscheidungen und – Strategien)*

- **Fairness** *(Gerechte Abwägung zwischen den Ansprüchen des Kunden und den Interessen des Anbieters)*

- **Respekt** *(Anerkennung der Menschenwürde aller Anspruchsgruppen)*

- **Transparenz** *(Offenheit bei allen Marketing-Aktivitäten)*

- **Bürgerschaftliches Verhalten** *(Wahrnehmung ökonomischer, rechtlicher, mäzenatischer und sozialer Verantwortung)*

Einen knappen und gleichzeitig breit angelegten Überblick zu Fragen der Marketing-Ethik mit zahlreichen Literaturhinweisen gibt ein vom SAGE Verlag (2010) herausgegebener „Brief Guide to Marketing Ethics". In einer groß angelegten Literaturauswertung von 551 Artikeln zur Marketing-Ethik, die internationalen Zeitschriften zwischen 1981 und 2005 erschienen sind, haben Nill / Schibrowsky (2007) den aktuellen Stand und entsprechende Entwicklungen zusammengefasst:

- Starkes Wachstum der Literatur in diesem Zeitraum
- Entwicklung von Verhaltensnormen bleibt dabei unterrepräsentiert
- Relativ geringe Berücksichtigung von Makro-Aspekten (z.B. Gruppen, Gesellschaft)
- Geringer Umfang der Forschung zu ethischen Aspekten der Preispolitik und des Internet-Marketing
- Rückläufige Zahl von Artikeln zur Marketing-Ethik in den international führenden Marketing-Zeitschriften

Verzeichnis der verwendeten Literatur

ACHROL, R. / KOTLER, P. (2012): Frontiers of the marketing paradigm in the third millenium, in: Journal of the Academy of Marketing Science, Vol. 40, S. 35-52.

ADLER, J. (1998): Eine informationsökonomische Perspektive des Kaufverhaltens, in: Wirtschaftswissenschaftliches Studium, Juli 1998, S. 341-347.

ALBERS, S. (2000): 30 Jahre Forschung im deutschen Sprachraum zum quantitativ orientierten Marketing, in: Backhaus, K. (Hrsg.): Deutschsprachige Marketingforschung, Stuttgart, S. 209-237.

ALBERS, S. (2002): Salesforce Management – Compensation, Motivation, Selection and Training, in: Weitz, B. / Wensley, R. (Hrsg.): Handbook of Marketing, London / Thousand Oaks / New Delhi, S. 248-266.

ALBERS, S. / HILDEBRANDT, L. (2006): Methodische Probleme bei der Erfolgsfaktorenforschung – Messfehler, formative versus reflektive Indikatoren und die Wahl des Strukturgleichungs-Modells, in: Zeitschrift für betriebswirtschaftliche Forschung, Jg. 58, S. 2-33.

ALBERS, S. / KLAPPER, D. / KONRADT, U. / WALTER, A. / WOLF, J. (HRSG.) (2009): Methodik empirischer Forschung, 3. Aufl., Wiesbaden.

ALBERT, H. (1998): Marktsoziologie und Entscheidungslogik – Zur Kritik der reinen Ökonomik, Neu-Ausgabe, Tübingen.

ALDERSON, W. (1957): Marketing Behavior and Executive Action, Homewood (IL).

ALDERSON, W. (1958): The Analytical Framework for Marketing, in: Duncan, D. (Hrsg.): Conference of Marketing Teachers from Far Western States, Berkeley (CA), S. 15-28 (zitiert nach: Enis, B. / Cox, K. / Mokwa, M. (Hrsg) (1990): Marketing Classics – A Selection of Influential Articles, 8. Aufl., Upper Saddle River (NJ), S. 22-32).

ALDERSON, W. (1965): Dynamic Marketing Behavior, Homewood (IL).

AL-LAHAM, A. (2003): Wissensmanagement, München.

AMA TASK FORCE ON THE DEVELOPMENT OF MARKETING THOUGHT (1988): Developing, Dissemination, and Utilizing Marketing Knowledge, in: Journal of Marketing, Vol. 52 (4), S. 1-25.

ANDERSON, J. / GERBING, D. (1988): Structural Equation Modeling in Practice: A Review and Recommended Two-Step Approach, in: Psychological Bulletin, Vol. 103, S. 411-423.

ANDERSON, J. / NARUS, J. (1990): A Model of Distributor Firm and Manufacturer Firm Working Partnership, in: Journal of Marketing, Vol. 54, S. 42-58.

ANDERSON, P. (1983): Marketing, Scientific Progress, and Scientific Method, in: Journal of Marketing, Vol. 47 (4), S. 18-31.

ANDERSON, P. (1988): Relativism Revidivus: In Defense of Critical Relativism, in: Journal of Consumer Research, Vol. 15, S. 403-406.

ARABATZIS, T. (2008): Experiment, in: Psillos, S. / Curd, M. (Hrsg.): The Routledge Companion to Philosophy of Science, London / New York, S. 159-170.

ASSAEL, H. / KEON, J. (1982): Nonsampling vs. Sampling Errors in Survey Research, in: Journal of Marketing, Vol. 46, S. 114-123.

AUSSCHUSS FÜR BEGRIFFSDEFINITIONEN AUS DER HANDELS- UND ABSATZWIRTSCHAFT (1995): Begriffsdefinitionen aus der Handels- und Absatzwirtschaft, Köln.

AZZI, C. / EHRENBERG, R. (1975): Household Allocation of Time and Church Attendance, in: Journal of Political Economy, Vol. 38, S. 27-56.

BACKHAUS, K. (1997): Entwicklungspfade im Investitionsgütermarketing, in: Backhaus, K. / Günter, B. / Kleinaltenkamp, M. / Plinke, W. / Raffee, H. (Hrsg.): Marktleistung und Wettbewerb – Strategische und operative Perspektiven der marktorientierten Leistungsgestaltung, Wiesbaden, S. 33-62.

BACKHAUS, K. (HRSG.) (2000): Deutschsprachige Marketingforschung – Bestandsaufnahme und Perspektiven, Stuttgart.

BACKHAUS, K. / BÜSCHKEN, J. (1995): Organisationales Kaufverhalten, in: Tietz, B. / Köhler, R. / Zentes, J. (Hrsg.): Handwörterbuch des Marketing, 2. Aufl., Stuttgart, Sp. 1954-1966.

BACKHAUS, K. / ERICHSON, B. / PLINKE, W. / WEIBER, R. (2008): Multivariate Analysemethoden, 12. Aufl., Berlin / Heidelberg.

BACKHAUS, K. / SCHNEIDER, H. (2009): Strategisches Marketing, 2. Aufl., Stuttgart.

BACKHAUS, K. / VOETH, M. (HRSG.) (2004): Handbuch Industriegütermarketing, Wiesbaden.

BACKHAUS, K. / VOETH, M. (2004): Besonderheiten des Industriegütermarketing, in: Backhaus, K. / Voeth, M. (Hrsg.): Handbuch Industriegütermarketing, Wiesbaden, S. 3-21.

BACKHAUS, K. / VOETH, M. (2010): Industriegütermarketing, 9. Aufl., München.

BACKHAUS, K. / VOETH, M. (2010): Internationales Marketing, 6. Aufl., Stuttgart.

BAGOZZI, R. (1975): Marketing as Exchange, in: Journal of Marketing, Oct. 1975, Vol. 39, S. 32-39.

BAGOZZI, R. (1980): Causal Models in Marketing, New York u.a.O.

BAGOZZI, R. / YI, Y. (2012): Specification, evaluation, and interpretation of structural equation models, in: Journal of the Academy of Marketing Science, Vol. 40, S. 8-34.

BAGHRAMIAN, M. (2008): Relativism about Science, in: Psillos, S. / Curd, M. (Hrsg.): The Routledge Companion to Philosophy of Science, London / New York, S. 236-247.

BAKER, M. / SAREN, M. (Hrsg.) (2010): Marketing Theory, London u.a.O.

BALDERJAHN, I. (2004): Nachhaltiges Marketing-Management, Stuttgart.

BARON, R. / KENNY, D. (1986): The Moderator-Mediator Variable Distinction in Social Psychology Research: Conceptual, Strategic, and Statistical Considerations, in: Journal of Personality and Social Psychology, Vol. 51, S. 1173-1182.

BARTELS, R. (1965): Development of Marketing Thought – A Brief History, in: Schwartz, G. (Hrsg.): Science in Marketing, New York, S. 47-69 (zitiert nach Sheth / Garrett 1986).

BARTELS, R. (1988): The History of Marketing Thought, 3. Aufl., Columbus (OH).

BASS, F. (1969): A New Product Growth Model for Consumer Durables, in: Management Science, Vol. 15, S. 215-227.

BASS, F. (1995): Empirical Generalizations and Marketing Science: A Personal View, in: Marketing Science, Vol. 14, No. 3, S. 6-19.

BASS, F. / WIND, J. (1995): Introduction to the Special Issue: Empirical Generalizations in Marketing, in: Marketing Science, Vol. 14, No. 3, S. 1-5.

BAUMGARTH, C. (2008): Markenpolitik, 3. Aufl., Wiesbaden.

BAUMGARTH, C. / EVANSCHITZKY, H. (2005): Die Rolle von Replikationen in der Marketingwissenschaft, in: Marketing ZFP, Vol. 27, S. 253-262.

BECKER, G. (1993): Der ökonomische Ansatz zur Erklärung menschlichen Verhaltens, 2. Aufl., Tübingen.

BECKER, G. (1996): The Economic Way of Looking at Behavior – The Nobel Lecture, Hoover Institution / Stanford University.

BEHRENS, G. (2000): Theoriegeleitetes vs. praxisorientiertes Marketing, in: Backhaus, K. (Hrsg.): Deutschsprachige Marketingforschung, Stuttgart, S. 41-53.

BEHRENS, K. (1961): Demoskopische Marktforschung, Wiesbaden.

BEHRENS, K. (1966): Kurze Einführung in die Handelsbetriebslehre, Stuttgart.

BELK, R. (1991a): Highways and Buyways – Naturalistic Research from the Consumer Behavior Odyssey, Provo (UT).

BELK, R. (1991b): The History and Development of the Consumer Behavior Odyssey, in: Belk, R. (1991a): Highways and Buyways, Provo (UT), S. 1-12.

BELK, R. (HRSG.) (2006): Handbook of Qualitative Research Methods in Marketing, Cheltenham (UK) / Northampton (MA).

BELK, R. / WALLENDORF, M. / SHERRY, J. (1989): The Sacred and Profane in Consumer Behavior: Theodicy on the Odyssey, in: Journal of Consumer Research, Vol. 16, S. 1-38.

BELK, R. / ZALTMAN, C. / BAGOZZI, R. U.A. (HRSG.) (1987): Marketing Theory, Chicago.

BELL, D. (1973): The Coming of Post-Industrial Society, New York. (zitiert nach: Bloom, P. (1987): Knowledge Development in Marketing, Lexington (MA) / Toronto, S.3)

BELLENGER, D. / BERNHARDT, K. / GOLDSTUCKER, J. (1976): Qualitative Research in Marketing, Chicago.

BENKENSTEIN, M. (2002): Strategisches Marketing, 2. Aufl., Stuttgart.

BERGHOFF, H. (HRSG.) (2007a): Marketinggeschichte – Die Genese einer modernen Sozialtechnik, Frankfurt / New York.

BERGHOFF, H. (2007b): Marketing im 20. Jahrhundert Absatzinstrument – Managementphilosophie – universelle Sozialtechnik, in: Berghoff, H. (Hrsg.) (2007a): Marketinggeschichte, Frankfurt / New York, S. 11-58.

BERGKVIST, L. / MÄGI, A. (2010): Trends in European Marketing Publication Output, in: Transfer, 56. Jahrg., Heft 4.

BESANKO, D. / DRANOVE, D. / SHANLEY, M. / SCHAEFER, S. (2007): Economics of Strategy, 4. Aufl., Hoboken (NJ).

BETTANY, S. / DOBSCHA, S. / O'MALLEY, L. / PROTHERO, A. (2010): Moving behind binary opposition: exploring the tapestry of gender in consumer research and marketing, in: Marketing Theory, Vol. 10, S. 3-28.

BETTMAN, J. (1979): An Information Processing Theory of Consumer Choice, Reading (MA).

BIRD, A. (2004): Thomas Kuhn, in: Zalta, E. (Hrsg.) The Stanford Encyclopedia of Philosophy, URL = <http://plato.stanford.edu.

BIRD, A. (2008): The Historical Turn in the Philosophy of Science, in: Psillos, S. / Curd, M. (Hrsg.): The Routledge Companion to Philosophy of Science, London / New York, S. 67-77.

BISHOP, R. (2007): The Philosophy of the Social Sciences, London / New York.

BITZ, M. / DELLMANN, K. / DOMSCH, M. / WAGNER, F. (HRSG.) (1998): Vahlens Kompendium der Betriebswirtschaftslehre, Band 1, 4. Aufl., München

BLACKWELL, R. / MINIARD, P. / ENGEL, J. (2001): Consumer Behavior, 9. Aufl., Fort Worth (TX) u.a.O.

BLATTBERG, R. / BRIESCH, R. / FOX, E. (1995): How Promotions Work, in: Marketing Science, Vol. 14, S. 122-132.

BLOOM, P. (1987): Knowledge Development in Marketing, Lexington (MA)/Toronto.

BLOOM, P. / GUNDLACH, G. (HRSG.) (2001): Handbook of Marketing and Society, Thousand Oaks / London / New Delhi.

BLOOM, P. / GUNDLACH, G. (2001): Introduction, in: Bloom, P. / Gundlach, G. (Hrsg.): Handbook of Marketing and Society, Thousand Oaks / London / New Delhi, S. XIII-XXII.

BLYTHE, J. (2009): Key Concepts in Marketing, Los Angeles u.a.O.

BODE, M. / HANSEN, U. (2005): Das Geschlecht der Marketingwissenschaft – Wie "männlich" ist sie und wie "weiblich" sollte sie sein?, in: Krell, G. (Hrsg.): Betriebswirtschaftslehre und Gender Studies: Analysen aus Organisation, Personal, Marketing und Controlling, Wiesbaden, S. 39-58.

BONILLA, J. (2012): The Economics of Scientific Knowledge, in: Mäki, U. (Hrsg.): Philosophy of Economics, Amsterdam u.a.O., S. 823-862.

BOOTH, W. / COLOMB, G. / WILLIAMS, J. (1995): The Craft of Research, Chicago.

BORDEN, N. (1964): The Concept of the Marketing Mix, in: Journal of Advertising Research, June 1964, S. 2-7.

BORENSTEIN, M. / HEDGES, L. / HIGGINS, J. / ROTHSTEIN, H. (2009): Introduction to Meta-Analysis, Chichester (UK).

BORSBOOM, D. / MELLENBERGH, G. / V. HEERDEN, J. (2004): The Concept of Validity, in: Psychological Review, Vol. 111, S. 1061-1071.

BÖTTGER, C. (1993): Marketing im Spannungsfeld zwischen wissenschaftlichem Erkenntnisinteresse und praktischer Nutzbarkeit, Fuchsstadt.

BOYD, R. (2002): Scientific Realism, in: Zalta, E. (Hrsg.) The Stanford Encyclopedia of Philosophy, URL = <http://plato.stanford.edu.

BRADBURN, N. / SUDMAN, S. / WANSINK, B. (2004): Asking Questions, San Francisco.

BRISTOR, J. / FISCHER, E. (1993): Feminist Thought – Implications for Consumer Research, in: Journal of Consumer Research, Vol. 19, S. 518-536.

BRODBECK, M. (HRSG.) (1968): Readings in the Philosophy of the Social Sciences, New York / London.

BRODBECK, M. (1968): General Introduction, in: Brodbeck, M. (Hrsg.): Readings in the Philosophy of the Social Sciences, New York / London, S. 1-11.

BRODBECK, M. (1968): Methodological Individualisms – Definition and Reduction, in: Brodbeck, M. (Hrsg.): Readings in the Philosophy of the Social Sciences, New York / London, S. 280-303.

BRODIE, R. / LITTLE, V. / BROOKES, R. (2009): Practice Perspective of the Marketing Organisation, in: MacLaran, P. / Saren, M. / Stern, B. / Tadajewski, M. (Hrsg.): The SAGE Handbook of Marketing Theory, Los Angeles u.a.O., S. 365-378.

BROWN, S. / FISK, R. (HRSG.) (1984): Marketing Theory – Distinguished Contributions, New York u.a.O.

BRÜHL, R. (2006): Fortschrittskonzeptionen in der Wissenschaftstheorie, in: Wirtschaftswissenschaftliches Studium, Heft 11/2006, S. 594-599.

BRUHN, M. (2000): Entwicklungstrends in der Marketingwissenschaft – Quo Vadis?, in: Backhaus, K. (Hrsg.): Deutschsprachige Marketingforschung, Stuttgart, S. 361-371.

BRUHN, M. / KÖHLER, R. (HRSG.) (2010): Wie Marken wirken – Impulse aus der Neuroökonomie für die Markenführung, München.

BUBER, R. / HOLZMÜLLER, H. (HRSG.) (2009): Qualitative Marktforschung, 2. Aufl., Wiesbaden.

BUBER, R. / KLEIN, V. (2009): Zur Bedeutung qualitativer Methodik in der Marktforschungspraxis, in: Buber, R. / Holzmüller, H. (Hrsg.): Qualitative Marktforschung, 2. Aufl., Wiesbaden, S. 47-61.

BUBIK, R. (1996): Geschichte der Marketing-Theorie, Frankfurt / M.

BUCKLIN, L. (1963): Retail Strategy and the Classification of Consumer Goods, in: Journal of Marketing, Vol. 27, S. 50-55.

BÜHNER, R. (HRSG.) (2001): Management-Lexikon, München / Wien.

BURMANN, C. / MEFFERT, H. / KOERS, M. (2005): Stellenwert und Gegenstand des Markenmanagements, in: Meffert, H. / Burmann, C. / Koers, M. (Hrsg.): Markenmanagement, 2. Aufl., Wiesbaden, S. 3-17.

BUSH, R. / HUNT, S. (HRSG.) (1982): Marketing Theory – Philosophy of Science Perspectives, Chicago.

BUZZELL, R. / GALE, B. (1989): Das PIMS-Programm, Wiesbaden.

CALDER, B. (1994): Qualitative Marketing Research, in: Bagozzi, R. (Hrsg.): Principles of Marketing Research, Cambridge (MA) / Oxford, S. 50-72.

CALDER, B. / PHILLIPS, L. / TYBOUT, A. (1981): Designing Research for Applications, in: Journal of Consumer Research, Vol. 8, S. 197-207.

CALDER, B. / PHILLIPS, L. / TYBOUT, A. (1982): The Concept of External Validity, in: Journal of Consumer Research, Vol. 9, S. 240-244.

CAMPBELL, D. / FISKE, D. (1959): Convergent and Discriminant Validation by the Multitrait-Multimethod Matrix, in: Psychological Bulletin, Vol. 56, S. 81-105.

CAMPBELL, D. / STANLEY, J. (1963): Experimental and Quasi-Experimental Designs for Research, Chicago.

CARNAP, R. (1953): Testability and Meaning, in: Feigl, H. / Brodbeck, M. (Hrsg.): Readings in the Philosophy of Science, New York, S. 47-92.

CARRIER, M. (2004): Experimental Success and the Revelation of Reality: The Miracle Argument for Scientific Realism, in: Carrier, M. et al. (Hrsg.): Knowledge and the World: Challenges Beyond the Science Wars, Heidelberg, S. 137-161.

CARRIER, M. (2006): Wissenschaftstheorie, Hamburg.

CHALMERS, A. (1999): What is this thing called Science?, Maidenhead.

CHERNEV, A. (2008): Essential Marketing Concepts and Frameworks, Chicago.

CHURCHILL, G. (1979): A Paradigm for Developing Better Measures of Marketing Constructs, in: Journal of Marketing Research, Vol. 16, S. 64-73.

CHURCHILL, G. / IACOBUCCI, D. (2005): Marketing Research – Methodological Foundations, 9. Aufl., Mason (OH).

COPELAND, M. (1923): Relation of Consumers' Buying Habits to Marketing Methods, in: Harvard Business Review, Mar./Apr. 1923, zitiert nach Sheth / Garrett (1986), S. 243-251.

CORBIN, J. / STRAUSS, A. (1990): Grounded Theory Research: Procedures, Canons, and Evaluative Criteria, in: Qualitative Sociology, Vol. 13, S. 3-21.

CRESWELL, J. (2009): Research Design – Qualitative, Quantitative, and Mixed Methods Approaches, 3. Aufl., Los Angeles u.a.O

CRONBACH, L. (1951): Coefficient Alpha and the Internal Structure of Tests, in: Psychometrika, Vol. 16, S. 297-334.

CRONBACH, L. / MEEHL, P. (1955): Construct Validity in Psychological Tests, in: Psychological Bulletin, Vol. 52, S. 281-302.

CROSON, R. / GÄCHTER, S. (2010): The Science of Experimental Economics, in: Journal of economic Behavior & Organization, Vol. 73, S. 122-131.

CZEPIEL, J. (1992): Competitive Marketing Strategy, Englewood Cliffs (NJ).

DAWSON, L. (1969): The Human Concept: New Philosophy for Business, in: Business Horizons, Vol. 12 (Dec.), S. 29-38.

DAWSON, L. (1971): Marketing Science in the Age of Aquarius, in: Journal of Marketing, Vol. 35 (July), S. 66-72.

DAY, G. (1984): Strategic Market Planning – The Pursuit of Competitive Advantage, St. Paul (Minnesota) u.a.O.

DAY, G. / WENSLEY, R. (2002): Market Strategies and Theories of the Firm, in: Weitz, B. / Wensley, R. (Hrsg.): Handbook of Marketing, London / Thousand Oaks / New Delhi, S. 85-105.

DARBY, M. / KARNI, E. (1973): Free Competition and the Optimal Amount of Fraud, in: Journal of Law and Economics, Vol. 16, S. 67-88.

DESHPANDE, R. (1983): "Paradigms Lost": On Theory and Method in Research in Marketing, in: Journal of Marketing, Vol. 47 (4), S. 101-110.

DEVITT, M. (2008): Realism / Anti-Realism, in: Psillos, S. / Curd, M. (Hrsg.): The Routledge Companion to Philosophy of Science, London / New York, S. 224-235.

DIAMANTOPOULOS, A. / WINKLHOFER, H. (2001): Index Construction with Formative Indicators: An Alternative to Scale Development, in: Journal of Marketing Research, Vol. 38, S. 269-277.

DICHTL, E. (1983): Marketing auf Abwegen?, in: Zeitschrift für betriebswirtschaftliche Forschung, Jg. 35, S. 1066-1074.

DICHTL, E. (1989): Symptome einer Fehlentwicklung, in: Marketing ZFP, S. 70-71.

DICHTL, E. (1995): 25 Jahre Marketingwissenschaft in Deutschland – Zeit zum Feiern oder Anlass zum Nachdenken?, in: Marketing ZFP, S. 54-55.

DICHTL, E. (1998): Neue Herausforderungen für Theorie und Praxis des Marketing, in: Marketing ZFP, S. 47-54.

DICKSON, M. / BAIRD, D. (2011): Significance Testing, in: Bandyopadhyay, P. / Forster, M. (Hrsg.): Handbook of Philosophy of Science, Volume 7: Philosophy of Statistics, Amsterdam u.a.O., S. 199-229.

DILLER, H. (1995): Beziehungsmanagement, in: Tietz, B. / Köhler, R. / Zentes, J. (Hrsg.): Handwörterbuch des Marketing, 2. Aufl., Stuttgart, Sp. 285-300.

DILLER, H. (1996): Kundenbindung als Marketingziel, in: Marketing ZFP, 18. Jg.; S. 81-94.

DILLER, H. (2000): Die instrumentale Orientierung in der Marketingwissenschaft – Eine Zwischenbilanz, in: Backhaus, K. (Hrsg.): Deutschsprachige Marketingforschung, Stuttgart, S. 123-140.

DILLER, H. (2004): Das süße Gift der Kausalanalyse, in: Marketing ZFP, S. 177.

DILLER, H. / KUSTERER, M. (1988): Beziehungsmanagement – Theoretische Grundlagen und explorative Befunde, in: Marketing ZFP, 10. Jg. (3), S. 211-220.

DILTHEY, W. (1924): Die Entstehung der Hermeneutik, in: Dilthey, W. : Gesammelte Schriften, Bd. 5, Leipzig.

DÖRING, E. (1998): Paul Feyerabend – Zur Einführung, Hamburg.

DUHEM, P. (1954): The Aim and Structure of Physical Theory, zitiert nach: Curd, M. / Cover, J. (Hrsg.): Philosophy of Science – The Cetral Issues, S. 257-279 (Erste Ausgabe des Buchs von Duhem 1906 in französischer Sprache).

DYLLICK, T. / TOMCZAK, T. (2009): Erkenntnistheoretische Basis der Marketingwissenschaft, in: Buber, R. / Holzmüller, H. (Hrsg.): Qualitative Marktforschung, 2. Aufl., Wiesbaden, S. 65-79.

EASLEY, R. / MADDEN, C. / DUNN, M. (2000): Conducting Marketing Science: The Role of Replication in the Research Process, in: Journal of Business Research, Vol. 48, S. 83-92.

EASTON, G. (2002): Marketing – A critical realist approach, in: Journal of Business Research, Vol. 55, S. 103-109.

ECKERT, S. (2004): Grounded Theory als methodische Konzeption für wirtschaftswissenschaftliche Forschungsprojekte, in: Wirtschaftswissenschaftliches Studium, Dezember 2004, S. 694-699.

EISEND, M. (2006): "Jeder Schuss ein Treffer?" – Zur Notwendigkeit empirischer Generalisierungen in der betriebswirtschaftlichen Forschung, in: Wirtschaftswissenschaftliches Studium, Mai 2006, S. 249-253.

EISEND, M. (2010): A meta-analysis of gender roles in advertising, in: Journal of the Academy of Marketing Science, Vol. 38, S. 418-440.

ENGEL, A. (2007): Von Commodities zu Produkten, in: Berghoff, H. (Hrsg.) (2007): Marketinggeschichte, Frankfurt / New York, S. 61-86.

ENGELHARDT, W. (2000): Institutionelle Orientierung des Marketing, in: Backhaus, K. (Hrsg.): Deutschsprachige Marketingforschung, Stuttgart, S. 107-116.

ENGELHARDT, W. / BACKHAUS, K. / GÜNTER, B. (1977): Investitionsgüter-Marketing – Eine kritische Bestandsaufnahme und Ansatzpunkte zur Weiterentwicklung, in: Zeitschrift für Betriebswirtschaft, 47. Jg., S. 153-166.

ENGELHARDT, W. / KLEINALTENKAMP, M. / RECKENFELDERBÄUMER, M. (1993): Leistungsbündel als Absatzobjekte, in: Zeitschrift für betriebswirtschaftliche Forschung, 45. Jg., S. 395-426.

ENIS, B. / ROERING, K. (HRSG.)(1981): Review of Marketing 1981, Chicago.

ENIS, B. / COX, K. / MOKWA, M. (HRSG.) (1998): Marketing Classics – A Selection of Influential Articles, 8. Aufl., Upper Saddle River (NJ).

ENIS, B. / ROERING, K. (1980): Product Classification Taxonomies: Synthesis and Consumer Implications, in: Lamb / Dunne (Hrsg.): Theoretical Development in Marketing, zitiert nach Sheth / Garrett (1986), S. 282-292.

ERICSSON, K. / SIMON, H. (1993): Protocol Analysis: Verbal Reports as Data, Cambridge (MA).

ESCH, F. (2012): Strategie und Technik der Markenführung, 7. Aufl., München.

ESCH, F. / HERRMANN, A. / SATTLER, H. (2011): Marketing – Eine managementorientierte Einführung, 3. Aufl., München.

ESCH, F. / LANGNER, T. (2005): Branding als Grundlage zum Markenaufbau, in: Esch, F. (Hrsg): Moderne Markenführung, 4. Aufl., Wiesbaden, S. 573-586.

ETZIONI, A. (1988): The Moral Dimension – Toward a New Economics, New York / London.

FESTINGER, L. (1957): A Theory of Cognitive Dissonance, Stanford.

FEYERABEND, P. (1983): Wider den Methodenzwang, 2. Aufl., Frankfurt/M..

FIRAT, F. / DHOLAKIA, N. / BAGOZZI, R. (HRSG.) (1987): Philosophical and Radical Thought in Marketing, Lexington (MA)/Toronto.

FISHBEIN, M. / AJZEN, J (1975): Belief, Attitude, Intention and Behavior: An Introduction to Theory and Research, Reading (Mass.).

FLICK, U. (2002): Qualitative Sozialforschung – Eine Einführung, Reinbek.

FLIEß, S. (2000): Industrielles Kaufverhalten, in: Kleinaltenkamp, M. / Plinke, W. (Hrsg.): Technischer Vertrieb, 2. Aufl., Berlin u.a.O., S. 251-369.

FORSTER, M. (2008): Prediction, in: Psillos, S. / Curd, M. (Hrsg.): The Routledge Companion to Philosophy of Science, London / New York, S. 405-413.

FOSCHT, T. / SWOBODA, B. (2011): Käuferverhalten, 4. Aufl., Wiesbaden.

FRAASSEN, B. VAN (1973): The Pragmatics of Explanation, in: American Philosophical Quarterly, Vol. 14, S. 143-150.

FRANKE, N. (2002): Realtheorie des Marketing, Tübingen.

FRANKE, N. (2003): Schulen der Marketingwissenschaft, in: Schwaiger, M. / Harhoff, D. (Hrsg.): Empirie und Betriebswirtschaft – Entwicklungen und Perspektiven, Stuttgart, S. 237-266.

FREILING, J. / RECKENFELDERBÄUMER, M. (2010): Markt und Unternehmung – Eine marktorientierte Einführung in die Betriebswirtschaftslehre, 3. Aufl., Wiesbaden.

FREY, B. / BENZ, M. (2007): Die psychologischen Grundlagen des Marktmodells (homo oeconomicus), in: Rosenstiel, L. v. / Frey, D. (Hrsg.): Marktpsychologie, Göttingen u.a.O., S. 1-26.

FRIEDMAN, M. (1953): The Methodology of Positive Economics, in: M. Friedman: Essays in Positive Economics, Chicago; hier zitiert nach: Hausman, D. (Hrsg.): The Philosophy of Economics – An Anthology, Cambridge 2008, S. 145-178.

FRITZ, W. (1995): Erfolgsfaktoren im Marketing, in: Tietz, B. / Köhler, R. / Zentes, J. (Hrsg.): Handwörterbuch des Marketing, Stuttgart, Sp. 594-607.

FUCHS, C. / DIAMANTOPOULOS, A. (2009): Using Single-Item Measures for Construct Measurement in Management Research, in: Die Betriebswirtschaft DBW, Vol. 69, S. 195-210.

FULLERTON, R. (1988): How Modern is Modern Marketing? Marketing's Evolution and the Myth of the 'Production Era', in: Journal of Marketing, Vol. 52 (1), S. 108-125.

FULLERTON, R. (1990): The Art of Marketing Research – Selections from Paul F. Lazarsfeld's 'Shoe Buying in Zurich' (1933), in: Journal of the Academy of Marketing Science, Vol. 18 (4), S. 319-327.

GANSLANDT, H. (1995): Funktionalismus, in: Mittelstraß, J. (Hrsg.): Enzyklopädie Philosophie und Wissenschaftstheorie, Band 1, Stuttgart / Weimar, S. 694-695.

GAUGLER, E. / KÖHLER, R. (HRSG.) (2002): Entwicklungen der Betriebswirtschaftslehre, Stuttgart.

GEIER, M. (2003): Karl Popper, 4. Aufl., Reinbek.

GERRIG, R. / ZIMBARDO, P. (2008): Psychologie, 18. Aufl., München.

GERUM, E. / SCHREYÖGG, G. (HRSG.) (2007): Zukunft der Betriebswirtschaftslehre, ZfbF-Sonderheft 56/07.

GETHMANN, C. (1995): Kritischer Rationalismus, in: Mittelstraß, J. (Hrsg.): Enzyklopädie Philosophie und Wissenschaftstheorie, Band 3, Stuttgart / Weimar, S. 466-468.

GIGERENZER, G. (2007): Bauchentscheidungen – Die Intelligenz des Unbewussten und die Macht der Intuition, München.

GLASER, B. / STRAUSS, A. (1967): The Discovery of Grounded Theory, Chicago.

GÖBEL, E. (2002): Neue Institutionenökonomik – Konzeption und betriebswirtschaftliche Anwendungen, Stuttgart.

GODFREY-SMITH, P. (2003): Theory and Reality – An Introduction to the Philosophy of Science, Chicago / London.

GRÖNROOS, C. (2010): Relationship Management as Promise Management, in: Maclaran, P. / Saren, M. / Stern, B. / Tadajewski, M. (Hrsg.): The SAGE Handbook of Marketing Theory, Los Angeles u.a.O., S. 397-412.

GUMMESSON, E. (2010): In support of creative and useful science, in: Marketing Theory, Vol. 10, S. 438-441.

GUTENBERG, E. (1968): Grundlagen der Betriebswirtschaftslehre, 2. Band, Der Absatz, 11. Aufl., Berlin / Heidelberg / New York.

HACKING, I. (1983): Representing and Intervening, Cambridge u.a.O.

HACKING, I. (1984): Experimentation and Scientific Realism, in: Leplin, J. (Hrsg.): Scientific Realism, Berkeley / Los Angeles / London, S. 154-172.

HAIR, J. / BLACK, W. / BABIN, B. / ANDERSON, R. (2010): Multivariate Data Analysis, 7. Aufl., Upper Saddle River (NJ).

HAMMANN, P. (2000): Strategisches Marketing – Anmerkungen zum Referat von Richard Kühn, in: Backhaus, K. (Hrsg.): Deutschsprachige Marketingforschung, Stuttgart, S. 193-204.

HANSEN, U. (1995): Ethik und Marketing, in: Tietz, B. / Köhler, R. / Zentes, J. (Hrsg.): Handwörterbuch des Marketing, 2. Aufl., Stuttgart, Sp. 615-628.

HANSEN, U. (2001): Marketingethik, in: Diller, H. (Hrsg.): Vahlens Großes Marketinglexikon, 2. Aufl., München, S. 970-972.

HANSEN, U. / BODE, M. (1999): Marketing & Konsum – Theorie und Praxis von der Industrialisierung bis ins 21. Jahrhundert, München.

HANSEN, U. / BODE, M. (2007): Entwicklungsphasen der deutschen Marketingwissenschaft seit dem Zweiten Weltkrieg, in: Berghoff, H. (Hrsg.): Marketinggeschichte, Frankfurt / New York, S. 179-204.

HAUGTVEDT, C. / HERR, P. / KARDES, F. (Hrsg.) (2008): Handbook of Consumer Psychology, New York / London.

HAX, H. (1991): Theorie der Unternehmung – Information, Anreize und Vertragsgestaltung, in: Ordelheide, D. / Rudolph, B. / Büsselmann, E. (Hrsg.): Betriebswirtschaftslehre und ökonomische Theorie, Stuttgart, S. 51-72.

HEMPEL, C. (1962): Two Models of Scientific Explanation, in: Colodny, R. (Hrsg.): Frontiers of Science and Philosophy, Pittsburgh, S. 9-19.

HEMPEL, C. (1965): Aspects of Scientific Explanation, New York / London.

HERRMANN, A. / HOMBURG, C. / KLARMANN, M. (HRSG.) (2008): Handbuch Marktforschung, 3. Aufl., Wiesbaden.

HILDEBRANDT, L. (1984): Kausalanalytische Validierung in der Marketingforschung, in: Marketing ZFP, Vol. 6, Heft 1, S. 41-51.

HILDEBRANDT, L. (2008): Hypothesenbildung und empirische Überprüfung, in: Herrmann, A. / Homburg, C. / Klarmann, M. (Hrsg.) (2008): Handbuch Marktforschung, 3. Aufl., Wiesbaden, S. 81-105.

HILDEBRANDT, L. / HOMBURG, C. (1998): Die Kausalanalyse: Bestandsaufnahme, Entwicklungsrichtungen, Problemfelder, in: Hildebrandt, L. / Homburg, C. (Hrsg.): Die Kausalanalyse, Stuttgart, S. 15-43.

HILDEBRANDT, L. / WAGNER, U. (2000): Marketing and operations research – a literature survey, in: OR Spektrum, Vol. 22, S. 5-18.

HILKER, J. (1993): Marketingimplementierung, Wiesbaden.

HIRSCHMAN, E. (1986): Humanistic Inquiry in Marketing Research: Philosophy, Method, and Criteria, in: Journal of Marketing Research, Vol. 23, S. 237-249.

HIRSCHMAN, E. (HRSG.) (1989): Interpretive Consumer Research, Provo (UT).

HIRSCHMAN, E. (1993): Ideology in Consumer Research, 1980 and 1990 – A Marxist and Feminist Critique, in: Journal of Consumer Research, Vol. 19, S. 537-555.

HITCHCOCK, C. (2008): Causation, in: Psillos, S. / Curd, M. (Hrsg.): The Routledge Companion to Philosophy of Science, London / New York, S. 317-326.

HÖLL, A. (2009): Property-Rights-Theorie, in: Schwaiger, M. / Meyer, A. (Hrsg.): Theorien und Methoden der Betriebswirtschaft, München, S. 147-160.

HOFFMAN, D. / NOVAK, T. (1996): Marketing in Hypermedia Computer Mediated Environments – Conceptual Foundations, in: Journal of Marketing, Vol. 60, S. 50-68.

HOLLANDER, S. (1985): The Marketing Concept – A Déjà Vu, in: Fisk, G. (Hrsg.): Marketing Management Technology as a Social Process, New York / Westport (Conn.) / London, S. 3-29.

HOMBURG, C. (1999): Die Rolle der deutschen Betriebswirtschaftslehre im internationalen Vergleich, in: Lingenfelder, M. (Hrsg.): 100 Jahre Betriebswirtschaftslehre in Deutschland 1898-1998, München, S. 195-212.

HOMBURG, C. (2000): Entwicklungslinien der deutschsprachigen Marketingforschung, in: Backhaus, K. (Hrsg.): Deutschsprachige Marketingforschung, Stuttgart, S. 339-360.

HOMBURG, C. (2003): Publishing Processes in the Academic Marketing Discipline in the United States – A German Perspective, in: Journal of the Academy of Marketing Science, Vol. 31 (3), S. 348-350.

HOMBURG, C. (HRSG.) (2004): Perspektiven der marktorientierten Unternehmensführung, Wiesbaden.

HOMBURG, C. (2007): Betriebswirtschaftslehre als empirische Wissenschaft – Bestandsaufnahme und Empfehlungen, in: Gerum, E. / Schreyögg, G. (Hrsg.): Zukunft der Betriebswirtschaftslehre, ZfbF-Sonderheft 56/07, S. 27-60.

HOMBURG, C. (Hrsg.) (2008a): Kundenzufriedenheit, 7. Aufl., Wiesbaden.

HOMBURG, C. (2008b): Internationalität, Praxisnähe, Spitzenforschung – Deutsche Universitäten im Zielkonflikt, in: Technische Universität Bergakademie Freiberg (Hrsg.): Zukunft deutscher Universitäten – Standpunkte und Perspektiven, Wiesbaden, S. 31-60.

HOMBURG, C. (2012): Marketingmanagement, 4. Aufl., Wiesbaden.

HOMBURG, C. / FÜRST, A. (2008): Gutenbergs Werk aus Sicht der heutigen Marketing-Forschung, in: Zeitschrift für Betriebswirtschaft, Special Issue 5/2008, S. 17-50.

HOMBURG, C. / KROHMER, H. (2006): Grundlagen des Marketingmanagements, Wiesbaden.

HOMBURG, C. / PFLESSER, C. / KLARMANN, M. (2008): Strukturgleichungsmodelle mit latenten Variablen: Kausalanalyse, in: Herrmann, A. / Homburg, C. / Klarmann, M. (Hrsg.): Handbuch Marktforschung, 3. Aufl., Wiesbaden, 547-577.

HOMBURG, C. / STOCK-HOMBURG, R. (2008): Theoretische Perspektiven zur Kundenzufriedenheit, in: Homburg, C. (Hrsg.): Kundenzufriedenheit – Konzepte, Methoden, Erfahrungen, 7. Aufl., Wiesbaden, S. 17-51.

HOWARD, J. / SHETH, J. (1969): The Theory of Buyer Behavior, New York u.a.O.

HOYER, W. / MACINNIS, D. (2004): Consumer Behavior, 3. Aufl., Boston / New York.

HOYLE, R. (Hrsg.) (1995): Structural Equation Modeling – Concepts, Issues, and Applications, Thousand Oaks / London / New Delhi.

HOYLE, R. / HARRIS, M. / JUDD, C. (2002): Research Methods in Social Relations, 7. Aufl.

HUBBARD, R. / ARMSTRONG, J. (1992): Are Null results Becoming an Endangered Species in Marketing?, in: Marketing Letters, Vol. 3, S. 127-136.

HUBBARD, R. / ARMSTRONG, J. (1994): Replications and extensions in marketing: Rarely published but quite contrary, in: International Journal of Research in Marketing, Vol. 11, S. 233-248.

HUMPHREYS, P. (2000): Causation, in: Newton-Smith, W. (Hrsg.): A Companion to the Philisophy of Science, Malden (MA) / Oxford (UK), S. 31-40.

HUNT, S. (1976): The Nature and Scope of Marketing, in: Journal of Marketing, Vol. 40 (3), S. 17-28.

HUNT, S. (1983): General Theories and the Fundamental Explananda of Marketing, in: Journal of Marketing, Vol. 47 (4), S. 9-17.

HUNT, S. (1987): Marketing Research – Proximate Purpose and Ultimate Value, in: Belk, R. / Zaltman, G. / Bagozzi, R. u.a. (Hrsg.): Marketing Theory, Chicago, S. 209-213.

HUNT, S. (1990): Truth in Marketing Theory and Research, in: Journal of Marketing, Vol. 54 (3), S. 1-15.

HUNT, S. (1991): Modern Marketing Theory – Critical Issues in the Philosophy of Marketing Science, Cincinnati (OH).

HUNT, S. (1992): For Reason and Realism in Marketing, in: Journal of Marketing, Vol. 56 (2), S. 89-102.

HUNT, S. (1994): A Realist Theory of Emprical Testing – Resolving the Theory-Ladenness / Objectivity Debate, in: Philosophy of the Social Sciences, Vol. 24 (2), S. 133-158.

HUNT, S. (2000): A General Theory of Competition, Thousand Oaks / London / New Delhi.

HUNT, S. (2001): The Influence of Philosophy, Philosophies, and Philosophers on a Marketer's Scholarship, in: Journal of Marketing, Vol. 65 (4), S. 117-122.

HUNT, S. (2002): Foundations of Marketing-Theory, Armonk (NY) / London.

HUNT, S. (2003): Controversy in Marketing Theory, Armonk (NY) / London.

HUNT, S. (2005): For Truth and Realism in Management Research, in: Journal of Management Inquiry, Vol. 14 (2), S. 127-138.

HUNT, S. (2010): Marketing Theory – Foundations, Controversy, Strategy, Resource-Advantage Theory, Armonk (NY) / London.

HUNT, S. (2011): Theory Status, Inductive realism, and Approximate Truth: No Miracles, No Charades, in: International Studies in the Philosophy of Science, Vol. 25, S. 159-178.

Hunt, S. (2011): Developing successful theories in marketing: insights from resource-advantage theory, in: AMS Review, Vol. 1, S. 72-84.

Hunt, S. (2012): Explaining empirically successful marketing theories: the inductive realist model, approximative truth, and market orientation, in: AMS Review, Vol. 2, S. 5-18.

Hunt, S. / Hansen, J. (2010): The Philosophical Foundations of Marketing Research: For Scientific Realism and Truth, in: Maclaran, P. / Saren, M. / Stern, B. / Tadajewski, M. (Hrsg.): The SAGE Handbook of Marketing Theory, Los Angeles u.a.O., S. 111-126.

Hunt, S. / Morgan, R. (1995): The Comparative Advantage Theory of Competition, in: Journal of Marketing, Vol. 59 (2), S. 1-15.

Hunt, S. / Morgan, R. (1997): Resource-Advantage Theory: A Snake Swallowing Its Tail or General Theory of Competition?, in: Journal of Marketing, Vol. 61 (4), S. 74-82.

Hunt, S. / Muncy, J. / Ray, N. (1981): Alderson´s General Theory of Marketing – A Formalization, in: Enis, B. / Roering, K. (Hrsg.): Review of Marketing 1981, Chicago, S. 267-272.

Hunt, S. / Vitell, S. (1986): A General Theory of Marketing Ethics, in: Journal of Macromarketing, Vol. 6 (Spring), S. 5-16.

Hunt, S. / Vitell, S. (2006): The General Theory of Marketing Ethics: A Revision and Three Questions, in: Journal of Macromarketing, Vol. 26 (2), S. 143-153.

Hunter, J. (2001): The Desperate Need for Replications, in: Journal of Consumer Research, Vol. 28, S. 149-158.

Hyde, J. (1981): How Large Are Cognitive Gender Differences? A Meta-Analysis Using ω^2 and d, in: American Psychologist, Vol. 36 (8), S. 892-901.

Hyde, J. (2005): The Gender Similarities Hypothesis, in: American Psychologist, Vol. 60 86), S. 581-592.

Irzik, G. (2008): Critical Rationalism, in: Psillos, S. / Curd, M. (Hrsg.): The Routledge Companion to Philosophy of Science, London / New York, S. 58-66.

Jaccard, J. / Becker, M. (2002): Statistics for the Behavioral Sciences, 4. Aufl., Belmont (CA).

Jaccard, J. / Jacoby, J. (2010): Theory Construction and Model-Building Skills – A Practical Guide for Social Scientists, New York / London.

Jacob, F. (2009): Marketing – Eine Einführung in das Masterstudium, Stuttgart.

Jacoby, J. (1984): Perspectives on Information Overload, in: Journal of Consumer Research, Vol. 10, S. 432-435.

Jacoby, J. (1985): The Essentials of Social Science Research, unveröffentlichtes Manuskript, New York.

Jacoby, J. / Chestnut, R. (1978): Brand Loyalty – Measurement and Management, New York u.a.O.

Jaworski, B. (2011): On Managerial Relevance, in: Journal of Marketing, Vol. 75 (4), S. 211-224.

Jaworski, B. / Kohli, A. (1993): Market Orientation – Antecedents and Consequences, in: Journal of Marketing, Vol. 57, S. 53-70.

John, G. / Reve, T. (2010): Transaction Cost Analysis in Marketing: Looking Back, Moving Forward, in: Journal of Retailing, Vol. 86, S. 248-256.

Jones, D. / Monieson, D. (1990): Early Development of the Philosophy of Marketing Thought, in: Journal of Marketing, Vol. 54 (1), S. 102-113.

Jones, D. / Shaw, E. (2002): A History of Marketing Thought, in: Weitz, B. / Wensley, R. (Hrsg.): Handbook of Marketing, London / Thousand Oaks / New Delhi, S. 39-65.

Jones, D. / Shaw, E. / McLean, P. (2010): The Modern Schools of Marketing Thought, in: Maclaran, P. / Saren, M. / Stern, B. / Tadajewski, M. (Hrsg.): The SAGE Handbook of Marketing Theory, Los Angeles u.a.O., 42-58.

Jones, S. (2002): Summary of Rossiter's article on 'forms of marketing knowledge', in: Marketing Theory, Vol. 2, S. 333-337.

Kaas, K. (2000): Marketing als Bewältigung von Informations- und Unsicherheitsproblemen im Markt, in: Die Betriebswirtschaft DBW, 50. Jahrg.; S. 539-548.

Kaas, K. (2000): Alternative Konzepte der Theorieverankerung, in: Backhaus, K. (Hrsg.): Deutschsprachige Marketingforschung, Stuttgart, S. 55-78.

Kaas, K. (2005): Stand und Entwicklungsperspektiven der Marketingtheorie, in: Haas, A. (Hrsg.): Innovatives Marketing: Entscheidungsfelder – Management - Instrumente, Wiesbaden, S. 29-47.

Kaas, K. / Busch, A. (1996): Inspektions-, Erfahrungs- und Vertrauenseigenschaften von Produkten – Theoretische Konzeption und empirische Validierung, in: Marketing ZFP, Vol. 18, S. 243-252..

Kade, G. (1962): Die Grundannahmen der Preistheorie – Eine Kritik an den Ausgangssätzen der mikroökonomischen Modellbildung, Berlin / Frankfurt/M.

Kambartel, F. (1995): Empirismus, in: Mittelstraß, J. (Hrsg.): Enzyklopädie Philosophie und Wissenschaftstheorie, Band 1, Stuttgart / Weimar, S. 542-543.

Kardes, F. (2002): Consumer Behavior and Managerial Decision Making, 2. Aufl., Upper Saddle River (NJ).

KASSARJIAN, H. (1994): Scholarly Traditions and European Roots of American Consumer Research, in: Laurent, G. / Lilien, G. / Pras, B. (Hrsg.): Research Traditions in Marketing, Boston / Dordrecht / London, S. 265-279.

KASSARJIAN, H. / GOODSTEIN, R. (2009): The Emergence of Consumer Research, in: Maclaran, P. / Saren, M. / Stern, B. / Tadajewski, M. (Hrsg.): The SAGE Handbook of Marketing Theory, Los Angeles u.a.O., S. 59-73.

KAVANAGH, D. (1994): Hunt versus Anderson: Round 16, in: European Journal of Marketing, Vol. 28 (3), S. 26-41.

KENNING, P. (2010): Fünf Jahre neuroökonomische Forschung – Eine Zwischenbilanz und ein Ausblick, in: Bruhn, M. / Köhler, R. (Hrsg.): Wie Marken wirken – Impulse aus der Neuroökonomie für die Markenführung, München, S. 31-46.

KERIN, R. (1996): In Pursuit of an Ideal: The Editorial and Literary History of the Journal of Marketing, in: Journal of Marketing, Vol. 60 (1), S. 1-13.

KERIN, R. / SETHURAMAN, R. (1999): Revisiting Marketing's Lawlike Generalizations: A Comment, in: Journal of the Academy of Marketing Science, Vol. 27, S. 101-104.

KERLINGER, F. / LEE, H. (2000): Foundations of Behavioral Research, 4. Aufl., Melbourne u.a.O.

KIRCHGEORG, M. (1995): Öko-Marketing, in: Tietz, B. / Köhler, R. / Zentes, J. (Hrsg.): Handwörterbuch des Marketing, 2. Aufl., Stutgart, Sp. 1943-1954.

KIMMEL, A. (2010): The psychological basis of marketing, in: Baker, M. / Saren, M. (Hrsg.): Marketing Theory, London u.a.O., S. 121-144.

KIESER, A. (2012): JOURQUAL – der Gebrauch, nicht der Missbrauch, ist das Problem, in: Die Betriebswirtschaft DBW, 72. Jg., S. 93-110.

KINCAID, H. (2008): Indicidual Sciences: Social Sciences, in: Psillos, S. / Curd, M. (Hrsg.): The Routledge Companion to Philosophy of Science, London / New York, S. 594-604.

KLEIN, N. (2001): No Logo!, München.

KLEINALTENKAMP, M. (1998): Begriffsabgrenzungen und Erscheinungsformen von Dienstleistungen, in: Meffert, H. / Bruhn, M. (Hrsg.): Handbuch Dienstleistungsmanagement, Wiesbaden, S. 27-50.

KLEINALTENKAMP, M. (2000): Business-to-Business-Marketing, in: Gabler Wirtschafts-Lexikon, 15. Aufl., Wiesbaden, S. 602-607.

KLEINALTENKAMP, M. (2005): Integrativität als Baustein einer Theorie der Dienstleistungsökonomie, in: Corsten, H. / Gössinger, R. (Hrsg.): Dienstleistungsökonomie – Grundlagen des Managements von Dienstleituungsunternehmen, Berlin, S. 55-83.

KLEINALTENKAMP, M. (2010): Is marketing academia losing its way? – A commentary from a German perspective, in: Australasien Marketing Journal, Vol. 18, S. 171-173.

KLEINALTENKAMP, M. / JACOB, F. (2002): German approaches to business-to-business marketing theory – Origins and structure, in: Journal of Business Research, Vol. 55, S. 149-155.

KLEINALTENKAMP, M. / PLINKE, W. (Hrsg.) (1997): Geschäftsbeziehungsmanagement, Berlin u.a.O.

KLEINALTENKAMP, M. / PLINKE, W. (HRSG.) (2000): Technischer Vertrieb – Grundlagen des Business-to-Business-Marketing, 2. Aufl., Berlin u.a.O.

KNOBLICH, H. (1995): Gütertypologien, in: Tietz, B. / Köhler, R. / Zentes, J. (Hrsg.): Handwörterbuch des Marketing, 2. Aufl., Stuttgart, Sp. 838-850.

KOCH, M. (2010): Praxisrelevanz von Marketingforschung – Eine empirische Analyse der Einflussfaktoren und des Zusammenhangs mit wissenschaftlicher Relevanz, Hamburg.

KÖHLER, R. (1966): Theoretische Systeme der Betriebswirtschaftslehre im Lichte der neueren Wissenschaftslogik, Stuttgart.

KÖHLER, R. (1993): Beiträge zum Marketing-Management – Planung, Organisation, Controlling, 3. Aufl., Stuttgart.

KÖHLER, R. (1995): Marketing-Management, in: Tietz, B. / Köhler, R. / Zentes, J. (Hrsg.): Handwörterbuch des Marketing, 2. Aufl., Sp. 1598-1614.

KÖHLER, R. (2000): Marketingimplementierung – Was hat die deutschsprachige Marketingforschung an Erkenntnisgewinn gebracht?, in: Backhaus, K. (Hrsg.): Deutschsprachige Marketingforschung, Stuttgart, S. 253-277.

KÖHLER, R. (2002): Marketing – Von der Reklame zur Konzeption einer marktorientierten Unternehmensführung, in: Gaugler, E. / Köhler, R. (Hrsg.) (2002): Entwicklungen der Betriebswirtschaftslehre, Stuttgart, S. 355-384.

KÖHLER, R. (2010): Markenforschung im Wandel, in: Markenartikel – Das Magazin für Markenführung, Heft 10/2010, S. 12-14.

KÖHLER, R. / BRUHN, M. (2010): Neuroökonomie als interdisziplinärer Ansatz für Wissenschaft und Praxis, in: Bruhn, M. / Köhler, R. (Hrsg.): Wie Marken wirken – Impulse aus der Neuroökonomie für die Markenführung, München, S. 3-28.

KOHLI, A. (2009): From the Editor, in: Journal of Marketing, Vol. 73 (1), S. 1-2.

KOHLI, A. / JAWORSKI, B. (1990): Market Orientation – The Construct, Research Propositions, and Managerial Implications, in: Journal of Marketing, Vol. 54 (2), S. 1-18.

KOSCHATE, N. (2008): Experimentelle Marktforschung, in: Herrmann, A. / Homburg, C. / Klarmann, M. Hrsg.): Handbuch Marktforschung, 3. Aufl., Wiesbaden, S. 107-122.

KOTLER, P. (1972): A Generic Concept of Marketing, in: Journal of Marketing, Vol. 36 (2), S. 46-54.

KOTLER, P. (2011): Reinventing Marketing to Manage the Environmental Imperative, in: Journal of Marketing, Vol. 75, S. 132-135.

KOTLER, P. / ARMSTRONG, G. / SAUNDERS, J. / WONG, V. (2007): Grundlagen des Marketing, 4. Aufl., München.

KOTLER, P. / GREGOR, W. / ROGERS, W. (1977): The Marketing Audit Comes of Age, in: Sloan Management Review, Vol. 18 (2), S. 25.43.

KOTLER, P. / KELLER, K. (2012): Marketing Management, 14. Aufl.

KOTLER, P. / KELLER, K. / BLIEMEL, F. (2007): Marketing-Management – Strategien für wertschaffendes Handeln, 12. Aufl., München.

KOTLER, P. / LEVY, S. (1969): Broadening the Concept of Marketing, in: Journal of Marketing, Vol. 33 (1), S. 10-15.

KOTLER, P. / ZALTMAN, G. (1971): Social Marketing – An Approach to Planned Social Change, in: Journal of Marketing, Vol. 35 (4), S. 3-12.

KRAFFT, M. (1999): An Empirical Investigation of the Antecedents of Sales Force Control Systems, in: Journal of Marketing, Vol. 63 (3), S. 120-134.

KROEBER-RIEL, W. (1979): Activation Research – Psychobiological Approaches in Consumer Research, in: Journal of Consumer Research, Vol. 5, S. 240-250.

KROEBER-RIEL, W. / WEINBERG, P. / GRÖPPEL-KLEIN, A. (2009): Konsumentenverhalten, 9. Aufl., München.

KRUGMAN, H. (1965): The Impact of Television Advertising – Learning without Involvement, in: Public Opinion Quarterly, Vol. 29, S. 349-356.

KRUTHOFF, K. (2005): Der Umgang mit Trends im Marketing – Eine Analyse des Transformationsprozesses von neuem Marketing-Wissen im Unternehmen, Diss. Universität St. Gallen.

KUHLMANN, E. (1990): Verbraucherpolitik, München

KUHLMANN, E. (1995): Verbraucherpolitik, in: Tietz, B. / Köhler, R. / Zentes, J. (Hrsg.): Handwörterbuch des Marketing, 2. Aufl., Sp. 2529-2545.

KUHN, T. (1970): The Structure of Scientific Revolutions, 2. Aufl., Chicago.

KUHN, T. (1977): The Essential Tension – Selected Studies in Scientific Tradition and Change, Chicago / Lodon.

Kuß, A. (1987): Information und Kaufentscheidung, Berlin / New York.

Kuß, A. (2010): Mixed Method-Designs – Alter Wein in neuen Schläuchen?, in: Zeitschrift für Betriebswirtschaft, Special Issue 5/2010, S. 115-125.

Kuß, A. (2012): Marktforschung, 4. Aufl., Wiesbaden.

Kuß, A. / Kleinaltenkamp, M. (2011): Marketing-Einführung, 5. Aufl., Wiesbaden.

Kuß, A. / Tomczak, T. (2007): Käuferverhalten, 4. Aufl., Stuttgart.

Ladik, D. / Stewart, D. (2008): The Contribution Continuum, in: Journal of the Academy of Marketing Science, Vol. 36, S. 157-165.

Ladyman, J. (2002): Understanding Philosophy of Science, London / New York.

Lakatos, I. (1970): Falsification and the Methodology of Scientific Research Programmes, in: Lakatos, I. / Musgrave, A. (Hrsg.): Criticism and the Growth of Knowledge, Cambridge, S. 91-196.

Lange, M. (2008): Laws of Nature, in: Psillos, S. / Curd, M. (Hrsg.): The Routledge Companion to Philosophy of Science, London / New York, S. 203-212.

Laudan, L. (1981): A Confutation of Convergent Realism, in: Philosophy of Science, Vol. 48, S. 19-49.

Lazarsfeld, P. (1934): The Psychological Aspect of Marketing Research, in: Harvard Business Review, Vol. 13 (1), S. 54-71.

Lazarsfeld, P. (1937): The Use of Detailed Interviews in Market Research, in: Journal of Marketing, Vol. 2 (1), S. 3-8.

Leeflang, P. / Wittink, D. (2000): Building models for marketing decisions: Past, present and future, in: International Journal of Research in Marketing, Vol. 17, S. 105-126.

Leeflang, P. / Wittink, D. / Wedel, M. / Naert, P. (2000): Building Models for Marketing Decisions, Boston / Dordrecht / London.

Lehmann, D. (2005): Journal Evolution and the Development of Marketing, in: Journal of Public Policy & Marketing, Vol. 24, S. 137-142.

Lehmann, D. / Gupta, S. / Steckel, J. (1998): Marketing Research, Reading (MA) u.a.O.

Lehmann, D. / McAlister, L. / Staelin, R. (2011): Sophistication in research in Marketing, in: Journal of Marketing, Vol. 75, S. 155-165.

Leitherer, E. (1961): Geschichte der handels- und absatzwirtschaftlichen Literatur, Köln / Opladen.

Leong, S. (1985): Metatheory and Metamethodology in Marketing: A Lakatosian Reconstruction, in: Journal of Marketing, Vol. 49, (Fall 1985), S. 23-40.

Levitt, T. (1960): Marketing Myopia, in: Harvard Business Review, Vol. 38 (July/Aug.), S. 45-56.

Levitt, T. (1965): Exploit the Product Life Cycle, in: Harvard Business Review, Vol. 43 (Nov./Dec.), S. 81-94.

Levitt, T. (1983): The Globalization of Markets, in: Harvard Business Review, Vol. 61 (May/June), S. 92-102.

Levy, S. (2006): History of qualitative research methods in marketing, in: Belk, R. (Hrsg.): Handbook of Qualitative Research Methods in Marketing, Cheltenham (UK) / Northampton (MA, USA), S. 3-16.

Lewin, K. (1945): The Research Center for Group Dynamics at Massachusetts Institute of Technology, in: Sociometry, Vol. 8, S. 126-135.

Lilien, G. (2011): Bridging the Academic-Practitioner Devide in Marketing Decision Models, in: Journal of Marketing, Vol. 75 (4), S. 196-210.

Lilien, G. / Kotler, P. / Moorthy, K. (1992): Marketing Models, Englewood Cliffs (NJ).

Lindberg, D. (1992): The Beginnings of Western Science, Chicago (IL).

Lingenfelder, M. (Hrsg.) (1999): 100 Jahre Betriebswirtschaftslehre in Deutschland 1898-1998, München.

Little, J. (1970): Models and Managers: The Concept of a Decision Calculus, in: Management Science, Vol. 16, S. 466-485.

Lorenz, K. (1995): Wahrheitstheorien, in: Mittelstraß, J. (Hrsg.): Enzyklopädie Philosophie und Wissenschaftstheorie, Bd. 4, Stuttgart / Weimar, S. 595-600.

Lusch, R. / Vargo, S. (Hrsg.) (2006): The Service-Dominant Logic of Marketing – Dialog, Debate, and Directions, Armonk (NY) / London.

MacInnis, D. (2011): A Framework for Coceptual Contributions in Marketing, in: Journal of Marketing, Vol. 75 (4), S. 136-154.

MacInnis, D. / Folkes, V. (2010): The Disciplinary Status of Consumer Behavior: A Sociology of Science Perspective on Key Controversies, in: Journal of Consumer Research, Vol. 36, S. 899-914.

MacKenzie, S. (2003): The Dangers of Poor Construct Conceptualization, in: Journal of the Academy of Marketing Science, Vol. 31, S. 323-326.

MACLARAN, P. / SAREN, M. / STERN, B. / TADAJEWSKI, M. (HRSG.) (2009): The Sage Handbook of Marketing Theory, London / Thousand Oaks (CA) / New Delhi / Singapore.

MACLARAN, P. / SAREN, M. / TADAJEWSKI, M. (2008): Editors' Introduction: Marketing Theory, in: Maclaran, P. / Saren, M. / Tadajewski, M. (Hrsg.): Marketing Theory- Volume I: The Development of Marketing Theory and its Philosophical Underpinnings, Los Angeles / London / New Delhi / Singapore, S. XVII-XXXVII.

MAHAJAN, V. / MULLER, E. / BASS, F. (1990): New Product Diffusion Models in Marketing: A Review and Directions for Research, in: Journal of Marketing, Voll. 54 (Jan. 1990), S. 1-26.

MÄKI, U. (2008): Individual Sciences: Economics, in: Psillos, S. / Curd, M. (Hrsg.): The Routledge Companion to Philosophy of Science, London / New York, S. 543-554.

MARSH, H. / GRAYSON, D. (1995): Latent Variable Models of Multitrait-Multimethod Data, in: Hoyle, R. (hrsg.): Structural equation Modeling – Concepts, Issues, and Applications, Thousand Oaks / London / New Delhi, S. 177-198.

MCCARTHY, E. (1960): Basic Marketing – A Managerial Approach, Homewood (IL).

MCDONALD, C. / SCOTT, J. (2007): A Brief History of Advertising, in: Tellis, G. / Ambler, T. (Hrsg.): The SAGE Handbook of Advertising, Los Angeles u.a.O., S. 17-34.

MCMULLIN, E. (2008): The Virtues of a Good Theory, in: Psillos, S. / Curd, M. (Hrsg.): The Routledge Companion to Philosophy of Science, London / New York, S. 499-508.

MEFFERT, H. (2000): Marketing – Grundlagen marktorientierter Unternehmensführung, 9. Aufl., Wiesbaden.

MEFFERT, H. / BRUHN, M. (HRSG.) (1998): Handbuch Dienstleistungsmanagement, Wiesbaden.

MEFFERT, H. / BRUHN, M. (2006): Dienstleistungsmarketing, 5. Aufl., Wiesbaden.

MEFFERT, H. / BURMANN, C. / BECKER, C. (2010): Internationales Marketing-Management – Ein marktorientierter Ansatz, 4. Aufl., Stuttgart.

MEFFERT, H. / BURMANN, C. / KIRCHGEORG, M. (2012): Marketing – Grundlagen marktorientierter Unternehmensführung, 11. Aufl., Wiesbaden.

MEFFERT, H. / BURMANN, C. / KOERS, M. (Hrsg.) (2005): Markenmanagement, 2. Aufl., Wiesbaden.

MEISSNER, H. (1995): Geschichte des Marketing, in: Tietz, B. / Köhler, R. / Zentes, J. (Hrsg.): Handwörterbuch des Marketing, 2. Aufl., Stuttgart, Sp. 785-797.

MEYER, A. / RAFFELT, U. (2009): Qualitative Forschung: Zwischen Wissenschaft und Kunst, in: Schwaiger, M. / Meyer, A. (Hrsg.): Theorien und Methoden der Betriebswirtschaft, München, S. 317-338.

MILLER, N. / POLLOCK, V. (1994): Meta-Analytic Synthesis for Theory Development, in: Cooper, H. / Hedges, L. (Hrsg.): The Handbook of Research Synthesis, New York, S. 457-483.

MÖLLER, K. (2010): Relationships and Networks, in: Baker, M. / Saren, M. (Hrsg.): Marketing Theory, Los Angeles u.a.O., S. 304-329.

MÖLLER, K. / PELS, J. / SAREN, M. (2010): The Marketing Theories or Theories into Marketing? Plurality of Research Traditions and Paradigms, in: MacLaran, P. / Saren, M. / Stern, B. / Tadajewski, M. (Hrsg.): The SAGE Handbook of Marketing Theory, London u.a.O., S. 151-173.

MOORTHY, K. (1993): Theoretical Modeling in Marketing, in: Journal of Marketing, Vol. 57 (2), S. 92-106.

MOOSBRUGGER, H. / KELAVA, A. (Hrsg.) (2007): Testtheorie und Fragebogenkonstruktion, Heidelberg.

MRUCK, K. / MEY, G. (2009): Der Beitrag qualitativer Methodologie und Methodik zur Marktforschung, in: Buber, R. / Holzmüller, H. (Hrsg.): Qualitative Marktforschung, 2. Aufl., Wiesbaden, S. 21-45.

MUELLER, D. (1986): Rational egoism versus adaptive egoism as fundamental postulate for a descriptive theory of human behavior, in: Public Choice, vol. 51, S. 3-23.

MÜLLER-HAGEDORN, L. (1983): Marketing ohne verhaltenswissenschaftliche Fundierung?, in: Marketing ZFP, Vol. 3, S. 205-211.

MYERS, J. / GREYSER, S. / MASSY, W. (1979): The Effectiveness of Marketing's R&D for Marketing Management – An Assessment, in: Journal of Marketing, Vol. 43, Jan. 1979, S. 17-29.

MYERS, J. / MASSY, W. / GREYSER, S. (1980): Marketing Research and Knowledge Development, Englewood Cliffs (NJ).

NAGEL, E. (1961): The Structure of Science, New York / Burlingame.

NARVER, J. / SLATER, S. (1990): The Effect of a Market Orientation on Business Profitability, in: Journal of Marketing, Vol. 54 (4), S. 20-35.

NELSON, P. (1970): Information and Consumer Behavior, in: Journal of Political Economy, Vol. 78, S. 311-329.

NETEMEYER, R. / BEARDEN, W. / SHARMA, S. (2003): Scaling Procedures, Thousand Oaks / London / New Delhi.

NEUMAN, W. (2011): Social Research Methods – Qualitative and Quantitave Approaches, 6. ed., Boston u.a.O.

NEWTON-SMITH, W. (2000): Hume, in: Newton-Smith, W. (Hrsg.): A Companion to the Philosophy of Science, Malden (MA) / Oxford (UK), S. 165-168.

NICKLES, T. (2008): Scientific Discovery, in: Psillos, S. / Curd, M. (Hrsg.): The Routledge Companion to Philosophy of Science, London / New York, S. 442-451.

NIESCHLAG, R. / DICHTL, E. / HÖRSCHGEN, H. (2002): Marketing, 19. Aufl., Berlin.

NILL, A. / SCHIBROWSKY, J. (2007): Research on Marketing Ethics: A Systematic Review of the Literature, in: Journal of Macromarketing, Vol. 27 (3), S. 256-273.

NOELLE-NEUMANN, E. (1963): Umfragen in der Massengesellschaft, Reinbek.

NOLA, R. (2008): Social Studies of Science, in: Psillos, S. / Curd, M. (Hrsg.): The Routledge Companion to Philosophy of Science, London / New York, S. 259-268.

NUNNALLY, J. / BERNSTEIN, I. (1994): Psychometric Theory, 3. Aufl., New York u.a.O.

OKASHA, S. (2002): Philosophy of Science – A Very Short Introduction, Oxford / New York.

OLSHAVSKY, R. / GRANBOIS, D. (1979): Consumer Decision Making – Fact or Fiction?, in: Journal of Consumer Research, Vol. 6, S. 93-100.

ORDELHEIDE, D. / RUDOLPH, B. / BÜSSELMANN, E. (HRSG.) (1991): Betriebswirtschaftslehre und ökonomische Theorie, Stuttgart.

OSTERLOH, M. (2007): Psychologische Ökonomik: Integration statt Konfrontation – Die Bedeutung der psychologischen Ökonomik für die BWL, in: Gerum, E. / Schreyögg, G. (Hrsg.): Zukunft der Betriebswirtschaftslehre, ZfbF-Sonderheft 56/07, S. 82-111.

PALMATIER, R. (2008): Relationship Marketing, Marketing Science Institute, Cambridge (MA).

PETER, J. (1979): Reliability – A Review of Psychometric Basics and Recent Marketing Practices, in: Journal of Marketing Research, Vol. 16, S. 6-17.

PETER, J. (1981): Construct Validity – A Review of Basic Issues and Marketing Practices, in: Journal of Marketing Research, Vol. 18, S. 133-145.

PETER, J. (1991): Philosophical Tensions in Consumer Inquiry, in: Robertson, T. / Kassarjian, H. (Hrsg.): Handbook of Consumer Behavior, Englewood Cliffs (NJ), S. 533-547.

PETER, J. (1992): Realism or Relativism for Marketing Theory and Research: A Comment on Hunt's "Scientific Realism", Journal of Marketing, Vol. 56 (2), S. 72-79.

PETER, J. / OLSON, J. (1983): Is Science Marketing?, in: Journal of Marketing, Vol. 47 (4), S. 111-125.

PETTY, R. / CACIOPPO, J. / SCHUMANN, D. (1983): Central and Peripheral Routes to Advertising Effectiveness: The Moderating Role of Involvement, in: Journal of Consumer Research, Vol. 10 (2), 135-146.

PHILLIPS, D. / BURBULES, N. (2000): Postpositivism and Educational Research, Lanham / Oxford.

PINDYCK, R. / RUBINFELD, D. (2005): Mikroökonomie, 6. Aufl., München u.a.O.

PLINKE, W. (2000): Grundlagen des Marktprozesses, in: Kleinaltenkamp, M. / Plinke, W. (Hrsg.): Technischer Vertrieb – Grundlagen des Business-to-Business Marketing, Berlin u.a.O., S. 3-99.

POPPER, K. (1972): Conjectures and Refutations, 4. Aufl., London / Henley.

POPPER, K. (1994): Die beiden Grundprobleme der Erkenntnistheorie, 2. Aufl., Tübingen.

POPPER, K. (2005): Logik der Forschung, 11. Aufl., Tübingen.

PORTIDES, D. (2008): Models, in: Psillos, S. / Curd, M. (Hrsg.): The Routledge Companion to Philosophy of Science, London / New York, S. 385-395.

POSER, H. (2001): Wissenschaftstheorie – Eine philosophische Einführung, Stuttgart.

PRESTON, J. (2000): Feyerabend, in: Newton-Smith, W. (Hrsg.): A Companion to the Philosophy of Science, Malden (MA) / Oxford, S. 143-148.

PRIEM, R. (1992): Industrial Organization Economics and Alderson's General Theory of Marketing, in: Journal of the Academy of Marketing Science, Vol. 20, S. 135-141.

PSILLOS, S. (1995): Theory, Science and Realism, Lecture Notes London School of Economics.

PSILLOS, S. (1999): Scientific Realism – How Science Tracks Truth, London / New York.

PSILLOS, S. (2002): Causation & Explanation, Durham (UK).

PSILLOS, S. (2004): Causality, in: Horowitz, M. (Hrsg.): New Dictionary of the History of Ideas, New York, S. 272-280.

PSILLOS, S. (2006): Scientific Realism, in: Borchert, D. (Hrsg.): Encyclopedia of Philosophy, 2. Aufl., Bd. 8, Detroit, S. 688-694.

PSILLOS, S. (2007): Philosophy of Science A – Z, Edinburgh.

PUTNAM, H. (1975): Mathematics, Matter and Method, Cambridge.

RAABE, T. (1995): Makromarketing, in: Tietz, B. / Köhler, R. / Zentes, J. (Hrsg.): Handwörterbuch des Marketing, 2. Aufl., Stuttgart, Sp. 1427-1436.

RAFFEE, H. (1974): Grundprobleme der Betriebswirtschaftslehre, Göttingen.

RAFFEE, H. (1995): Marketing-Wissenschaft, in: Tietz, B. / Köhler, R. / Zentes, J. (Hrsg.): Handwörterbuch des Marketing, Stuttgart, Sp. 1668-1682.

REIBSTEIN, D. / DAY, G. / WIND, J. (2009): Guest Editorial: Is Marketing Academia Losing Its Way?, in: Journal of Marketing, Vol. 73 (4), S. 1-3.

REISCH, L. (1995): Neue Verbraucherpolitik – Ziele, Strategien und Instrumente, in: Wirtschaftswissenschaftliches Studium, August 2005, S. 441-445.

REISCH, L. / FARSANG, A. (2005): Verbraucherforschung in Deutschland – eine Studie, in: Verbraucherzentrale Bundesverband (Hrsg.): Verbraucherforschung in Deutschland, Berlin, S. 121-298.

RICHTER, R. (1999): Von der Aktion zur Interaktion: Der Sinn von Institution, in: Korff, W. (Hrsg.): Handbuch der Wirtschaftsethik, Bd. 2, Gütersloh, S. 17-38.

RINDFLEISCH, A. / HEIDE, J. (1997): Transaction Cost Analysis: Past, Present, and Future Applications, in: Journal of Marketing, Vol. 61 (4), S. 30-54.

ROBERTSON, T. / KASSARJIAN, H. (HRSG.) (1991): Handbook of Consumer Behavior, Englewood Cliffs (NJ).

ROGERS, E. (1962): Diffusion of Innovations, New York.

ROOK, D. (1987): The Buying Impulse, in: Journal of Consumer Research, Vol. 14, S. 189-199.

ROSENSTIEL, L. v. / FREY, D. (HRSG.) (2007): Marktpsychologie, Göttingen u.a.O.

ROSSFELD, R. (2007): Markenherrschaft und Reklameschwung – Die schweizerische Schokoladenindustrie zwischen Produktions- und Marketingorientierung, 1860 – 1914, in: Berghoff, H. (Hrsg.) (2007a): Marketinggeschichte, Frankfurt / New York, S. 87-119.

ROSSITER, J. (2001): What is marketing knowledge?, in: Marketing Theory, Vol 1, S. 9-26.

ROSSITER, J. (2002): The five forms of transmissible, usable marketing knowledge, in: Marketing Theory, Vol. 2, S. 369-380.

ROSSITER, J. / PERCY, L. (1997): Advertising Communications & Promotion Management, 2. Aufl., New York u.a.O.

ROST, K. / FREY, B. (2011): Quantitative and Qualitative Rankings of Scholars, in: Schmalenbach Business Review, Vol. 63, S. 61-89.

RUDNER, R. (1966): Philosophy of Social Science, Englewood Cliffs (N.J.).

Russell, B. (1959): The Problems of Philosophy, New York.

Russell, B. (1961): A History of Western Philosophy, 2. Aufl., London.

Russo, J. / Carlson, K. (2002): Individual Decision-making, in: Weitz, B. / Wensley, R. (Hrsg.): Handbook of Marketing, London / Thousand Oaks / New Delhi, S. 371-408.

Rust, R. (2006): From the Editor, in: Journal of Marketing, Vol. 70 (1), S. 1-2..

Rust, R. (2008): From the Editor: The State of the Journal, in: Journal of Marketing, Vol. 72 (6), S. 1-2.

Sabel, H. (1999): Geschichte des Marketing in Deutschland, in: Lingenfelder, M. (Hrsg.): 100 Jahre Betriebswirtschaftslehre in Deutschland 1898-1998, München, S. 169-180.

SAGE Verlag (2010) (Hrsg.): SAGE Brief Guide to Marketing Ethics, Los Angeles u.a.O.

Samuelson, P. / Nordhaus, W. (2005): Economics, 18. Aufl., Boston u.a.O.

Sankey, H. (2008): Scientific Method, in: Psillos, S. / Curd, M. (Hrsg.): The Routledge Companion to Philosophy of Science, London / New York, S. 248-258.

Sawyer, A. / Laran, J. / Xu, J. (2008): The Readability of Marketing Journals – Are Award-Winning Articles Better Written?, in: Journal of Marketing, Vol. 72 (1), S. 108-117.

Sawyer, A. / Peter, J. (1983): The Significance of Statistical Significance Tests in Marketing Research, in: Journal of Marketing Research, Vol. 20, S. 122-133.

Scarr, S. (1985): Constructing Psychology – Making Facts and Fables for Our times, in: American Psychologist, Vol. 40, S. 499-512.

Schanz, G. (1979): Die Betriebswirtschaftslehre und ihre sozialwissenschaftlichen Nachbardisziplinen: Das Integrationsproblem, in: Raffée, H. / Abel, B. (Hrsg.): Wissenschaftstheoretische Grundfragen der Wirtschaftswissenschaften, München, S. 121-137.

Schanz, G. (1988): Methodologie für Betriebswirte, 2. Aufl., Stuttgart.

Schauenberg, B. (1998): Gegenstand und Methoden der Betriebswirtschaftslehre, in: Bitz, M. u.a. (Hrsg.): Vahlens Kompendium der Betriebswirtschaftslehre, Band 1, 4. Aufl., München, S. 1-56.

Schnädelbach, H. (1989): Positivismus, in: Seiffert, H. / Radnitzky, G. (Hrsg.): Handlexikon zur Wissenschaftstheorie, München, S. 267-270.

SCHNEIDER, D. (1983): Marketing als Wirtschaftswissenschaft oder Geburt einer Marketingwissenschaft aus dem Geiste des Unternehmerversagens?, in: Zeitschrift für betriebswirtschaftliche Forschung, Jg. 35, S. 197-223.

SCHNEIDER, D. (1997): Marketing-Wissenschaft als Lehre marktorientierter Unternehmensführung und betriebswirtschaftliche Strukturmerkmale für Wettbewerbsfähigkeit, in: Backhaus, K. / Günter, B. / Kleinaltenkamp, M. / Plinke, W. / Raffee, H. (Hrsg.): Marktleistung und Wettbewerb – Strategische und operative Perspektiven der marktorientierten Leistungsgestaltung, Wiesbaden, S. 13-32.

SCHREYÖGG, G. (2008): Unternehmensethik zwischen guten Taten und Korruption - Perspektiven für die Betriebswirtschaftslehre, in: Scherer, A. / Picot, A. (Hrsg.): Unternehmensethik und Corporate Social Responsibility – Herausforderungen an die Betriebswirtschaftslehre, ZfbF-Sonderheft 58/08, S. 116-135.

SCHREYÖGG, G. (2007): Betriebswirtschaftslehre nur noch als Etikett? – Betriebswirtschaftslehre zwischen Übernahme und Zersplitterung, in: Gerum, E. / Schreyögg, G. (Hrsg.): Zukunft der Betriebswirtschaftslehre, ZfbF-Sonderheft 56/07, S. 140-160.

SCHOLDERER, J. / BALDERJAHN, I. / PAULSSEN, M. (2006): Kausalität, Linearität, Reliabilität: Drei Dinge, die Sie nie über Strukturgleichungsmodelle wissen wollten, in: Die Betriebswirtschaft, Vol. 66, S. 640-650.

SCHUCHERT-GÜLER, P. (2001): Kundenwünsche im persönlichen Verkauf, Wiesbaden.

SCHUG, A. (2007): Hitler als Designobjekt und Marke – Die Rezeption des Werbegedankens durch die NSDAP bis 1933/34, in: Berghoff, H. (Hrsg.): Marketinggeschichte, Frankfurt / New York, S. 325-345.

SCHWAIGER, M. / STARKE, S. (2009): Auf dem Weg zu wissenschaftlicher Leistung, in: Schwaiger, M. / Meyer, A. (Hrsg.): Theorien und Methoden der Betriebswirtschaft, München, S. 1-12.

SCHWEMMER, O. (1995): Erklärung, in: Mittelstraß, J. (Hrsg.): Enzyklopädie Philosophie und Wissenschaftstheorie, Band 1, Stuttgart / Weimar, S. 578-584.

SEGGIE, S. / GRIFFITH, D. (2009): What Does it Take to Get Promoted in Marketing Academia? Understanding Exceptional Publication Productivity in the Leading Marketing Journals, in: Journal of Marketing, Vol. 73 (1), S. 122-132.

SEIFFERT, H. / RADNITZKY, G. (HRSG.) (1989): Handlexikon zur Wissenschaftstheorie, München.

SHADISH, W. / COOK, T. / CAMPBELL, D. (2002): Experimental and Quasi-Experimental Designs for Generalized Causal Inference, Boston / New York.

SHAPERE, D. (1964): The Structure of Scientific Revolutions (Buchbesprechung), in: The Philosophical Review, Vol. 73 (3), S. 383-394.

SHAPIRO, S. (2006): A JMM-Based Macromarketing Doctoral-Level Reading List, in: Journal of Macromarketing, Vol. 26, S. 250-258.

SHAPIRO, S. / TADAJEWSKI, M. / SHULTZ, C. (2009): Interpreting Macromarketing – The Construction of a Major Macromarketing Research Collection, in: Journal of Macromarketing, Vol. 29, S. 325-334.

SHAW, E. / TAMILIA, R. (2001): Robert Bartels and the History of Marketing Thought, in: Journal of Macromarketing, Vol. 21 (2), S. 156-163.

SHERRY, J. (1991): Postmodern Alternatives: The Interpretive Turn in Consumer Research, in: Robertson, T. / Kassarjian, H. (Hrsg.): Handbook of Consumer Behavior, Englewood Cliffs (NJ), S. 548-591.

SHETH, J. / GARDNER, D. (1982): History of Marketing Thought – An Update, in: Bush, R. / Hunt, S. (Hrsg.): Marketing Theory – Philosophy of Science Perspectives, Chicago, S. 52-58.

SHETH, J. / GARDNER, D. / GARRETT, D. (1988): Marketing Theory – Evolution und Evaluation, New York u.a.O.

SHETH, J. / GARRETT, D. (HRSG.) (1986): Marketing Theory – Classic and Contemporary Readings, Cincinnati (OH) u.a.O.

SHUGAN, S. (2002): Marketing Science, Models, Monopoly Models, and Why We Need Them, in: Marketing Science, Vol. 21, S. 223-228.

SHUGAN, S. (2002): Editorial – The Mission of Marketing Science, in: Marketing Science, Vol. 21 (1), S. 1-13.

SHUGAN, S. (2003): Defining Interesting Research Problems, in: Marketing Science, Vol. 22, No. 1, S. 1-15.

SILBERER, G. / BÜTTNER, O. (2007): Geschichte und Methodik der akademischen Käuferforschung, in: Berghoff, H. (Hrsg.): Marketinggeschichte, Frankfurt / New York, S. 205-230.

SILBERER, G. / MAU, G. (2007): Anfänge und Geschichte der Werbewirkungsforschung, in: Berghoff, H. (Hrsg.): Marketinggeschichte, Frankfurt / New York, S. 231-256.

SIMON, H. (1963): Problems of Methodology – Discussion, in: American Economic Review, Vol. 53, S. 229-231.

SIMON, H. (2008): Betriebswirtschaftliche Wissenschaft und Unternehmenspraxis: Erfahrungen aus dem Marketingbereich, in: Zeitschrift für betriebswirtschaftliche Forschung, Jg. 60 (1), S. 73-93.

SIMON, H. (1995): Preismanagement kompakt – Probleme und Methoden des modernen Pricing, Wiesbaden.

Sivadas, E. / Johnson, M. (2005): Knowledge flows in marketing: an analysis of journal article references and citations, in: Marketing Theory, Vol. 5, S. 339-361.

Smith, D. (2003): The Importance and Challenges of Being Interesting, in: Journal of the Academy of Marketing Science, Vol. 31, S. 319-322.

Smith, W. (1956): Product Differentiation and Market Segmentation as Alternative Marketing Strategies, in: Journal of Marketing, Vol. 21 (3), S. 3-8.

Solomon, M. / Marshall, G. / Stuart, E. (2006): Marketing, 4. Aufl., Upper Saddle River (NJ).

Steenkamp, J. / Baumgartner, H. (2000): On the use of structural equation models for marketing modelling, in: International Journal of Research in Marketing, Vol. 17, S. 195-202.

Steinmann, H. / Schreyögg, G. (2005): Management – Grundlagen der Unternehmensführung, 6. Aufl., Wiesbaden.

Stewart, D. (2002): Getting Published. Reflections of an Old Editor, in: Journal of Marketing, Vol. 66 (4), S. 1-6.

Stewart, D. (2009): The Evolution of Marketing Research, in: Maclaran, P. / Saren, M. / Stern, B. / Tadajewski, M. (Hrsg.): The SAGE Handbook of Marketing Theory, Los Angeles u.a.O., S. 74-88.

Straubhaar, T. (2012): Schluss mit dem Imperialismus der Ökonomen, Interview mit der Financial Times Deutschland am 6.3.2012.

Stremersch, S. / Verniers, I. / Verhoef, P. (2007): The Quest for Citations – Drivers of Article Impact, in: Journal of Marketing, Vol. 71 (3), S. 171-193.

Swoyer, C. (2003): Relativism, in: Zalta, E. (Hrsg.) The Stanford Encyclopedia of Philosophy, URL = <http://plato.stanford.edu.

Tadajewski, M. (2006): Remembering motivation research: toward an alternative genealogy of interpretive consumer research, in: Marketing Theory, Vol. 6, S. 429-466.

Tadajewski, M. / Jones, D. (Hrsg.) (2008) : History of Marketing Thought, Los Angeles u.a.O.

Tietz, B. / Köhler, R. / Zentes, J. (Hrsg.) (1995): Handwörterbuch des Marketing, 2. Aufl., Stuttgart.

Thomas, K. / Tymon, W. (1982): Necessary Properties of Relevant Research: Lessons from Recent Criticisms of the Organizational Sciences, in: Academy of Management Review, Vol. 7 (3), S. 345-352.

THORNTON, S. (2009): Karl Popper, in: Zalta, E. (Hrsg.) The Stanford Encyclopedia of Philosophy, URL = <http://plato.stanford.edu.

TOMCZAK, T. (1992): Forschungsmethoden in der Marketingwissenschaft – Ein Plädoyer für den qualitativen Forschungsansatz, in: Marketing ZFP, Jg. 14, S. 77-87.

TOMCZAK, T. / KUß, A. / REINECKE, S. (2009): Marketingplanung, 6. Aufl., Wiesbaden.

VARADARAJAN, P. (2003): Musings on Relevance and Rigor of Scholarly Research in Marketing, in: Journal of the Academy of Marketing Science, Vol. 31 (4), s. 368-376.

VAREY, R. (2010): The economics bases of marketing, in: Baker, M. / Saren, M. (Hrsg.): Marketing Theory, London u.a.O., S. 101-120.

VARGO, S. (2007): The Service-Dominant Mindset: A Primer and Preview, Präsentation an der Stockholm University Business School, 23.4.2007.

VARGO, S. / LUSCH, R. (2004): Evolving to a New Dominant Logic for Marketing, in: Journal of Marketing, Vol. 68 (1), S. 1-17.

VARGO, S. / LUSCH, R. (2008): Service-dominant logic: continuing the evolution, in: Journal of the Academy of Marketing Science, Vol. 36, S. 1-10.

VAUS, D. DE (2001): Research Design in Social Research, London / Thousand Oaks / New Delhi.

VAUS, D. DE (2002): Analyzing Social Science Data, London / Thousand Oaks / New Delhi.

VISWANATHAN, M. (2005): Measurement Error and Research Design, Thousand Oaks / London / New Delhi.

VOSS, G. (2003): Formulating Interesting Research Questions, in: Journal of the Academy of Marketing Science, Vol. 31, S. 356-359.

WALDFOGEL, J. (1993): The Deadweight Loss of Christmas, in: American Economic Review, Vol. 83, S. 1238-1336.

WEBSTER, F. (1992): The Changing Role of Marketing in the Corperation, in: Journal of Marketing, Vol. 56 (4), S. 1-17.

WEIBER, R. / ADLER, J. (1995a): Informationsökonomisch begründete Typologisierung von Kaufprozessen, in: Zeitschrift für betriebswirtschaftliche Forschung, Jg. 47, S. 43-65.

WEIBER, R. / ADLER, J. (1995b): Positionierung von Kaufprozessen im informationsökonomischen Dreieck: Operationalisierung und verhaltenswissenschaftliche Prüfung, in: Zeitschrift für betriebswirtschaftliche Forschung, Jg. 47, S. 99-123.

WEIBER, R. / MÜHLHAUS, D. (2010): Strukturgleichungsmodellierung, Heidelberg u.a.O.

WEISBERG, H. (2005): The Total Survey Approach, Chicago / London.

WEITZ, B. / WENSLEY, R. (HRSG.) (2002): Handbook of Marketing, London / Thousand Oaks / New Delhi.

WHETTEN, D. (1989): What Constitutes a Theoretical Contribution?, in: Academy of Management Review, Vol. 14, S. 490-495.

WIEDMANN, K. (2004): Verhaltenswissenschaftliche Fundierung: Zur Begründung eines nach wie vor aktuellen Themas und Einordnung der vorliegenden Beiträge, in: Wiedmann, K. (Hrsg.): Fundierung des Marketing, Wiesbaden, S. 3-30.

WIERENGA, B. / BRUGGEN, G. V. (2000): Marketing Management Support Systems – Principles, Tools and Implementation, Boston / Dordrecht / London.

WILKIE, W. / MOORE, E. (1999): Marketing´s Contributions to Society, in: Journal of Marketing, Vol. 63 (Spec. Iss.), S. 198-218.

WILKIE, W. / MOORE, E. (2002): Marketing´s Relationship to Society, in: Weitz, B. / Wensley, R. (Hrsg.): Handbook of Marketing, London / Thousand Oaks / New Delhi, S. 9-38.

WILKIE, W. / MOORE, E. (2003): Scholarly Research in Marketing: Exploring the "4 Eras" of Thought Development, in: Journal of Public Policy & Marketing, Vol. 22 (2), S. 116-146.

WILKIE, W. / MOORE, E. (2012): Expanding our understanding of marketing in society, in: Journal of the Academy of Marketing Science, Vol. 40, S. 53-73.

WILLIAMSON, O. (1985): The Economic Institutions of Capitalism, New York / London.

WILLIAMSON, O. / GHANI, T. (2012): Transaction cost economics and its uses in marketing, in: Journal of the Academy of Marketing Science, Vol. 40, S. 74-85.

WÖHE, G. / DÖRING, U. (2010): Einführung in die Allgemeine Betriebswirtschaftslehre, 24. Aufl., München.

WOOLISCROFT B. / TAMILIA, R. / SHAPIRO, S. (HRSG.) (2006): A Twenty-First Century Guide to Aldersonian Marketing Thought, Boston / Dordrecht / London.

WRAY, K. (2012): Assessing the Influence of Kuhn's Structure of Scientific Revolutions, in: Metascience, Vol. 21, S. 1-10.

WRONA, T. (2009): Empirische Forschungsmethoden im Internationalen Management – Eine kritische Analyse, in: Oesterle, M. / Schmid, S. (Hrsg.): Internationales Management – Forschung, Lehre, Praxis, Stuttgart, S. 223-249.

YADAV, M. (2010): The Decline of Conceptual Articles and Implications for Knowledge Development, in: Journal of Marketing, Vol. 74 (1), S. 1-19.

Yin, R. (2009): Case Study Research – Design and Methods, 4. Aufl., Los Angeles u.a.O.

Yin, R. (2011): Qualitative Research from Start to Finish, New York / London.

Yip, G. (2003): Total Global Strategy II, Englewood Cliffs (NJ).

Zaichkowsky, J. (1985): Measuring the Involvement Construct, in: Journal of Consumer Research, Vol. 12, S. 341-352.

Zaltman, G. / LeMasters, K. / Heffring, M. (1982): Theory Construction in Marketing – Some Thoughts on Thinking, New York u.a.O.

Zaltman, G. / Pinson, C. / Angelmar, R. (1973): Metatheory and Consumer Research, New York u.a.O.

Personenverzeichnis

A

Achrol 10
Adler 196, 226, 227
Ajzen 149, 219
Albers 44, 179, 187, 201, 225, 245
Albert 212, 213
Alderson 2, 100, 124, 231, 232, 233, 237
Al-Laham 11
Anderson 68, 69, 70, 72, 111, 117, 124, 125, 126, 130, 131, 177, 178, 191
Andrews 52
Angelmar 12, 50, 76, 108, 109
Arabatzis 166
Archimedes 66, 93, 102
Aristoteles 104
Armstrong 182, 264, 265
Assael 161
Azzi 216, 217

B

Babin 177
Backhaus 2, 13, 43, 83, 199, 200, 219, 251, 255
Baghramian 125
Bagozzi 6, 34, 50, 104, 105, 106, 166, 174, 178
Baker 241
Balderjahn 98, 174, 267
Baron 164

Bartels 38, 39
Bass 13, 143, 183, 204, 230
Baumgarth 143
Baumgartner 174
Bearden 154, 158
Becker 161, 174, 216, 217, 251
Behrens 9, 41, 82, 243
Belk 120, 121, 122, 127, 193, 194, 218
Bell 10
Benz 209, 210
Berghoff 6, 9, 36
Bergkvist 43, 44
Bernstein 148, 154, 155, 158
Besanko 216, 229
Bettany 268
Bettman 219
Bird 116, 117, 120, 125
Bishop 31
Black 177
Blattberg 13
Bliemel 6, 7, 260
Bloom 10, 16, 17, 261, 262, 263
Blythe 258
Böcker 42
Bode 10, 40, 43, 267, 270
Bonilla 31
Booth 27
Borden 6, 245
Borenstein 162, 184

Borsboom 159

Böttger 75, 83

Boyd 133, 134

Bradburn 161

Briesch 13

Bristor 270, 271

Brodbeck 95, 99, 101, 102

Brodie 206

Brookes 206

Brown 3

Brühl 122

Bruhn 219, 220, 231, 249, 253, 254

Buber 189, 194

Bubik 40

Bucklin 197

Bühner 10

Bunge 92

Burbules 61, 111, 112, 113, 133, 134, 139, 140

Burmann 214, 251, 257

Busch 227

Büschken 219, 251

Bush 40

Büttner 41

Buzzell 59, 143

C

Cacioppo 52, 69

Calder 172, 188

Campbell 105, 106, 157, 169, 170, 171, 173

Carlson 219

Carnap 68

Carrier 121, 132, 133, 141

Chalmers 33, 60, 63, 71, 72, 166

Chernev 13

Chestnut 77, 124

Churchill 151

Coase 229

Colomb 27

Cook 105, 106, 169, 170, 171, 173

Copeland 197, 198

Corbin 190

Creswell 193

Cronbach 154, 155, 158

Croson 215

Czepiel 7

D

Darby 226, 227

Dawson 266

Day 7, 84, 196, 255

de Vaus 63, 64, 107, 150, 156, 167, 168

Deshpande 192, 193

Devitt 113

Diamantopoulos 154, 179

Dichter 248

Dichtl 42, 84, 214, 220

Diller 42, 120, 179, 245, 257

Dilthey 102

Dobscha 268

Dranove 229

Duhem 72

Dunn 26, 182

Dyllick 191

E

Easley 26, 182
Eckert 191
Ehrenberg 216, 217
Eisend 13, 41, 72, 97, 183, 184, 188, 269
Engel 9
Engelhardt 43, 66, 199, 237, 242, 244
Enis 197, 199
Esch 214, 256, 257
Etzioni 210
Evanschitzky 143

F

Farsang 266
Festinger 66
Feyerabend 127, 139, 192
Fischer 270, 271
Fishbein 149, 219
Fisk 3
Fiske 157
Flick 189, 190
Fließ 219
Folkes 218, 247, 249
Forster 101
Foscht 221
Fox 13
Franke 1, 2, 3, 18, 34, 37, 38, 47, 51, 55, 63, 64, 65, 76, 77, 109, 114, 115, 129, 159, 184, 185, 205, 206, 222, 230, 231
Freiling 229
Freud 248
Frey 26, 30, 209, 210
Friedman 214, 215

Fritz 255
Fuchs 154
Fullerton 8, 9, 41, 255

G

Gächter 215
Gale 59, 143
Galilei 127
Ganslandt 100
Gardner 2, 38, 76, 100, 196, 205, 242, 244, 245
Garrett 2, 3, 76, 100, 196, 205, 232, 242, 244, 245
Geier 69, 72
Gerbing 178
Gerrig 54, 211
Gethmann 71
Ghani 228
Gigerenzer 88, 214
Glaser 190
Göbel 222, 223, 229
Godfrey-Smith 58, 62, 67, 74, 100, 103, 114
Goodstein 248
Granbois 212
Gregor 246
Greyser 16
Griffith 26
Grönroos 259
Gröppel-Klein 41, 121, 195, 210, 218, 249
Gummesson 26
Gundlach 261, 262, 263
Günter 43, 199

Gupta 104, 184

Gutenberg 42, 113, 120, 208, 245

H

Haase 216

Hacking 66, 123, 166

Hair 174, 177

Hammann 255

Hansen 10, 40, 43, 131, 133, 141, 267, 270, 271

Haugtvedt 249

Hax 220, 222

Hedges 162, 184

Heffring 3, 24, 25, 29

Heide 229

Hempel 92, 100

Herr 249

Herrmann 120, 214

Higgins 162, 184

Hildebrandt 47, 148, 156, 158, 174, 179, 201

Hilker 246

Hirschman 110, 120, 127, 218, 270

Hitchcock 106

Holbrook 120, 218

Höll 228

Hollander 8

Holzmüller 194

Homburg 20, 43, 44, 114, 124, 139, 141, 142, 143, 144, 174, 196, 201, 214, 258

Hörschgen 42, 214

Hoyer 218, 269

Hoyle 177

Hubbard 182

Hume 61, 133

Humphreys 106

Hunt 2, 3, 6, 10, 12, 16, 33, 34, 35, 36, 40, 51, 57, 58, 65, 67, 73, 76, 82, 87, 88, 89, 91, 92, 94, 98, 100, 101, 103, 105, 108, 111, 116, 124, 130, 131, 132, 133, 135, 136, 137, 138, 141, 153, 159, 165, 193, 194, 196, 200, 208, 209, 210, 214, 230, 231, 232, 233, 235, 236, 237, 255, 271, 272, 273

Hunter 26, 182, 183

Hyde 162, 269

I

Irzik 71

J

Jaccard 12, 27, 46, 47, 48, 51, 58, 66, 67, 76, 79, 102, 103, 104, 142, 161, 164, 174

Jacob 224, 225

Jacoby 12, 27, 46, 47, 48, 51, 58, 66, 67, 76, 77, 79, 102, 103, 104, 124, 142, 145, 152, 164, 211

Janz 246

Jaworski 80, 84, 247

Johnson 20

Jones 11, 38, 39, 205

K

Kaas 205, 216, 225, 227

Kade 209

Kambartel 67

Kant 33
Kardes 219, 249
Karni 226, 227
Kassarjian 189, 248, 249
Katona 43, 247
Kavanagh 131
Keith 8
Kelava 154
Keller 6, 7, 40, 124, 214, 260, 268
Kennedy 267
Kenning 220, 249
Kenny 164
Keon 161
Kerin 184
Kerlinger 1, 46, 47, 173, 181, 182
Kieser 26
Kimmel 219
Kincaid 215
Kirchgeorg 214, 267
Klarmann 174
Klein 189, 266
Kleinaltenkamp 6, 66, 199, 216, 223, 224, 237, 253, 260
Knoblich 197
Koch 80, 81, 84
Koers 257
Köhler 40, 41, 42, 62, 64, 77, 219, 220, 245, 246, 249, 256
Kohli 29, 247
Kollmann 245
Kopernikus 78
Koschate 165
Kotler 6, 7, 10, 40, 55, 124, 201, 202, 214, 246, 260, 264, 265, 268
Krafft 225

Kroeber-Riel 41, 42, 121, 195, 210, 218, 219, 220, 249
Krohmer 196, 214
Krugman 24, 66, 69, 78
Kruthoff 241
Kuhlmann 266
Kuhn 23, 74, 75, 76, 78, 109, 113, 115, 116, 117, 119, 121, 122, 123, 124, 125, 130
Kusterer 42, 257

L

Ladik 28, 29
Ladyman 109, 111
Lakatos 73, 74, 75
Lange 85, 86
Langner 257
Laran 27
Laudan 113
Lazarsfeld 41, 43, 248
Lee 1, 46, 47, 173, 181, 182
Leeflang 201, 202, 203
Lehmann 18, 26, 104, 184
Leitherer 40
LeMasters 3, 24, 25, 29
Leong 73, 75
Levitt 245, 246, 251, 252
Levy 6, 248
Lewin 83
Lilien 55, 201, 202
Lindberg 31, 32
Little 203, 206
Lorenz 130
Lusch 2, 29, 40, 237, 238, 239, 240

313

Lyssenko 112

M

MacInnis 148, 218, 247, 249, 269
MacKenzie 148
Maclaran 2, 3, 38
Madden 26, 182
Mägi 43, 44
Mahajan 204, 230
Mäki 30, 213
Marshall 253
Massy 16
Mau 42
McAlister 26
McCarthy 245
McDonald 38
McMullin 76
Meehl 155, 158
Meffert 42, 84, 214, 251, 253, 254, 257
Meissner 40
Mellenbergh 159
Merton 32
Mey 189, 190
Meyer 187, 193
Mill 106
Miller 185
Möller 241, 259
Monieson 39
Moore 38, 39, 263, 264
Moorthy 55, 201, 202
Moosbrugger 154
Morgan 209, 231, 233, 235, 236
Mruck 189, 190

Mueller 209
Mühlhaus 174, 175, 176, 177
Muller 204, 230
Müller-Hagedorn 220
Muncy 124, 231, 232, 233
Myers 16

N

Naert 203
Nagel 90
Narver 247
Nelson 226, 227
Netemeyer 154, 158
Neuman 162, 192, 193
Newton-Smith 61
Nickles 64
Nieschlag 42, 214
Nill 274
Noelle-Neumann 41
Nola 32
Nordhaus 118, 124, 216
Nunnally 148, 154, 155, 158

O

O'Malley 268
Okasha 62, 100, 140
Olshavsky 212
Olson 125, 126, 129
Oshaka 70, 73
Osterloh 26, 209, 210, 211

P

Palmatier 259
Parlin 197
Paulssen 174
Percy 13, 196
Peter 9, 72, 125, 126, 128, 129, 154, 157, 158, 161, 191, 192
Petty 52, 69
Pflesser 174
Phillips 61, 111, 112, 113, 133, 134, 139, 140, 172
Pindyck 208, 209, 216
Pinson 12, 50, 76, 108, 109
Plinke 228, 258
Pollock 185
Popper 61, 67, 69, 70, 71, 72, 75, 101, 133, 140
Portides 56
Poser 31, 33, 71, 74, 75, 86, 102, 127
Preston 127
Priem 232
Prothero 268
Psillos 61, 62, 72, 75, 78, 87, 89, 100, 102, 103, 104, 105, 106, 114, 116, 133
Putnam 132

R

Raabe 263
Raffee 34, 266
Raffelt 187, 193
Ray 124, 231, 232, 233
Reckenfelderbäumer 66, 229, 237
Reibstein 84

Reichenbach 64
Reinecke 8, 15, 246, 254
Reisch 266
Richter 223
Rindfleisch 229
Robertson 249
Rodgers 246
Roering 197, 199
Rogers 204
Rook 66
Rossfeld 9
Rossiter 11, 12, 13, 14, 49, 196
Rost 26, 30
Rothstein 162, 184
Rubinfeld 208, 209, 216
Rudner 47, 51, 159
Russell 32, 62
Russo 219
Rust 20, 28

S

Sabel 40
Samuelson 118, 124, 216
Sankey 59, 61
Saren 2, 3, 38, 241
Sattler 214
Saunders 264, 265
Sawyer 27, 161
Scarr 114
Schaefer 229
Schäfer 41, 42
Schanz 12, 55
Schauenberg 85, 92

315

Schibrowsky 274
Schnädelbach 110
Schneider 23, 41, 43, 214, 220, 222, 255
Scholderer 174
Schreyögg 45, 245, 261, 271
Schuchert-Güler 84
Schug 44
Schumann 52, 69
Schwaiger 22
Schwemmer 90
Scott 38
Seggie 26
Sethuraman 184
Seyffert 42
Shadish 105, 106, 169, 170, 171, 173
Sham 38
Shanley 229
Shapere 117
Shapiro 100, 232, 233, 263
Sharma 154, 158
Shaw 38, 205
Sherry 120, 192, 193, 194
Sheth 2, 3, 38, 76, 100, 196, 205, 232, 242, 244, 245
Shimp 52
Shugan 23, 25, 28, 29, 201
Shultz 263
Silberer 41, 42
Simon 44, 84, 179, 215
Sivadas 20
Slater 247
Smith 53, 245
Solomon 253
Staelin 26

Stanley 171, 173
Starke 22
Steckel 104, 184
Steenkamp 174
Steinmann 245
Stern 3, 38
Stewart 28, 29, 39
Stock-Homburg 124
Straubhaar 214, 217
Strauss 190
Stremersch 30
Stuart 106, 253
Sudman 161
Sutter 213
Swoboda 221
Swoyer 115

T

Tadajewski 2, 3, 38, 189, 263
Tamilia 38, 100, 232, 233
Thomas 82
Thornton 72
Tomczak 8, 11, 15, 119, 191, 196, 246, 254
Tybout 172
Tymon 82

V

van Bruggen 201, 202
van Heerden 159
Varey 209, 213

Vargo 2, 40, 237, 238, 239, 240
Verhoef 30
Verniers 30
Viswanathan 155, 159, 170
Vitell 271, 272, 273
Voeth 83, 199, 219, 251
Voss 25

W

Wagner 201
Waldvogel 216
Wallendorf 120, 194
Wansink 161
Webster 7, 257
Wedel 203
Weiber 174, 175, 176, 177, 226, 227
Weinberg 41, 121, 195, 210, 218, 249
Weisberg 161
Weitz 241
Wensley 241, 255
Whetten 28
Wiedmann 217, 220
Wierenga 201, 202
Wilkie 38, 39, 263, 264
Williams 27
Williamson 228, 229
Wind 13, 84, 143, 183
Winklhofer 179
Wittink 201, 203
Wong 264, 265
Wooliscroft 100, 231, 232, 233
Wray 116
Wrona 188

X

Xu 27

Y

Yadav 23, 142, 143, 194
Yi 166, 174, 178
Yin 187, 189
Yip 252

Z

Zaichkowsky 55
Zaltman 3, 6, 12, 24, 25, 29, 50, 76, 108, 109
Zimbardo 54, 211

Stichwortverzeichnis

A

Absatzlehre 40
Absatzpolitischen Instrumente 42
Absatzpolitisches Instrumentarium 245
Absatzwirtschaft 5, 40
AIDA 73
Akademische Marketingforschung ... 14
Allgemeinheitsgrad einer Theorie 76
American Marketing Association 5
Angewandte Forschung 79
Anlagengeschäft 200
Anomalie 122
Approximative Wahrheit 130, 133

B

Bass-Modell 204
Begründungszusammenhang 64
Beratungsunternehmen 15
Bewährungsgrad von Theorien 78
Black Box 221
Branding 257
Business-To-Business-Marketing 43, 199, 218, 250
Buying Center 218

C

Ceteris-Paribus-Klausel 86
Co-Branding 257
Confirmation Bias 72
Consumer Behavior Odyssey .. 193, 194
Consumer Bill of Rights 267
Consumer Culture Theory 121
Contribution 28
Convenience Goods 198
Cronbach's α 154
Customer Relationship Management
.... 257

D

Deduktion 62, 64, 160
Deduktiv-Nomologische Erklärungen
.... 92
Definiendum 12
Definiens 12
Definition 148
Definitionen 12
Deklaratives Wissen 11
De-Marketing 268
Denkschulen 205
Deontologische Ethik 272
Dienstleistungsmarketing 253
Diskriminanzvalidität 155, 157
Distribution 5

Distributionssystem 242
Dogmatischer Falsifikationismus 73
Drei-Dichotomien-Modell 35
Drittmittel-Forschung 18
Duhem-These 72

E

Effektivität 255
Effektivitätsvorteil 236
Effizienz 255
Effizienzvorteil 236
Elaboration-Likelihood-Modell 46, 52, 55, 78
Empirische Generalisierung 13, 183
Entdeckungszusammenhang 64
Erfahrungsgüter 226
Erfahrungskäufe 227
Erklärung 87, 89, 101, 136
Ethik 271
Experiment 165
Explorative Untersuchung 143, 146, 186
Externe Validität 171, 181

F

Fallstudien 143, 188
Falsifikation 61, 64
Falsifikationsansatz 61, 69, 140
Falsifizierbarkeit 70, 77, 213
Falsifizierung 82
Familienlebenszyklus 196
Fishbein-Modell 149
Focus Group Interview 188

Forschungsprogramme 73
Fruchtbarkeit 78
Funktionalismus 100
Funktionen des Handels 243

G

Gender-Aspekte 261, 268
Gender-Segmentierung 268
Gender-Stereotype 269
Generalisierbarkeit 171, 180
Generalisierung 142
Geschäftsbeziehungen 7, 42, 257
Geschäftsbeziehungsmanagement .. 257
Geschäftsfeld-Portfolio 196
Geschäftstypenklassifikation 197, 199
Gesetzmäßigkeit 47, 52, 85, 160, 184
Gfk 41
Grounded Theory 190
Grundlagenforschung 79
Gruppendiskussion 188
Gültigkeit 150
Güterklassifikation 197
Gütertypologien 196

H

Handelswissenschaft 40
Hidden Action 225
Hidden Characteristics 225
Hidden Intention 225
Homo Oeconomicus 73
Howard-Sheth-Modell 57
Human Concept 266

Hypothese 136
Hypothesen 51, 63, 146, 159

I

Impact 20, 30
Impact Factor 30
Impulskäufe 210
Induktion 59, 63, 65, 134, 143, 179
Induktionsproblem 68, 139
Induktiv-Realistisches Modell 134
Induktiv-Statistische Erklärungen 95
Industrial Marketing 250
Industriegüter-Marketing 250
Informationsgehalt einer Theorie 77
Informationsökonomik 223, 226
Ingredient Branding 257
Inhaltsvalidität 155
Inkommensurabilität 123
Institutionen 222
Internationales Marketing 251
Interne Validität 170
Internet 211, 245
Interpretation 149
Intervention 136
INUS-Bedingung 105
Investitionsgüter-Marketing 43, 250
Involvement 180

K

Kausalanalyse 84, 174
Kausalbeziehung 165
Kausalhypothesen 163

Kausalität 104
Kausalmodelle 174
Kausalzusammenhang 106
Klassifikationsansätze 143, 196
Klassifikationsschemata 196
Kommerzielle Marktforschung 15
Konstrukte 47
Konstruktivismus 114
Konstruktivisten 115
Konstruktvalidität 154
Konsumentenforschung ... 218, 247, 249
Konsumentenverhalten 41, 210, 247
Konsumentenwohlfahrt 261
Konvergenzvalidität 155, 157
Konzepte 47, 145
Konzeptualisierung 147
Korrespondenztheorie der Wahrheit
.... 130
Kriterienvalidität 155, 156
Kritischer Rationalismus 71
Kritischer Rationalismus 71
Kundenbindung 258
Kundenwert 259
Kundenzufriedenheit 6, 258

L

Logischer Empirismus 67, 68
Logischer Positivismus 68

M

Make-or-Buy-Entscheidung 228
Makro-Marketing 36, 263

Makro-Perspektive 36
Management 245, 246
Marken 255, 265
Markenartikel 255
Markendehnung 257
Markenführung 255, 257
Markenstrategien 257
Markenwert 256
Marketing 5, 40
Marketing Science Institute 16
Marketingcontrolling 246
Marketing-Definition 7
Marketing-Fachbegriffen 12
Marketing-Implementierung 246
Marketing-Institutionen 241
Marketing-Instrumente 245
Marketing-Kontrolle 42, 246
Marketing-Management 245
Marketing-Mix 6, 42, 245
Marketing-Organisation 246
Marketingorientierung 8
Marketingplanung 246
Marketing-System 264
Marketing-Theorie 1, 2, 205
Marketingwissen 10, 14, 261
Marketingwissenschaft 10, 31, 33
Marktforschung 41
Marktorientierung 247
Marktsegmentierung 245
Markttransparenz 211
Mediator 164
Messmodell 56, 175
Messung 148
Meta-Analyse 184

Methoden 127, 144, 147
Mikroökonomik 208
Mikro-Perspektive 36
Mitarbeiterführung 246
Mixed Method-Design 193
Modeling 143, 201, 245
Modell 55, 201
Modell-Platonismus 213
Moderator 164
Motivforschung 189, 248
Multi-Item-Skala 154

N

Nachhaltigkeits-Marketing 267
Nachkaufprozesse 6
Naiven Falsifikationismus 73
Neuroökonomie 249
Nomologischer Validität 158
Non-Business-Marketing 260
Nonprofit-Marketing 6, 260
Nonprofit-Orientierung 36
Normalwissenschaft 117, 119, 121
Normative Marketingwissenschaft ... 35

O

Objektbereich 34
Objektivität 125
Öko-Marketing 267
Operationalisierung 148, 180
Organisationales
  Beschaffungsverhalten 218
Originalität einer Theorie 78

P

Paradigma 23, 73, 114, 116, 139, 140
Paradigmenwechsel 116, 120, 123
Parallel-Test-Reliabilität 154
Parametrisierung 203
Pessimistische Induktion 113, 134
PIMS-Studie 59, 143
Positivismus 110
Positivistische Marketingwissenschaft
  35
Positivistische Wissenschaft 110
Praxis 79
Praxisrelevanz 80
Präzision einer Theorie 76
Principal-Agent-Ansatz 223, 225
Produktgeschäft 200
Produktionsorientierung 8
Produktlebenszyklus 196, 246
Profit 36
Profit-Orientierung 36
Prognose 136
Prognosen 101
Property-Rights-Ansatz 223, 224
Prozedurales Wissen 11
Psychologie 219
Publication Bias 72

Q

Qualitative Methodik 143, 187
Qualitative Untersuchungen 143
Quasi-Experimente 173

R

Raffinierter Falsifikationismus 74
Ranking 26
Realismus 109
Realität 58, 144, 145
Realtheorie 55
Realwissenschaft 55
Relationship Marketing 257
Relativismus 114, 115, 119, 125, 128, 131
Relevance 79
Reliabilität 150, 154
Replikationen 182
Replikationsstudien 181
Reputation wissenschaftlicher
  Zeitschriften 21
Resource-Advantage-Theorie .. 233, 255
Ressourcen 235
Reviewer 19
Rigor 79
Rossiter-Percy-Grid 196

S

Satisfizierung 210
Schools of Thought 205
Screening 226
Service Dominant Logic 206, 237, 238
Shopping Goods 198
Signaling 226
Signifikanz 161
Signifikanztest 162
Social Science Citation Index 30
Social-Marketing 6

S-O-R-Ansatz 220
S-O-R-Paradigma 248
Soziologie 219
Sozio-Marketing 260
Specialty Goods 198
Spekulation 66
Spezifizierung 203
S-R-Ansatz 221
S-R-Erklärungen 97
Statistische Erklärungen 94
Strategie 255
Strategische Grundsätze 13
Strategisches Marketing 254
Strukturgleichungsmodelle 174
Strukturmodell 175
Suchgüter 226
Suchkäufe 227
Systemgeschäft 199

T

Technologien 32
Teleologische Ethik 271
Test-Retest-Reliabilität 154
Theoretische Ansätze 205
Theorie 34, 46, 79, 144, 145, 159
Theoriebeladenheit 61, 111, 126, 139, 195
Theoriebildung 63
Theorien mittlerer Reichweite 206
Theorieprüfung 63, 67
Tiefeninterviews 188
Transaktion 228
Transaktionkostentheorie 223

Transaktionskosten 229
Transaktionskostenansatz 228
Transaktionsmarketing 258

U

Überprüfung Von Theorien 67
Unterbestimmtheit 111

V

Validierung 152, 203
Validität 150, 154
Verbraucherpolitik 266
Verhaltenswissenschaftliche
  Orientierung 41
Verkäufermarkt 242
Verkaufsorientierung 8
Verlässlichkeit 150
Verstehen 102
Vertrauensgüter 226
Vertrauenskäufe 227
VHB-JOURQUAL 2 22

W

Wahrheit 109, 129
Weltanschauung 116
Werbung 42
Wettbewerbsvorteile 255
Wiener Kreis 67
Wirkungsprognosen 87
Wissen 10
Wissenschaft 31

Wissenschaftliche Relevanz 80
Wissenschaftliche Revolution 121
Wissenschaftlicher Realismus 51, 54, 58, 62, 114, 128, 131, 133, 134, 153, 155, 159, 162, 186, 187
Wissenschaftstheorie 108
Wunderargument 132, 213

Z

Zeitschriften 18
Zitationshäufigkeit 30
Zuliefergeschäft 199

Printed by Printforce, the Netherlands